上海国别区域全球知识文库
"中国与世界"系列丛书

Beyond Regional Production Networks

超越区域生产网络
东亚分工体系重构与中国角色

Restructuring of Division of Labor
in East Asia and China's Role

刘洪钟 著

中国社会科学出版社

图书在版编目（CIP）数据

超越区域生产网络：东亚分工体系重构与中国角色／刘洪钟著. -- 北京：中国社会科学出版社，2024.9. (上海国别区域全球知识文库). -- ISBN 978 - 7 - 5227 - 4072 - 0

Ⅰ. F752

中国国家版本馆 CIP 数据核字第 202413K9T6 号

出 版 人	赵剑英
责任编辑	王　琪
责任校对	杜若普
责任印制	张雪娇

出　　版	中国社会科学出版社	
社　　址	北京鼓楼西大街甲 158 号	
邮　　编	100720	
网　　址	http：//www.csspw.cn	
发 行 部	010 - 84083685	
门 市 部	010 - 84029450	
经　　销	新华书店及其他书店	
印　　刷	北京明恒达印务有限公司	
装　　订	廊坊市广阳区广增装订厂	
版　　次	2024 年 9 月第 1 版	
印　　次	2024 年 9 月第 1 次印刷	
开　　本	710×1000　1/16	
印　　张	21.25	
插　　页	2	
字　　数	340 千字	
定　　价	118.00 元	

凡购买中国社会科学出版社图书，如有质量问题请与本社营销中心联系调换
电话：010 - 84083683
版权所有　侵权必究

"上海国别区域全球知识文库"
编委会名单

总　　　编：姜　锋　李岩松
执行总编：杨　成　郭树勇　丁　俊
编　　　委：陈东晓　陈　恒　陈志敏　程　彤　冯建明
　　　　　　冯绍雷　高　健　郭长刚　季卫东　门洪华
　　　　　　潘兴明　吴心伯　王　健　汪伟民　王献华
　　　　　　王有勇　魏景赋　许　宏　颜静兰　杨伟人
　　　　　　张民选　郑春荣　郑少华

"上海国别区域全球知识文库"出版说明

2022年9月正式成为国务院学位办新版学科目录中交叉学科门类下一级学科的区域国别学，本质上是应用型基础研究，是有关外部世界的全领域知识探究，是实现中华民族伟大复兴和构建人类命运共同体的核心知识保障。

自古以来，中国知识界就高度重视探索、认识、理解和记录外部世界，也在以"丝绸之路"为代表的中西交通史中经由文明对话和文明互鉴留下了大量经典文本。晚清以降的中国变革史，尤其是改革开放后的中国发展史充分表明，关于外部世界的知识汲取是推进中国式现代化的重要智识来源之一。作为认识外部他者的重要工具和方法，区域国别学在不同时期一直以多样形态发挥着关键作用。

当前，中国日益走近世界舞台中央，全球正经历"百年未有之大变局"。世界之变、时代之变、历史之变开始以前所未有的方式和速度展开。我国的国际角色也在发生深刻变化，自身发展既拥有难得的历史机遇，也面临严峻的风险考验。在此背景下，国家需要大批会外语、通国别、精领域，服务国家战略发展和战略传播的区域国别人才和与之对应及匹配的国别区域全球知识体系。

中共中央总书记、国家主席、中央军委主席习近平多次在不同场合强调区域国别、全球治理、国际组织人才的重要性，并提出了一系列素养和能力指标体系，这为新时代区域国别学的进一步发展指明了方向。正如习近平所强调的，一个没有发达的自然科学的国家不可能走在世界前列，一个没有繁荣的哲学社会科学的国家也不可能走进世界前列。推而广之，一个没有扎实的国别区域全球知识体系做支撑的国家也不可能跻身于世界舞台中央。基于中国的主体性，遵循文明交流交往交融路径，扎实推进区域国别研究，将为中国最终稳稳走进世界舞台中央提供学术支撑和战略人才储备，理应成为我们在新的时代条件下的政治自觉、学理自觉与文化自觉。

我国的区域国别研究有一定的历史基础，自中华人民共和国成立以来先后经历了五波发展浪潮，迄今已经建立起主要大国、重点地区、关键小国"全覆盖"的基本格局，产生了大量有关研究对象国和区域的高质量成果，部分代表性作品具有世界影响力。但不可否认的是，整体而言，殖民时期的大英帝国等资本主义列强以及"冷战"时期的超级大国美国、苏联在国别区域全球知识生产领域拥有"先发优势"。不断增长的现实迫切需求与我国的国别区域全球知识供给之间的矛盾与鸿沟，已经成为中国成长为主导性全球大国的制约因素之一。如何实现加速和赶超，并与美西方在这一领域展开"思想市场"的战略竞争，是时代赋予我们的历史使命和重要任务。

实现中华民族的伟大复兴，建设性参与和引领全球治理的转型，离不开对外部世界的科学认知。随着"一带一路"及全球发展倡议、全球安全倡议、全球文明倡议等中国主导议程的稳步推进，中国的区域国别学迎来了升级转型的关键节点。在相当程度上，区域国别学自主知识体系的构建，还有可能为我们突破"中西二分"的思维定式，通过发现更多的"第三方"而成为推动中华文明传承、发展、进步和升华的精神契机，并在"美美与共"的逻辑上最终为人类命运共同体的落地生根创造条件。除了这些宏大目标外，区域国别学的发展还可以为中国人提供客观、理性认识其他国家和地区的方法，成为促进人的全面成长的持久支撑，为培养新一代身处中国、胸怀天下、格高志远、思想健全的优秀国民输送知识养分。

在此背景下，上海外国语大学认真学习贯彻习近平总书记有关重要讲话精神，积极响应党和国家的政策要求，由作为教育部、上海市和上海外国语大学共建，承担上海区域国别研究航母编队旗舰功能，集"资政、咨商、启民、育人"重要任务于一体的高端智库与协同研究平台的上海全球治理与区域国别研究院，诚邀上海市从事区域国别研究的主要高校及智库担任研究院理事会常务理事的多学科领军专家组成编委会，在整合多方资源的基础上，创办"上海国别区域全球知识文库"。

　　本文库旨在从由内而外及由外而内两个维度提供全景式、系统性、高水平国别区域全球知识，通过搭建与国外已有优秀成果的对话框架，引领相关知识生产的中国主体意识和区域国别学学科发展，促进中国的区域国别研究实现适应时代特征的全面转型，并催生一批学术精品，打破西方国家对该领域国际学术话语权的垄断或主导，最终促成建构超越西方中心主义的新区域国别研究范式，生成更高质量、更有针对性、更具前瞻性，能更好地服务党和国家工作大局的中国特色区域国别学自主知识体系。基于这一理念，本文库将通过对主题的设定与内容的把握，为国内外区域国别研究学者提供"学术公器"，推动建立面向全球的高质量"升级版"区域国别研究成果传播平台，以期实现国内—国际区域国别学成果的"双循环"。

　　无论在何种语境下，区域国别学毋庸置疑都是一项战略性的系统工程，需要学界同仁持久的投入、努力与坚守。我们深知区域国别学的学术价值和战略品格，衷心期望本文库各系列专著和译丛的出版，能以各界之不懈努力，成就新的时代条件下中国人认知外部世界的知识桥梁和增强"四个自信"的文化脊梁。这是中国区域国别学共同体的历史职责所在，也是"上海国别区域全球知识文库"编委会的理想所在。

上海外国语大学上海全球治理与区域国别研究院
"上海国别区域全球知识文库"编委会
2023 年 7 月

前　言

本书在全面梳理东亚区域分工历史演进的基础上，力图对 2008 年国际金融危机以来东亚新一轮区域分工体系调整的内涵、特点与路径进行分析，讨论中国与亚洲各国之间的产业联动升级、经济互动与协同发展，揭示东亚区域分工体系调整进程中中国的引领作用。在此基础上，通过把"一带一路"建设与东亚区域分工体系调整纳入统一的分析框架，讨论两者之间的互动关系，从而为中国制定合理的亚洲战略提供一些思考。全书共分七章。

在第一章绪论部分，主要从民粹主义、逆全球化和国际秩序转型的角度讨论 2008 年国际金融危机，特别是特朗普执政和新冠疫情全球蔓延以来，东亚区域分工体系进入新一轮重构所面临的时代背景；从出口导向、增长区域性和继起性、区域合作以及主导力量变化等维度，总结了 20 世纪 60 年代以来东亚经济增长的主要特征。

第二章全面梳理东亚区域分工体系的历史演进过程。主要从"雁行模式"（20 世纪 60 年代末至 90 年代末）向"东亚生产网络"（2000 年至 2008 年国际金融危机爆发）结构转型的角度，详细分析了东亚地区分工产生的背景、演进过程、主要特征及其决定因素。总的观点是，21 世纪以来东亚逐渐形成的区域生产网络由雁行分工结构演变而来，但在很大程度上改变了其产业间分工的本质属性，形成了一种以产业内分工甚至产品内分工为基础的区域生产与分工结构。以东亚区域分工的转变为基础，本章还对上述两个时期东亚的增长奇迹、危机和复兴进行了讨论。

接下来，第三章以 2008 年国际金融危机的爆发为转折点，从贸易保护主义和逆全球化、中美经贸摩擦、新冠疫情全球蔓延以及中国经济转型等角度，讨论了2008年国际金融危机后影响东亚经济再平衡和区域分工体系启动新一轮调整的域内外因素，并在此基础上提出东亚正在超越区域生产网络并进入第三次重构的历史新阶段，且区域分工未来转型的方向是摆脱传统上非对称的"东亚生产—美欧消费"国际分工格局，形成一种区域内外生产与需求更加均衡的经济分工与发展体系，即所谓的"东亚经济圈"。

第四章讨论东亚区域分工体系重构进程中中国从"跟随"到"引领"的角色变化。首先在理论层面从全球价值链治理、国家能力和权力转移的视角，提出了后发国家实现全球价值链地位提升的分析框架，认为后发大国可以通过帮助本国企业和经济融入全球价值链、经济与技术升级、推动创新以及发挥国内市场权力等四种方式，推动本国企业实现全球价值链的地位提升和权力转移；其次在上述框架内具体分析中国在东亚区域分工演进中，如何从全面参与全球价值链到成长为"世界工厂"，再经大力推动创新，从而最终实现了价值链地位不断跃升的角色变化；最后在此基础上，本章讨论了东亚区域分工体系新一轮重构进程中，中国将稳步实现从"全球组装工厂"向"全球制造中心+世界消费中心"的角色转变。

第五章从四个方面讨论东亚区域分工体系重构进程中的大国竞争。首先从定性和定量两个角度比较分析了中美日三国在东亚价值链形成和发展过程中的不同角色和地位变化，认为自2008年国际金融危机爆发以来，中国正在取代美日成为东亚价值链的核心和枢纽。其次以东南亚为视角讨论了中美日在东亚地区的主导权之争和影响力大小，结果表明相比于美国和日本，东盟对中国的经济依赖度要明显高于对美国和日本的依赖度，不过从东盟消费品出口和外国直接投资情况看，对中国依存度的提高并未显著降低东盟对美国和日本的依赖度。再次从制造业的角度讨论了中美经贸摩擦对中国经济的影响，以及东亚价值链在中国制造业从经贸摩擦中突围的关键作用。最后以基础设施投资为视角比较和讨论了中日在东亚地区的竞合关系，认为虽然两国近些年来在亚洲基础设施投资中激烈竞争，但是双方也存在着巨大的合作潜力。如果两国能充分发挥互补优势，不断拓展合作空间，就能实现互利共赢。

第六章将"一带一路"纳入东亚区域分工体系重构的分析框架，从

"一带一路"建设与东亚区域分工调整对接与联动发展的视角切入,为讨论中国倡导的"一带一路"建设,如何为东亚区域分工与合作提供了新的机遇和广阔空间。同时,从"一带一路"高质量发展的角度,深入分析了其如何有助于东亚国家在更大的区域内构建合作平台,并实现东亚国家与"一带一路"共建国家之间新的区域经济大循环。总的观点是东亚国家与"一带一路"共建国家经济具有互补性,东亚国家的竞争优势是强大的工业基础和产能合作,"一带一路"共建国家则普遍蕴藏着丰富的原材料和油气资源。如果东亚国家能够携手通过"一带一路"平台与共建各国开展更加广泛的合作,即在帮助共建国家完善基础设施以及协助其进入全球产业链体系的同时,建立更加全面深入的国际产业分工体系,无疑将是一个多方共赢的结果。

最后一章是结论与未来展望。结论之后,从分析美国对华价值链脱钩战略、中国稳定发展与持续深化开放进程以及东亚各国区域合作战略选择等三大影响东亚区域分工未来发展的因素出发,提出了新时代中国推进东亚区域合作的政策建议。

目　　录

第一章　绪论 ………………………………………………………（1）
　　第一节　研究背景 …………………………………………………（1）
　　第二节　问题的提出 ………………………………………………（18）
　　第三节　本书的基本框架 …………………………………………（32）

**第二章　从"雁行模式"到"东亚生产网络"：东亚区域
　　　　　分工体系的历史演进** …………………………………（34）
　　第一节　东亚崛起的历史背景 ……………………………………（34）
　　第二节　"雁行模式"与"东亚奇迹" ……………………………（37）
　　第三节　东亚生产网络与"东亚复兴" ……………………………（50）

第三章　超越区域生产网络：新时期东亚分工的第三次重构 ………（69）
　　第一节　东亚地区分工与2008年国际金融危机 …………………（69）
　　第二节　2008年国际金融危机后东亚区域分工重构的
　　　　　　国际背景 ………………………………………………（79）
　　第三节　2008年国际金融危机冲击下东亚经济再平衡的
　　　　　　启动与进展 ……………………………………………（88）
　　第四节　"特朗普冲击"、全球新冠疫情与东亚区域分
　　　　　　工体系重构再出发 ……………………………………（108）
　　第五节　东亚经济圈：东亚区域分工重构的必由之路 …………（125）

第四章　中国在东亚区域分工体系重构中的角色变化：
　　　　从"跟随"到"引领" ……………………………………（131）
第一节　中国参与东亚分工体系的历史进程及地位变化 ……（131）
第二节　中国在新时期区域分工重构中的角色变化 …………（140）

第五章　东亚区域分工体系重构进程中的大国竞争 ……………（159）
第一节　中美日在东亚价值链中的不同角色与地位 …………（159）
第二节　东南亚：中美日主导权之争下的"三国演义" ………（174）
第三节　东亚价值链：中美竞争与中国制造业的
　　　　"压舱石" …………………………………………（182）
第四节　中日在亚洲基础设施投资的竞争与合作 ……………（198）

第六章　"一带一路"与东亚区域分工：多维对接与
　　　　联动发展 ……………………………………………（218）
第一节　共建"一带一路"：进展、成就与挑战 ………………（218）
第二节　"一带一路"建设为东亚区域分工"西扩"
　　　　带来机遇 …………………………………………（256）
第三节　"一带一路"高质量发展与东亚区域分工调整
　　　　空间拓展 …………………………………………（264）

第七章　结论与未来展望 …………………………………………（287）
第一节　主要结论 ………………………………………………（287）
第二节　未来展望与政策启示 …………………………………（291）

主要参考文献 ……………………………………………………（316）

后　记 ……………………………………………………………（324）

第 一 章

绪　　论

第一节　研究背景

在 2018 年 6 月中央外事工作会议上，中国国家主席习近平发表讲话时指出，"当前，我国处于近代以来最好的发展时期，世界处于百年未有之大变局，两者同步交织、相互激荡"[1]。回顾历史，20 世纪 90 年代以来在经济全球化的大潮之下，以中国为代表的新兴经济体全面融入国际分工体系，实现了经济的高速增长和在全球价值链上分工地位的持续攀升。与此同时，西方发达国家却在新自由主义达到鼎盛时期的 90 年代逐渐迷失，并自认为找到了永久性根除金融危机的良方，就如美联储前主席伯南克所说，"在大衰退的问题上我们问心有愧，我们不会再次犯错了"[2]。但正是这种自满导致了美国国内政策在金融、劳动市场等诸多领域的失败，国内贫富差距不断拉大，民众整体福利水平不断下降，金融资本日渐膨胀并最终导致 2008 年国际金融危机的全面爆发。危机之后，世界经济逐渐进入所谓的"新常态"，各类问题不断累积，金融危机逐步开始向社会领域蔓延，并在全球范围发酵和传染，最终引发了人们对全球化和新自由主义的强烈质疑和反对。美国特朗普大选的胜出、英国脱欧以及欧洲右翼政党的崛起标志着发达国家的社会危机正在进入一种难以控制的阶段，势将重塑各国国内乃至国际政治生态。中美大国竞争、新冠疫

---

[1] 习近平：《论坚持推动构建人类命运共同体》，中央文献出版社 2018 年版，第 539 页。
[2] ［美］米尔顿·弗里德曼、［美］安娜·雅各布森·施瓦茨：《大衰退：1929～1933》，雨柯译，中信出版社 2008 年版，第 1 页。

情全球蔓延以及乌克兰危机的爆发,则进一步对国际秩序形成重大冲击并将产生深远影响,全球由此进入了百年未有之大变局时期。

一 国际秩序从"大缓和"走向"大转型"

"一个世界秩序瓦解时,对它的反思便开始了。"这是《我们时代的精神状况》一书的开篇之语。① 在这本集中了全球12个国家的15位大学教授、政治评论家以及专栏作家的精彩文集中,对自2015年以来发生的一系列事件,如叙利亚冲突引发的欧洲难民危机、英国脱欧、德国另类选择党的崛起、特朗普胜选等,所引发的全球化危机和新自由主义危机进行了发人深省的讨论。在作者们看来,正是由于两种危机的共同作用,全球已经进入所谓的"大转型"时代,即"由于对全球的相互依赖关系缺乏政治上的调节而产生的这些问题,遭遇到在制度上和文化上都缺乏准备的社会"②。

回溯历史,"大转型"的根源可追溯至20世纪90年代以来世界范围内(特别是发达国家)一系列经济、政治和社会分化而导致的各种矛盾的积累。学者们通常用"大缓和"来形容20世纪80年代中期至2007年这段时期全球经济的典型特征:发达国家高增长、低通胀、低波动,经济危机基本发生在外围国家。同时,这一时期的国际秩序同样具有"大缓和"的特点,尽管爆发了南斯拉夫内战、"9·11"恐怖袭击和伊拉克战争等,但冷战的结束也开启了一段相对稳定的国际秩序安全期。随着东欧剧变和苏联解体,世界逐渐走出冷战阴霾,欧洲一体化进程加速但总体实力难与美国抗衡,新兴大国开始崛起但依然远远落后于西方国家,美国成为国际体系中唯一的超级大国,各国共同构成了"金字塔"形的国际体系。新自由主义与经济全球化似乎也成为各国发展经济的"指南"。20世纪80年代发起于美欧发达国家的新自由主义,在90年代伴随着冷战结束而进入了鼎盛时期,东亚、拉美及中东欧转型国家均在新自由主义裹挟之下加入了全球化的浪潮。"华盛顿共识"成为解决一切问题的"万能良药",西方

---

① [德]海因里希·盖瑟尔伯格编:《我们时代的精神状况》,孙柏等译,上海人民出版社2018年版,第3页。
② [德]海因里希·盖瑟尔伯格编:《我们时代的精神状况》,孙柏等译,上海人民出版社2018年版,第9页。

发达国家和新兴经济体的财富积累速度也是史无前例，足可媲美20世纪20年代的"奔腾时代"以及20世纪50—60年代的"黄金二十年"。

然而，国际秩序的"大缓和"进程在2008年戛然而止。国际金融危机的爆发注定2008年将成为国际秩序重构的元年。国际金融危机在对世界经济产生巨大冲击的同时，也将发达国家和新兴国家之间、发达国家内部富人（资本）和穷人（劳动）之间的失衡以极具破坏性的形式充分暴露出来，各种经济、政治和社会问题接踵而至。海因里希·盖瑟尔伯格用全球化危机和新自由主义危机共振而导致的"大衰退"来描述2008年国际金融危机以来国际政治经济的形态。[①] 如果与经济史学家卡尔·波兰尼的经典著作《大转型：我们时代的政治与经济起源》中对欧洲文明从前工业世界向20世纪初工业化时代的大转变相比，可以发现两个时期具有惊人相似的特点：自由市场体系破产、社会基本价值（充分就业、摆脱贫困、社会安全等）与自发调节市场的意识形态之间出现断裂等。[②] "大衰退"的来临同时也意味着"大转型"时代的开始，诸多领域的变化将对国际秩序的变迁产生深远影响。

二 国际秩序进入"大转型"的主要驱动力

在许多推动国际秩序"大转型"的要素中，以下三个领域的变化将对其变迁产生深远而且至关重要的影响。

（一）新兴大国与守成大国的兴衰交替

保罗·肯尼迪在《大国的兴衰：1500—2000年的经济变迁与军事冲突》一书"前言"中概述该书的主要论点时指出，一流国家在世界事务中的相对地位总是不断变化的，主要有两个原因：一是各国国力的增长速度不同；二是技术突破和组织形式的变革可使一国比另一国获得更大的优势。[③] 根据乔治·莫德尔斯基的近现代世界政治大循环理论，1500年

---

① ［德］海因里希·盖瑟尔伯格编：《我们时代的精神状况》，孙柏等译，上海人民出版社2018年版，第9页。
② ［英］卡尔·波兰尼：《大转型：我们时代的政治与经济起源》，冯钢、刘阳译，浙江人民出版社2007年版，第8页。
③ ［美］保罗·肯尼迪：《大国的兴衰：1500—2000年的经济变迁与军事冲突》，陈景彪等译，国际文化出版公司2006年版，"前言"第35页。

以来世界政治中先后出现过四个领导者,即占有压倒性的洲际"权势投射能力"并有权力主持规定世界政治基本规范的国家,它们分别是16世纪的葡萄牙,17世纪的荷兰,18世纪和19世纪的英国,以及20世纪的美国。① 虽然肯尼迪并未给出一国国力的确切内涵,但经济总量无疑是其最基础、最重要的指标。大量的研究表明,20世纪末以来,世界正走向另一次的大国兴衰交替时代。如果单从国别的角度看,中美两国相对国力的变化正朝着有利于中国的一方发展,但如果从深刻影响全球秩序结构变迁的更为广泛的角度看,整体考察新兴国家与发达国家经济相对实力的更替无疑具有更加长远的意义。图1-1显示,由于增长速度的差异,1990年以来在全球GDP中新兴经济体及发展中国家的占比不断提升,从1990年的18.3%上升至2018年的39.7%,提高了1.2倍,发达国家的占比则从81.7%下降至60.3%。尽管从总体上,新兴国家与发达国家的经济实力相比还存在一定差距,但缺口正在快速缩小。如果比较各国对全球GDP增长的贡献,2008年国际金融危机以来仅仅中国每年的贡献率就达到30%左右。新兴国家相对实力的不断上升,无疑会对全球秩序产生重要影响。新的全球治理能否适应国际格局的变化,在某种程度上将决定未来国际秩序的调整能否平稳推进。

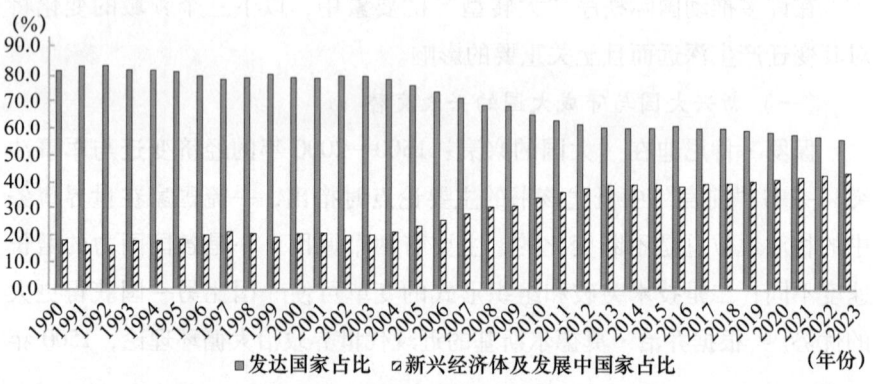

图1-1 全球GDP中发达国家和新兴经济体及发展中国家的占比比较

数据来源:IMF, World Economic Outlook Database, April 2018.

---

① [美]保罗·肯尼迪:《大国的兴衰:1500—2000年的经济变迁与军事冲突》,陈景彪等译,国际文化出版公司2006年版,推荐序二。

(二) 新自由主义与经济全球化遭受重大挫折

20世纪80年代以来，新自由主义和经济全球化齐头并进。1980—1981年撒切尔夫人和里根总统秉承顺周期性的经济理念实施宏观经济调控，沉重打击了国内传统产业，并使工人阶级原子化以瓦解工会的有效性，在信息技术革命助推下新自由主义和经济全球化得以高歌猛进。然而，新自由主义和经济全球化并未能实现其思想理论鼻祖米塞斯、哈耶克及其衣钵传承者米尔顿·弗里德曼所宣称的带来普遍繁荣的美好愿望。相反，在自由理念和逐利资本的席卷之下，国际分工和世界经济发生了深刻的结构性转变，如制造业离岸外包、全球供应链的形成、政府规模的缩减、公共服务私有化以及日常生活的金融化等。[①] 这些结构性变化在使资本大攫其利的同时，也逐渐摧毁了工人和其他劳动阶层舒适而体面的中产生活。按照汉斯彼得·克里西的说法，全球化所造成的分类将获益者和失意者截然分离开来，"全球化的获益者可能包括参与国际竞争的企业家和相关部门的合格雇员，还有世界公民。相反，全球化的失意者则是处在传统上受保护部门的企业家和合格雇员、所有的低技术员工，还有对自己的国家有着强烈认同的公民"[②]。

新自由主义和经济全球化所造成的社会撕裂也为全面社会危机埋下了伏笔，最终在2008年国际金融危机爆发的冲击下，西方世界陷入了严重的经济和社会"双重危机"。从2011年的"阿拉伯之春"和"占领华尔街"运动，到2015年之后不断出现的"黑天鹅"事件，如欧洲右翼力量的崛起、英国脱欧、特朗普当选美国总统，以及2020年新冠疫情的全球蔓延和2022年乌克兰危机的爆发，新自由主义和经济全球化不断遭受各类"反向运动"（Countermovement）的冲击，新自由主义的信条几近破产，全球化满目疮痍。从未来发展趋势看，按照保罗·美森的说法，除非我们放弃新自由主义，否则全球化将分崩离析。而且非常明确的是，这

[①] [德] 海因里希·盖瑟尔伯格编：《我们时代的精神状况》，孙柏等译，上海人民出版社2018年版，第150—151页。

[②] [德] 海因里希·盖瑟尔伯格编：《我们时代的精神状况》，孙柏等译，上海人民出版社2018年版，第61页。

一分崩离析的进程现在已经开始了。① 然而，新自由主义的替代者是什么？民粹主义在欧洲和美国的兴起，给未来的世界发展和全球秩序转型带来了极大的不确定性。

（三）多边主义严重受阻

第二次世界大战即将结束之时，美国总统富兰克林·罗斯福及其同僚为使从战争中崛起的美国持久成为世界上最强大的领袖国家，他们决心创建一种既能提升自身财富和权势又能将其价值观推展到世界任何角落的世界秩序，最终，作为霸权国的美国选择了一种对于战后全球秩序重构来说具有非凡历史意义的"要求很高的制度形式"，即被罗伯特·基欧汉定义为"在三个或三个以上国家间协调国家政策的实践活动"的多边主义。② 美国牵头构筑的一整套国际制度体系涵盖了包括世界政治、经济和安全在内的几乎所有领域，在此框架下联合国、世界银行、国际货币基金组织（IMF）等一系列多边主义的制度设计，为第二次世界大战后的世界和平和经济增长、国家间的合作与发展奠定了坚实的制度基础。冷战结束后，尽管美国的单极霸权达到了顶峰，但在多边主义已成为全球治理基本范式的背景下，美国的霸权外交仍会受到一定的掣肘和约束。换句话说，多边主义经过几十年的自我强化已经获得了强大的生命力和活力，对包括美国在内的任何试图行使霸权和单边主义的国家来说都是一种无形和有形的制约力量。

然而，随着国际经济政治形势加速深刻演变，不确定性和不稳定性凸显，全球治理中的多边主义基础开始遭遇前所未有的挑战。主要表现为以下几点。一是全球治理体系改革步履维艰，无法反映国际政治和经济权力结构的深刻变化。比如，2001年已经开始启动的WTO多哈回合谈判如今已陷入困境，完全看不到希望；国际货币基金组织的份额改革亦是步履艰难，走走停停，中国等新兴大国的份额占比与其经济实力完全不对等，GDP规模已超过日本两倍之多的中国，在经过长达五年才最终于2016年通过的IMF份额改革后的占比（6.41%）竟然还低于日本

---

① ［德］海因里希·盖瑟尔伯格编：《我们时代的精神状况》，孙柏等译，上海人民出版社2018年版，第157页。

② 马昌乐：《冷战后美国多边主义刍议》，《国际政治研究》2007年第1期。

(6.48%)。而在2019年10月召开的国际货币基金组织秋季年会上计划完成的第15次份额改革若完成，可使中国在IMF的份额和投票权从第三名上升至第二名，但最终由于部分发达国家的阻挠，这次份额改革计划胎死腹中。二是单边主义、保护主义和民粹主义的盛行极大动摇了多边主义治理体系的根基。美国是战后多边主义得以稳定发展的最重要基石，尽管基于寻求霸权利益的需要美国常常采取"菜单式多边主义"或"工具式多边主义"的不道德行动，但大体来看，美国并未谋求退出多边主义的全球治理制度安排。但特朗普上台后，在高举美国优先的执政原则大旗下，美国"退群"成瘾，先后退出TPP、巴黎协定、伊朗核问题协议、联合国教科文组织和人权理事会等10多个组织，甚至还扬言要退出WTO甚至联合国。美国的单边主义政策成为多边主义未来发展的最大不确定性因素，它在国际范围内产生了诸多不良的影响，比如英国脱欧、日本退出国际捕鲸委员会、卡塔尔退出OPEC等。

三 "大转型"时期的核心问题：民粹主义的兴起

随着上述各种因素的持续冲击和系统性破坏，与波兰尼所定义的20世纪初的"大转型"特征极为相似的新的国际秩序转型时代再次开启。那么，未来国际秩序会向何方发展？英国利兹大学社会学教授齐格蒙特·鲍曼（Zygmunt Bauman）借用奥匈帝国作家卡夫卡在小说《启程》中的一段话形象地概括了当前我们的世界所面临的迷茫："远方传来了号角声，我问仆人，这是什么意思。他一无所知，也一无所闻。在大门口，他拦住了我，问道：'主人，你上哪儿去？''我不知道。'我说，'我只想离开此地，只想离开此地。只是要离开此地，只有这样，才能达到我的目标。''那么你知道你的目标？'他问。'是的，'我回答他，'我方才不是已经说了么：离开此地。这就是我的目标。'"[①]德国社会学家沃尔夫冈·施特雷克（Wolfgang Streeck）则主张用安东尼奥·葛兰西提出的"空位期"概念来描述这一阶段，即这是一段不确定长度的时期，旧的秩序已被摧毁，新的还未建立。旧秩序就是2016年在民粹主义野蛮人的冲

---

① ［德］海因里希·盖瑟尔伯格编：《我们时代的精神状况》，孙柏等译，上海人民出版社2018年版，第32页。

锋下崩塌的全球资本主义世界；而至于新的、有待建立的秩序是个什么样子，那就如同"空位期"一词的本质所言——还不确定。按照葛兰西的观点，在新秩序建立起来之前，将会出现"五花八门的病理学现象"。①而在这其中，民粹主义无疑是其中一个核心问题，也是新的国际秩序建立之前亟待解决但又最为棘手的问题。

（一）民粹主义的本质与表现

"民粹主义"是一个宽泛的标签，包含了一系列不同的运动。这个词起源于19世纪末，其时在美国有一个由农民、工人和矿工形成的联盟，他们联合起来反对金本位制和东北银行及金融机构。当今的民粹主义则涉及广泛的政治运动，包括欧洲的反欧元和反移民政党，希腊的激进左翼联盟和西班牙的"我们可以党"，美国的特朗普反贸易本土主义，拉丁美洲的查韦斯经济民粹主义，以及其他许多介于两者之间的民粹主义。这些不同类型的民粹主义，拥有一种共同特征，就是所谓的反建制倾向，他们声称是人民的代言人，反对精英，反对自由主义经济学和全球化，同时也常常显示出对专制极权治理的偏好。②

虽然民粹主义在世界范围内的兴起已经有较长一段历史，但这一趋势在21世纪以来开始不断加速，2011—2015年投票支持民粹主义政党的民众已经超过投票总人数的20%（见图1-2）。在欧洲，许多民粹主义政党已经在国会取得重要地位，甚至进入政府或组阁（见表1-1）。

民粹主义最重要的两种形式是右翼民粹主义和左翼民粹主义。右翼民粹主义通常主要强调文化分裂、民族、宗教或人民的文化身份，并据此反对外部团体，认为它们对民意构成了威胁。此类民粹主义主要存在于欧洲和美国。在欧洲，他们将穆斯林移民、少数民族（吉卜赛人或犹太人）等描绘成"其他人"；在美国，特朗普则多次妖魔化墨西哥人、中国人和穆斯林。左翼民粹主义则通常是因经济分裂而产生，这种分裂主要体现为富有群体（少数精英阶层）与低收入群体（多数平民阶层）的

---

① ［德］海因里希·盖瑟尔伯格编：《我们时代的精神状况》，孙柏等译，上海人民出版社2018年版，第256页。

② Dani Rodrik, "Populism and the Economics of Globalization", NBER Working Paper Series, No. 23559, 2017.

区分,主要存在于拉丁美洲,2008年国际金融危机后美国也开始泛滥。在拉美,低收入群体主要是受到了快速的贸易开放、金融危机以及跨国公司进入国内敏感行业(如采矿业或公共事业)的巨大冲击,他们动员起来针对这些力量以及国内支持团体进行抗争;在美国,则主要是由于20世纪80年代以来新自由主义所造成的日益加剧的收入分配失衡,国内的中产阶级规模越来越小,"哑铃"社会结构逐渐向"金字塔"形结构演变,最终在2008年美国金融危机爆发后,借由反对政府挽救危机始作俑者——大金融机构而迅速掀起高潮,并转化为99%反对1%的"占领华尔街"运动。

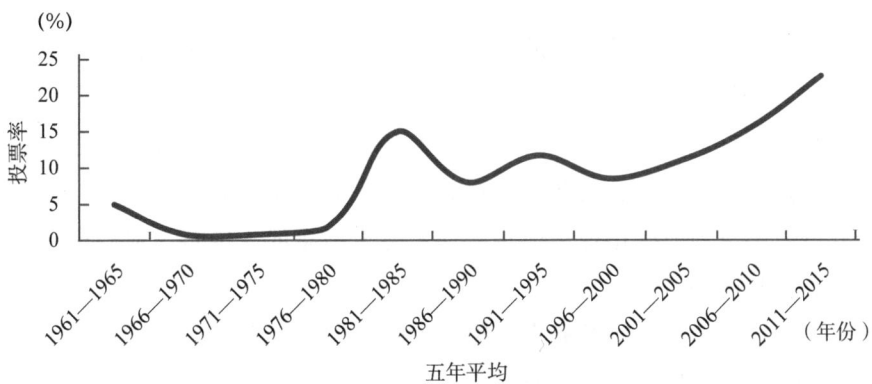

图1-2 在那些至少有一个民粹主义政党的国家里投票支持民粹主义政党的人数占比情况

资料来源:Dani Rodrik,"Populism and the Economics of Globalization",NBER Working Paper Series,No. 23559,2017.

表1-1　　　　欧洲部分国家右翼政党在国会中的得票率

	成立年份	选举年份	议会席位（个）	得票率（%）	得票排名
意大利兄弟党	2013	2022	118	26.0%	第一（执政）
匈牙利青民盟	1988	2022	135	67.84%	第一（执政）
波兰右翼联盟	2015	2019	235	43.6%	第一（执政）
瑞典民主党	1988	2022	73	20.5%	第二
瑞士人民党	1971	2019	53	25.6%	第一（执政）
西班牙VOX党	2013	2019	52	15.1%	第三
法国国民联盟	1972	2022	89	18.6%	第二

资料来源:笔者自制。

（二）民粹主义的根源

日益加剧的民粹主义，特别是右翼民粹主义，是20世纪80年代以来新自由主义、技术变化和经济全球化快速发展的同时，发达国家国内政策没能及时进行适应性调整，从而在2008年国际金融危机的深刻影响下各类问题集中爆发而产生的结果。以鼓吹市场原教旨主义为特征的新自由主义给各国带来的是范围不断扩展的私有化、劳动力市场管制的解除、工人社会保护措施的消失、对土地资源的侵占以及金融资本市场的全面放开等。与此同时，以网络和信息技术为主要内容的第四次工业革命急速拉近了国家之间的心理距离。新自由主义和技术进步的结合，使金融资本席卷全球且赢者通吃。正如2005年英国的工党大会上前首相托尼·布莱尔曾警告的，关于全球化的辩论，就像是辩论过了夏天是否就是秋天一样。"这个变化中的世界的性质与传统无关。用不着去体谅任何脆弱。不用去尊敬过去的荣誉。这里没有习惯或惯例可言。它充满了机会，但这些机会只为那些迅速适应现状而不怎么抱怨的人准备，他们观念开放，愿意且能够做出改变。"[1]

新自由主义的鼓吹者坚信，通过所谓"涓流经济学"（trickle-down economics）中的渗透效应，包括穷人在内的所有人都会从增长中受益。但波兰尼的研究表明，这一结论根本得不到历史事实的支持。[2] 21世纪以来广泛存在的国家之间以及国家内部的不平等发展再次印证了波兰尼的结论，被新自由主义和全球化浪潮裹挟并被抛弃的广大劳动者阶层逐渐"成为自己国家的陌生人"。正如齐格蒙·鲍曼所言，"曾几何时，人们认为未来意味着更为舒适和快捷，可现如今，人们视这个想法为可怕的威胁，担心自己会被鉴定、归类为既没有能力也不适合担当未来之重任者，丢失价值和尊严，由此被边缘化、被排斥、被遗弃"[3]。要想更加全面地理解民粹主义如何在美国兴起以及特朗普如何上台，我们可以从以下三

---

[1] ［德］海因里希·盖瑟尔伯格编：《我们时代的精神状况》，孙柏等译，上海人民出版社2018年版，第153页。

[2] ［英］卡尔·波兰尼：《大转型：我们时代的政治与经济起源》，冯钢、刘阳译，浙江人民出版社2007年版，第1页。

[3] ［英］齐格蒙·鲍曼：《寻找目标与命名的症状》，载［德］海因里希·盖瑟尔伯格编《我们时代的精神状况》，孙柏等译，上海人民出版社2018年版，第33页。

位作者的书中找到答案。

曾任美国政治学协会主席的哈佛大学政治学家罗伯特·帕特南，在《我们的孩子》一书中通过大量的统计数据和案例事实描述了当今美国社会贫富分化严重、寒门子弟上升通道几乎关闭、阶级鸿沟不断扩大、20世纪初的美国梦化为泡影的现象。① 担任投资公司高级管理者的作者J. D. 万斯，在其《乡下人的悲歌》一书中，则以个人的亲身经历真实讲述了美国社会、地区和阶层衰落会给一生下来就深陷其中的人带来什么样的影响。他是一个幸运儿，从一个充满着药物滥用、酗酒、贫穷和精神创伤的底层白人蓝领家族中冲了出来，最终成了一名投资公司的高级管理者，并在2022年美国国会中期选举中成功当选俄亥俄州参议员。但他的成功对于底层的美国白人蓝领来说，实在是屈指可数。因为他们中的大多数摆脱不了世袭的贫穷与困顿，仿佛是一条与生俱来的枷锁，牢牢套在他们的脖子上。生而贫穷就如原罪一般，终身困扰着当地人。② 在美国著名地缘政治专家罗伯特·D. 卡普兰的著作《荒野帝国：走入美国未来的旅行》中，作者则从美国中部的圣路易斯走到西部的波特兰，从北部的加拿大边境走到南部的墨西哥边境，结果在旅行中发现了一个在种族、阶层、教育、地理上充满了区隔和断裂的美国。这个美国，财富在迅速增加，但贫富差距也在拉大；传统的信念已经逝去，而新的信念仅仅处于萌芽状态。作者的结论是：这个世界上最成功的国家已经进入了其历史的最后一个阶段，也是高度未知的阶段。③

三位作者从不同角度对美国贫富差距扩大及阶层分化问题的探讨，在一定程度上有助于我们深刻地理解民粹主义为何能在美国蔓延以及特朗普何以能够当选总统。因此，虽然从根本上说民粹主义兴起是发达国家国内政策的失败所致，但其背后确实也反映了技术进步、新自由主义和经济全球化的重大缺陷。这些因素在推动国际秩序进入历史性转型的同时，也催生了象征世界失序的民粹主义，两者相伴而生，并行前进，

---

① ［美］罗伯特·帕特南：《我们的孩子》，田雷、宋昕译，中国政法大学出版社2017年版。
② ［美］J. D. 万斯：《乡下人的悲歌》，刘晓同、庄逸抒译，江苏凤凰文艺出版社2017年版。
③ ［美］罗伯特·D. 卡普兰：《荒野帝国：走入美国未来的旅行》，何泳杉译，中央编译出版社2018年版。

使人们越发难以把握世界发展的趋势。

四 逆全球化与国际秩序转型

如上所述,全球化虽然是导致发达国家国内贫富差距扩大进而国际秩序转型的一个重要原因,但并非唯一决定因素。根据美国的1997年总统经济报告,对于20世纪80年代和90年代初所观察到的国内收入不平等的加剧,可能的解释包括技术变革、其他因素、国际贸易、最低收入下降、工会规模萎缩和移民增加等(见图1-3)。虽然很难精确确定这些因素的相对重要性,但许多著名经济学家认为,技术变革是最重要的贡献者。相对而言,国际贸易只是导致不平等加剧的一小部分原因。例如,即使是产品不面临外国竞争的制造企业也减少了对低技能工人的需求。①

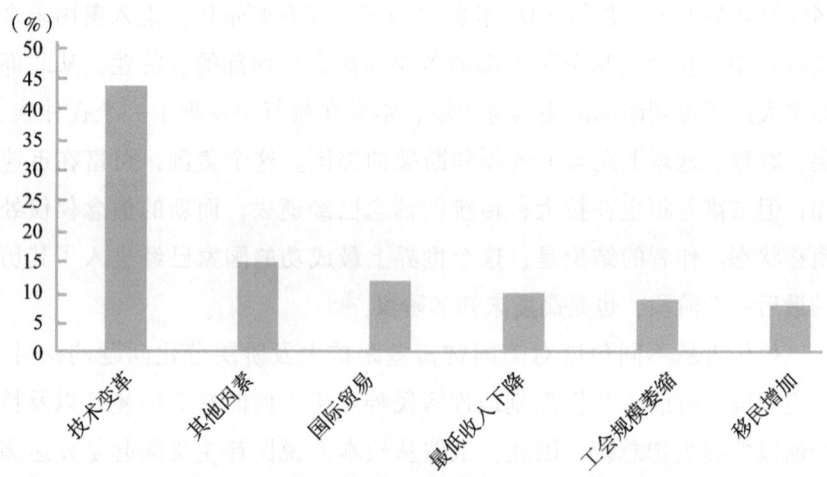

图1-3 不同因素对美国国内收入不平等加剧的贡献

资料来源:Executive Office of the President, "Economic Report of the President (1997)"(https://www.govinfo.gov/content/pkg/ERP-1997/pdf/ERP-1997.pdf)。

---

① Executive Office of the President, "Economic Report of the President (1997)" (https://www.govinfo.gov/content/pkg/ERP-1997/pdf/ERP-1997.pdf).

罗德里克的分析也表明，相比其他因素，以自动化和新数字技术为代表的技术进步在发达国家去工业化和收入不平等问题上更具解释力。[①] 然而，从近年来发达国家的右翼民粹主义者攻击的对象看，他们并未把矛头指向技术进步，而是集中于国际贸易和经济全球化。究其原因，一方面，是新自由主义背景下的经济全球化发展助推了国家之间以及各国内部的双重失衡；另一方面，相比新自由主义和技术进步，经济全球化更容易被塑造成被攻击的对象。

（一）全球经济失衡与国内经济失衡交织并产生共振

杰弗里·弗里登如是说："全球化是一种选择，而不是一个事实。"[②] 通过对20世纪全球资本主义兴衰的历史透视，他认为许多人相信的全球化是必然的和不可逆转的观点完全是错误的。而事实上，全球化是一把"双刃剑"，一方面，它大大增加了各国出口商、跨国公司、投资者和国际银行的机会，使全球贸易和投资大量增加，在增进发达国家经济利益的同时，也帮助后发国家通过融入世界产业分工，推动经济迅速增长和贫困人口的减少；另一方面，如果缺乏有效的管理，全球化也会成为国际秩序和世界产业分工的破坏者。20世纪90年代以来经济全球化的演变证实了上述论断的正确性。它在推动全球经济快速增长的同时，也给世界带来了两个巨大的"负面遗产"，即全球经济失衡和国内经济失衡。

1. 全球经济失衡

2003年，国际货币基金组织第一次发出了全球经济失衡的警告，指出以中国为代表的新兴经济体与以美国为代表的发达经济体之间已经出现令人担忧的贸易失衡，这种失衡将会成为世界经济发展的巨大隐患。但在随后的数年中，全球经济失衡并未得到有效缓解，相反，甚至有不断扩大的趋势，直到2008年国际金融危机的爆发。

全球经济失衡不只助推了2008年国际金融危机的爆发，更加严重的是，它甚至可能诱发失衡贸易相关国家之间剧烈的冲突和对抗。戈莫里

---

① Dani Rodrik, "Populism and the Economics of Globalization", NBER Working Paper Series, No. 23559, 2017.

② [美]杰弗里·弗里登：《20世纪全球资本主义的兴衰》，杨宇光等译，上海人民出版社2009年版，第1页。

和鲍莫尔对此进行了深入分析，他们的研究表明，一国生产能力的提高通常会损坏他国的整体福利，国际贸易可能导致各贸易国之间的重大利益冲突。他们认为，在全球范围内，决定一国福利水平的因素有两个："蛋糕"的大小和所占的份额。因此，国与国之间既相互依赖（一起把蛋糕做大）又彼此冲突（谁能获得更高的份额）；对一国的最优均衡对于伙伴国而言则可能并非如此。贸易双方的损益往往取决于贸易伙伴的构成与选择。戈莫里和鲍莫尔阐述了国际贸易从共赢到冲突的动态变化的逻辑：在两国模型中当两国所占份额差距足够大时，贸易大国减少份额，将有助于总体贸易利得的提升，此时即使其分得的份额较小，但仍然可能达成双赢的结果，但是当落后的贸易伙伴不断提升其全球市场份额并达到一个重要的"理想点"时，其份额的进一步提升就将会引发贸易大国采取激烈的竞争来维护其相对于新兴对手的巨大优势。[①] 这意味着，后发国家在追赶的过程中，随着经济体量的增长，其与守成大国的贸易关系，将大概率地从互惠变为冲突。无论是20世纪80年代的美日贸易战还是2018年以来的中美经贸摩擦，都在一定程度上印证了上述结论。

2. 国内经济失衡

在国内政策没有与时俱进的情况下，国际经济的不平衡发展也会带来国内经济的失衡，对国内分配产生巨大影响。经典贸易理论模型指出，在一个有两种商品和两种生产要素的模型中，各要素具有充分的部门间流动性，那么其中一种要素的所有者必然会因贸易开放而受到损害。正是沿着上述理论逻辑，皮凯蒂通过对资本回报率（r）与经济增长率（g）的比较，证明了20世纪80年代以来新自由主义背景下不加约束的资本主义如何导致了一国内部收入不平等的形成与扩大。他的研究表明，资本回报率通常高于经济增长率，但普通人的工资收入与GDP增长率保持同步，在这种情况下，随着经济的持续增长，资本与劳动之间的收入差距就会不断扩大。[②]

（二）全球化最终成了国内问题产生的全部根源

不加管理的自由贸易会导致国家之间的经济失衡，而如果贸易带来

[①] ［美］拉尔夫·戈莫里、威廉·鲍莫尔：《全球贸易和国家利益冲突》，文爽、乔羽译，李婧校，中信出版社2003年版，第51—55页。

[②] ［法］托马斯·皮凯蒂：《21世纪资本论》，巴曙松等译，中信出版社2014年版。

的再分配问题与不公平贸易挂钩时，反全球主义者的相关口号如汇率操纵、国有企业问题、政府补贴、产权问题等，就会极具煽动性，更容易诱导本国民众对于自由贸易和全球化的抵制。换句话说，大众反对的不是不平等本身，而是认为自己在贸易过程中遭受了不公平的对待。特朗普政府发起对华贸易战的根本理由就是，中国在两国贸易中占了美国的便宜，而之所以如此，正是由于中国采取的不公平的产业和贸易政策导致了美国长期持续的贸易失衡和国内产业工人的失业。

关于上述观点，2017年发表在《自然》子刊上的一项实验性研究在某种程度上提供了证据支持。① 假设哈里和约翰二人拥有两家互相竞争的公司。在每一场比赛中，哈里都超过了约翰，导致约翰和他的员工失去了工作。在这一情景下，研究人员给参与实验者提出的问题是让他们对下面的每一种情况表达自己的感受：（1）哈里努力工作，进行大量储蓄和投资，开发新技术和产品，最终导致约翰的失败；（2）哈里在德国找到了一个更便宜（或更高质量）的供应商；（3）哈里依靠孟加拉国的一家供应商提供外包服务，该供应商在每天12小时的轮班和危险的工作环境下雇用工人；（4）哈里以临时合同的形式将孟加拉国的工人带到美国，并让他们在违反国内劳工、环境和安全法的条件下工作。实验的结果表明，尽管在每种情况下哈里均造成了约翰的失败，但实验参与者对每种情形的反应迥异。很少有人对情景（1）或情景（2）有异议，这些情景被认为是可接受的市场结果。但是，他们对情景（3）和（4）的反应却非常负面，认为是不公平的，必须予以阻止。这一研究很大程度上能够解释特朗普政府对华贸易政策的民众基础。

在这种情况下，公平贸易往往就会成为贸易保护主义的护身符。事实上，全球化并非摧毁现有社会契约的唯一冲击。正如上文分析，是新自由主义、技术变化、全球化以及发达国家国内政策的失败共同导致了民粹主义的兴起。并且如之前罗德里克的研究结论，自动化和新数字技

---

① C. Starmans, M. Sheskin, P. Bloom, "Why People Prefer Unequal Societies", *Nature Human Behaviour*, Vol. 1, No. 4, 2017, pp. 1–7.

术在去工业化和收入不平等方面发挥了更大的作用。① 但来自发达国家的右翼民粹主义者并未攻击技术进步,而把矛头集中在全球化上,因为在政客们的政治炒作下,全球化失意者认为他们的失利并不是由于他们在市场竞争中运气不好,而是因为全球化的规则以及贸易伙伴的行为是不公平的。与此同时,当全球化的冲击主要是以贸易、金融和外国投资的形式出现时,发达国家的那些民粹主义政客就可以轻松地将可识别的外国人——中国人或墨西哥人——作为问题的根源,同时也可更加容易地根据收入/社会阶层、我们/他们的划分而进行社会动员,于是全球化就成了一种方便的"替罪羊"。

(三)国际秩序转型

由于上述原因,2008 年国际金融危机后,全球化再次出现与大萧条后相似的逆转,集中表现为全球贸易增速大幅下滑,甚至已经低于全球经济增速;国际直接投资增速下降,外资撤出现象明显;排外情绪高涨,移民数量增幅下降;等等。瑞士经济研究所(Swiss Economic Institute)从 2013 年开始公布全球化指数,根据其最新公布的数据,与 1990—2008 年相比,国际金融危机以来世界范围内的全球化指数都出现了停滞现象(或缓慢增长)。将世界作为一个整体,全球化指数从 1990 年的 44.66 上升到 2008 年的 55.72,提高了 24.8%,此后则进入缓慢增长阶段,2016 年时为 58.16,仅比 2008 年提高 4.4%,2019 年也仅为 58.46;发达国家是导致这一结果的主要原因,这些国家作为一个整体的全球化指数从 1990 年的 56 上升到 2008 年的 67.97,提高了 21.4%,此后则完全陷入停滞,2016 年时为 69.13,只比 2008 年提高了 1.7%。②

逆全球化的一个重要表现是贸易保护主义的盛行,它在抑制全球贸易增长的同时,也会引发跨国公司重新评估其跨国经营风险,并在此基础上对其全球布局进行有选择的战略收缩调整。一系列的证据显示,2008 年国际金融危机以后,部分跨国公司开始收缩其全球生产链,进行战略性撤退。比如 2009 年 8 月安永会计师事务所总部就宣称,由于经济

---

① Dani Rodrik, "Populism and the Economics of Globalization", NBER Working Paper Series No. 23559, 2017.

② Swiss Economic Institute, "KOF Globalisation Index" (http://globalization.kof.ethz.ch).

危机和全球监管环境的变化，旗下服务的许多公司正在考虑重组其供应链，向更小、更地区化的供应链发展。波音公司也表示，将放弃其越来越分散化的网络生产模式，将关键的生产过程集中在主要的几个基地进行。[①] 根据《2018年世界投资报告》，2012年以来全球价值链增长已处于停滞状态。国外增加值——一国出口当中进口商品和服务的占比，是衡量全球价值链的重要指标——在经历了20年持续增长后于2010—2012年达到了顶峰，此后就处于停滞甚至倒退的状态。如果把全球的总出口分解为国内增加值和国外增加值，那么从1990年至2010年，国外增加值在其中所占的份额是持续上升的，从24%提高到了31%，20年期间提高了7个百分点，为全球贸易增长做出了重要贡献。然而自2011年开始，国外增加值增长出现停滞，2017年其占比降至30%。这一变化在很大程度上反映了2010年以后全球化和国际直接投资的停滞和倒退。[②]

全球化逆转使过去几十年一直是全球化红利最大受益者的东亚地区面临巨大的发展挑战。过去几十年，东亚各国正是在宽松的国际环境背景下，充分利用区域内差异化产业结构形成的历史机遇，依据本国比较优势加入区域和国际分工网络，实现了经济的高速增长并形成梯次的赶超格局，而且，东亚能够比较快地摆脱1997年金融危机，重新走上复苏之路同样也得益于全球化的贡献。但在贸易保护主义盛行的后危机时代，东亚恐怕很难再享有以前那样宽松的国际环境，其高度出口依赖型的经济增长模式将遭遇更多更大的挑战。长期看，改变这种增长模式对东亚来说是唯一的选择，否则，全球经济将再次陷入失衡的困境。[③]

（四）全球化管理与国际秩序转型的未来

在国际秩序进入"大转型"的历史阶段，由于全球化被赋予了太多内涵和功能，如何有效地管理好全球化并使其发挥出更为积极的作用，

[①] H. Escaith, "Trade Collapse, Trade Relapse and Global Production Networks: Supply Chains in the Great Recession", MPRA Paper, No. 18433, 2009.

[②] UNCTAD, "World Investment Report 2018" (https://unctad.org/publication/world-investment-report-2018).

[③] Manu Bhaskaran, Ritwick Ghosh, Harinder Kohli, "Lessons of the Crisis and Global Imbalances: Should and Can Asia Reduce its Reliance on Exports to US and Europe and Focus More on Internal (Regional) Markets?", Paper prepared for the Asian Development Bank (ADB), Manila: ADB, 2010.

将关系国际秩序的转型能否顺利实现。在经济学领域，许多学者——从保罗·克鲁格曼（Paul R. Krugman）到约瑟夫·斯蒂格利茨（Joseph Eugene Stiglitz），从丹尼·罗德里克（Dani Rodrik）到托马斯·皮凯蒂（Thomas Piketty）——所进行的研究均指出了当前经济全球化条件下发达国家经济发展范式的弊端，并针对国际与国内的双重困境提出了解决方案，如更大程度地发挥政府的作用，更加重视收入分配公平对经济发展的重要性，同时着重指出过多、不受约束的国际竞争可能会对一国经济增长构成抑制作用。然而，由于全球秩序已经遭到系统性破坏，重构之路无疑会变得异常艰难。仅从当前世界的动荡程度看，不同的国家对于是否需要继续拥抱全球化或者如何管理全球化、国际秩序是否需要调整或者如何调整这些问题尚未达成共识。来自新兴国家的民众希望摆脱不平等的国际政治经济格局，获得与本国综合国力相匹配的话语权；来自发达国家的民众则希望能通过政策调整和所谓的公平贸易来扭转国内收入差距持续扩大的局面。在这种情况下，罗德里克等提出的理性的全球化管理和政策调整方案是否能够得到有效的实施，就成了全球化能否继续向前、国际秩序转型能否顺利推进的关键。而为达成这一点，无疑需要在世界范围内展开充分的讨论和相互之间的谅解，其中世界性大国的选择将成为决定性因素。

第二节 问题的提出

根据过去两个世纪的历史经验，全球范围内存在着广泛的非均衡发展。世界经济产出的地理分布不断变化，经济板块从 19 世纪的西欧转移到 20 世纪初的北美，第二次世界大战后随着以日本为首的东亚地区国家的快速崛起，经济板块再次向东发生转移。[①] 1960 年，东亚作为一个整体在全球 GDP 中的比重只有 8.9%，远低于北美和欧盟。此后东亚经济增长进入快车道，2000 年全球占比升至 22.2%，虽然仍低于北美和欧盟的 32.7% 和 26.5%，但已基本形成三足鼎立之势。2018 年东亚 GDP 的全球

---

① 《2009 年世界发展报告：重塑世界经济地理》，胡光宇等译，清华大学出版社 2009 年版，第 109 页。

占比进一步达到27.5%，并超过北美和欧盟的25.9%和21.8%，成为世界经济最重要的火车头。其中，中国的贡献尤为显著，GDP全球占比从1960年的4.4%上升至2018年的15.8%，成为仅次于美国的世界第二大经济体。2008年国际金融危机以来，中国对全球经济增长的贡献率已连续多年达到或超过1/3。[①]

一　东亚经济增长的典型化特征

20世纪80年代以来，如何对东亚经济的快速增长进行合理解释一直是学术界研究和争论的热点，学者们往往从不同角度对所谓的"东亚奇迹"进行解读。[②] 从区域发展的整体视角看，东亚经济增长具有以下四大特征。

（一）出口导向的工业化战略

第二次世界大战后，进口替代曾被认为是后发国家工业化的必经之路，但从众多国家的实践看，过度的进口替代政策并未带来良好的增长业绩，反而导致了严重的经济结构畸形和工业化发展的停滞。东亚国家在经济发展初期，也普遍采用了进口替代政策，与其他后发国家不同的是，它们更早地意识到了进口替代政策的问题，并迅速转向出口导向工业化战略，这被人们认为是东亚工业化取得成功的一个关键。为鼓励出口，各国所采取的措施相当广泛，包括出口信贷、出口补贴、制订出口

---

① 根据世界银行相关数据计算得出（https://data.worldbank.org/indicator/NY.GDP.MKTP.CD?view=chart）。

② 该领域比较有代表性的文献包括：《东亚奇迹——经济增长与公共政策》，财政部世界银行业务司译，中国财政经济出版社1994年版；［美］约瑟夫·E·斯蒂格利茨、［美］沙希德·尤素福编《东亚奇迹的反思》，王玉清、朱文晖等译，黄卫平校，中国人民大学出版社2013年版；Alice H. Amsden, *Asia's New Giant: South Korea and Late Industrialization*, New York: Oxford University Press, 1989; Robert Wade, *Governing the Market: Economic Theory and the Role of the Government in East Asian Industrialization*, Princeton: Princeton University Press, 1990；［美］查默斯·约翰逊《通产省与日本奇迹——产业政策的成长（1925—1975）》，金毅、许鸿艳、唐吉洪译，曹海军校，吉林出版集团有限责任公司2010年版；［日］青木昌彦、［韩］金滢基、［日］奥野-藤原正宽主编《政府在东亚经济发展中的作用：比较制度分析》，张春霖等译，中国经济出版社1998年版；李晓《东亚奇迹与"强政府"——东亚模式的制度分析》，经济科学出版社1996年版。

目标以及采取税收激励措施等。① 这种战略的实施往往同积极利用外资及在此基础上大力振兴出口产业联系在一起，因此又被西口清胜称作"依赖外资的面向出口工业化战略"，即政府根据本国的比较优势，通过扭曲要素价格市场，实施偏向性的产业政策、外资政策和严格的出口补贴措施，以减少家庭和个人的当前消费为代价，最大可能地促进相关重点支持产业的投资、生产和出口，以此快速扩大经济规模，促进经济持续增长。② 这种发展模式因其典型的重商主义或新重商主义③特征而遭到美国的批评。美国《商业周刊》在1996年4月15日发表的《亚洲的真正威胁：重商主义》一文中指出："对美国在亚洲的国家利益的真正挑战是重商主义。国家指导下的资本主义和贸易保护主义正在给美国的国家利益造成严重的损害，其原因是阻碍美国的出口、对外投资、经济增长和创造高工资的就业机会。……只要重商主义占上风，千百万失业和失去收入的美国人就会认识不到自由贸易的理论成果。日本正在向整个亚洲输出他们的经济模式。韩国是日本的第一个门徒，接着是马来西亚，中国现在正在采用重商主义。"④

（二）东亚经济增长的区域性

1993年9月，世界银行发表了题为"东亚奇迹——经济增长与公共政策"的研究报告，成为国际学术界研究东亚经济增长问题的一个重要里程碑。在该报告中，世界银行从实现经济长期持续增长和相对平均收入分配的角度，选取了八个业绩优良的东亚经济体，包括高速增长的亚洲"四小龙"（韩国、中国台湾地区、中国香港地区、新加坡）和东盟主要成员（印度尼西亚、马来西亚和泰国）以及在东亚地区率先实现现代化的日本，以其为样本分析了创造"东亚奇迹"的七大重要因素：高比率的储蓄和民间投资；积极培育人力资源等政策引导了增长；坚实地维

---

① 《东亚奇迹——经济增长与公共政策》，财政部世界银行业务司译，中国财政经济出版社1994年版，第8页。

② ［日］西口清胜：《现代东亚经济论：奇迹、危机、地区合作》，刘晓民译，厦门大学出版社2011年版，第46页。

③ 胡坤：《"日本病"与新重商主义》，《日本学刊》1997年第4期。

④ 《参考消息》1996年4月11日。转引自王锐生《亚洲价值与金融危机》，《哲学研究》1998年第4期。

护了经济基础变量;通过有效的产业政策等政府的有效支援推行出口导向型战略;开发基础设施;积极引进国外技术;培育引导发展的金融机构。①

东亚的崛起对学术界关于现代世界的理解提出了重大挑战。比如"计划还是市场"这种业已建立的二分法无法解释东亚成功的发展经验,东亚地区的发展特征也对主要基于将世界划分为核心区、边缘区和半边缘区的世界体系理论提出了挑战,非正式的、主要通过市场自发行为将东亚各经济体连接在一起的网络的成功也对主要从欧洲经验得出的区域一体化理论构成了挑战,而这其中,东亚作为一个地区而不是一个国家的成功,无疑是最具有挑战性的。② 大量有关"东亚奇迹"的研究表明,东亚作为一个国际性的重要区域,已不再是一个简单的地理概念,而是包含着特定的国际经济关系含义。③ 东亚经济崛起或东亚奇迹,其核心内涵是指东亚地区众多的发展中国家,在第二次世界大战后在实现国家独立建立现代国家政体的基础上,依靠正确的战略和体制模式选择,快速地实现了工业化和现代化的发展,从而使该区域成为世界经济的主要构成之一。

从差异中抽象出成功发展机制是众多分析"东亚奇迹"的研究成果的共同特征。由于东亚包含了众多的而且相互之间存在较大差别的国家及地区,这就为研究带来了很大的困难。鉴于此,有的学者对研究对象进行了简化,或选择若干具有代表性的典型国家和地区进行研究,或对单一的代表性国家和地区进行研究。如韩国学者安忠荣在其著作《现代东亚经济论》中,就只选择了韩国、中国台湾地区、马来西亚三个所谓的东亚先行新兴工业国家(地区)进行典型案例研究。他指出,作为研究重点,上述三个

---

① 《东亚奇迹——经济增长与公共政策》,财政部世界银行业务司译,中国财政经济出版社1994年版,第27—32页。

② [美]乔万尼·阿瑞吉、[日]滨下武志、[美]马克·塞尔登:《东亚国际体系与东亚的崛起》,载王正毅、[美]迈尔斯·卡勒、[日]高木诚一郎主编《亚洲区域合作的政治经济分析——制度建设、安全合作与经济增长》,上海人民出版社2007年版,第37—38页。

③ 参见[韩]安忠荣《现代东亚经济论》,田景等译,李相文校译,北京大学出版社2004年版;[日]西口清胜《现代东亚经济论:奇迹、危机、地区合作》,刘晓民译,厦门大学出版社2011年版;[美]德怀特·珀金斯《东亚发展:基础和战略》,颜超凡译,中信出版集团2015年版。

经济体都是市场经济框架内实现高速增长的"新兴工业国（地区）"，而区域内经济最发达的日本和社会主义市场经济体制下运行的中国，只作为环绕先行新兴工业国（地区）的外部条件来论述它的作用，泰国等后起的东盟国家无论是发展水平还是发展模式上，还不能归入区域内优秀行列中。[①]珀金斯将10个经济上已经获得实质性成就的东亚经济体划分为三组进行分析，即已经跨入高收入经济体行列的日本、韩国、中国台湾地区、中国香港地区和新加坡；实现了持续经济增长的东盟四国（马来西亚、泰国、印度尼西亚和越南）；单独成为一组的中国。[②] 西口清胜则把东北亚和东南亚的所有国家和地区都纳入其研究范畴，讨论该地区的经济发展。[③] 与这些学者相比，阿姆斯登、韦德和约翰逊分别选取了韩国、中国台湾和日本作为研究案例讨论东亚的成功经验。[④]

除了讨论一国（地区）发展经验的案例研究，有关"东亚奇迹"的研究成果，往往会把东亚作为区域整体，讨论各国（地区）之间的相互经济关系以及以此为基础形成的所谓"东亚模式"问题。也就是说，东亚模式既包括了区域内各经济体发展模式的共性，还作为一个超越具体国家（地区）的区域发展模式，涵盖了区域内部各经济体之间的经济联系。这种密切的经济联系表现为区域内的国际分工和贸易体系的形成，因此构成了一个区域整体。

（三）东亚区域分工的动态性和继起性

从20世纪60年代到80年代短短的30年里，东亚从世界经济的落后地区一跃而成为经济发展最为活跃并且在国际经济中占有重要地位的地区。东亚各国（地区）快速的经济发展，不仅增强了整个区域的经济实

---

① ［韩］安忠荣：《现代东亚经济论》，田景等译，李相文校译，北京大学出版社2004年版。
② ［美］德怀特·珀金斯：《东亚发展：基础和战略》，颜超凡译，中信出版集团2015年版，第6页。
③ ［日］西口清胜：《现代东亚经济论：奇迹、危机、地区合作》，刘晓民译，厦门大学出版社2011年版。
④ Alice H. Amsden, *Asia's New Giant: South Korea and Late Industrialization*, New York: Oxford University Press, 1989; Robert Wade, *Governing the Market: Economic Theory and the Role of the Government in East Asian Industrialization*, Princeton: Princeton University Press, 1990; ［美］查默斯·约翰逊：《通产省与日本奇迹——产业政策的成长（1925—1975）》，金毅、许鸿艳、唐吉洪译，曹海军校，吉林出版集团有限责任公司2010年版。

力和发展活力，而且，在发展过程中也逐渐形成了日益紧密的国际分工体系。第二次世界大战后西欧作为世界的发达经济区域，其发展与区域内部各经济体之间经济联系的加强紧密相关，是世界上实现区域一体化的最典型代表。西欧地区的发展和区域化是在区域内部各国经济发展水平相近的条件下实现的，各国之间的经济发展具有极高的同质性，区域分工也呈现出显著的水平性特征。与此相比，东亚区域的国家和地区构成则存在着很大的差异性或多样性，由于启动工业化的时点不同，发展的初始条件也差异巨大，决定了东亚经济发展具有显著的动态性和继起性，区域分工呈现出典型的垂直型特征。

从20世纪50年代中期开始，日本首先开启了工业化进程，而且在短短十多年里就再次进入发达国家行列。日本作为东亚唯一发达国家，在此后的东亚区域发展中一直作为"头雁"保持着领先地位。作为制度模式、技术、资本的传播者，在相当长时期内日本对东亚经济发展发挥了重要的推动作用。继日本之后是亚洲"四小龙"的经济起飞和快速现代化过程，其中韩国和中国台湾地区的发展包括了工业化发展因素在内的完备的经济现代化模式，但是在国家干预和实行自由经济方面，新加坡和中国香港地区的经验同样不容忽视。与亚洲"四小龙"相比，大约在晚10年之后实现起飞的是东盟的几个主要成员国，包括马来西亚、泰国、印度尼西亚和菲律宾。中国作为第四梯队，其经济崛起则始于实施改革开放政策后的20世纪80年代。

东亚区域内处于不同发展水平的经济体在不同时间相继起飞并高速增长，形成保持一定差距的稳定发展形态，常被学者们用"雁行模式"（The Flying Geese Model）来加以概括。日本学者渡边利夫则将其称为东亚的"多层次赶超"，他的总结是，在早期，东亚是以日本为中心国家和其他不发达国家构成的"二元结构"。但是自20世纪60年代开始随着东亚新兴工业经济体和东盟各国的相继起飞，三者之间在工业化发展方面已经不再存在以前那样无法跨越的鸿沟，而是形成了从先进到后进之间存在"连续的差距"，相互存在比较平稳关系的特有的经济空间，或者说在西太平洋地区形成了东亚"四小龙"追赶日本，东盟追赶"四小龙"

的这一"多层次赶超关系"的动态性经济空间。①

（四）东亚区域合作的演进：从区域化到区域主义

1997年12月15日是一个值得铭记的日子。在东盟的邀请下，这一天中日韩三国和东盟十国领导人齐聚马来西亚首都吉隆坡，举行非正式对话与合作会议（"10+3"，APT），实现了历史性的突破。②对于东亚来说，这次会晤具有深远的重大意义，预示着具有区域主义特征的东亚经济一体化合作正式开启。

以东亚金融危机为转折，东亚区域合作可分为特征完全不同的两个阶段。前一个阶段可被称为"区域化"，后一个阶段则可被称为"区域主义"。按照奇雅的定义，区域化是指在没有正式的合作框架情况下，区域内贸易、投资、技术和人口流动的增加所导致的经济依赖性的增强；而区域主义则是指正式的经济合作和经济一体化安排，以及两国和更多国家间通过贸易和投资自由化及促进措施实现经济增长的协定。③

就区域化而言，20世纪70年代东亚合作就开始了，日本企业通过对"四小龙"的直接投资，初步形成了区域内的分工合作。20世纪80年代以后，区域合作则有了更大的进展，除了日本企业，"四小龙"国家和地区的企业对东亚地区的直接投资也开始急剧增加，投资地区以东盟主要新兴经济体为主，90年代中国也加入这一进程。这样，东亚地区就逐步形成了紧密的区域分工网络。但是，与世界其他地区（例如欧洲和北美）不同的是，东亚的区域合作缺乏根据条约和协定加以制度化的地区合作机构。实际上，东亚地区以前也出现过设立地区合作机构的建议，比如1970年韩国曾提议建设"东亚共同市场"（Asian Common Markets，ACM），1990年马来西亚总理马哈蒂尔·穆罕默德则提出建立"东亚经济集团"（East Asian Economic Grouping，EAEG，后改为东亚经济论坛，EAEC），但前者只是提议而已，后者则遭到了美国的强烈反对，因此都没能得到实现。

---

① [日]渡边利夫监修：《亚洲产业革命的时代——西太平洋改变世界》，东京：日本贸易振兴会，1989年，第60页。

② 张蕴岭：《在理想与现实之间——我对东亚合作的研究、参与和思考》，中国社会科学出版社2015年版，第15页。

③ Chia Siow Yue, "East Asia Regionalism", Paper presented at East Asian Cooperation: Progress and Future Agenda, Institute of Asia-Pacific Studies (CASS), Beijing, August 22-23, 2002.

尽管各种构建区域合作机制的设想都以失败而告终，但20世纪90年代之后有关开展制度性区域合作的思想在东亚已经广泛传播开来。比如，韩国前总统金大中就曾提出，21世纪是东北亚和东南亚合起来的东亚时代，如果韩中日与东南亚建立经济共同体，将在21世纪的世界经济中占据主动地位。马哈蒂尔被认为是推动东南亚区域合作的领军人物，也是倡导东亚区域合作的先驱。他在提出"东亚经济集团"的倡议时就说，东亚地区只有联合起来，才能形成本地区的声音，才能争得本地区的应有利益。此外，一些日本学者也提出日本应该学习欧洲经验，努力推进东亚区域主义，建立东亚经济共同体。[1]

20世纪90年代东亚地区之所以会出现构建制度性区域合作框架的思潮，除了地区内部日益深化的区域链接，主要是受到了外部压力的影响。主要表现为三个方面，具体如下。

一是20世纪80年代中期以后，区域主义开始在世界范围内兴起。特别是，1992年欧洲地区根据《马斯特里赫特条约》成立的欧盟，以及1993年美加墨三国根据《北美自由贸易协议》成立的北美自由贸易区（NAFTA）对东亚各国形成了很大的压力，人们已经认识到，东亚没有地区合作机构将会对谈判等造成不利影响。

二是作为体现全球主义的世贸组织，虽然经历八年谈判最终于1994年完成了乌拉圭回合谈判，但谈判进程和达成协议的艰难已使各国的不满情绪日趋强烈，作为可替代或补充世贸组织的机构，人们转而对自由贸易区所代表的地区合作寄予了厚望。

三是亚太经济合作组织（APEC，1989年成立）和东盟（1967年成立）这两个现存的地区合作机构，前者看似热闹实则像是一个"花瓶"，后者则由于所谓的"东盟方式"（ASEAN Way）[2]而长期处于低效状态。

---

[1] 张蕴岭：《在理想与现实之间——我对东亚合作的研究、参与和思考》，中国社会科学出版社2015年版，第7页。

[2] 所谓"东盟方式"，是东盟各国处理内部事务和外部事务而采取的一种独特的行为准则。一般认为，"东盟方式"主要有如下三个最基本的特征。第一，成员国之间的协商一致。协商一致是进一步讨论问题的基础，没有表决，也不存在否决。第二，灵活性原则。所有成员国都力图避免僵硬的谈判过程。第三，政府间合作。东南亚国家联盟的所有决定都是在国家以及区域层次上的政治决定。参见王正毅、[美]迈尔斯·卡麦勒、[日]高木诚一郎主编《亚洲区域合作的政治经济分析——制度建设、安全合作与经济增长》，上海人民出版社2007年版，第12页。

亚太经合组织从最初的12个国家和地区最终扩大到23个，围绕贸易和投资的自由化与经济合作，盎格鲁-亚美利加经济（澳大利亚、新西兰、加拿大、美国）和东亚经济（尤其是中国、马来西亚）之间发生了分裂。正如约翰·雷文希尔在其论文《漂流的APEC》中所指出的，亚太经合组织与其说是地区机构，不如说是具有地区间机构性质的组织，在反映东亚的意见上有其局限。① 东盟国家则由于成员国增加到10个，先加盟的6个国家（新加坡、马来西亚、泰国、印度尼西亚、菲律宾、文莱）与后加盟的4个国家（越南、缅甸、柬埔寨、老挝）之间出现了差距和分歧，其作用有所减弱。

上述背景下，1997年东亚金融危机的爆发，就成了东亚走向制度化区域合作的转折点。在这次危机中，有三个方面的因素直接催生了各国下定决心建立本地区的区域合作机制。一是由于东亚金融危机波及了东亚几乎所有国家和地区，各国便有了共同的经济危机方面的经历，这使它们形成了一体感。二是面对东亚金融危机的巨大冲击，现有的地区合作机构——亚太经合组织和东盟几乎不能发挥任何作用，其无能的表现暴露无遗。三是美国和国际货币基金组织（IMF）在处理东亚金融危机时表现出的傲慢和失误，以及对日本提出的设立亚洲货币基金（AMF）的极力反对，在加剧危机的同时，也使东亚各国备感失望，人们对美国和IMF的不信任感和反抗空前高涨，同时也认识到，为了对付这次危机或今后可能发生的危机，唯有创建本地区的合作机构。一旦形成这种共识，当东盟提出举行第一届"10+3"首脑会议，中日韩三国领导人迅速答应，就成了自然而然的事情。

第一届"10+3"领导人会议除了讨论如何应对金融危机，还就如何深化东亚地区的经济联系以及东亚未来的发展等问题达成了广泛共识，对加强东亚地区合作发出了明确的政治信号。1998年底在越南首都河内举行的第二次东亚领导人会议在已有共识的基础上，就加强地区合作克服金融危机、启动东亚国家副财长和央行副行长会议等议题，取得了一些更加务实的进展。而且各国领导人还一致同意韩国总统金大中的提议，

---

① 转引自［日］西口清胜《现代东亚经济论：奇迹、危机、地区合作》，刘晓民译，厦门大学出版社2011年版，第154页。

决定成立"东亚展望小组"(East Asia Vision Group,EAVG),就东亚合作的前景进行具体规划。1999年11月28日在菲律宾首都马尼拉举行的第三次会议则是一个重要转折点和新起点。会议就推动东亚合作的原则、方向和重点领域达成了共识,首次发表了《东亚合作联合声明》,对东亚地区的合作提出了具有远见的构想,对经济与社会领域、政治与其他领域的合作提出了具体的行动指南。此后,"10+3"领导人会晤得以机制化,越来越多的部长会议机制也开始启动。

在东亚各国领导人的共同努力下,东亚地区合作快速展开。在两个领域的成就尤为突出,具体如下。一是区域货币与金融合作取得突破性进展,建立了以《清迈倡议》(CMI)为基础的地区双边货币互换机制,旨在为出现危机的国家和地区提供流动性支持。2008年国际金融危机以后,各国进一步决定将清迈倡议多边化(CMIM),把东盟的货币互换协议和各个双边互换协议连接起来,建立一个货币储备池,把规模增加到1200亿美元,2012年进一步扩大到2400亿美元(中日韩提供80%,东盟提供20%),并于2014年7月17日正式实施。2011年还成立了东盟与中日韩宏观经济研究办公室(AMRO),主要对东亚的经济形势进行评估,并就CMIM的运行提供必要建议。此外,为促进地区债券市场发展,推动东亚地区的资本循环,还开展了区域债券市场的建设,并分别于2003年和2005年发行了两期亚洲债券基金(ABFⅠ和ABFⅡ)。二是自由贸易区建设如雨后春笋般快速成长,从1991年的7个增加到2005年的123个和2021年的271个,其中已经生效的是174个(见图1-4)。尽管由于存在大量的交叉而可能出现所谓的"面条碗效应",[1]但大量双边或多边区域一体化的累积,也为《区域全面经济伙伴关系协定》(RCEP)的最终形成奠定了坚实基础。2022年1月1日,经过长达8年31轮正式谈判并于2020年11月15日签订的《区域全面经济伙伴关系协定》正式生效,标志着东亚地区最终完成了区域内各类经济一体化组织的协调与整合,形

---

[1] K. R. Durgesh, "Asian Economic Integration and Cooperation: Challenges and Ways Forward for Pan-Asian Regionalism", GIGA Working Papers No. 152/2010, 2010; R. E. Baldwin, "Multilateralising Regionalism: Spaghetti Bowls as Building Blocs on the Path of Global Free Trade", The Paper Presented at the 2006 World Economy Annual Lecture, Nottingham, UK, June 22, 2006.

成了全球范围内人口最多、经济和贸易规模最大的自由贸易区。

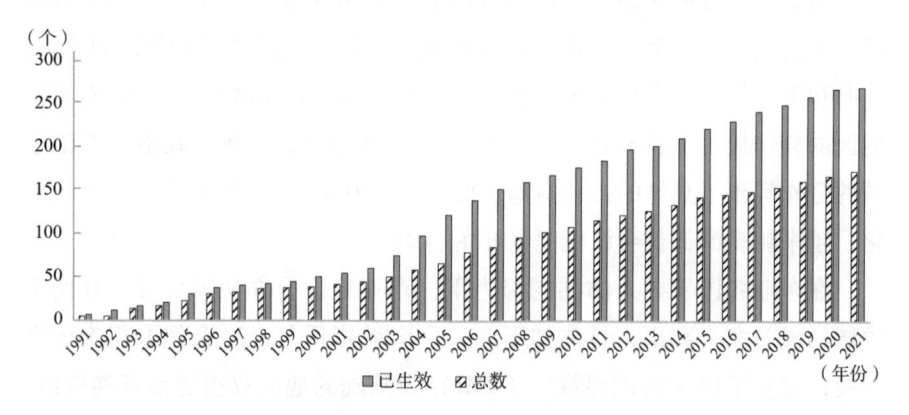

图1-4 东亚地区累积的FTA数量（截至2022年1月）

资料来源：根据Asia Regional Integration Center（ARIC）数据库的相关数据绘制（https://aric.adb.org/database/fta）。

许多研究表明，自由贸易协定有助于促进成员国的经济增长，一种众所周知的途径是贸易创造效应。自由贸易协定通过消除关税、非关税壁垒、服务贸易壁垒和投资自由化等，促进特定市场成员间的贸易深度融合。另一种途径是扩大贸易便利化措施。正如安德森和温库普所指出的，贸易成本不仅包括与边界相关的国际贸易成本，还包括由于缺乏贸易便利化而产生的贸易成本。这种成本导致经济效率的损失和贸易收益的减少。① 由于大多数自由贸易协定都包括了贸易便利化措施。因此，自由贸易协定可以促进更高的增长。

不过，根据索恩和李的研究，与欧盟和北美自由贸易区相比，自由贸易协定对东亚经济的正向影响要小得多。他们的解释是，这反映了东亚自贸区的贸易一体化水平较低。与欧盟的深度一体化相比，东亚地区浅层次贸易一体化的贸易创造效应要更小，便利化方面的成本则更高。② 此外，东亚的电子海关处理和电子贸易网络等贸易便利化的平均水平也

---

① J. E. Anderson and Van Wincoop, "Trade Costs", NBER Working Paper 10480, 2004.

② Chan-Hyun Sohn and Hongshik Lee, "Trade Structure, FTAs, and Economic Growth", *Review of Development Economics*, Vol. 14, No. 3, 2010, pp. 683–698.

要低于世界水平。贸易程序的无效率或低效率会增加贸易成本。表1-2列出了2006年和2009年东亚各经济体与G7国家的进出口时间和成本比较。不难看出,与G7国家相比东亚经济体的进出口时间明显偏高。虽然2009年东亚的平均进出口时间较2006年减少,但仍高出G7国家约一倍。而集装箱进出口成本的高低受距离、运输费用、人工成本等影响较大,东亚的地缘优势和相对较低的运输、人工成本决定了其平均进出口成本低于G7国家。

表1-2　　　　东亚2006年、2009年进出口时间和成本比较

经济体	出口时间（天）		进口时间（天）		出口成本（美元/每集装箱）		进口成本（美元/每集装箱）	
	2006年	2009年	2006年	2009年	2006年	2009年	2006年	2009年
G7平均	13.3	9.7	13.1	10.1	881.1	1122.9	945.4	1228.3
东亚平均（不含日本）	23.1	17.6	25.9	18.4	680.5	748.2	750.1	788.7
东亚平均（含日本）	22	17.0	24.7	17.7	706.2	768.2	775.6	810.2
世界平均	29.9	26.4	33.0	27.5	1132.2	1266.5	1268.9	1409.9

注：G7国家包括美国、英国、意大利、法国、德国、日本、加拿大。

资料来源：根据世界银行《全球营商环境报告》(Doing Business, 2006；2010)相关数据整理得到。

此外,由于签订的协定太多,彼此交叉,容易给企业带来规定和执行不一致的问题,所以东亚自由贸易协定的实际利用率还比较低。根据2011年亚洲开发银行(ADB)所做的一项企业调查研究,只有28%的企业表示它们利用了FTA优惠关税。[①] 因此,为了更好地服务于经济增长,实现各国共赢,东亚各国有必要付出更大努力推进区域合作进程。已经生效的RCEP是一个覆盖面广、内涵丰富的区域一体化协定,但由于成员间的异质性过大,协定必然会存在较多的例外,因此其效果如何尚有待

[①] 参见[日]河合正弘、[英]加乃山·维格那拉加主编《亚洲的自由贸易协定：企业如何应对》,王震宇等译,社会科学文献出版社2012年版,第26页。

观察。但无论如何，这是一个好的起点，有助于东亚国家以此为基础进一步推动区域合作向纵深发展。而在这其中，占据东亚 GDP 总和近90%的中日韩三国之间的合作尤为重要，它将成为决定东亚区域合作能否顺利推进的关键。

二 东亚区域分工体系：危机、重构与挑战

上述出口导向发展战略及区域分工模式的建立与深化，给东亚带来了20世纪后半叶所谓的"增长奇迹"，也帮助各国在1997年遭遇东亚金融危机后能够迅速扫除阴霾，重新走向复兴之路。[①] 然而，水能载舟，亦能覆舟。恰恰是自身的成功和对成功经验的自信满满，妨碍了东亚各国看清自己在通往全球化道路上存在的隐患。事实上，出口导向战略推进下东亚对美欧等外部市场的高度依赖，使该地区的分工体系具有很大的脆弱性和风险性，因为美欧市场的任何波动都将对东亚经济增长产生负面冲击。21世纪以来，随着全球贸易失衡的规模不断扩大，这种分工结构的风险已被许多学者和机构所强调。[②] 不过，以格林斯潘为代表的主流的新自由主义者一直坚持认为，在全球化的道路上，市场有足够的弹性、人类有足够的能力避免出现类似于大萧条那样的经济大危机。但正如朱格拉周期提出者、法国经济学家克里门特·朱格拉所言："萧条的唯一原因就是繁荣。"[③] 2008年国际金融危机爆发后，随着美欧市场的萎缩，东亚各国对其出口急剧下降，并通过产业供应链在该地区迅速形成连锁反应，导致整个区域生产网络的断裂，最终使各国经济陷入全面衰退。

---

① ［美］印德尔米特·吉尔、［美］霍米·卡拉斯：《东亚复兴：关于经济增长的观点》，黄志强、余江译，中信出版社2008年版。
② 比如国际货币基金组织自21世纪初期开始就连续强调全球经济失衡问题的严重性。日本学者林直道甚至早在2000年就指出，"我们绝不期待美国爆发危机，但是危机是资本主义经济内部固有的必然产物，美国积累了形成危机的众多条件，因此可以说危机是难以避免的……如果美国爆发了危机，在美国过度消费停止的同时，世界贸易和金融业也将陷入巨大混乱，即使爆发可与1929年危机相匹敌的世界性大危机也毫不奇怪"。参见 Steven Dunaway, "Global Imbalances and the Financial Crisis", Council Special Report No. 44, Council on Foreign Relations, March 2009；［日］林直道：《危机与萧条的经济理论——对日、美及东亚经济衰退的剖析》，江瑞平等译，朱绍文校，中国人民大学出版社2004年版，第233—234页。
③ ［丹麦］拉斯·特维德：《逃不开的经济周期》，董裕平译，中信出版社2008年版，第65—78页。

外部冲击迫使东亚走上经济再平衡之路。当然，这并不意味着出口将不再重要，因为把为全球市场提供消费品的东亚生产基地搬回发达国家或转移至世界其他地区，在短期内根本是不可能的。本质上，再平衡意味着，东亚需要减少对出口引擎的依赖，实现增长方式向以内需为主的转变。换句话说，就是要从最终产品对美欧市场的非对称性依赖向以东亚区域内消费为主调整，进而实现区域内外更为均衡的经济增长。为此，就需要东亚各国政府对本国经济进行必要的结构调整，并执行适当政策，以确保国内需求驱动的增长。

然而，正如本书第三章所分析的，在重商主义的惯性思维下，2008年国际金融危机后，东亚地区对美欧最终产品市场的过度依赖非但未能得到有效改变，相反还在继续恶化。[①] 这就给东亚的未来提出了一个重大的命题：这种国际分工模式是可持续的吗？如果从本章第一节所讨论的当前国际秩序变化趋势看，答案显然是否定的。在2008年国际金融危机后世界经济持续波动和低迷的背景下，发达国家贸易保护主义持续加强，逆全球化趋势日益明显，全球供应链开始向区域化和短链化方向转变。而中美大国竞争、新冠疫情全球蔓延以及乌克兰危机给世界经济和国际秩序带来的冲击，将对国际分工和全球价值链的未来变化产生更加深刻和长久的影响。因此，对于东亚各国来说，通过改变传统失衡的国际分工模式实现区域经济稳定、可持续的增长，依然是迫切而又任重道远的重大需求。而对于中国来说，在区域分工体系重构进程中将扮演何种角色，应该如何与东亚其他国家开展良性互动，不但关系到中国自身的经济转型和稳定增长，而且事关东亚区域整体的发展前途。特别是，考虑到当前中国经济增长方式转变以及产业结构升级可能给东亚各国经济和区域分工带来的重大影响，我们更应该积极引领东亚区域合作，努力实现东亚各国经济正向联动和区域分工体系重构有序推进。这也是继续稳固中国在东亚地区作为全球供应链"枢纽"中心地位，进而最终实现东

[①] 从2009年到2017年，东亚作为一个整体的对外贸易顺差从4803亿美元增加到7752亿美元，提高了61.4%。在其中，对美货物贸易顺差增长尤为迅速，从2009年的2008亿美元一路上升，2018年达到4505亿美元，提高幅度高达124%。以上内容根据CEIC数据库计算得出（https：//insights.ceicdata.com/login）。

亚各国互惠共生、互利共赢的包容性增长的根本保证。

第三节　本书的基本框架

本书旨在从国际秩序大转型这一背景出发，系统讨论东亚区域分工体系扩大与调整的内涵、特点与路径，深刻剖析中国与亚洲各国之间的产业联动升级、经济协同发展以及互动合作共赢，在此基础上将"一带一路"建设纳入东亚区域分工体系扩大和调整的统一分析框架，通过对二者互动关系的研究，深刻揭示东亚区域分工体系扩大与调整进程中中国引领作用的实质与方向，从而为中国制定合理的亚洲战略提供理论指导和借鉴。全书共分为七章，具体如下。

在第一章绪论部分，主要从民粹主义、逆全球化和国际秩序转型的角度讨论2008年国际金融危机，特别是特朗普执政和新冠疫情全球蔓延以来，东亚区域分工体系进入新一轮重构所面临的时代背景；从出口导向、增长区域性和继起性、区域合作以及主导力量变化等维度，简要概括了20世纪60年代以来东亚经济增长的主要特征。上述分析从历史和现实两个方面为后续讨论提供背景铺垫。

第二章系统梳理东亚区域分工体系的历史演进过程。主要从"雁行模式"（20世纪60年代末至90年代末）向"东亚生产网络"（2000年至2008年国际金融危机爆发）结构转型的角度，详细分析东亚地区分工产生的背景、演进过程、主要特征及其决定因素。以东亚区域分工的转变为基础，该章还将对上述两个时期东亚的增长奇迹、危机和复兴进行讨论。

第三章以2008年国际金融危机的爆发为转折点，从贸易保护主义和逆全球化、中美经贸摩擦、新冠疫情全球蔓延以及中国经济转型等角度，讨论2008年国际金融危机后影响东亚经济再平衡和区域分工体系启动新一轮调整的域内外因素，并在此基础上提出东亚正在超越区域生产网络并进入第三次重构的历史新阶段，且区域分工未来转型的方向是摆脱传统上非对称的"东亚生产—美欧消费"国际分工格局，形成一种区域内外生产与需求更加均衡的经济分工与发展体系，即所谓的"东亚经济圈"。

第四章系统讨论东亚区域分工体系重构进程中中国从"跟随"到"引领"的角色变化。主要讨论中国在东亚区域分工演进中，如何从全面参与全球价值链到成长为"世界工厂"，再经大力推动创新，从而最终实现价值链地位不断跃升的角色变化。在此基础上，该章最后讨论在东亚区域分工体系新一轮重构进程中，中国将如何稳步实现从"全球组装工厂"向"全球制造中心＋世界消费中心"的角色转变。

第五章从四个方面讨论东亚区域分工体系重构进程中的大国竞争。首先从定性和定量两个角度比较分析中美日三国在东亚价值链形成和发展过程中的不同角色和地位变化。其次以东南亚为视角讨论中美日在东亚地区的主导权之争和影响力。再次从制造业的角度讨论中美经贸摩擦对中国经济的影响，以及东亚价值链在中国制造业从经贸摩擦中突围的关键作用。最后以基础设施投资为视角比较和讨论中日两国在东亚地区的竞合关系。

第六章将"一带一路"纳入东亚区域分工体系重构的分析框架，从"一带一路"建设与东亚区域分工调整对接与联动发展的视角切入，讨论中国倡导的"一带一路"建设，如何为东亚区域分工与合作提供了新的机遇和广阔空间，并从"一带一路"高质量发展的角度，深入分析其如何有助于东亚国家在更大的区域内构建合作平台，并实现东亚国家与共建国家之间的新的区域经济大循环。

第七章是结论与未来展望。在总结全书研究结论之后，以分析美国对华价值链脱钩战略，中国稳定发展与持续深化开放进程，以及东亚各国区域合作战略选择等三大影响东亚区域分工未来发展的因素为基础，提出新时期中国推进东亚区域合作的政策建议。

第二章

从"雁行模式"到"东亚生产网络"：东亚区域分工体系的历史演进

第一节 东亚崛起的历史背景

第二次世界大战之后，东亚地区实现了人类经济发展史上罕见的持续高速增长，为低收入后发国家提供了一种极具亚洲特色的发展模式。"东亚奇迹"的产生，是地理、文化、经济、政治等多个系统相互套嵌并出现良性互动的结果。完整把握和量化各个系统的作用虽然困难，但学者们仍前赴后继，试图从不同视角探究其奥秘。

一 区域地理和文化背景

东亚地区拥有得天独厚的地理因素和共有的文化特质及历史背景，这些因素对于东亚地区的成功起到了巨大的推动作用。东亚地区拥有众多世界级的港口和绵延的海岸线，如中国香港和新加坡为驰名全球的商港，高雄、基隆、釜山等也均为著名港口，与此同时大多数国家临近公海航道，这已经成为东亚经济体成功的共同特征。优越的地理位置使东亚区域内的经贸关系具有稳定的驱动力。在文化领域，中国明、清时期所造就的"华夷秩序"为东亚地区带来了文化融合和交流，东亚各国共享着类似的儒家传统和价值观。近代以来在东南亚地区，华人开始发挥重要作用，他们在各国的经济活动中占据着重要地位。华裔本着共同的文化背景在贸易和投资领域非常活跃，他们虽然在当地是少数民族，却是出类拔萃的经商者，各地华人之间建立了跨国伙伴关系，以相互补充的方式将这一地区的地方经济联系起来,成为东南亚贸易的酵母和润滑剂。① 这种区域内的经济关系可以追溯到几个世纪之前中国同柬埔寨、日本、朝鲜、老挝、缅甸和越南之间的联系。② 基于此,兰德斯将"东亚奇迹"称为民族的胜利,即文化的胜利。③

二 国际经济环境

第二次世界大战结束之后,世界经济与国际贸易领域的深刻变化,为东亚地区提供了难得的历史性机遇。大萧条时期以邻为壑的贸易政策让发达国家吃尽了苦头,自由贸易所带来的福利改善逐渐在世界范围内得到经济学家和政治家的认同,各国开始对战前所犯下的错误进行反思,并决心不再让悲剧重演,在美国主导下它们齐心协力推动自由化进程。在投资和贸易领域,世界银行和关税及贸易总协定等多边机构应运而生,有力推动了贸易自由化的发展。处于主导地位的美国认为国际贸易的力量能够治愈一切战争的创伤,这一时期,贸易关税和运输费用大大降低,国际贸易快速增长。在国际金融领域,布雷顿森林体系的建立和国际货币基金组织的成立,在一定程度上实现了各国之间汇率的稳定,与贸易自由化相辅相成,共同促进了战后的繁荣。这一时期,稳定的世界经济格局得以确立,美国承担着维护国际体系稳定的责任,充当最终产品的市场提供者,并发行大量被各国广为接受的储备货币。作为交换,其主要经济伙伴,即西欧和日本,则默许美国享受铸币税、自由制定国内宏观经济政策等各种特权。④

三 区域政治环境

西欧、北美和东亚组成了第二次世界大战后世界的三个政治核心区,

---

① 王正毅、[美]迈尔斯·卡勒、[日]高木诚一郎主编:《亚洲区域合作的政治经济分析——制度建设、安全合作与经济增长》,上海人民出版社2007年版,第37—73页。

② 《东亚奇迹——经济增长与公共政策》,财政部世界银行业务司译,中国财政经济出版社1994年版,第57页。

③ [美]戴维·S·兰德斯:《国富国穷》,门洪华等译,新华出版社2010年版,第524页。

④ World Bank, *Global Development Horizons 2011—Multipolarity: The New Global Economy*, Washington, D. C.: World Bank, 2010, p. 2.

它们几乎包括了国际体系中的所有大国。① 第二次世界大战结束以后，美国拥有无与伦比的综合实力，并且一直保持着领先地位。为维持自身在东亚这一大国利益交织的政治核心区霸权地位，遏制并最终消除苏联在这一地区的影响，美国开始为东亚地区的重建提供不遗余力的支持，以双边合作形式建立东亚同盟体系。② 随后冷战的爆发更是使东亚地区成为美苏博弈达到白热化的地区，美国开始在亚洲进行大规模的军事扩张和经济援助，并为东亚盟友提供安全保障。美国的军事存在和援助为东亚地区的经济起飞提供了强大的外部推动力。首先，使东亚地区的美国同盟国安全得到保障，使这些国家避免直接卷入战争而将精力集中于经济发展。其次，美国的军事行动为东亚地区提供了商品的外部需求，并打开了西方世界了解东亚商业的一扇窗口。最后，为扶持本地区盟友，美国对东亚地区单方面开放市场，降低各国产品对本国市场的准入，为东亚地区未来实施外向型经济发展战略提供了千载难逢的机会。

四 国内形势

战后初期，东亚各国普遍遭受战争的破坏，政治分裂、丧失主要市场以及持续的国际收支平衡问题成为各国战后恢复经济的严重制约，因此战后初期东亚各国纷纷选择进口替代发展模式。③ 在政治领域，除日本外大多数东亚国家处于政治与安全的困境之中，因此新政府迫切需要通过快速的经济增长换取其政权的合法性。在经济领域，许多国家资源相对较为匮乏，国内市场狭小，且长期的殖民统治形成了失衡的经济结构，

---

① 宋伟：《美国霸权和东亚一体化：一种新现实主义的解释》，《世界经济与政治》2009年第2期。

② 关于美国为何在欧洲推进多边合作而在亚洲推行双边主义的讨论，参见 [美] 彼得·卡赞斯坦《地区构成的世界：美国帝权中的亚洲和欧洲》，秦亚青、魏玲译，北京大学出版社2007年版，第49—64页；Stein A. Arthur, "Recalcitrance and Initiative: US Hegemony and Regional Powers in Asia and Europe after World War Ⅱ", *International Relations of the Asia-Pacific*, Vol. 14, 2014, pp. 147–177.

③ 相关研究参见梅振涛《试论台湾的"进口替代与出口导向"经济发展战略》，《世界经济与政治论坛》1988年第11期；李国章《南朝鲜从进口替代到出口导向的战略转换》，《亚太经济》1988年第5期；赵自勇《从进口替代到出口导向——独立之初新加坡新工业化战略的确立》，《东南亚研究》1998年第3期。

以韩国最为典型。日本的撤离给韩国创造了一个外部经济关系和内部管理的真空期，1948 年工业总产值仅为 1941 年的 1/5，通货膨胀高达 100%，对外贸易降至极低水平，国际收支严重失衡。[1] 新加坡同样由于政治壁垒限制了劳动力的自由流动，快速的人口增长使维持实际收入和就业成了新政府主要的政治经济挑战。政治和经济领域面临的上述种种挑战，在一定程度上决定了东亚威权发展模式的形成，经济繁荣和人民生活水平的不断改善成为新生政府获得政权合法性以及民众支持的关键因素。[2]

第二节 "雁行模式"与"东亚奇迹"

一 "雁行模式"与东亚经济赶超

关于 20 世纪 60 年代之后东亚区域分工体系的形成与发展，第一章已进行过简要论述。对于这一阶段的东亚区域分工，许多学者都按照 V 字形飞行的"雁行模式"来描述 20 世纪 70—90 年代东亚地区的经济增长。[3] 这一模式最初源自日本著名经济学家赤松要（Kaname Akamatsu）在 1961 年提出的产业发展理论。[4] 按照赤松要的观点，后进国的产业发展遵循"进口—国内生产—出口"的规律交替进行，因为在图形上像 3 只雁在飞翔，故被称为"雁行产业发展理论"（见图 2 – 1）。第 1 只雁表示进口的浪潮，第 2 只雁表示进口所引发的国内生产浪潮，第 3 只雁则表示国内生产发展所促成的出口浪潮。这是"雁行产业模式"的基本形态。

---

[1] [美] 斯蒂芬·哈格德：《走出边缘——新兴工业化经济体成长的政治》，陈慧荣译，吉林出版集团有限责任公司 2009 年版，第 116 页。
[2] 参见许开轶《东亚威权政治形成的原因与背景分析》，《社会科学》2008 年第 2 期；陈奉林、李荣才《对东亚现代化进程中威权政治的思考》，《外交评论》2005 年第 4 期。
[3] K. Akamatsu, "A Historical Pattern of Economic Growth in Developing Countries", The Developing Economies, Vol. 1, Issues1, 1962, pp. 3 – 25.
[4] Kaname Akamatsu, "A Theory of Unbalanced Growth in the World Economy", Weltwirtschaftliches Archiv, Bd. 86, 1961, pp. 196 – 217.

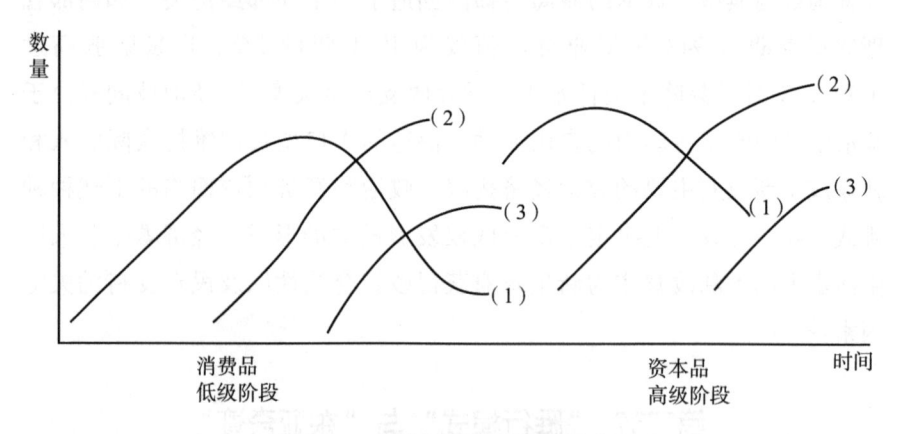

图 2-1 产业发展的"雁行模式"

资料来源：Kaname Akamatsu, "A Theory of Unbalanced Growth in the World Economy", *Weltwirtschaftliches Archive*, Bd. 86, 1961, pp. 196–217.

赤松要的产业发展理论是在东西方贸易关系（即欧美作为领导国家与亚洲作为追随者之间的经济关系）的历史背景下，发展起来的后发工业经济体的三阶段贸易和经济发展范式。简单来说，在第一个阶段，跟随经济体开始进口外国商品，通过示范效应，逐步推动当地产业发展的形成。第二个阶段始于通过使用本地或外国资本或两者的结合开始在国内生产原来需要进口的制成品（进口替代生产）。第三个阶段是当地生产进一步增加，并开始将额外生产的商品进行出口。对于每个产品组，这三个阶段都是依次发生。总体看，"雁行产业发展范式"体现了特定时间内一个跟随国以与自身的要素和技术禀赋相适应的方式模仿发达经济体的产业发展本国经济的动态情况。

在赤松要之后，一些日本学者开始尝试把日本跨国公司的各种海外活动（通过分包、许可证安排、合资企业、外国直接投资等）同区域一体化的主题联系起来纳入统一的分析框架，进而提出了区域经济的"雁行发展模式"。1985 年在韩国汉城（即现在的首尔）举行的太平洋经济合作理事会第四次会议上，已故的日本外务大臣大田三郎向在场观众介绍了这一理论范式，此后相关研究在东亚地区迅速流行起来，"雁行模式"进而开始被广泛认为是亚洲发展和整合方式的象征。①

根据"雁行发展模式",东亚地区分工结构的形成主要源于日本。20世纪60年代末日本再次进入发达国家行列后,在重返亚洲战略的引领下,无论是基于维持本国经济成长性的考虑,还是为了实现在东亚地区构建一个受其支配的亚洲经济共同体的目标,② 日本开始通过对外直接投资、中间产品出口等经济手段,将本国早期所采用的模仿、学习、生产和出口的发展模式向东亚其他后发国家和地区传播,最终形成了"四小龙"赶超日本、东盟和中国赶超"四小龙"的多层次赶超区域发展格局。在此过程中,由于起飞时点的继起性,东亚各国(地区)之间持续保持着经济发展水平和产业结构的稳定差距,因而被比喻为雁阵型的经济赶超。

东亚经济发展的"雁行"结构,首先表现为区域内各国(地区)相继开始起飞及实现持续高速增长,并呈现出多层次的赶超形态。尽管在很长时期内,处于不同发展阶段的国家和地区之间都存在着一定的经济差距,但是动态的赶超过程及后发国家出现更为快速的经济增长,使这种差距呈现不断缩小的趋势。表2-1展示了20世纪60年代以来东亚主要国家和地区的经济增长变化。20世纪60年代日本处于战后高速经济增长的鼎盛时期,1960—1970年GDP平均增长率高达11.7%,在此期间,韩国、中国台湾地区、新加坡等新兴工业经济体也逐渐进入高速增长期,平均增长率超过9%。20世纪70年代,重返发达国家行列的日本经济进入稳定增长时期,增长率出现大幅下降,但是亚洲新兴工业经济体(ANIEs)仍然保持着很高的增长速度,同时马来西亚、印度尼西亚、泰国等东盟主要国家也加入了高速增长的行列,其经济增长率都达到了世界平均水平的两倍以上。东亚大部分新兴工业经济体的这种高速增长态势一直延续到20世纪90年代。随着改革开放的进程加速,中国从1992年开始也加入了高速经济增长的行列。

---

① K. Kiyoshi, "The 'Flying Geese' Model of Asian Economic Development: Origin, Theoretical Extensions, and Regional Policy Implication", *Journal of Asian Economics*, Vol. 11, No. 4, 2000, pp. 375 – 401.

② B. Cumings, "The Origins and Development of the Northeast Asian Political Economy: Industrial Sectors, Product Cycles, and Political Consequences", *International Organization*, Vol. 38, 1984, pp. 149 – 153; F. Furuoka, "Japan and the 'Flying Geese' Pattern of East Asian Integration", *Journal of Comtemporary Eastern Asia*, Vol. 4, No. 1, October 2005, pp. 1 – 7.

表2-1　　　　　东亚主要国家和地区的经济增长率　　　　　（单位：%）

	1965—1980 年	1980—1990 年	1990—1995 年
日本	6.3	4.0	1.3
第一代 ANIEs			
新加坡	10.1	7.1	8.5
中国香港地区	8.6	6.9	5.6
中国台湾地区	9.8	7.9	6.6
韩国	9.5	9.1	7.5
第二代 ANIEs			
马来西亚	7.4	5.9	8.7
泰国	7.2	7.9	8.4
印度尼西亚	8.0	6.3	7.8
中国	7.4	9.1	12.3

资料来源：［韩］安忠荣《现代东亚经济论》，田景等译，李相文校译，北京大学出版社2004年版，第27页。

东亚"雁行模式"的另外一个特征，也是赤松要重点分析的，即东亚各国之间通过国际直接投资和出口贸易而形成的产业转移。20世纪50年代至60年代初，日本大力发展纺织、食品等出口导向型的劳动密集轻工业型产品，成为带动日本经济迅速恢复和发展的主要力量。进入20世纪60年代以后，日本开始集中精力发展以钢铁、造船、化工、汽车、机械等为代表的资本密集型重化工业。这既是日本经济高速增长的重要成果，又是其实现高速经济增长的重要原因。换言之，战后日本经济的发展特别是高速增长时期的发展，是以重化工业化为中心实现的。随着重化工业化的发展，日本国内的机械、机器等资本密集型产品的出口比重迅速提高，并超过了纺织品的出口。因此，这一时期日本开始把纺织、纤维等劳动密集型产业向亚洲"四小龙"转移。亚洲"四小龙"抓住机遇，适时调整发展战略，从进口替代转向出口导向，以此快速融入世界经济并抓住世界产业结构调整的有利时机，承接了大量来自日本和美欧发达国家的劳动密集型产业，除满足国内市场消费需求外，还积极将其推向国际市场，从而拉动了经济增长。

20世纪70年代石油危机开始,特别是在80年代中期"广场协议"迫使日元升值以后,日本加快了向亚洲"四小龙"、东盟和中国的产业转移。这一时期,日本重点发展知识密集型、技术密集型高附加价值产业,而逐渐把资源、能源消耗型的资本密集型重化工产业向亚洲"四小龙"转移。到20世纪70年代末,这些经济体已基本实现从劳动密集型向资本密集型的产业过渡,在此过程中,其低劳动成本比较优势逐渐丧失。于是,亚洲"四小龙"将发展重点转移到重化工业等资本密集型产业的同时,开始将其成熟的或在国际市场上不具竞争力的纤维、服装、杂货等劳动密集型产业转移到泰国、马来西亚等东盟国家和地区,90年代之后则是中国。东盟各国和中国也因大量吸收了日本、亚洲"四小龙"的劳动密集型产业的直接投资,经济增长迅速加快。

最终,东亚各经济体之间就形成了日本—"四小龙"—东盟和中国的产业梯度转移(见表2-2)。这种呈梯次结构发展的区域经济增长模式主要以垂直型国际分工为特征,以比较优势为产业转移标准和依据。在此过程中,直接投资以及与其相伴的中间产品出口是最主要的产业转移方式,日本经济学家小岛清把这种国际直接投资称为"日本型直接投资",以与投资和贸易具有相互替代关系的"美国型直接投资"相区别。王新奎则将小岛清的"日本型直接投资"称为"顺贸易意向型"直接投资。[1]

表2-2 东亚主要国家(地区)主要产业的引入成长期及先后顺序

	日本	韩国	中国台湾地区	中国香港地区	新加坡	马来西亚
纤维	1900—1930年,1950年恢复	1960—1979年	1960—1979年	20世纪50年代初期	20世纪60年代初期;20世纪70年代恢复	20世纪70年代后期
服装及饰物	20世纪50年代	20世纪60—70年代	20世纪60—70年代	20世纪50—60年代	—	—

---

[1] 王新奎:《小岛清教授国际贸易投资理论研究——日本型直接投资与美国型直接投资》,《亚太经济》1987年第4期。

续表

	日本	韩国	中国台湾地区	中国香港地区	新加坡	马来西亚
玩具、钟表、鞋类	20世纪50年代	—	—	20世纪60—70年代	—	—
钢铁	20世纪50—60年代	20世纪60年代后期至20世纪70年代初期	—	—	—	—
化学	20世纪60—70年代	20世纪60年代后期	1970年代	—	—	—
造船	20世纪60—70年代	20世纪70年代后期	—	—	—	—
电子	20世纪70年代	20世纪70年代后期	1980年代	—	—	20世纪80年代中期
汽车	20世纪70—80年代	20世纪80年代	—	—	—	20世纪90年代初期
电脑、半导体	20世纪80年代	20世纪80年代后期	—	—	—	20世纪90年代初期
银行、金融	—	—	—	20世纪70年代后期	20世纪80年代	—

资料来源：[韩]安忠荣《现代东亚经济论》，田景等译，李相文校译，北京大学出版社2004年版，第29页。

二 "雁行模式"下的"三角贸易"国际分工

"雁行模式"的一个重要特征是所谓"三角贸易"（A Triangular Trade Pattern）的形成。[①] 简单说，就是指一个东亚先进国家（地区）向另一东亚后发国家（地区）出口零部件，然后在该国（地区）进行加工

[①] H. Ito and Y. Yoshida, "How Does China Compete with Japan in the US Market? A Triangular Trade Approach", The paper submitted to the APEC Study Center Conference at City University of Hong Kong, May 2004；李晓、丁一兵、秦婷婷：《中国在东亚经济中地位的提升：基于贸易动向的考察》，《世界经济与政治论坛》2005年第5期。

组装，最后把生产出来的最终产品出口到美欧等发达国家（地区）所形成的贸易结构。在该贸易结构中，先进国家的企业处于主导地位，后发国家则主要扮演组装工厂的角色。在东亚，日本始终是"三角贸易"的主导者，20世纪90年代亚洲"四小龙"向东盟和中国转移劳动密集型产业而形成的贸易形态，也具有这种特征（见图2-2）。

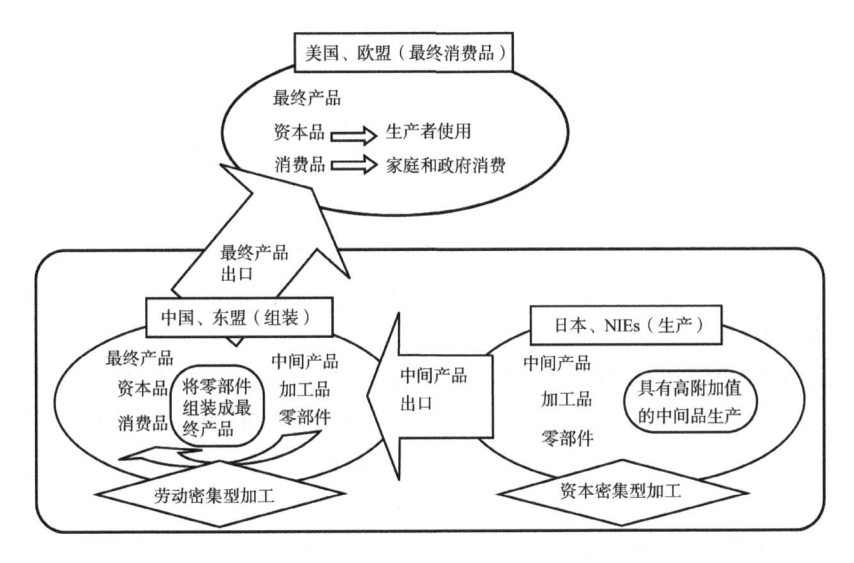

图2-2 东亚地区的"三角贸易"模型

图2-3进一步说明了东亚地区与美欧之间形成的"三角贸易"分工模式。1990年"三角贸易"额是850亿美元，占东亚地区出口贸易总额的比重为11.7%，到了1995年，"三角贸易"额上升至2080亿美元，是1990年的2.4倍，其占东亚地区出口总额的比重也相应升至16.7%；而到2000年和2003年，"三角贸易"额又分别进一步增加至3220亿美元和4470亿美元，占东亚地区出口总额的比重则分别升至19.2%和23.1%。

三 "雁行模式"下的"东亚奇迹"

东亚地区相继的经济起飞和持续的高速经济增长，极大地提高了各国（地区）的经济实力。从表2-3可以看出，20世纪70年代以来东亚地区新兴工业化国家的经济增长持续高于世界平均的增长速度，其中20世纪80年代、90年代和21世纪头十年分别高达世界平均增速的2倍、2.4倍和2.7倍。

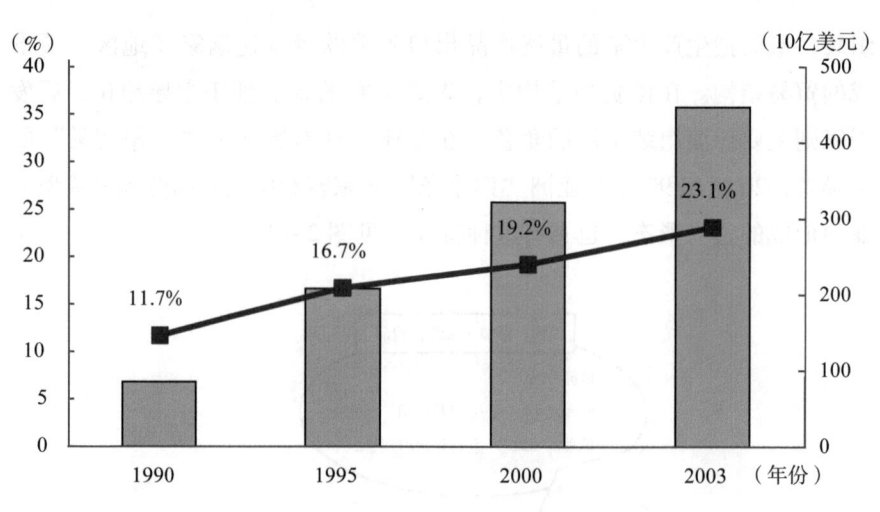

图2-3 东亚"三角贸易"结构的变化

说明：(1) 柱状数值代表"三角贸易"额；折线数值代表东亚地区"三角贸易"额占总贸易额的比重；

(2) "三角贸易"额 = (日本和亚洲"四小龙"向中国和东盟的中间产品出口额) + (中国和东盟向美国和欧盟的最终产品出口额)；总贸易中的"三角贸易"占比 = "三角贸易"额/(日本和亚洲"四小龙"的出口总额 + 中国和东盟的出口总额)。

资料来源：Okamoto Susumu, "Spiral Pattern of Development and Triangular Trade Structure (TTS) as a Regional Manufacturing Platform", The Paper from the RIETI BBL Seminar, July 19th, 2005 (https://www.rieti.go.jp/en/events/bbl/05071901.pdf)。

表2-3　东亚经济增长率的国际比较　（单位:%）

	1961—1970年	1971—1980年	1981—1990年	1991—2000年	2001—2010年	2011—2019年
东亚及太平洋国家（不含高收入国家）	5.5	7.6	8.2	9.1	10.1	7.9
东亚及太平洋国家	9.0	5.8	6.2	4.7	5.5	5.4
高收入国家	6.4	4.5	4.1	3.7	2.7	2.9
世界平均	6.4	4.8	4.1	3.8	3.8	3.8

数据来源：根据世界银行数据计算得出（https://data.worldbank.org/indicator/NY.GDP.PCAP.CD?view=chart）。

第二章 从"雁行模式"到"东亚生产网络":东亚区域分工体系的历史演进 / 45

由于快速的经济增长,东亚各国(地区)的经济发展水平也不断提升。从图2-4可以看出,在1967年,即使是东亚最发达的国家日本,其人均GDP也仅为1229美元,占美国的比重只有28.3%,新加坡和中国香港地区人均GDP分别为626美元和723美元,韩国、马来西亚、泰国、印度尼西亚、菲律宾和中国更是分别低至161美元、317美元、167美元、54美元和97美元。25年之后,即在东亚金融危机爆发前的1995年,这种情况发生了很大变化,尽管东亚各国(地区)之间经济发展水平仍有很大差距,但是各先行工业经济体之间经济发展水平的差距已经大大缩小。日本的人均GDP大幅增加至43440美元,已经超过美国,达到其1.5倍;新加坡和中国香港地区的人均GDP也超过了2万美元,分别达到24914美元、23497美元,占美国人均GDP的比重升至86.8%和81.9%,韩国则达到12565美元,进入世界发达国家的行列。马来西亚、泰国、印度尼西亚、菲律宾和中国的人均GDP也都有大幅提升,分别增加至4330美元、2847美元、1026美元、1067美元和610美元,马来西亚和泰国已经进入或接近中等收入国家水平。

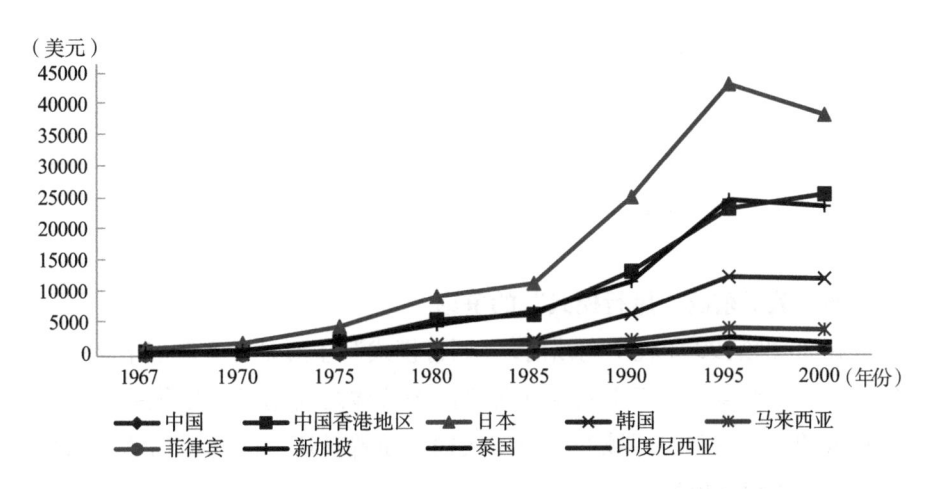

图2-4 1967—2000年东亚主要国家和地区人均GDP的变化

资料来源:世界银行(https://data.worldbank.org/indicator/NY.GDP.PCAP.CD?view=chart)。

除了经济总量和人均收入水平的扩大,东亚经济的崛起还体现为工业化的推进和经济结构的高级化。东亚经济出现的持续的高速增长奇迹,从根本上讲是工业化进程的推进,即工业部门的快速发展构成了持续高速经济增长的基本动力。在20世纪60年代初,除日本、中国台湾地区,东亚各个国家和地区的工业化率都在20%以下,到20世纪70年代初工业化率则提高到了30%左右,而到80年代初,韩国、中国台湾地区、新加坡、印度尼西亚的工业化率进一步提高至40%—50%的水平,马来西亚、菲律宾和泰国等的工业化率也有了显著提高（见表2-4）。工业部门的快速扩大使这些国家和地区从落后的农业国家相继跃进到了世界新兴工业经济体的行列。

表2-4　　　　　东亚主要国家和地区工业化率的变化　　　　（单位：%）

	1960年	1965年	1970年	1975年	1980年	1985年
韩国	10.9	18.1	25.4	35.1	43.0	45.6
中国台湾地区	24.9	28.6	34.7	39.2	45.0	44.8
中国香港地区	—	—	37.3	34.5	32.1	29.4
新加坡	18.3	23.9	30.4	34.3	40.1	38.5
印度尼西亚	14.4	11.9	19.9	33.9	50.0	35.9
马来西亚	19.2	25.7	25.4	26.9	35.7	36.7
菲律宾	—	23.6	29.7	28.9	36.8	32.7
泰国	15.9	19.7	25.3	24.3	28.5	29.8

资料来源：刘洪钟、崔岩、佟苍松《东亚转型研究》,经济科学出版社2013年版,第58页。

四　关于东亚"雁行模式"的争论

在20世纪90年代中期以前,"雁行模式"主要是日本经济学者的正统看法,重点强调处于不同发展阶段的经济体之间基于比较优势的差异而形成的一种动态的区域产业分工结构。随着对这一问题讨论的不断增多,争论也随之出现。

有一些学者通过对东亚地区内的产业转移进行实证研究支持了"雁行发展模式"的理论。陈文寿对日本合成光纤产业从下游到上游依次向"四小龙"、东盟、中国和越南等新兴工业化国家和地区的转移进行了系统的研究。① 小佐井和陈文寿的研究则发现，以制造业占 GDP 比重和制造业占出口总额比重来衡量的工业化，正是通过国际直接投资（FDI）的形式在韩国—泰国—马来西亚—印度尼西亚之间有顺序地进行扩散，与此同时，各国的产业结构则以纺织品—合成纤维—钢铁—办公室设备的顺序不断升级。② 与支持"雁行发展模式"的研究相关，以小岛清为代表，一些学者关于投资与贸易相互关系的研究还表明，与美国对外直接投资通常会对出口贸易形成替代不同，东亚地区的国际直接投资是资金、技术和管理经验的综合体的转移，因此与国际贸易之间形成的是一种互补关系，也就是说，外国直接投资是促进贸易，而不是反贸易的。③ APEC 经济委员会完成的一项有关外国直接投资与 APEC 成员经济一体化的研究也得出了同样的结论。④

从"雁行模式"的发展可以发现，后发国家在发展过程中取得了来自发达国家的资本和技术，这些稀缺的生产要素，如果靠欠发达国家自己来生产，则会消耗大量的资本，相比之下，通过外国直接投资的形式取得这些要素，则成本低廉，并缩短了赶超发达国家相关产业的时间。从东亚的发展经历来看，发达国家的发展经验的确展现了巨大的示范效应，日本和亚洲"四小龙"的快速发展表明，通过利用外在的增长刺激，欠发达国家的产业发展可以取得惊人的赶超速度。⑤ 当然，在通过"雁行模式"发展本国经济的时候，后发国家的产业政策也起了重要的作用，主要表现在：在产业升级方面要引导资源从生产率低的行业向生产率高的行业流动；在技术水平成熟时，培养能够生产进口替代产品的国内企

---

① Tran Van Tho, "Industrial Development and Multinational Corporations", Toyo keizai, 1992. 转引自 K. Yutaka and T. V. Tho, "Japan and Industrialization in Asia: An Essay in Memory of Dr. Saburo Okita", *Journal of Asian Economics*, Vol. 5, 1994, pp. 155–176.

② K. Yutaka and T. V. Tho, "Japan and Industrialization in Asia: An Essay in Memory of Dr. Saburo Okita", *Journal of Asian Economics*, Vol. 5, 1994, pp. 155–176.

③ ［日］小岛清：《对外贸易论》，周宝廉译，南开大学出版社1987年版。

④ APEC Economic Committee, "Foreign Direct Investment and APEC Economic Integration", June 1995 (https://www.apec.org/docs/default-source/Publications/1995/6/Foreign-Direct-Investment-and-APEC-Economic-Integration-June-1995/95_ec_fdi.pdf).

⑤ H. Culter, David J. Berri, T. Ozawa, "Market Recycling in Labor-intensive Goods, Flyinggeese Style: An Empirical Anaylsis of East Asian Exports to the U.S", *Journal of Asian Economics*, Vol. 14, 2003, pp. 35–50.

业;当原有生产要素不具备比较优势的时候,鼓励该产业在国外其他地区寻找有比较竞争优势的要素集聚地进行产业移植。总体看,"雁行模式"的形成是东亚先发国家和后发国家政策相融的结果。[1]

与上述研究不同,部分经济学家对"雁行模式"提出了不同看法。在实证研究层面,董安琦利用电子产业的分析对东亚电子产业是否存在"雁行模式"的问题提出了质疑,通过对显示性比较优势指数(RCA)和净贸易条件指数(NET)[2] 两个指标的计算,作者分析了东亚地区电子产业的比较优势格局,结果显示,虽然"雁行分工假说"在整体上能够很好地描述第二次世界大战后东亚地区发展早期连续的追赶经验,但自20世纪80年代后半期以来的新的国际分工扰乱了比较优势从领导者向追随者的有序转移,"雁行分工假说"无法很好地解释电子行业同时在东亚地区各个国家的普遍繁荣。[3] 程和凯日科夫斯基通过对更多行业的分析,其中既包括服装和自行车等传统行业也包括电子等新兴行业,也表明随着世界经济变得越来越一体化,"雁行模式"理论变得不再适用。[4]

除了实证层面对"雁行模式"存在性的质疑,还有一些经济学家从该模式的动机或后果出发对其进行了批评。早在1984年,卡明斯就认为日本通过"雁行模式"建立亚洲经济共同体的做法,主要是想在东亚建

---

[1] Dilip K. Das ed., *Emerging Growth Pole, The Asia-Pacific Economy*, Singapore: Prentice Hall, 1996, pp. 68 – 98.

[2] 显示性比较优势指数是指一个国家某种商品出口额占其出口总值的份额与世界出口总额中该类商品出口额所占份额的比率,计算公式是 $RCA_{ij} = (X_{ij}/X_{tj}) / (X_iW/X_tW)$,其中,$X_{ij}$表示国家j出口产品i的出口值,$X_{tj}$表示国家j的总出口值;$X_iW$表示世界出口产品i的出口值,$X_tW$表示世界总出口值。一般来说,RCA值接近1表示中性的相对比较利益,无所谓相对优势或劣势可言;RCA值大于1,表示该商品在国家中的出口比重大于在世界的出口比重,则该国的此产品在国际市场上具有比较优势,具有一定的国际竞争力;RCA值小于1,则表示在国际市场上不具有比较优势,国际竞争力相对较弱。净贸易条件指数旨在验证RCA分析的有效性,是"真实"比较优势的"平均"指标,计算公式为 $Net_{ijk}^t = \dfrac{X_{ijk}^t - M_{ijk}^t}{X_{ijk}^t + M_{ijk}^t}$,其中 X_{ijk}^t(M_{ijk}^t)是指i国在t年对j国产品k的出口(进口)。

[3] A. C. Tung, "Beyond Flying Geese: The Expansion of East Asia's Electronics Trade", *German Economic Review*, Vol. 4, No. 1, 2003, pp. 35 – 51.

[4] Leonard K. Cheng and H. Kierzkowski eds., *Global Production and Trade in East Asia*, New York: Springer, 2001, pp. 227 – 248.

立一个受其支配、生产网络具有层级特征的区域经济结构。日本主要是通过外国直接投资向其他东亚国家转移在本国国内失去比较优势的产业,然后再从这些国家购买产品。这就意味着这些产业在后发东道国的发展不仅依靠日本的技术和投资,还依靠日本和发达国家的需求拉动,从而使东亚发展中国家的产业结构非常单一,对外依赖性很强,这种形式的外国直接投资对当地的技术研发也没有太大的促进作用。[1] 伯纳德和拉文希尔则批评说,"雁行模式"只会导致不发达国家对先发国家技术和资本的依赖,而不会鼓励自发的改革。进入东道国的外国子公司通常都是从国外引进资本品和中间产品,除了通过当地廉价劳动力产生很少一点附加值,对东道国基本不会产生多少正向外溢效应。[2] 此外,从贸易的角度看,谷川博认为,由日本占主导的主要靠外国直接投资拉动经济增长的"雁行模式"使"三角贸易"大大增加,并在东亚与美国之间产生结构性的失衡和扭曲,从长期看必然是不可持续的。[3]

最后,霍宁认为"雁行模式"只是一种发展理论,主要描述欠发达国家如何快速成长变成发达国家,当欠发达国家和发达国家之间有着稳定差距的时候,"雁行模式"会产生很好的经济增长推动作用。随着经济的快速发展,欠发达国家的比较竞争优势逐渐减弱,产业结构与先行国家逐渐趋同,在此情况下,发达国家的外部拉动作用就会减少,同时发展中国家的内部需求也不会随着国家 GDP 的发展速度而相应增加,这就会使东亚发展中国家的经济发展遇到瓶颈。因此,"雁行模式"只会在一定时期内有效,对于未来长期的可持续性发展,东亚发展中国家还要另寻出路。[4] 同样,笠原也认为,由于雁型模式所假设的持续的东亚产业等级体系,恐怕无法有效解释该地区不同国家的动态发展,因为东亚经济

---

[1] B. Cumings, "The Origins and Development of the Northeast Asian Political Economy: Industrial Sectors, Product Cycles, and Political Consequences", *International Organization*, Vol. 38, 1984, pp. 149 – 153.

[2] B. Mitchell and J. Ravenhill, "Beyond Product Cycles and Flying Geese Regionalization, Hierarchy, and the Industrialization of East Asia", *World Politics*, Vol. 47, 1995, pp. 171 – 209.

[3] T. Hiroya, "Pitfall of Envisaged 'East Asian Economic Integration' —Implications of Expanding Imbalances in the Global Economy", RIETI paper, June 8, 2004 (https://www.rieti.go.jp/en/columns/a01_0132.html).

[4] P. Korhonen, *Japan and Asia Pacific Integration*, London: Routledge, 1998, p. 23.

圈内的每个国家都渴望通过"蛙跳"提升自己在该地区的相对地位，而不是简单地满足于此。这种力量会导致不同经济发展水平的国家凝聚力的弱化。因此，为解决这一问题，就需要各国政府加强合作和协调，通过减少区域内各公司在某些具体工业活动中的过度竞争，促进区域发展的多样化，进而遏制影响区域动荡的市场力量。①

第三节 东亚生产网络与"东亚复兴"

在"雁行模式"的带动下，东亚各国大大缩小了与西方发达国家的差距，整个地区的贫困人口持续减少，福利水平大幅提高，促进了东亚地区的繁荣。事实上，直到东亚金融危机爆发，其一直被认为是全球化红利的最大受益地区之一。② 然而，就是在这种大好经济形势下，金融危机在1997年7月不期而至。首先是泰国，然后波及马来西亚、印度尼西亚、菲律宾，接下来蔓延至新加坡、中国香港和中国台湾，最后到达韩国。曾经持续创造经济奇迹的东亚"龙"和东亚"虎"就这样一个接一个地倒下，各国（地区）经济规模大幅下降，资产价格瞬间崩溃，银行和企业倒闭大量增加，贫困人口快速上升，人们的不安全感不断加剧。始于泰国的东南亚金融危机最终演变成整个东亚地区的大衰退。

危机之后，学者们围绕危机的生成根源、国际机构的拯救措施与受灾国的应对政策各执一词，理论纷争与观点碰撞持续多年。③ 以萨克斯、

---

① S. Kasahara, "The Flying Geese Paradigm: A Critical Study of Its Application to East Asian Regional Development", UNCTAD Discussion Papers 169, United Nations Conference on Trade and Development.

② 全球化红利主要是指这样一种现象，即全球化使中国、印度等新兴国家低成本的劳动力成为全球劳动力供给的一部分，从而使全球劳动力供给得以在短时期内迅速增加，全球经济的扩张速度得以提升到一个更高的水平。同时，由于经济快速扩张的原始推动力来自生产要素（即劳动力）的外生性增加，通货膨胀并未产生，反而有所下降。在这一过程中，最直接受益者有三类：劳动密集型制成品的生产者（如中国，因为剩余劳动力有了就业机会）、劳动密集型制成品的消费者（如美国，因为开放贸易使其消费者得以充分享用廉价消费品），以及资本所有者（因为更多低成本劳动力加入生产过程，使资本边际收益提高）。参见王庆《"全球化红利"终结》，《财经》2008年第6期。

③ 综合性的讨论可以参见［美］约瑟夫·E·斯蒂格利茨、［美］沙希德·尤素福编《东亚奇迹的反思》，王玉清、朱文晖等译，黄卫平校，中国人民大学出版社2013年版。

雷德莱特以及刘遵义为代表的一些主流经济学家认为，东亚金融危机是一场典型的由金融恐慌而诱发的货币危机①，符合明斯基－金德尔伯格的金融危机模型，即危机通常都要经历替代②、货币扩张、过度交易、资金抽回及信用丧失等五个阶段。③ 这类观点坚持认为东亚金融危机是一次流动性危机而非清偿性危机，危机的直接原因是大量外资在短时间内迅速逆转（大量流入和迅速撤出——1997 年下半年外资流出比例占 GDP 的 11%）。与金融恐慌论不同，更多的主流学者强调，④ 东亚金融危机不只是一种货币危机，同时还是一种严重的银行危机和制度性危机。正如克鲁格曼指出的，任何关于亚洲危机的分析都必须关注金融中介的角色（及其糟糕的管理可能引发的道德风险）⑤。这类观点将危机的爆发主要归咎于有关新兴国家向不稳定的短期性国际流动资本开放所致，因而突发了由恐慌诱导的自我形成危机。换句话说，东亚金融危机是东亚各国在其全球化道路上金融机构、企业和政府都没有为金融和资本账户自由化的风险做好充分准备的情况下由于货币市场的流动性崩溃而引发的银行危机。

然而，进入 21 世纪之后，东亚国家很快从危机中走了出来，并再次

---

① 货币危机是一种狭义的金融危机，是指对货币的冲击导致该货币大幅度贬值或国际储备大幅下降的情况，它既包括对某种货币的成功冲击（即导致该货币的大幅贬值），也包括对某种货币的未成功冲击（即只导致该国国际储备大幅下降而未导致该货币大幅贬值）。对于每个国家而言，货币危机的程度可以用外汇市场压力指标来衡量，该指标是汇率（按直接标价法计算）月变动率与国际储备月变动率相反数的加权平均数。当该指标超过其平均值的幅度达均方差的三倍时，就将其视为货币危机。
② 经济替代指的是对宏观经济的外部冲击。
③ [美] 斯蒂文·雷德莱特、杰弗里·萨克斯、赵晓、刘军：《亚洲金融危机：诊断、处方及展望》，《战略与管理》1998 年第 4 期；刘遵义：《十年回眸：东亚金融危机》，《国际金融研究》2007 年第 8 期。
④ 比如 J. Stiglitz, "Boats, Planes and Capital Flows", *Financial Times*, March 25, 1998; J. Bhagwati, "The Capital Myth: the Difference Between Trade in Widgets and Dollars", *Foreign Affairs*, Vol. 77, No. 3, 1998; D. Rodrik, "Who Needs Capital Account Convertibility?", 1998 (https://drodrik.scholar.harvard.edu/sites/scholar.harvard.edu/files/dani-rodrik/files/who-needs-capital-account-convertibility.pdf)。
⑤ Krugman, P., "What Happened to Asia", in R. Sato, R. V. Ramchandran and K. Mino eds., *Global Competition and Integration*, Research Monographs in Japan – U. S. Business & Economies, Vol. 4, 1999, Springer, Boston, MA.

走上快速增长之路。2007年，世界银行用"东亚复兴"作为一个地区研究报告的题目，以此概括东亚金融危机爆发十年来该地区所发生的巨大变化。① 在这十年期间，东亚新兴经济体的国内生产总值几乎翻了一番，年增长率超过9%；在世界贸易中的份额从17%提高到25%，超过北美自由贸易区的20%；与1998年相比，贫困人口数量减少了近3亿人。② 东亚的经济复兴受益于宽松的国际经济环境，但更重要的是，它是1997年金融危机后东亚各国制度完善和全球化加速条件下区域分工模式转变的结果。

进入21世纪，诸多因素开始推动东亚的区域分工结构不断深入和复杂化，"雁行模式"逐渐消失，③ 一种被称为区域生产网络的分工形态则逐渐形成，并最终成为推动东亚经济区域性增长新的主导模式。

一　东亚生产网络的特征

21世纪之后逐渐出现的区域生产网络由"雁行分工结构"演变而来，但在很大程度上改变了其产业间分工的本质属性，形成了一种以产业内分工甚至产品内分工为基础的区域生产与分工结构。在这种结构中，跨国的生产过程分散化和各国经济的一体化是同时发生的，其核心特点是零部件等中间产品在区域内去而复回地转运，以便在每一阶段进行更深入的加工，直到最终产品的出口。泰国生产硬盘驱动器就是描述这一分工的典型例子。来自11个不同国家的零部件在该国被组装到一起，一旦驱动器组装完成以后，又被出口到别的国家，去组装成为最终的个人计算机。④

在这种新的网络生产分工中，东亚的贸易构成发生了引人注目的变

---

① ［美］印德尔米特·吉尔、［美］霍米·卡拉斯：《东亚复兴：关于经济增长的观点》，黄志强、余江译，中信出版社2008年版。
② ［美］印德尔米特·吉尔、［美］霍米·卡拉斯：《东亚复兴：关于经济增长的观点》，黄志强、余江译，中信出版社2008年版，第1、55页。
③ 2001年5月，日本经济产业省发表的该年度《通商白皮书》第一次明确指出：以日本为领头雁的东亚经济"雁行形态发展"时代业已结束，代之而起的是"以东亚为舞台的大竞争时代"。
④ ［美］印德尔米特·吉尔、［美］霍米·卡拉斯：《东亚复兴：关于经济增长的观点》，黄志强、余江译，中信出版社2008年版，第92页。

化，同时区域内贸易量也在不断增长，特别是产品内贸易最主要的标志中间产品贸易量迅速增加，且与此同时，东亚区域内传统的贸易流向也因中国的崛起而发生了根本性的转变。

(一) 东亚区域内贸易额激增

随着区域内劳动分工专业化程度的日益加深，东亚各经济体之间的相互依赖也不断加强。通常，有两种方法用来描述一个区域内部的相互依赖程度，分别是区域内贸易份额和区域内贸易密集度。[①] 区域内贸易份额指的是区域内贸易占该地区贸易总额的比重，区域内贸易密集度则是指一个地区的区域内贸易占该地区贸易总额的比重与该地区在世界贸易总额中的份额的比。比较而言，区域内贸易份额是一种更加直接的测度区域内相互依赖度的指标，因为它展示了区域内贸易相对于区域外贸易的重要性；区域内贸易密集度则由于其反映了贸易伙伴国选择的区域内偏向，因而是一种更加复杂的测度区域内相互依赖度的方法。

首先，我们来看东亚的区域内贸易。区域内贸易份额用公式表示为：

$$区域内贸易份额 = (Xii + Mii) / (Xi. + Mi.)$$

其中，Xii 表示地区 i 内部的相互出口总额，Mii 表示地区 i 内部的相互进口总额，$Xi.$ 表示地区 i 的出口总额，$Mi.$ 表示地区 i 的进口总额。图 2-5 比较了东亚 (EASTASIA) 与欧盟 (EU)、北美自由贸易区 (NAFTA) 和南方共同市场 (MERCOSUR) 等四个主要地区的区域内贸易份额的长期趋势。总体上，与其他三个地区区域内贸易份额稳中有升的情况相比，东亚区域内贸易的份额显然要上升更快，2004 年已经达到 56%，尽管低于欧盟的 67%，但已经超过北美自由贸易区的 52%。

其次，我们来看东亚地区贸易密集度的变化。贸易密集度可以用公式表示为：

$$贸易密集度 = \frac{(Xii + Mii) / (Xi. + Mi.)}{(X.i + M.i) / (X.. + M..)}$$

[①] G. Capannelli, J. W. Lee and P. Petri, "Developing Indicators for Regional Economic Integration and Cooperation", Paper Prepared for the Symposium on Asian Economic Integration, Nanyang Technological University, Singapore, September 4–5, 2008.

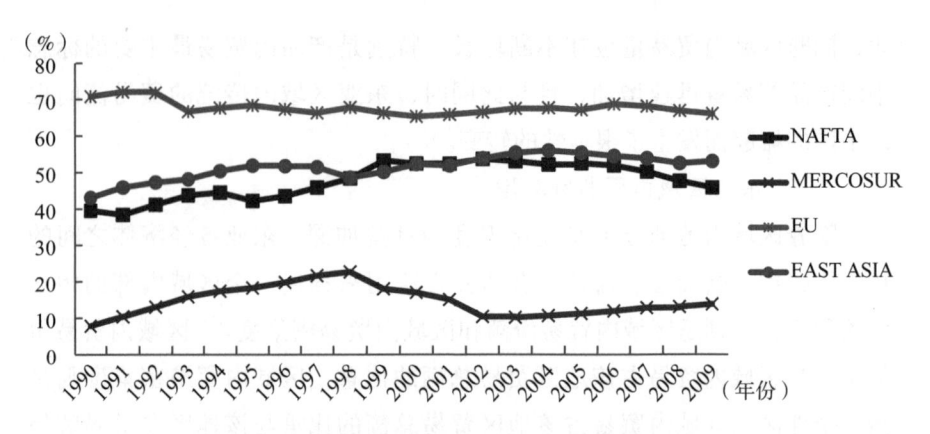

图 2-5 东亚与世界其他地区区域内贸易比较

资料来源：根据 RIETI-TID2010 的相关数据绘制（http://www.rieti-tid.com/trade.php）；东亚的数据来自 Asia Regional Integration Center（ARIC）数据库（http://aric.adb.org/index.php）。

其中，$X.i$ 表示地区 i 对世界的出口总额；$M.i$ 表示地区 i 对世界的进口总额；$X..$ 表示世界的出口总额；$M..$ 表示世界的进口总额。根据前述定义和公式，贸易密集度大于 1 通常说明区域内贸易占该区域总贸易的份额大于根据其在世界贸易中所预期的份额，也即该区域各经济体之间的贸易依赖度高；而贸易密集度下降说明区域内贸易的增长速度小于该地区占世界贸易份额的增长速度，也即该地区与外部世界的贸易增速大于区域内贸易增速。从图 2-6 可以看出，1990—2003 年东亚地区的贸易密集度总体呈上升趋势，说明这一阶段由于东亚生产网络的深化而导致的区域内贸易的增长速度要快于东亚占世界贸易份额的增长速度。但此后持续下降，说明与持续深化的地区分工相比，东亚对外部市场的依赖度在提高，这既与东亚内部的消费品市场不足有关，也与各国高度的出口导向战略相关，同时也是发达国家市场比较宽松的结果。

东亚区域内贸易量的迅猛增长可以从多个角度进行解释。首先，当"雁行模式"发展至产品内分工形式时，一个产品被拆分为不同的零部件在东亚区域内循环流动。而贸易是按照产品的总值来进行衡量的，如果一件产品被运输到另一个国家，进行第二道工序的加工和生产，然后再被运至第三国（如中国）进行组装再出口至欧美，那么这就等于一件产

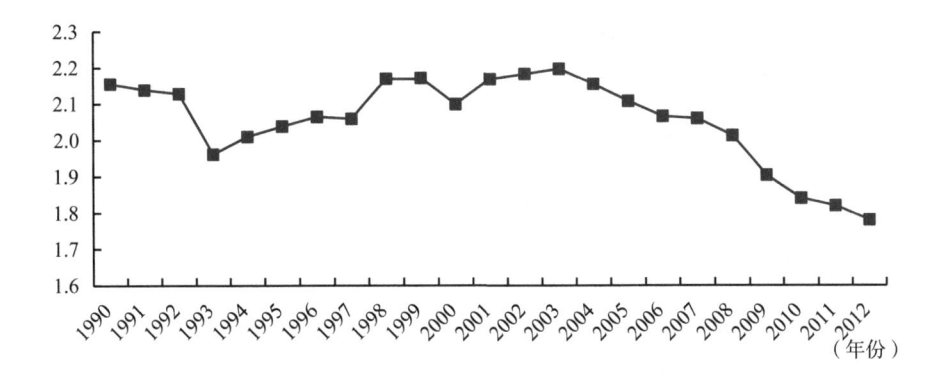

图 2-6 东亚区域内贸易密集度变化

资料来源：根据 Asia Regional Integration Center（ARIC）数据库的相关数据绘制（http：//aric.adb.org/index.php）。

品在国际贸易中重复统计多次，这是产品内分工的独特性，也是东亚生产网络的核心特征，在以下的讨论中我们会进行更为深入的研究。其次，20世纪90年代之后交通运输基础设施的改善也是东亚区域内贸易持续扩张的重要原因，它大大降低了东亚地区的交易费用。2000年至今，在世界范围内，东亚地区的运输成本占进口价值的比重是最小的。这使该地区具有了其他新兴市场所无法比拟的优势。而传统港口的海运枢纽作用变得越来越重要，中国香港、新加坡、中国上海等成为企业首选的货物集散地。这些中心强大的分销网络将东亚的出口产品运送至世界各个角落。最后，20世纪80年代后期开始实施的大范围的关税减免和政策优惠也大大刺激了贸易的增长。如果进口关税较低且出口企业能够获得政府的出口退税待遇，那么靠近东亚地区的各个沿海城市就更为适合发展再出口和外向型产业。东亚主要新兴经济体经济发展的一个主要特点就是低关税和大范围的出口退税。而且，1997年东亚金融危机不仅未在东亚区域内孕育保护主义的种子，恰恰相反，各经济体还利用此次危机进一步加快推动贸易自由化进程和区域经济一体化，根据世界银行的统计，2007年东亚区域内的平均加权关税率仅为5%左右。[1]

---

[1] [美]印德尔米特·吉尔、[美]霍米·卡拉斯：《东亚复兴：关于经济增长的观点》，黄志强、余江译，中信出版社2008年版，第84—85页。

(二) 东亚区域贸易商品结构发生改变

东亚经济体贸易的迅速扩张同样伴随着区域内贸易商品结构的重大变化。从1990年至2004年期间，东亚出口完成了从纺织服饰、木制品、纸制品和家具等技术含量低的轻工业产品向更高级和复杂的制造业产品的转变，机械和电子产品开始占据出口商品的主导地位。2008年，机械产品出口额占东亚总出口的比重高达50%，进口占比则为42%。如果更深入地考察机械产品贸易，可以发现东盟、新兴经济体和中国的机械产品贸易中，办公和通信设备、电子设备所占份额增长尤为迅速，两类产品在中国出口中的占比已分别从1990—1994年的平均6%和4%上升至2000—2004年的平均22%和10%；东盟各国（除印度尼西亚以外）的情况大致与中国类似，均呈现迅猛增长态势，合计占总出口的份额从30%到60%不等。与出口结构变化类似，办公和通信设备、电力机械等产品在东亚许多国家进口中的占比也有所上升。①

与此同时，区域内零部件贸易成为东亚区域内贸易新的典型特征。中间产品贸易开始取代"雁行模式"下的产业间贸易成为处于主导地位的贸易模式。中间产品贸易的主要表现形式是零部件贸易，根据亚洲开发银行的研究，从20世纪90年代开始，东亚的零部件贸易水平逐年增加。区域内零部件出口从1992年的16%增加到2006年的25%。2006年，菲律宾出口的制造业产品中70%是零部件，而中国的零部件出口占总出口的比重从1992年的4%增加到2006年的19%。进口方面，零部件进口占东亚进口总额的比重从1992年的22%提高到2006年的36%。在中国，零部件进口占制造业总进口的比例从1994—1995年的18.5%增加到2006—2007年的44%，与此同时，东亚其他新兴经济体的零部件出口份额大于进口。② 横向比较，如图2-7所示，东亚区域内的零部件贸易占区域内贸易总额的67.3%，远高于北美自由贸易区的29.3%和欧盟的13.2%。也高于34.5%的世界平均水平。

---

① ［美］印德尔米特·吉尔、［美］霍米·卡拉斯：《东亚复兴：关于经济增长的观点》，黄志强、余江译，中信出版社2008年版，第90—91页。

② ADB, "The Global Economic Crisis: Challenges for Developing Asia and ADB's Response", April 2009 (https://www.adb.org/sites/default/files/publication/29705/global-economic-crisis-adb-response.pdf）.

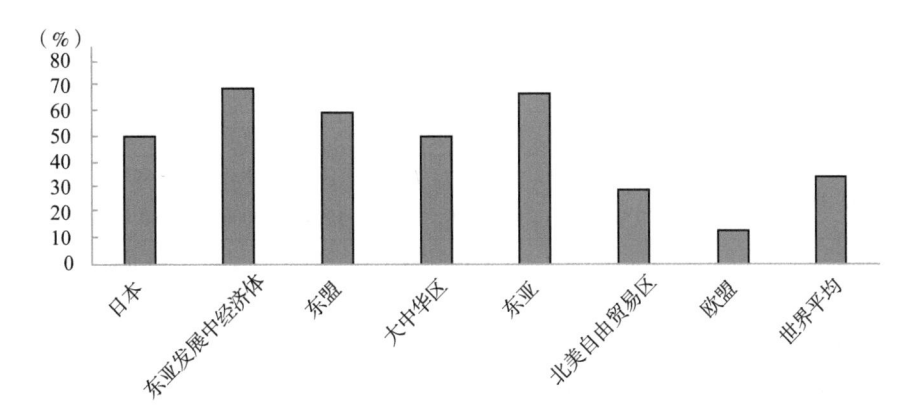

图 2-7 2003 年东亚和世界其他地区零部件区域内贸易比重比较

说明：(1) 大中华区包括中国大陆、中国香港和中国台湾地区；(2) 东亚发展中经济体包括中国、韩国、中国台湾、中国香港以及东盟；(3) 东亚包括日本及东亚发展中经济体。

资料来源：Prema-chandra Athukorala and Nobuaki Yamashita, "Production Fragmentation and Trade Integration: East Asia in a Global Context", *The North American Journal of Economics and Finance*, Vol. 17, No. 3, 2006, pp. 33 - 34。

亚洲开发银行（ADB, 2009）的研究结果还表明，东亚的零部件贸易大多集中于制造业中的通信、电子和机械制造品领域。以机械和运输设备为例（见表 2-5），机械和运输设备零部件在东亚区域内大多数经济体的出口和进口都接近一半。其中，东亚新兴经济体和东盟的零部件贸易增长最为显著。进口方面，中国的零部件进口增长了近 30%，成为区域内零部件进口增速最快的国家。

表 2-5 机械和运输设备的世界贸易（1989/1990 年，2005/2006 年）

	地区/国家（%）						零部件贸易占贸易总额的比重	
	贸易总额		零部件		最终产品			
(A) 出口	1989/1990 年	2005/2006 年	1989/1990 年	2005/2006 年	1989/1990 年	2005/2006 年	1989/1990 年	2005/2006 年
北美自由贸易区	22.4	18.1	24.5	19.7	21.0	16.7	44.9	48.4
欧盟 15 国	35.3	35.4	32.5	31.1	37.3	38.9	37.9	38.9
日本	19.1	11.4	17.8	11.3	19.9	11.5	38.5	43.9

续表

地区/国家（%）	贸易总额		零部件		最终产品		零部件贸易占贸易总额的比重	
（A）出口	1989/1990年	2005/2006年	1989/1990年	2005/2006年	1989/1990年	2005/2006年	1989/1990年	2005/2006年
韩国	2.4	4.3	2.9	4.1	2.1	4.4	49.0	42.8
中国	2.3	9.3	1.4	7.3	3.0	10.9	24.5	34.8
中国台北	3.3	3.8	3.6	5.4	3.1	2.5	45.0	63.8
中国香港	1.0	0.7	1.4	1.0	0.8	0.5	55.6	60.4
东盟六国	6.3	8.0	7.2	10.5	5.7	6.0	46.7	58.4
（B）进口	1989/1990年	2005/2006年	1989/1990年	2005/2006年	1989/1990年	2005/2006年	1989/1990年	2005/2006年
北美自由贸易区	27.2	25.2	28.2	22.3	26.5	27.5	42.6	39.2
欧盟15国	33.7	35.4	33.1	32.0	34.2	38.2	40.4	40.0
日本	3.4	3.7	3.5	4.2	3.3	3.3	42.0	49.9
韩国	2.4	2.2	2.9	3.0	2.0	1.6	49.5	59.7
中国	3.5	7.2	2.5	9.8	4.2	5.1	29.0	60.4
中国台北	2.4	2.0	3.2	2.8	1.8	1.4	55.3	62.1
中国香港	3.9	4.0	3.8	5.7	3.9	2.7	40.3	62.5
东盟六国	9.2	7.2	11.7	11.2	7.4	4.0	52.6	68.8

注：东盟六国指印度尼西亚、马来西亚、新加坡、泰国、菲律宾和越南。

资料来源：根据 UN COMTRADE 数据库（https：//comtradeplus.un.org）和 Athukorala & Hill (2008) 整理得出。Prema-chandra Athukorala and Hal Hill, "Asian Trade and Investment：Patterns and Trends", Paper for Presentation to the Workshop on "Emerging Trends and Patterns of Trade and Investment in Asia", Brisbane, February 1–2, 2008。

我们利用区域内贸易中间产品与最终产品贸易额之比进一步衡量东亚地区中间产品贸易与最终产品贸易增长速度的差异。如图2-8所示，2001—2017年欧盟和北美自由贸易区的这一比例一直比较稳定，大致在1.0—1.3的范围内上下浮动，然而东亚地区的这一比例则总体呈上升趋势，2001年为1.64，2008年达到2.31，此后略有下降，但2017年依然高达2.22，这意味着东亚区域内中间产品贸易额是最终产品贸易额的两倍多，东亚区域内中间产品与消费品贸易的严重失衡，表明东亚地区始终在坚持出口导向型的经济增长战略。

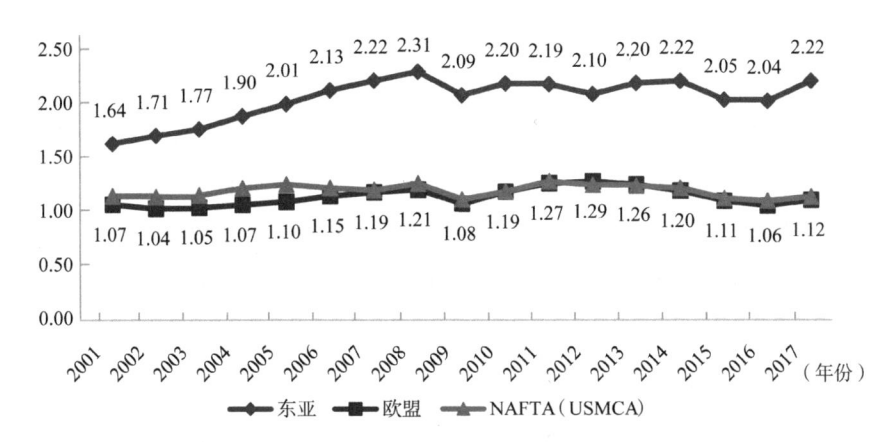

图 2-8 东亚、欧盟与北美自由贸易区区域内贸易结构
（中间产品与最终产品贸易额之比）比较

数据来源：根据 RIETI-TID2011 的相关数据绘制（http://www.rieti-tid.com/trade.php）。

（三）从"三角贸易"到"新三角贸易"

由于东亚区域内贸易的增加，有些学者据此宣称，东亚经济正在与美欧等发达国家经济脱钩。① 然而，所谓的东亚脱钩论其实根本站不住脚。② 事实上，东亚区域内贸易的迅速扩张并不是以地区外贸易的萎缩为代价，相反，东亚国家是在它们原本就已强大的对全球出口的基础上，又扩大了区域内贸易，特别是中间产品的贸易。表 2-6 显示，1998 年到 2006 年东亚新兴经济体的出口总额占 GDP 的比重从 34.4% 提高到了 45.3%。虽然对欧美国家的出口占全部出口总额的比重从 36% 降至 32%，下降了 4 个百分点，但并不能说明东亚对这些市场的依赖下降了。事实

---

① S. Dees, and I. Vansteenkiste, "The Transmission of U.S. Cyclical Developments to the Rest of the World", ECB Working Paper, No. 798, 2007.

② 有关这一方面的研究可以参见 Gabor Pula and T. Peltonen, "Has Emerging Asia Decoupled? An Analysis of Production and Trade Linkages Using the Asian International Input-Output Table", European Central Bank Working Paper, No. 993, 2009; S. Kim, Jong-Wha Lee, Cyn-Young Park, "Emerging Asia: Decoupling or Recoupling", ADB Working Paper Series on Regional Economic Integration, No. 31, 2009.

上，欧美国家一直是东亚新兴经济体最终产品最大的出口目的地，在其出口总额中的所占份额始终维持在 50% 左右。另外，东亚区域内贸易（不含日本）占全部出口总额的比重虽然从 32% 升至 36.4%，上升了 4.4 个百分点，但这主要是中间产品出口增加的结果。在 1998—2006 年的东亚区域内贸易中，最终产品出口所占比重从 18% 下降至 10%，而中间产品出口所占比重则从 81% 提高到 90%。[①] 图 2-9 更加直观地显示了这一点，金等援引全球贸易分析项目（GTAP）数据库的分析结论得出，2004 年东亚新兴经济体的出口中只有 22.2% 的最终产品是在区域内消费，而

表 2-6　　东亚新兴经济体按商品和目的地分类的出口

	百万美元						占 GDP 的比例（%）					
	总计		最终产品		中间产品		总计		最终产品		中间产品	
	1998 年	2006 年	1998 年	2006 年	1998 年	2006 年	1998 年	2006 年	1998 年	2006 年	1998 年	2006 年
对 G3 国家的出口	363.0	905.1	143.0	289.2	220.0	615.9	16.2	18.7	6.4	6.0	9.8	12.7
其中，对美国的出口	164.5	378.6	70.8	138.8	93.7	239.8	7.3	7.8	3.2	2.9	4.2	4.9
对欧盟的出口	114.7	327.1	39.5	96.3	75.2	230.9	5.1	6.7	1.8	2.0	3.4	4.8
对日本的出口	83.9	199.4	32.8	54.2	51.0	145.2	3.7	4.1	1.5	1.1	2.3	3.0
区域内出口	245.4	800.9	45.7	84.5	199.7	716.4	11.0	16.5	2.0	1.7	8.9	14.8
其中，对中国的出口	78.3	271.9	9.4	13.0	68.9	258.8	6.2	12.1	0.8	0.6	5.5	11.5
对其他地区的出口	160.6	492.2	47.1	121.2	113.6	370.9	7.2	10.2	2.1	2.5	5.1	7.7
出口总额	769.1	2198.2	235.8	495.0	533.2	1703.2	34.4	45.3	10.5	10.2	23.8	35.1

注：(1) 东亚新兴经济体包括中国、中国香港、印度尼西亚、韩国、马来西亚、菲律宾、新加坡和泰国。

(2) "其中 对中国的出口"这一行中所计算的"占 GDP 的比例"的结果，该 GDP 指的是不包括中国的其他东亚新兴经济体的 GDP 总额。

资料来源：Gabor Pula and Tuomas A. Peltonen, "Has Emerging Asia Decoupled? An Analysis of Production and Trade Linkages Using the Asian International Input-Output Table", European Central Bank Working Paper Series, No. 993, 2009.

---

① 如果算上日本，东亚区域内贸易中最终产品贸易和中间产品贸易所占的比重分别为 31% 和 60%，与欧美内部的 45% 和 50% 相比，仍然显得极不对称。参见 Sayuri Shirai, "The Impact of the US Subprime Mortage Crisis on the World and East Asia", MPRA Paper, No. 14722, 2009.

高达77.8%的最终产品出口到了世界其他地区。G7国家仍然是东亚的主要出口市场，其中流向美国、欧盟、日本的比重高达59.1%，而仅有6.4%流向中国。[①]

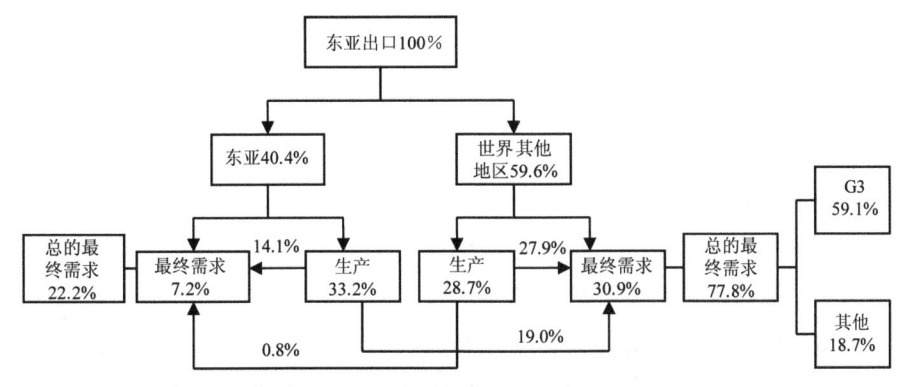

```
                        东亚出口100%
                       /            \
                  东亚40.4%        世界其他
                                  地区59.6%
  总的最终                                              总的最      G3
  需求        最终需求   生产    生产    最终需求       终需求    59.1%
  22.2%       7.2%    33.2%   28.7%   30.9%          77.8%
                    14.1%          27.9%                        其他
                         0.8%    19.0%                         18.7%
```

图 2-9 东亚发展中经济体出口的分解

说明：东亚发展中经济体包括中国、中国香港、印度尼西亚、韩国、马来西亚、菲律宾、新加坡、中国台湾以及泰国。

资料来源：Soyoung Kim, Jong-Wha Lee, Cyn-Young Park, "Emerging Asia: Decoupling or Recoupling", ADB Working Paper Series on Regional Economic Integration, No. 31, 2009.

东亚与美欧的上述出口结构特征说明，东亚先进经济体—东亚后进经济体—美欧国家三者之间依然维持着一种"三角贸易"形态，不过，与"雁行阵"发展时期不同的是，基于更复杂生产网络形成的"三角贸易"具有了本质的差异。主要表现为两个方面，具体如下。一是中国替代日本，成为"三角贸易"的主导者。作为"世界工厂"，中国开始在整个区域分工网络中扮演"轮轴"的角色，而日本和其他东亚经济体逐渐依据本国的比较优势，以"辐条"的角色加入了新的分工当中。二是"三角贸易"的形态出现变化。之前主要是日本向东亚各后进经济体进行直接投资和出口资本品，组装产品销往美欧市场，三者之间形成的是一种各后进经济体对美贸易顺差弥补对日逆差的"三角"关系（并形成东

[①] S. Kim, J. W. Lee, C. Y. Park, "Emerging Asia: Decoupling or Recoupling", ADB Working Paper Series on Regional Economic Integration, No. 31, 2009.

亚经济体的"赤字体质")①。而新的区域生产网络形态下，逐步转变为以中国为轴心，日本及其他东亚先进经济体向中国出口资本品、中国向美国等发达国家出口最终制成品的"新三角"关系。在此过程中，其他东亚经济体对美出口比重持续下降，而中国对美出口比重则明显上升，从而形成一种中国对美贸易顺差弥补对东亚其他先进经济体逆差的新型赤字体制。一些学者用"新三角贸易"模式来描述 21 世纪初东亚与美欧的新的国际分工与贸易结构。②③

（四）在新的东亚地区分工中，中国的作用日益增强

在推进东亚区域分工结构转变的诸多因素中，除了不断加剧的国际竞争、信息技术革命所导致的单位成本降低、各国的出口导向政策以及持续宽松的国际环境等因素，中国开放式的崛起在其中扮演了非常关键的角色。总体看，在东亚的全球供应链条上，日本和东亚新兴工业经济体是主要的创新型中间产品的源头，中国则成为最重要的最终组装基地。中国经济不断增强的地区影响可从中国与东亚各经济体快速增长的贸易中看出来。在 1998 年至 2006 年期间，东亚新兴经济体对中国的出口占其 GDP 的比重从 6.2% 升至 12.1%，中国超过日本成为各经济体的最大贸易伙伴。基于这一点，世界银行对中国的态度也不断发生转变。在其 1993 年出版的《东亚奇迹——经济增长与公共政策》中，中国并未被作为研究对象，说明当时中国经济增长的地区影响还不显著，但在 2005 年的《东亚复兴：关于经济增长的观点》报告中，中国的崛起已被认为是理解东亚复兴的"核心问题"。④

---

① 李晓、丁一兵、秦婷婷：《中国在东亚经济中地位的提升：基于贸易动向的考察》，《世界经济与政治论坛》2005 年第 5 期。

② 成新轩：《东亚区域产业价值链的重塑——基于中国产业战略地位的调整》，《当代亚太》2019 年第 3 期。

③ 李晓、丁一兵、秦婷婷：《中国在东亚经济中地位的提升：基于贸易动向的考察》，《世界经济与政治论坛》2005 年第 5 期。

④ 世界银行对《东亚奇迹》不把中国作为研究对象的辩解则是"有意忽略"，认为"中国和八个表现良好的亚洲经济体差别太大"。考虑到中国当时的经济地位以及《东亚奇迹》是在日本政府的资助下完成的，这种辩解可以理解。不过具有讽刺意味的是，在解释《东亚复兴》为何把中国纳入研究范畴的时候，世界银行仍然说"同样是因为中国与亚洲其他国家的区别太大了"。参见［美］印德尔米特·吉尔、［美］霍米·卡拉斯《东亚复兴：关于经济增长的观点》，黄志强、余江译，中信出版社 2008 年版，第 46 页。

中国的独特作用主要表现为以下三个方面。

一是中国正在成为东亚"新三角贸易"的中心。20世纪90年代以来，中国每年经济增长接近9%，其经济增长的动力如其他东亚经济体一样依赖强大的出口能力。中国融入世界经济体系之后为全球制造业输送了大量丰富、廉价的劳动力，全球及区域贸易体系因中国的加入而发生了翻天覆地的变化，由于产品内分工的发展和东亚区域内贸易结构的变化，中国正在日益成为区域内连接东亚生产链与美国的桥梁。

通过考察东亚各经济体对美国的出口变化，我们可以发现，在1995年到2006年之间，除了中国，东亚其他经济体总的出口中对美出口所占份额均出现了大幅度下降，其中日本下降17.24%，韩国、新加坡、菲律宾等国家的下降幅度则更为明显。与这些国家相反，这一时期中国出口中对美国的出口占比则增长了26.53%（见表2-7）。这充分说明中国正在成为东亚区域内的出口中心，中国逐渐取代"四小龙"和东盟原来的地位，转移了东亚各经济体原来对美国的出口，在某种程度上，中国对美贸易顺差代表了整个东亚对美国的贸易顺差。

表2-7　　　东亚各经济体向美国出口占总出口的份额　　　（单位：%）

	1995年	2006年	增长率
日本	27.5	22.76	-17.24
韩国	19.47	13.31	-31.64
新加坡	18.26	10.17	-44.30
中国香港	21.77	14.84	-31.83
中国	16.62	21.03	26.53
马来西亚	20.71	18.79	-9.27
印度尼西亚	13.92	11.17	-19.76
菲律宾	35.79	18.35	-48.73
泰国	17.86	15.05	-15.73

数据来源：根据UN Comtrade数据计算得到（https：//comtradeplus.un.org）。

二是尽管中国是众所周知的贸易顺差大国，然而在与东亚各国的贸易中，中国大多处于逆差状态，中间产品尤为明显，而中国的顺差绝大部分来自欧美（见表2-8）。从前面的分析可知，21世纪之后东亚与欧美国家之间形成了以中国为纽带的"新三角贸易"，其不同于旧"三角贸易"的最显著特征是中国在东亚出口中的核心地位。在"新三角贸易"中，中国开始对区域外（主要是美国）产生巨额的贸易顺差，而与此同时对东亚其他经济体则逐渐表现出贸易逆差。东亚其他经济体的情况恰恰相反，由于它们的商品转移到中国进行组装并出口，因此相对而言它们对区域外的直接出口额减少并开始产生贸易逆差，中国则由于大量零部件产品的出口而产生顺差。

表2-8 1996年和2007年中国与东亚各国（地区）分类贸易比较

	总贸易		零部件和中间产品		最终商品	
	1996年	2007年	1996年	2007年	1996年	2007年
中国香港	25.92	171.46	4.62	32.23	15.9	130.14
新加坡	0.25	12.16	0.08	-0.19	1.00	11.67
韩国	-4.79	-47.92	-4.69	-18.06	-1.72	-31.29
中国台湾	-13.29	-77.51	-8.00	-30.06	-5.83	-47.5
印度尼西亚	-0.84	0.23	0.04	2.12	0.48	3.44
马来西亚	-0.81	-11.04	-0.15	-2.48	0.25	-4.31
菲律宾	0.64	-15.62	0.15	-1.34	0.44	-14.14
泰国	-0.64	-10.67	0.04	-1.44	0.12	5.78

数据来源：根据 UN Comtrade 数据库所得数据整理得到（按照 BEC 分类）（https://comtradeplus.un.org/）。

三是东亚各国经济对中国的出口依存度越来越大，而中国对东亚各国的出口依存度却越来越小。在东亚区域内贸易分工不断深化的同时，我们还可以发现中国的区域内贸易比重呈现出不同于其他经济体的独特性。在1990年到2008年期间，中国总出口中的区域内贸易占比呈现出持续减少的趋势，1990年为42.7%，到2008年时则减少至27.9%。其他东亚经济体的情况则完全相反，区域内贸易占比均出现了大幅度的增加。以韩国和中国台湾最为典型，其区域内贸易额比重几乎增长了两倍，印度尼西亚、马来西亚、菲律宾的比重增长也非常显著。

进一步分析可以发现，中国与东亚各国的出口依存度表现出了不同的走势。图2-10比较了中国、日本、"四小龙"以及东盟四大经济体之间的相互出口依存度及其对美国和欧盟出口依存度的比较，可以看出，20世纪90年代以来日本和"四小龙"对美国的出口依存度都出现了大幅下降，而对中国的出口依存度大幅提升且都超过了对美国的出口依存度，东盟的情况则是对日本的出口依存度下降，对中国的出口依存度上升。总体看，1990—2009年日本、"四小龙"和东盟对中国的出口依存度分别从3%、8%、2%提高至22%、30%、14%。[①] 与此相反，中国对东亚作为一个整体的出口依存度则出现下降趋势，1990—2009年从21%降至19%。不过，这一比值的下降主要是由于中国对日本出口依存度的大幅下降导致的，不算日本，这一期间中国对"四小龙"和东盟的出口依存度事实上还有小幅的上升，但由于比重较小，因此并没有推进中国对东亚整体的出口依存度的上升。

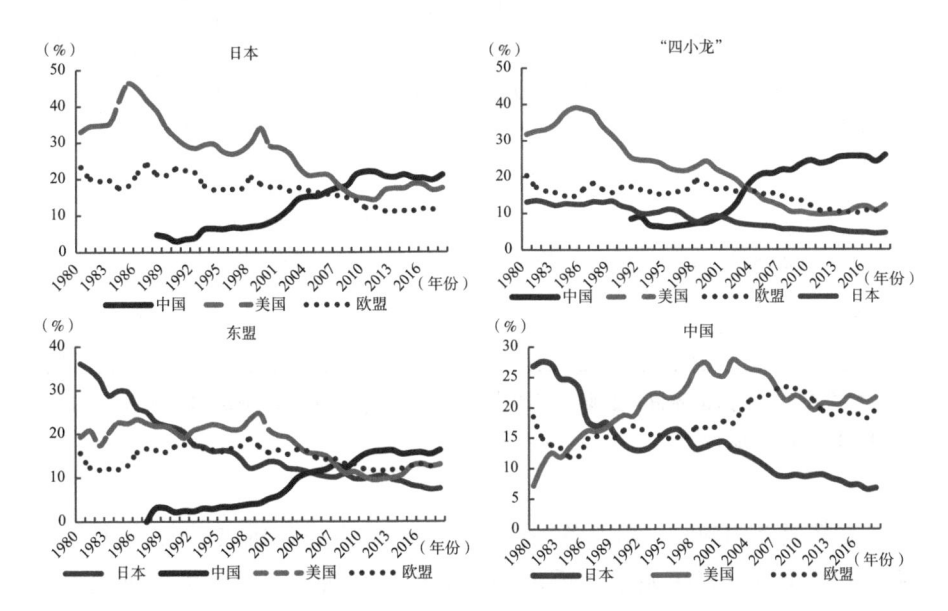

图2-10 东亚各国（经济体）对主要贸易对象的出口依存度比较

资料来源：根据RIETI-TID2010的相关数据绘制（http://www.rieti-tid.com/trade.php）。

---

① "四小龙"对中国的出口依存度分别为1991年和2009年的数字。

二 东亚经济的复兴

在以中国为中心的东亚生产网络的带动下，21 世纪以来东亚各国（地区）经济很快走出东亚金融危机的冲击，重新走上增长之路。从表2-9 可以看出，危机前的 1990—1996 年东亚新兴工业经济体的平均经济增长率是 4.4%，在经历 1998 年的大幅下降后，东亚各国经济从 1999 年开始复苏，并在 21 世纪以后重新走上复兴之路，2000—2007 年东亚新兴经济体的平均经济增长率达到 4.5%。

表 2-9　东亚金融危机前后东亚各国（地区）经济增长率比较　（单位：%）

		1990—1996 年	2000—2007 年	1997 年	1998 年	1999 年	2000 年	2001 年	2002 年	2003 年	2004 年	2005 年	2006 年
东亚新兴经济体平均		4.4	4.5	3.5	-0.1	3.0	4.9	2.7	3.6	4.3	5.2	5.1	5.5
受东亚金融危机影响较大的国家（地区）	印度尼西亚	7.2	4.9	4.7	-13.1	0.8	4.9	3.6	4.5	4.8	5.0	5.7	5.5
	韩国	8.6	5.6	6.2	-5.1	11.5	9.1	4.9	7.7	3.1	5.2	4.3	5.3
	马来西亚	9.5	5.4	7.3	-7.4	6.1	8.9	0.5	5.4	5.8	6.8	5.3	5.6
	菲律宾	2.8	4.7	5.2	-0.6	3.1	4.4	3.0	3.7	5.1	6.6	4.9	5.2
	泰国	8.3	5.2	-2.8	-7.6	4.6	4.5	3.4	6.1	7.2	6.3	4.2	5.0
受东亚金融危机影响较小的国家（地区）	新加坡	8.6	6.0	8.3	-2.2	5.7	9.0	-1.1	3.9	4.5	9.8	7.4	9.0
	日本	2.2	1.4	1.1	-1.1	-0.3	2.8	0.4	0.1	1.5	2.2	1.7	1.4
	中国香港	4.9	5.1	5.1	-5.9	2.5	7.7	0.6	1.7	3.1	8.7	7.4	7.0
	中国	10.7	10.0	9.2	7.8	7.7	8.5	8.3	9.1	10.0	10.1	11.4	12.7
世界平均		2.4	3.5	3.7	2.6	3.2	4.4	2.0	2.2	3.0	4.4	3.9	4.4

数据来源：根据世界银行数据计算得出（https：//data.worldbank.org/indicator/NY.GDP.PCAP.CD?view=chart）。

经济复苏的同时，东亚各国经济的金融体系在危机之后也得到了加强。东亚金融危机肇始于货币市场的流动性危机，其后的发展则表明，东亚金融危机不只是一场货币危机，它也是一场严重的银行危机和制度性危机，是东亚各国在其全球化道路上金融机构、企业和政府都没有为金融和资本账户自由化的风险做好充分准备的情况下，由于货币市场的流动性崩溃而引发的银行危机。危机后各国政策制定者们决心通过制度重构来建立一套保护机制，以抵御经济的波动。尽管各国具体措施有一些差别，但总体上都是围绕金融体系改革来展开制度重建的。典型的措施包括通过政府注资对金融机构的不良贷款进行清理；以合并或兼并等方式重组银行体系；通过改革会计制度和公告制度提高金融机构的贷款审查能力和经营透明度；通过强化货币政策部门的独立性和统一性的方式加强金融监管体系建设；等等。[1]

经过多年努力，东亚各国的金融体系普遍得到改善。银行数量虽然有所下降，但财务状况大幅好转，不良贷款比率不断下降，2007年韩国这一比率甚至降至0.6%的低水平。另外，银行资本充足率大幅提高，2005年整体达到14%左右。银行业的效率也有了很大改善，作为衡量效率的一个指标，大多数东亚国家银行运营成本占全部资产的比例为1%—2%，与欧洲相当并显著低于美国银行业的平均3%的水平。在银行绩效改善的同时，公司部门的财务状况也普遍好转。最突出的是韩国，危机前借款企业的平均负债率为181%，比美国高出3倍，印度尼西亚和泰国企业的负债比率也很高，分别达到71%和94%，但到2004年，韩国和泰国借款企业的平均资产负债率已经分别下降到49%和47%，印度尼西亚稍差，但也降至68%。[2] 在金融体系不断完善的情况下，东亚证券市场（包括股票和债券）的融资功能得以重新恢复。自1997年以来，东亚股票市场的市值增加了3倍多，2005年达到2.9万亿美元。债券市场也从1997年的0.4万亿美元增加到2005年的1.5万亿美元。[3] 2004年，东亚总共发行了价值660亿美元的新证券，其中一半是首次公开发行（IPO），远远超过欧洲新兴经济体的46亿美元和拉美的6.6亿美元。[4]

东亚金融体系改革的成效在2008年世界金融危机爆发的冲击下得以彰显。由美国次贷危机引发的金融风暴席卷全球，随着对美欧出口的大幅下降，东亚经济迅速陷入衰退。不过，与东亚金融危机不同的是，本次危机向东亚地区的传导和影响是一种直接渗入实体经济部门的结构性

---

[1] World Bank, "10 Years After the East Asian Crisis", East Asia & Pacific Update, April 2007.
[2] [美]印德尔米特·吉尔、[美]霍米·卡拉斯：《东亚复兴：关于经济增长的观点》，黄志强、余江译，中信出版社2008年版，第210页。
[3] World Bank, "10 Years After the East Asian Crisis", East Asia & Pacific Update, April 2007.
[4] [美]印德尔米特·吉尔、[美]霍米·卡拉斯：《东亚复兴：关于经济增长的观点》，黄志强、余江译，中信出版社2008年版，第212页。

冲击；相反，东亚的金融部门总体上受影响较小（见表2-10）。一些研究甚至认为，如果不是因为金融部门的健康，东亚遭受国际金融危机的打击会更大。[①]

表2-10　　　　　东亚新兴经济体金融稳定指标　　　　　（单位：%）

东亚新兴经济体	银行不良贷款比率		风险加权资本充足率		银行资产收益率	
	2000—2004年年均	2008年或2009年	2000—2004年年均	2008年或2009年	2000—2004年年均	2008年或2009年
中国	21.0	1.7	-2.3	12.0	0.2	1.0
中国香港	4.0	1.5	16.1	16.5	1.2	1.6
印度尼西亚	10.2	3.8	18.7	17.8	2.2	2.6
韩国	3.1	1.6	10.7	14.3	0.4	0.5
马来西亚	8.9	2.1	13.4	14.0	1.3	1.5
菲律宾	14.5	3.5	17.0	15.5	0.8	0.9
新加坡	5.3	1.5	17.7	15.5	1.1	1.1
中国台湾	5.2	1.5	10.5	11.1	0.3	0.2
泰国	13.5	5.3	13.2	16.4	0.7	0.9

注：（1）对于银行不良贷款比率，新加坡的数据截至2008年9月；中国、印度尼西亚、马来西亚和泰国的数据截至2009年9月；菲律宾的数据截至2009年8月；中国香港、韩国和中国台湾的数据截至2009年6月；

（2）对于风险加权资本充足率，中国的数据截至2008年12月；印度尼西亚、马来西亚、泰国和新加坡的数据截至2009年9月；中国香港、韩国和中国台湾的数据截至2009年6月；菲律宾的数据截至2009年3月；

（3）对于银行资产收益率，中国、韩国、马来西亚的数据截至2008年12月；印度尼西亚、新加坡和泰国的数据截至2009年9月；中国香港、菲律宾、中国台湾的数据截至2009年6月。

资料来源：ADB, Asia Economic Monitor, December 2009。

[①] 比如，Bhaskaran和Ritwick从两个方面证明了东亚金融体系的抗危机能力：一是富有弹性的货币市场，大部分东亚各国（地区）的弹性汇率体制保证了应对资本外流的货币调整能力，而充足的外汇储备则使各国（地区）能够免受突然的流动性冲击；二是健康的金融体系，主要表现为东亚银行普遍具有较高的资本充足率和较高的抗压指数，这使它们在面对突然的外部冲击时具有足够的化解能力。参见M. Bhaskaran and G. Ritwick, "Global Economic and Financial Crisis: Impact on Developing Asia and Immediate Policy Implications", in H. Kohli, A. Sharma eds., *A Resilient Asia Amidst Global Financial Crisis: From Crisis Management to Global Leadership*, Singapore: Sage, 2010, pp. 19-66.

第 三 章

超越区域生产网络：
新时期东亚分工的第三次重构

第一节 东亚地区分工与 2008 年国际金融危机

2008 年爆发的国际金融危机注定会成为人类历史发展进程中的一个转折点。危机对各国经济造成巨大冲击。危机过后，世界经济增长持续乏力，进入了所谓的"新常态"。更糟糕的是，低迷的经济逐渐使世界范围内一系列沉疴已久的问题浮出水面。两种经济失衡，即国家间经济发展失衡和各国内部收入分配失衡，成为摆在世界各国领导人面前的两大难题。但不幸的是，在西方发达国家，全球化成了导致上述问题产生的罪魁祸首和替罪羊。于是我们看到，以邻为壑的贸易保护主义逐渐泛滥，民粹主义则死灰复燃，去全球化俨然成为一种短期内难以逆转的趋势。在此背景下，受域内外各种因素的深刻影响，以中国为组装中心的东亚生产网络也遭受重大冲击，区域分工再次走上新一轮大规模调整和重组之路。

一 关于 2008 年国际金融危机成因的争论

这次发源于美国的国际金融危机，其形成机理引发学术界的巨大争论。2007 年美国第二大次级抵押贷款机构新世纪金融公司（New Century Financial）提出破产申请，标志着由美国房地产市场萎缩引起的次贷危机爆发，之后危机经过金融系统逐渐升级并迅速蔓延开来。此次国际金融危机不同于以往，而是表现出了一些新的特征。首先，与日本泡沫经济以及东亚金融危机不同，此次危机是通过次贷、次债这些新型金融工具传导的，因而，蔓延速度非常快，造成的危害也更大。其次，金融全球化对此次危机迅速由一国向全球蔓延起到了推波助澜的作用。

21世纪初网络经济破灭后美联储为了刺激经济连续降息，导致美国金融市场资本价格持续走低。逐利的贷款提供者有了较低成本可贷资金来源，房贷需求者则可以较低的成本获得贷款购房。不断走低的利率刺激了以信贷支撑的房地产市场交易，伴随着房价泡沫越来越大，投机行为开始大量出现。一些信用差、没有贷款能力的人可以通过使用可变动利率的次级贷款来购房，其中许多人并不是用于自己居住，而是等待房价上涨后出售获利。当美联储发现住房市场泡沫快速膨胀后，又开始提高基准利率控制房贷规模，以此挤压住房市场泡沫。随着连续加息，房价逐渐开始下跌，次贷者止赎案件不断涌现，直接造成经营次级贷款业务的银行和非银行金融机构陷入困境，并出现大量倒闭潮。最终在2008年9月15日伴随着第四大投行雷曼兄弟的破产和美国股市的崩溃，美国次贷危机演变为美国金融危机。

美国金融危机很快演变为全球金融和经济危机。从表3－1中可以看出，欧美主要发达工业化国家在危机爆发后无一例外都出现了经济增长率的下降。2008年美国经济出现了自20世纪70年代石油危机爆发以来的首次负增长，经济增长率为－0.29%，2009年则进一步降至－2.78%。欧美其他发达国家的经济从2008年开始也都纷纷陷入衰退，英国、德国、西班牙、澳大利亚等国家的经济下降幅度甚至大于美国。与此同时，危机也导致欧美发达国家失业率大幅提高，美国的失业率从2007年的4.6%大幅提升至2009年的9.3%和2010年的9.6%，同期欧元区国家失业率则从7.4%分别提升至2009年的9.5%和2010年的10.1%。①

---

① 数据来源于世界银行（https：//data.worldbank.org/indicator/SL.UEM.TOTL.ZS?view=chart）。

表 3-1　　　　2006—2014 年欧美主要发达国家经济增长率　　（单位：%）

	2006 年	2007 年	2008 年	2009 年	2010 年	2011 年	2012 年	2013 年	2014 年
澳大利亚	3.35	3.62	1.55	-3.80	1.93	2.81	0.76	0.32	0.35
法国	2.38	2.36	0.20	-2.94	1.97	2.08	0.18	0.66	0.18
德国	3.88	3.38	0.81	-5.57	3.95	3.72	0.61	0.41	1.58
希腊	5.82	3.54	-0.44	-4.40	-5.45	-8.86	-6.57	-3.90	0.77
意大利	2.01	1.47	-1.05	-5.48	1.71	0.59	-2.77	-1.70	-0.43
葡萄牙	1.55	2.49	0.20	-2.98	1.90	-1.83	-4.03	-1.61	0.89
西班牙	4.18	3.77	1.12	-3.58	0.02	-0.62	-2.09	-1.23	1.39
加拿大	2.62	2.01	1.18	-2.71	3.37	2.96	1.92	2.00	2.44
英国	3.04	2.56	-0.33	-4.31	1.91	1.65	0.66	1.67	2.99
美国	2.67	1.78	-0.29	-2.78	2.53	1.60	2.22	1.49	2.43

数据来源：IMF, World Economic Outlook Database, October 2015.

此外，国际金融危机还引发了另外一个不良副产品——政府债务问题的爆发。2009 年美国政府的债务总额达到了 12.4 万亿美元，占 GDP 的比重为 86.0%。而危机之初的 2007 年美国政府的债务总额只有 9.27 万亿美元，占 GDP 的比重为 64.0%。表 3-2 显示，国际金融危机爆发过程中，欧美主要各国政府的债务总额增长幅度明显加快，而且危机之后依然呈现上升趋势。

表 3-2　　　2006—2014 年欧美主要国家政府债务占 GDP 的比重　　（单位：%）

	2006 年	2007 年	2008 年	2009 年	2010 年	2011 年	2012 年	2013 年	2014 年
澳大利亚	67.0	64.8	68.5	79.7	82.3	82.1	81.5	80.8	84.5
法国	64.2	64.2	67.9	78.8	81.5	85.0	89.4	92.3	95.6
德国	66.6	63.8	65.2	72.7	80.6	77.9	79.3	77.0	74.6
希腊	102.9	102.8	108.8	126.2	145.7	171.0	156.5	175.0	177.1
意大利	102.5	99.7	102.3	112.5	115.3	116.4	123.1	128.5	132.1
葡萄牙	61.6	68.4	71.7	83.6	96.2	111.1	125.8	129.7	130.2
西班牙	38.9	35.5	39.4	52.7	60.1	69.2	84.4	92.1	97.7
加拿大	70.4	66.7	70.8	83.0	84.6	85.3	87.9	87.7	87.9
英国	42.5	43.6	51.8	65.8	76.4	81.8	85.8	87.3	89.4
美国	63.6	64.0	72.8	86.0	94.7	99.0	102.5	104.8	104.8

数据来源：IMF, World Economic Outlook Database, October 2015.

危机爆发后，围绕危机成因学术界展开了激烈讨论。由于2008年国际金融危机是由美国金融危机演化而来，因而大部分的争论主要是针对美国金融危机的。总体看，学者们的观点可以分为内因论和外因论两类，具体如下。

（一）内因论

关于引发美国金融危机爆发的内部成因，学者们之间存在较大分歧。以约翰·泰勒为代表的"大偏离假说"（the great deviation hypothesis）认为，美国金融危机的爆发主要源于美联储的政策失误。[①] 美联储的利率政策对于房地产的泡沫形成和破灭，可以说是成也萧何，败也萧何。为应对2000年网络泡沫的破灭，2001年共和党布什政府上台后美联储开始连续大幅降息，由2000年末的6.50%降到了2001年末的1.75%，到2003年末进一步降至1.00%。利率的大幅降低催生了房地产的巨大泡沫，在此情况下，自2004年开始美国进入加息周期并一直持续到2007年9月18日，利率由1.00%提高至5.25%。利息负担加重使房贷尤其是次级房贷的违约率显著增加。尽管此后开始降低贴现率，但为时已晚。随着金融机构和非金融机构的大量倒闭，次贷危机逐渐演变为严重的金融和经济危机。可以说，如果没有美联储过度宽松的货币政策，也许就不会有房地产的泡沫化以及后来的次贷危机。

与约翰·泰勒不同，有些经济学家认为消费者过度消费、过少储蓄是导致危机爆发的根本原因。[②] 美国拉动经济增长的过度消费模式，也为其金融体系的运营增添了风险，与量力而行的消费理念相反，美国经济生活中盛行的借钱消费、贷款消费、延期支付的模式，确实在实现社会基本经济单位——家庭收支平衡方面存在困难，这也可能是造成长期以来美国国内储蓄率过低的原因之一。可以说，美国盛行的过度消费与低储蓄匹配、严重透支未来的生活方式，增加了债务风险，是导致此次危机的原因之一。

以保罗·克鲁格曼为代表的第三种观点认为，金融机构过度的金融

[①] John B. Taylor, *Getting off Track：How Government Actions and Interventions Caused, Prolonged, and Worsened the Financial Crisis*, California: Hoover Institution Press, 2009.

[②] Joseph E. Stiglitz, *Freefall：America, Free Markets, and the Sinking of the World Economy*, New York: WW Norton & Company, 2010.

创新是导致风险累积和危机最终爆发的罪魁祸首。① 这些银行和非银行金融机构通过金融创新将次级贷款证券化，从而将风险转嫁给整个国内资本市场甚至是国外资本市场。而经过金融机构的分割包装、信用强化，原本具有极高违约风险的次级贷款就变成了优质证券，被卖给全世界的投资者。但是，实际的风险在累加（如果算上后续的金融杠杆，金融风险甚至可以被放大几十倍），只不过它们都被金融机构隐藏了而已。次级贷款风险的转嫁，又极大地刺激了金融机构发放次级贷款的热情，从而使极小的次级贷款市场迅速扩大开来，原本高风险的市场在金融创新的帮助下成了金融机构掘金的金矿。由于金融机构都不认为风险应该由自己承担，因此不断开发新的金融品种并试图转嫁，或与其他金融机构分摊风险，这种普遍的做法使风险最终肆意蔓延，并最终导致危机的爆发。

最后，以安娜·施瓦茨为代表的一些学者认为，是政府金融监管的缺位催生了美国金融危机的爆发。② 早在1997年，格林斯潘就提出，要放松对金融衍生品交易的管制。1999年克林顿政府通过的《格雷姆—里奇—比利雷法》，2000年通过的《商品期货现代化法》，为美国银行、非银行金融机构踊跃进行金融衍生品创新打开了方便之门。2004年美国证券交易委员会提出，进一步放宽对资本的规制，允许投资银行提高负债水平，实际上都对金融交易的风险累加起到了推波助澜的作用，从而推动住房泡沫不断变大，直到泡沫破裂导致次贷危机最终爆发。

（二）外因论

除了上述观点，还有一部分经济学家从外部因素分析了危机爆发的成因。③ 该种观点的支持者认为，造成危机爆发的根本原因在于全球经济

---

① Paul Krugman, *End This Depression Now!*, New York: WW Norton & Company, 2012, p. 32.

② A. Schwartz, "Origins of the Financial Market Crisis of 2008", *Cato Journal*, Vol. 29, No. 1, 2009, pp. 19 – 23.

③ 持有这种观点的代表性人物包括美联储前主席本·伯南克、奥伯斯法尔德和罗格夫（Maurice Obstfeld and Kenneth Rogoff）等。参见 Ben S. Bernanke, "The Crisis and the Policy Response", Speech at Stamp Lecture, London: London School of Economics, January 13, 2009; M. Obstfeld and K. Rogoff, "Global Imbalances and the Financial Crisis: Products of Common Causes", Paper Prepared for the Federal Reserve Bank of San Francisco Asia Economic Policy Conference, Santa Barbara, CA, October 18 – 20, 2009.

的失衡。而导致全球经济失衡的主要原因，则是由于东亚地区（特别是中国）的储蓄率过高，以及中国对美国长期顺差的存在，因而认为东亚（特别是中国）应该为此次危机负责。持有这种论调的主要有两类群体，具体如下。一类是那些急于为美国和发达国家责任开脱的人（特别是这些国家的政府高官），他们的目的主要是推脱责任转嫁矛盾，为其行使贸易保护寻找借口。另一类是一些经济学者基于严肃的经济分析得出上述结论，同时他们的分析不但集中于危机的成因，而且还分析危机的后果，由此得到的政策建议也多是从国际收支顺差国和国际收支逆差国两个方面来进行讨论的。这一类的研究有助于从一个层面对东亚提出警示，由贸易结构失衡而引发的全球经济失衡不但会伤及美国经济，也会严重影响东亚经济的可持续发展。

二 全球经济失衡的典型化事实

我们之所以关注全球经济失衡问题是因为无论是用赤字、盈余还是用进出口、资本流动来衡量，外部失衡都是由许多种因素交织在一起所最终形成的一种非均衡结构，如国内消费和投资、汇率、价格、资本回报率、资本流动以及财政政策、货币政策、长期的经济发展战略等。经济失衡通常有三种表现形式：（1）储蓄和投资的失衡；（2）商品和服务领域或者经常账户中的国际贸易流向失衡；（3）国际资本流动失衡。学者们会从不同的视角对此问题进行分析，本书将主要从前两种表现形式讨论全球经济失衡。

图 3-1 动态地描绘了 1996 年以来世界经常账户平衡的变化趋势，从中我们可以看出全球经常项目收支失衡问题大概是从 20 世纪 90 年代后半期开始浮出水面的。其主要表现是，美国的经常项目收支赤字不断扩大，而中东和俄罗斯等石油出口国（地区）以及日本和中国等东亚经济体则持续出现大规模的贸易顺差，经常收支盈余不断积累。在逆差国家中，美国作为全世界最终产品的最大消费国是全球赤字的主要贡献者，其贸易赤字在 20 世纪 90 年代之后一路攀升，2006 年达到历史最高点，几乎占国内 GDP 的 6%（占世界 GDP 的 1.7%）。在顺差国家中，中国及东亚新兴经济体规模最大，贸易盈余占世界 GDP 的比重从 2000 年的 0.3% 上升到 2007 年的 2.0%，达到历史最高点。

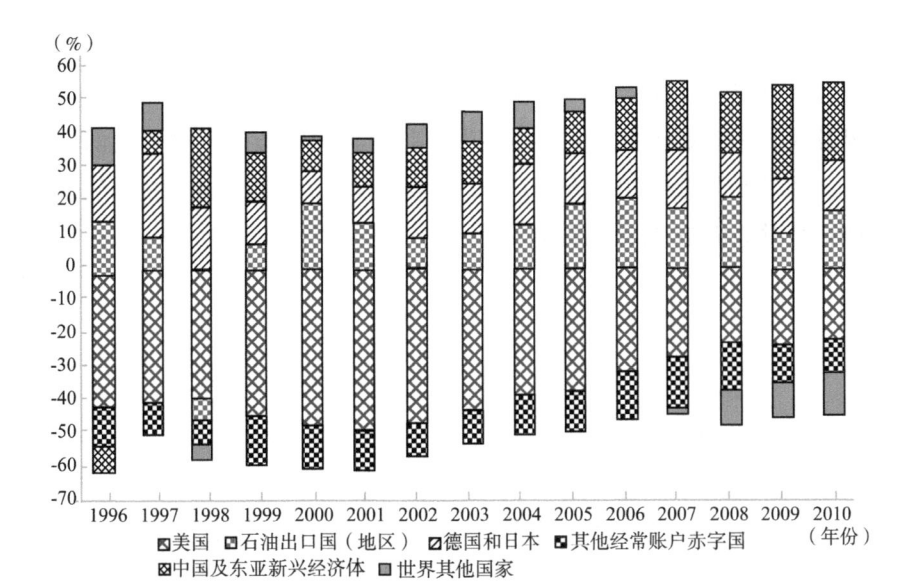

第三章 超越区域生产网络：新时期东亚分工的第三次重构 / 75

图 3 – 1　1996—2010 年全球经常账户平衡

说明：东亚新兴经济体包括中国香港、中国台湾、韩国、印度尼西亚、新加坡、泰国、马来西亚和菲律宾。

资料来源：International Monetary Fund，"World Economic Outlook：Rebalancing Growth"，April 2010（https：//www.imf.org/en/Publications/WEO/Issues/2016/12/31/Rebalancing-Growth）。

　　由国民收入核算公式可知储蓄与投资的差额即为经常账户余额，因此，如果我们从储蓄与投资的角度看全球贸易失衡也就意味着以美国为代表的逆差国储蓄不足（消费过剩），中国等顺差国储蓄过剩（消费不足）。以处于全球经济失衡中心的中美为例，中国国内储蓄与投资占 GDP 的比重在 2000 年以后均呈上升趋势（见图 3 – 2），然而由于储蓄的上升快于投资，使两者差额不断扩大，因此经常项目顺差与 GDP 的比重也随之飙升。另外，美国虽然国内投资比率一直较为稳定，维持在 20% 左右，然而由于国内储蓄的持续下降，使其经常项目逆差与 GDP 的比重持续上升。投资储蓄差额与经常账户余额只是一个硬币的两面，其本质完全一致。

　　那么，全球经济失衡是否与国际金融危机存在着必然的因果联系呢？关于这一问题，正如前文所述，学术界存在着不同看法。那些持金融危机内因论的学者通常认为，全球经济失衡与国际金融危机没有或者几乎没有联系，相反，全球经济失衡是发达国家（特别是美国）的金融监管失效以及政策失误的结果。但以美联储前主席伯南克为代表的部分美国学界及政界人士则认为，全球经济失衡是导致国际金融危机爆发的主要诱因，如果不考虑自20世纪90年代后半期开始的全球贸易和资本流动的失衡，金融危机是难以理解的。[①]

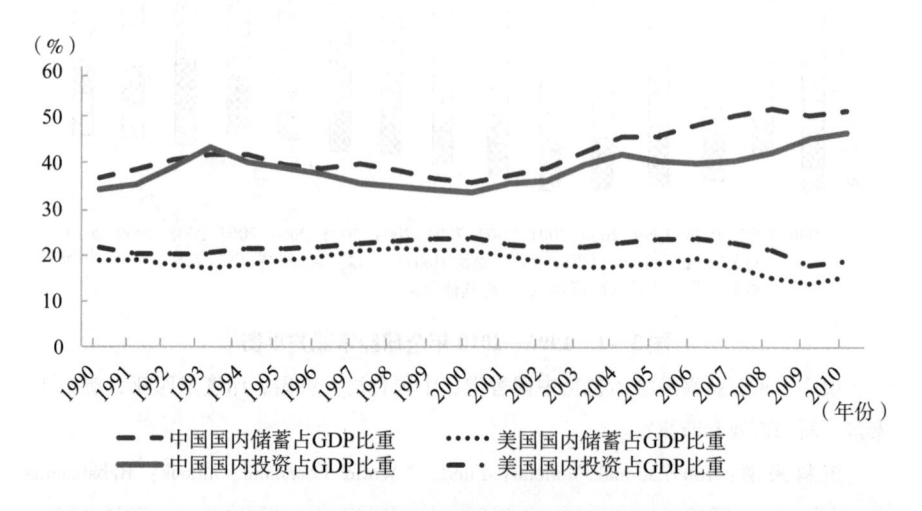

图3－2 中美两国的投资与储蓄比较

资料来源：ADB, "Asian Development Outlook 2009", 2009 (https://www.adb.org/sites/default/files/publication/27704/ado2009.pdf)。

我们认为，全球经济失衡与国际金融危机之间存在一定联系，但并非决定性的因果联系。简言之，2008年国际金融危机主要源于发达国家（特别是美国）的政策失误，但在全球化加速发展的背景下，发达国家的政策扭曲与东亚、石油输出国等新兴经济体以积累外汇储备为主的政策导向结合在一起而形成的全球经济失衡，扩大了全球经济泡沫化增长的风险，从而加速了危机的到来。

从美国一方看，图3－1显示其经常账户从20世纪90年代中后期就开

---

① Ben S. Bernanke, "Financial Reform to Address Systemic Risk", Speech at the Council on Foreign Relations, Washington, D. C., March 10, 2009 (https://www.federalreserve.gov/newsevents/speech/bernanke20090310a.htm).

始恶化,然而强大的金融优势使该国推迟了使用紧缩性金融政策和严厉的监管措施来扭转失衡的国际收支(其他发达的国际收支逆差国情况也大致相似)。新兴经济体过剩资金的大量涌入使美国及其他发达国家能够持续以低廉的价格弥补国内资金的不足,并通过资本账户的顺差来平衡经常账户的逆差。

与此同时,拥有大量贸易盈余的顺差国也缺乏进行必要调整的压力。21世纪以来,随着信息技术的广泛使用以及全球化的迅猛发展,国际分工日益由产业间分工向产品内分工转移,全球供应链的不断延伸与复杂化成为经济全球化的显著特征。在此过程中,发达国家的跨国公司是全球供应链的主要载体和推动者,而以东亚国家和地区为代表的一批新兴市场经济体也依据各自国家的比较优势不同程度地加入这一进程。虽然说东亚新兴经济体加入全球分工并非始于21世纪,但是全球供应链的深化无疑是这些国家和地区全面、深入融入国际经济的催化剂。在出口导向政策的积极引导下,通过加入全球供应链的国际分工,这些国家和地区积累了大量的贸易盈余,外汇储备迅速上升,成为拉动本国经济增长的最主要引擎。虽然这些国家也清楚全球经济失衡的潜在危险,但在危机来临之前,各国领导人很难形成降低增长速度、转变增长模式的改革意识,因为改革的红利往往需要较长时期才能显出效果,而改革的成本则会在短期内形成并由改革发起者所承担。因此,具有潜在危险意识的国家领导人通常会选择局部、渐进性的调整模式,但由于坚定改革决心的缺乏,这些调整往往会无疾而终。

三 东亚地区分工与全球经济失衡

东亚国家对21世纪之后全球经济失衡不断扩大的"贡献"与该地区持续深化的区域分工直接相关。根据第二章的分析,21世纪之后随着区域网络分工的不断深化,东亚区域内部贸易水平持续上升。不过,2004年以来东亚区域内贸易密集度的下降也表明,东亚区域内贸易的增加,实际上并没有降低区域间的贸易量。相反,大部分东亚新兴经济体对发达经济体的出口依赖程度很高,尤其是对欧盟和美国市场的依赖。香港金融管理局估计了东亚区域出口与美国进口的弹性,结果表明,美国进口每下降10%,会导致东亚新兴工业经济体出口下降2.9%,东盟地区的出口下降3%。① 小山研究指出东亚最大的两个经济体（日本和中国）对美国市场的依赖程度分别是23.3%和22.7%。② 总体上，东亚地区国家对区域外市场依赖仍然强劲。东亚区域内贸易的繁荣主要归功于中间产品贸易的迅猛发展。考虑到中间产品和最终产品之间的紧密关联，中间产品贸易繁荣非常依赖最终产品市场的繁荣；而东亚地区主要最终产品出口市场却在区域外，也就是说区域内贸易发展源头在区域外。因此，东亚区域内贸易的增长并不意味着对欧美"脱钩"，相反，最终产品对区域外需求的高度依赖性，使东亚贸易紧紧地与美欧市场联系在一起。

在东亚对欧美出口市场严重依赖的同时，东亚从欧美市场的进口却并未出现均衡的增长，从而导致东亚对欧美国际收支的顺差不断扩大（见图3-3）。2000年，东亚新兴经济体对美国和欧盟的国际收支顺差分别为1456亿美元和774亿美元，到2007年，则分别上升至2910亿美元和2611亿美元，增长幅度高达99.86%和237%。从东亚新兴经济体在美国国际收支逆差中所占的比重看，2000年以后一直保持在35%左右的高位，它们也因此成为美国国际收支持续大幅逆差的主要来源地。

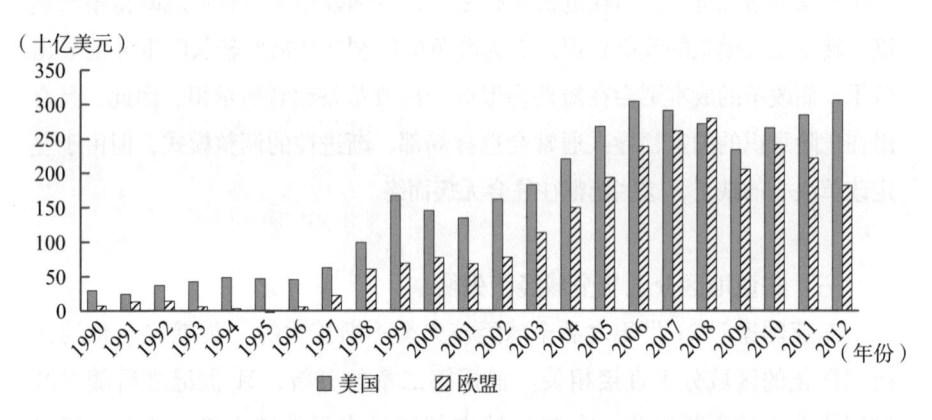

图3-3 东亚新兴经济体对美国、欧盟的国际收支状况

资料来源：根据 UN Comtrade 相关数据计算得到（https：//comtradeplus.un.org/）。

---

① D. He, L. Cheung and J. Chang, "Sense and Nonsense on Asia's Export Dependency and the Decoupling Thesis", Hong Kong Monetary Authority Working Paper, No. 3, 2007.

② K. Shin, "Global and Regional Shocks: Challenges to Asian Economies", ADBI Discussion Paper, No. 120, Asian Development Bank Institute, 2008.

从全球经济失衡的状况看,2000—2007年东亚新兴经济体国际收支顺差占全球GDP的比重从0.25%提高至0.94%,石油出口国、欧盟贸易盈余国和日本的所占比重则分别从0.56%、0.06%和0.40%提高至0.81%、0.70%和0.37%,这三个地区一道成为国际收支顺差的主要来源地;与其相反,美国和欧洲逆差国则成为最主要的国际收支逆差国家(地区),2007年其占全球GDP的比重分别达到-1.28%、-0.79%(见图3-4)。

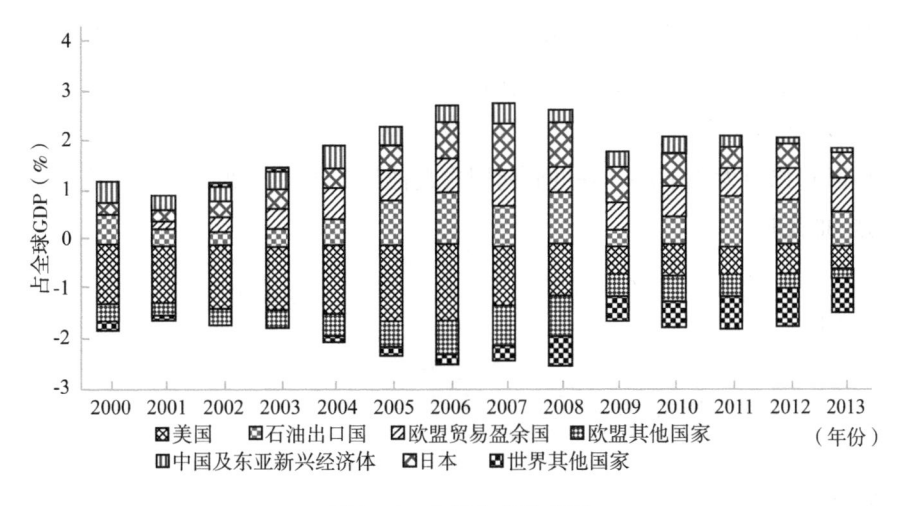

图3-4 全球失衡的表现

数据来源:根据IMF 2011年9月《世界经济展望》(World Economic Outlook)中的数据绘制(https://www.imf.org/en/Publications/WEO/weo-database/2011/September)。

第二节 2008年国际金融危机后东亚区域分工重构的国际背景

一 2008年国际金融危机对东亚区域分工网络的冲击

2008年肇始于美国次贷危机的金融风暴席卷全球,在危机的最初阶段,一些经济学家认为,受益于东亚金融危机后各国金融部门的改革,东亚国家将逃过此劫。但随着金融危机迅速演变为全面的经济危机,美欧国家进口大幅下降,严重依赖外部出口市场的东亚经济也迅速衰退。

与欧洲不同,2008年国际金融危机对东亚实体经济的冲击是从出口部门开始的（见图3-5）。东亚所有主要国家（地区）的出口从2008年第四季度开始都迅速大幅下降，在接下来的两个季度内日本和中国台湾的下降幅度甚至超过世界产出的收缩幅度。根据国际货币基金组织的研究报告，从2008年9月到2009年2月，新兴东亚经济体的出口按年计算下降了70%，是21世纪初期信息泡沫经济破灭时出口下降幅度的1.5倍，更是高于东亚金融危机时出口下降的近3倍。[①] 同时，即使考虑各国（地区）对出口和对美欧市场不同的依赖程度，平均20%的出口下降幅度还表明各国（地区）的发展呈现出明显的同周期性。通过对各国（地区）贸易数据变化的仔细分析，我们可以发现危机通过区域生产网络对各国（地区）的影响机制。简单说，就是对美欧出口的大幅下降通过内部供应链在东亚迅速形成连锁反应，导致整个区域生产网络的断裂，使各国（地区）出口大幅下降，并进而向国内其他生产部门扩展，最终导致经济的全面衰退。

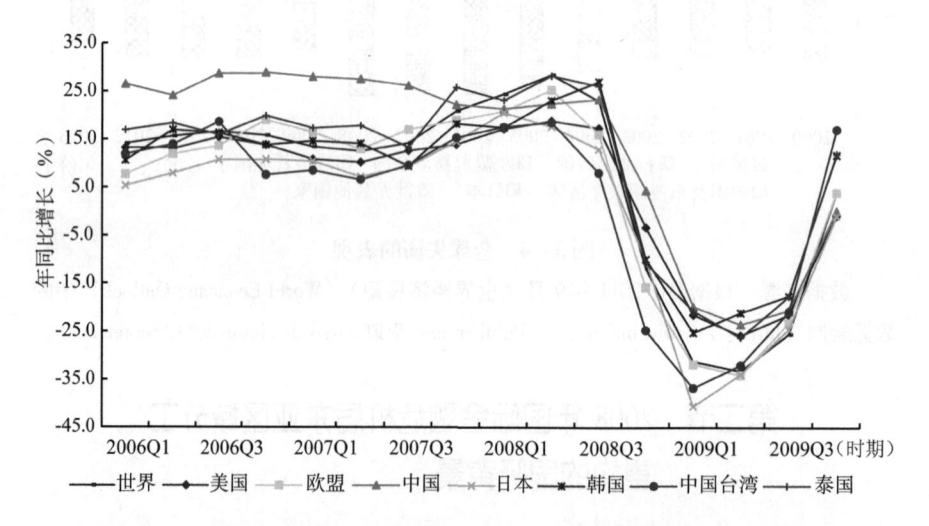

图3-5 国际金融危机期间东亚国家（地区）与美国、欧盟的出口变化比较

资料来源：根据 UN Comtrade 相关数据绘制（https://comtradeplus.un.org/）。

[①] IMF, "Regional Economic Outlook: Asia and Pacific: Global Crisis: the Asian Context", May 2009, p. 3.

这种冲击方式充分说明了以东亚生产网络为基础而形成的"东亚生产—美欧消费"的全球分工格局的脆弱性。其深层问题是，该区域内生产网络的复杂程度和延伸广度意味着生产链的管理不再仅仅限于某个企业、产业或国家，任何一个由于全球风险冲击而造成的某一小型供应链的断裂都可能最终危及全球经济体系。因此，供应链在实现经济效益最大化的同时也使风险日益集中于某一环节或地区。

这种分工结构的脆弱性随着21世纪以来中美贸易失衡规模不断扩大以及美国国内经济失衡问题不断加剧而日益放大，其风险也被许多人所强调。国际货币基金组织自21世纪初期以来就连续强调全球经济失衡问题的严重性。[1] 不过，以格林斯潘为代表的主流的新自由主义者一直坚持认为，在全球化的道路上，市场有足够的弹性、人类有足够的能力避免出现类似于大萧条那样的经济大危机。[2]

从东亚各国（地区）所受的影响看，越是处于生产链上游的国家（地区）受到的冲击越大。具体看，日本是受冲击最严重的国家，原因主要有两点，具体如下。一是相对于东亚其他国家（地区），日本的出口产品具有更高的需求弹性。在日本的出口中，很大一部分产品都属于资本品和高端耐用消费品，比如汽车、电器、机械工具及其零部件等。这些产品的主要出口目的地是美国和其他发达国家，因此更容易受到全球经济衰退的影响。二是日本出口还因美欧对中国最终产品的需求下降而间接受到影响。随着近些年中国作为世界制造工厂的崛起，日本跨国公司纷纷以中国为中心重构其区域生产网络，将许多原来位于本国或东亚其他地区的生产环节转移到了中国。这种分工转换导致的一个直接结果就是日本对中国出口依赖度的提高和对美国出口依赖度的降低，而且对中国的出口依赖主要集中在零部件等中间产品领域。因此，当中国遭受美

---

[1] 国际货币基金组织关于国际失衡的论述可见于各期的《世界经济展望》，参见 Steven V. Dunaway, "Global Imbalances and the Financial Crisis", Council Special Report, No.44, The Council on Foreign Relations (CFR), March 2009。

[2] 2008年，美联储主席在给再版的弗里德曼和施瓦茨的专著《大衰退：1929~1933》一书撰写序言时就写道："我想借用一下我作为美联储官方代表的身份，对弗里德曼和施瓦茨说：'在大衰退的问题上，你们的看法是正确的。我们问心有愧，感谢你们的指正，我们不会再次犯错了。'"然而，专著刚刚出版，国际金融危机就爆发了。参见［美］米尔顿·弗里德曼、［美］安娜·雅各布森·施瓦茨《大衰退：1929~1933》，雨珂译，中信出版社2008年版，序言第XXIV页。

欧需求下降的冲击时，会立刻导致对日零部件进口的下降，从而使日本在对美欧直接出口下降的同时，还要遭受间接出口下降的双重打击。与日本相比，韩国和中国台湾遭受的影响更小一些，但大于东亚其他国家和地区。对这两个经济体来说，过去对中国出口的快速增长并没有为其提供一个抵抗世界需求下降冲击的"安全垫"。不过，东亚新兴经济体受到的冲击总体上小于日本，可能反映了危机时期消费者对更具价格竞争力的低端产品的偏好。

中国进出口地区数据的变化可以更进一步地说明东亚各经济体遭受2008年国际金融危机时由于生产网络结构原因而呈现出来的同周期性特点（见图3-6）。2009年第一季度，中国对美国出口下降了15.4%，对东亚各国的出口平均则下降了20%以上。相对于出口，中国从东亚国家和地区的进口收缩得更快，下降幅度平均达到23.5%，远远超过对欧美16%的下降幅度。在东亚内部，中国从日本、韩国和中国台湾地区进口的下降幅度则更大，平均超过30%。这一结果的出现其实并不令人惊奇。因为在以中国为中心的整个东亚生产供应链上，日本、韩国和中国台湾地区提供了绝大部分的零部件，特别是在电子信息产品领域，而该领域

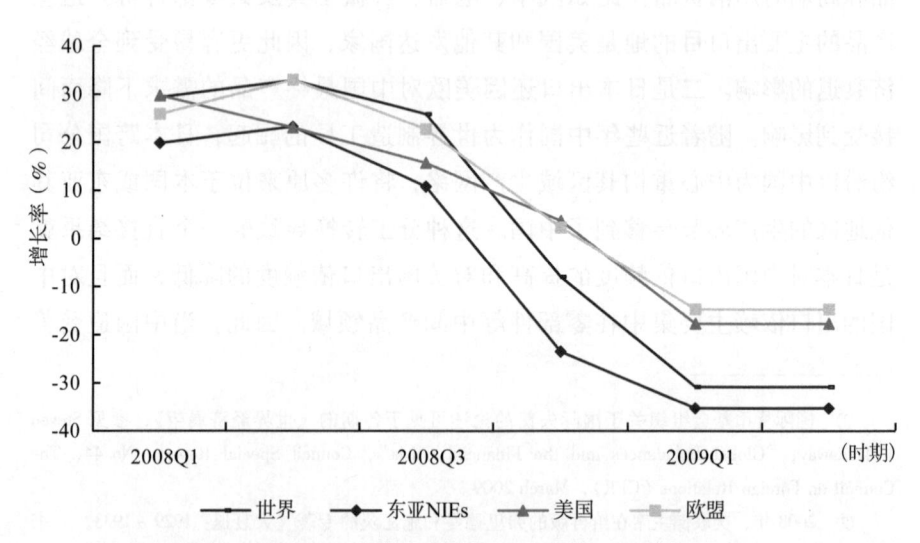

图3-6 2008年国际金融危机期间中国的进口地区结构变化

资料来源：根据中国商务部的相关数据绘制。

产品相对于其他产品,特别是劳动密集型产品(纺织鞋帽、袜子等),显然更容易受到外部需求的冲击。比如在2009年第一季度,中国鞋、帽、雨伞等轻工产品的进口和出口分别只下降2.83%和1.32%,而机电产品的进出口却分别下降24.11%和31.58%,远远高于前者。[①] 这从一个层面反映了中国企业在面对低迷的进口需求的情况下主动减少了进口零部件的库存。

二 逆全球化对东亚区域分工的影响

过去几十年来,东亚地区一直受益于全球化的高速发展。按照世界体系理论代表性人物伊曼纽尔·沃勒斯坦的说法,东亚是康德拉捷耶夫B段地理重组的最大受益者。[②] 其实,对于世界大多数地区来说,康德拉捷耶夫B段同此前的A段相比,都是不好的低迷时期。然而,这个B段却并非对所有国家都是坏的,因为康德拉捷耶夫B段的一个特征是生产活动在国际范围内的重新布局,在这种情况下,就可能存在一些"幸运"的国家脱颖而出,至于哪些国家会成为幸运儿则并不确定。最初通常会有几个地区相互激烈竞争以成为重新布局中的主要受益者,但最终一般只会有一个地区能够胜出。比如20世纪70年代,当"新兴工业化国家(地区)"这个术语被发明的时候,大部分学者会列出墨西哥、巴西、韩国和中国台湾四个经济体作为最具代表性的国家和地区。然而到了80年代,墨西哥和巴西就从名单中消失了,而到了90年代人们听说的则只有"东亚崛起"了。尽管1997年东亚也曾遭遇金融危机的严重冲击,然而,

---

[①] P. Athukorala and A. Kohpaiboon, "Intra-Regional Trade in East Asia: The Decoupling Fallacy, Crisis, and Policy Challenges", The Australian National University Working Paper, No.177, 2009.

[②] 按照沃勒斯坦的说法,康德拉捷耶夫B段也就是美国霸权开始衰落的时期,与A段相比,B段的主要特征包括:生产部门利润下降,大部分资本会将其资金转移至投机性的金融领域;在世界范围内,雇佣工资将会下降;生产利润的下降会导致显著的生产活动的重新布局,优先考虑低交易成本将让位于优先考虑低工资和高效管理;雇佣劳动的收缩导致处于积累核心的国家之间形成激烈竞争,这些国家都会尽最大可能相互出口失业;而这又相应地导致了汇率波动。参见[美]伊曼纽尔·沃勒斯坦《东亚的兴起,还是21世纪的世界体系?》,载王正毅、[美]迈尔斯·卡勒、[日]高木诚一郎主编《亚洲区域合作的政治经济分析——制度建设、安全合作与经济增长》,上海人民出版社2007年版,第25—26页。

在中国入世和经济高速增长的带动下,东亚很快就摆脱了危机,再次走上世界银行所说的"复兴之路"。①

总体看,过去几十年,东亚各国(地区)主要是在宽松的国际环境背景下,充分利用了区域内差异化产业结构形成的历史机遇,依据本国(地区)比较优势加入区域和国际分工网络,实现了经济的高速增长并形成梯次的赶超格局。而且,东亚能够比较快地摆脱1997年金融危机,重新走上复苏之路同样也得益于全球化的贡献。然而,2008年国际金融危机的爆发,标志着全球化红利时代的结束。正如第一章所分析的,危机后逆全球化和贸易保护主义成为世界经济的典型特征。事实上,2008年国际金融危机以来,世界贸易在经历了短暂的反弹后,从2012年开始就陷入了持续的低速增长状态。与第二次世界大战后长期几倍于世界GDP的增长速度相比,2012—2018年世界贸易平均增幅只有3.0%,而且大部分年份低于世界GDP的增速。全球贸易放缓首先是世界经济增长持续低迷的结果。与危机前十年4%的平均增速相比,2010—2018年世界GDP的增长率只有2.7%,② 通过需求收缩对贸易产生了抑制作用。

不过,经济低迷并非全球贸易放缓的唯一原因。根据康斯坦丁内斯库的研究,周期性因素大概只能解释危机后全球贸易放缓的一半。③ 同样重要的另外一个原因是全球供应链扩张速度放缓这一结构性因素的变化(World Bank,2017④)。20世纪90年代的信息和通信技术发展导致全球供应链迅速扩张,越来越多的国际贸易体现为零部件和中间产品的进出口,特别是新兴经济体的加工和再出口。⑤ 由此导致的零部件贸易往来的增加,使贸易的增长速度超过了国民收入。然而,危机以后,由于贸易

---

① 参见[美]印德尔米特·吉尔、[美]霍米·卡拉斯《东亚复兴:关于经济增长的观点》,黄志强、余江译,中信出版社2008年版,第1—3页。

② 根据世界银行数据库计算得出(https://data.worldbank.org)。

③ C. Constantinescu, A. Mattoo, M. Ruta, "The Global Trade Slowdown: Cyclical or Structural?", Policy Research Working Paper, No. 7158, The World Bank, 2015.

④ World Bank, "Global Value Chain Development Report 2017: Measuring and Analyzing the Impact of GVCs on Economic Development", 2017, pp. 1 – 33 (https://www.wto.org/english/res_e/booksp_e/gvcs_report_2017.pdf)。

⑤ R. Baldwin, "Trade And Industrialisation after Globalisation's 2nd Unbundling: How Building and Joining a Supply Chain Are Different and Why It Matters", NBER Working Paper, No. 17716, 2011.

保护主义加剧，主要国家（特别是中国）国内中间产品生产对进口的替代，以及发达国家技术创新与技术回流带来的国内产业分工的深化，全球供应链呈现逐渐收缩的发展趋势。根据世界银行的研究，2008年国际金融危机之前的2001—2008年，与贸易相关的生产活动，尤其是复杂的全球供应链生产活动的增长速度要远远快于纯粹的国内生产活动，但2008年国际金融危机的爆发对全球供应链造成巨大冲击。[1] 危机期间复杂的全球供应链生产下降了29%，虽然2010—2011年出现短暂反弹，但随后就陷入了持续的低迷状态。[2] 除了越南，所有的G7国家和东亚主要新兴经济体，其复杂的跨境生产活动均呈下降趋势；相对而言，纯粹国内生产活动的增长速度虽然不高但总体稳定。麦肯锡的报告也显示，2007年至2017年，全球出口占货物生产价值链总产值的比重从28.1%下降至22.5%，全球货物贸易强度从28.1%下降到22.5%。其中，亚洲的贸易强度从20%下降至14%，是导致全球贸易强度出现下降的关键因素。[3] 这表明，全球供应链这一在危机前迅猛扩张并推动世界贸易和全球GDP快速增长的引擎，在危机之后似乎已经耗尽了它的动能。从2011年到2015年，全球价值链生产在全球生产中的总参与率下降了近3个百分点，与其相比，纯粹的国内生产和传统贸易增值生产活动[4]的份额则有所上升。

全球供应链收缩的一个直接结果是中间产品贸易占比的下降。从2012年到2017年，全球最终产品出口的年均增长率为1.1%，而中间产品出口则呈下降趋势，为-0.4%。[5] 以中美贸易为例，中美之间的制造业供应链多数采取的是由前者进口零部件，然后组装成最终产品再出口

---

[1] World Bank, "Global Value Chain Development Report 2017: Measuring and Analyzing the Impact of GVCs on Economic Development", 2017, pp. 1-33 （https://www.wto.org/english/res_e/booksp_e/gvcs_report_2017.pdf）.

[2] World Bank, "Global Value Chain Development Report 2017: Measuring and Analyzing the Impact of GVCs on Economic Development", 2017, pp. 1-33 （https://www.wto.org/english/res_e/booksp_e/gvcs_report_2017.pdf）.

[3] 麦肯锡全球研究院：《亚洲的未来：亚洲的流动与网络正在定义全球化的下一阶段》，2019年9月（https://www.mckinsey.com.cn/insights/mckinsey-global-institute/）。

[4] 即所有生产环节都在国内、产品增加值都属于国内的出口贸易。

[5] 根据RIETI-TID 2017的相关数据计算得出（http://www.rieti-tid.com/trade.php）。

给后者。但 2008 年国际金融危机后这种贸易模式开始发生变化，中国零部件进口总额中美国的占比从 2005 年的 25.6% 的峰值下降至 2017 年的 17.3%，已经回到了东亚金融危机之前的水平。[①] 这种下降在制造业出口中所占的比例更加明显，考虑到中国制造业出口在同期商品出口总额中的重要性日益上升，这并不令人意外。零部件进口份额的下降反映了中国企业用国内投入替代国外投入，这一发现也得到了中国企业国内增加值增长的证据支持。[②]

那么，如果未来全球经济增长能够回到更加稳定的状态，国际贸易还能恢复到 2008 年国际金融危机前的那种高速增长状态吗？康斯坦丁内斯库的研究显示，[③] 2008—2013 年的全球贸易收入弹性平均只有 0.7%，大幅低于 2001—2007 年的 1.5%，更是远远落后于 1986—2000 年的 2.2%，这说明贸易与 GDP 增长之间的关系已经发生了根本性的变化，经济增长对贸易的依赖度正在持续下降，换句话说，即使 GDP 增速加快，未来我们可能也不会再看到 20 世纪 90 年代和 21 世纪初那种迅猛的贸易增速。世界贸易收缩和全球价值链扩张速度放缓对于东亚区域分工体系来说意义重大，它将通过两个方面推动其调整，具体如下。

一是外需减少迫使东亚各国的出口导向型发展模式做出调整。长期的全球贸易收入弹性的下降表明，世界经济增长对全球贸易的依赖在持续下降。特别是美国，其贸易收入弹性已经从 20 世纪 90 年代的 3.7 下降至 21 世纪以后的 1.8，[④] 因此，对于严重依赖外需（特别是美国市场）的东亚出口型经济来说，未来将很难有更大的外需增长空间。尽管通过出口市场的多元化可以弥补一些来自发达国家市场份额下降的损失，但发达国家以外市场的空间毕竟有限，将很难支撑东亚出口产品的持续大幅增长。此外，从制造业的角度看，长期的全球制造业贸易弹性从 20 世

[①] 根据日本经济产业研究所 RIETI-TID2017 数据库计算得出（http://www.rieti-tid.com/trade.php）。

[②] H. L. Kee and H. Tang, "Domestic Value Added in Exports: Theory and Firm Evidence from China", *American Economic Review*, Vol. 106, No. 6, 2016, pp. 1402–1436.

[③] C. Constantinescu, A. Mattoo and M. Ruta, "The Global Trade Slowdown: Cyclical or Structural?", Policy Research Working Paper Series 7158, The World Bank, 2015.

[④] C. Constantinescu, A. Mattoo and M. Ruta, "The Global Trade Slowdown: Cyclical or Structural?", Policy Research Working Paper Series 7158, The World Bank, 2015.

纪 90 年代的 2.6 下降至 21 世纪的 0.8，其中美国从 2.8 下降到 1.1，中国从 1.2 下降到 0.7，[1] 这也表明主要依赖制造业出口拉动区域分工体系扩张与深化的东亚增长模式正在失去动能，未来的增长将遭遇空间上的瓶颈。

二是东亚与欧盟、北美全球价值链的相对脱钩。世界银行通过全球价值链网络分析，比较了 2000 年、2005 年、2011 年和 2015 年欧盟、北美和东亚三个地区的网络结构与联系，发现如下结论：2000 年，整个网络处于分散结构，欧洲共同体（以德国为核心）与亚太地区没有联系；美国则是包括了北美和东亚在内的整个亚太网络分工的核心，它通过韩国和中国台湾与中国建立了联系。[2] 韩国和中国台湾则是亚太地区的两个副中心，与东盟的大多数经济体都有联系。2005 年，亚太地区渐渐分化两组，美国仅与加拿大和墨西哥保持联系，而中国则成了东亚区域分工网络的新核心。2011 年，整个网络再次发生显著变化，彼此之间连接强度得到加强。中国通过向其他国家转移大量的国外附加值，取代美国成为包括东亚和北美在内的整个亚太共同体的核心。欧洲和亚太地区之间的相对距离也在缩短，反映出复杂的全球价值链已经在全球发展，更多的国家通过一些主要中心（美国、中国和德国）加入全球价值链。2015 年，复杂的全球价值链网络开始出现衰退，并导致北美、东亚和欧洲在逐渐向彼此脱钩的方向发展。

国际经济形势的上述变化说明，东亚地区开始面临巨大的发展挑战，东亚已很难再享有以前那样宽松的国际环境，其高度出口依赖型的经济增长模式将遭遇更多更大的挑战。长期来看，改变这种增长模式对东亚来说是唯一的选择，否则，全球经济将再次陷入失衡的困境。[3]

---

[1] C. Constantinescu, A. Mattoo and M. Ruta, "The Global Trade Slowdown: Cyclical or Structural?", Policy Research Working Paper Series 7158, The World Bank, 2015.

[2] World Bank, "Global Value Chain Development Report 2017: Measuring and Analyzing the Impact of GVCs on Economic Development", 2017, pp. 1 – 33 (https://www.wto.org/english/res_e/booksp_e/gvcs_report_2017.pdf).

[3] Manu Bhaskaran, Ritwick Ghosh, Harinder Kohli, "Lessons of the Crisis and Global Imbalances: Should and Can Asia Reduce its Reliance on Exports to US and Europe and Focus More on Internal (Regional) Markets?", Paper prepared for the Asian Development Bank (ADB), Manila: ADB, 2010.

第三节　2008年国际金融危机冲击下东亚经济再平衡的启动与进展

一　东亚经济再平衡的启动

2008年国际金融危机的爆发，使东亚生产网络的内部缺陷充分暴露，危机过后，东亚经济再平衡进而区域分工体系调整作为一项历史重任摆在了东亚各国政府的面前。[①] 由于东亚地区许多产品占世界出口的市场份额已经逼近历史最高水平，并将达到自然极限，因此即使不考虑2008年国际金融危机的冲击，东亚各国的出口导向型发展模式事实上也已到了转变的关口。[②]

考察东亚地区的供求结构有助于我们深刻理解东亚经济再平衡调整的具体方向。总体上，东亚在贸易结构上表现出的失衡，可以归结为两方面的原因，即供给和需求。在供给方面，过去几十年东亚经济体按照本国的比较优势依次参与全球生产分工。特别是20世纪90年代以来，随着信息技术进步、全球化迅猛发展以及中国与东盟加入全球价值链进程的加速，东亚区域分工已经逐渐从早期的"雁行"垂直分工开始向垂直与水平混合的更加复杂的区域生产网络转变，在这一过程中，区域内的零部件贸易呈现出爆发式增长的特点。可以说，零部件在东亚地区大规模生产、流通和组装的现状已经显示了该地区在全球商品生产中的重要地位，短时期内这种状况不会变化。这种分工格局深化了资源在区域内的再配置，并取决于各国（地区）的要素禀赋、发展程度、产业发展政策和宏观战略布局。日本依靠其技术优势占据产业链上的价值顶端；韩国、中国台湾等新兴的发达经济体依赖其不断提升的技术水平，不断冲

[①] Eswar S. Prasad, "Rebalancing Growth in Asia", NBER Working Paper 15169, 2009; Malhar Nabar and Murtaza Syed, "The Great Rebalancing Act: Can Investment Be a Lever in Asia?", IMF Working Paper WP/11/35, 2011; Charles Adams, Hoe Yun Jeong and Cyn-Young Park, "Asia's Contribution to Global Rebalancing", ADB Working Paper Series on Regional Economic Integration, No. 58, 2010.

[②] [美]维韦克·阿罗拉、[美]罗伯托·卡达雷利编：《重新平衡亚洲发展：从中国经济的视角》，姜睿、钟晓辉、周自明译，中国财政经济出版社2013年版，第Ⅹ页；Eswar S. Prasad, "Rebalancing Growth in Asia", NBER Working Paper 15169, 2009; Joonkyung Ha, Jong-wha Lee and Lea Sumulong, "Rebalancing Growth in the Republic of Korea", ADBI Working Paper, No. 224, 2010.

击日本的技术领先优势,在全球价值链上的地位也不断攀升;中国与东盟作为劳动力资源丰富的国家和地区,处于全球价值链的底端,不过随着中国技术水平以及劳动力工资水平的不断提高,越南、老挝等东盟国家开始以其更为低廉的劳动力成本加入全球价值链的国际分工当中。中国则以其巨大的国内市场、复杂的国内分工体系,继续成为区域生产网络的中心。

在需求方面,东亚区域经济体发展水平差距较大,虽然面临的问题性质各有不同,但都存在着国内需求不足的问题。从共有因素看,与西方发达国家相比,东亚各国普遍具有较高的国内储蓄率,因此,国内消费比率自然相对较低。从各国的不同特点看,诸如日本和韩国这样的发达国家,制约国内需求的最大挑战在于人口老龄化以及就业创造的不足;而对于中国、东盟等新兴市场经济体来说,收入水平较低以及不完善的社保体系则是抑制国内消费增长的重要因素。这些因素使东亚区域整体内需不足,不仅直接造成对最终产品消费水平的限制,也导致了各国经济增长对外需的较高的依赖程度。

因此,基于供给和需求的原因,要最终解决东亚区域内国际分工与贸易的失衡问题,必须从根源上寻找解决的机制和方法。从国家层面看,国内需求的提振涉及各经济体(尤其是发展中经济体)提高国民收入,建立比较完善的社保制度,甚至还需要引导国民转变对储蓄和消费的观念。这些都不是在短期内可以实现的,而是涉及结构性的调整。当然,内部需求也可以通过政府大规模增加投资在短期内得到调动,事实上这也正是东亚各国政府为应对2008年国际金融危机而普遍采取的对策。不过,尽管财政刺激效果显著,但也带来了许多负面效应。因为,为了实施大规模财政刺激政策,各国必须通过发行债券来筹集资金,一方面增加了政府财政赤字,从长远来看是增加国民的负担;另一方面,大规模的前期投入必将带来后期的通胀压力。可以说,财政刺激只能是东亚各国为应对2008年国际金融危机冲击的"权宜之计"。长期来看,东亚需要从合理收入分配、健全社会保障体系、降低居民储蓄率等方面来扩大内需。

从区域的角度看,许多学者认为解决东亚区域内贸易的失衡,必须落实到改变区域内零部件进出口为主的供给模式。但是,失衡分工格局的改变非短期能够完成,需要东亚各国持久同心的努力。基于分工结构的相对稳态，失衡调整的关键不在于区域生产结构的转变，而是各国要采取措施努力扩大内需，与此同时，要加强国家间经济合作，大力推进区域内最终产品贸易的增加，降低对美欧发达国家市场的依赖，逐渐实现东亚经济发展的再平衡。

二 东亚各国的经济失衡调整

对于危机后东亚经济的再平衡调整，许多学者将东亚视作一个区域整体，认为其未来的经济增长需要更多地依赖内部需求，需要提高经济弹性。不过，随着讨论的不断深入，东亚地区的差异化开始得到越来越多的关注，也就是说，整体提高内部消费的再平衡转型对于每个国家来说任务却是不同的。

（一）东亚各国经济失衡的表现与源泉

东亚经济再平衡不仅是一个区域性的调整目标，同时也是各个国家的转型目标。一个国家的经济失衡包括内部失衡与外部失衡两类，内部失衡主要表现为在经济增长的构成要素中，消费与投资具有较大的不协调性；外部失衡则表现为该国的国际收支账户或者处于过度的顺差状态，或者表现为过度的逆差状态。2008年国际金融危机爆发后，普拉萨德、杰哈等学者从国内需求构成以及对外部需求（净出口）依赖程度的角度对东亚国家的内部失衡与外部失衡进行了系统考察，并以此为基础提出了东亚经济再平衡的方向与措施。[①]

1. 经济增长的构成与内部失衡

考察一国经济增长平衡性的一种重要方法是考察该国国民产出的主要构成及其动态变化，具体来看，就是分析消费（包括家庭消费和政府消费）、投资及净出口对 GDP 增长的不同贡献率及其变化。

表 3-3 比较了 1995 年、2000 年和 2008 年东亚国家（地区）与美国、德国 GDP 中各组成部分所占比重的差异。总体来看，家庭消费占东亚国家（地区）GDP 总量的平均比重从 1995 年的 66.3% 下降到了 2008

[①] Eswar S. Prasad, "Rebalancing Growth in Asia", NBER Working Paper 15169, 2009; S. Jha and A. Terada-Hagiwara and Eswar S. Prasad, "Saving in Asia: Issues for Rebalancing Growth", Asian Development Bank Economics Working Paper, No. 162, 2009.

年的57.2%，政府消费与投资的贡献基本保持稳定，变化最大的是净出口，其所占比重从1995年的-6.4%大幅上升至2008年的4.4%。

表3-3　1995年、2000年和2008年东亚国家（地区）与美国、德国GDP中各组成部分所占比重的差异　　（单位：%）

国家/地区	1995年 消费 家庭	1995年 消费 政府	1995年 投资	1995年 净出口	2000年 消费 家庭	2000年 消费 政府	2000年 投资	2000年 净出口	2008年 消费 家庭	2008年 消费 政府	2008年 投资	2008年 净出口
中国	44.9	13.3	40.3	1.6	46.4	15.9	35.3	2.4	35.3	13.3	43.5	7.9
中国香港	68.4	10.3	27.7	-9.5	66.0	10.1	25.4	-1.5	59.6	8.0	20.2	12.2
印度尼西亚	—	—	—	—	61.7	6.5	22.2	10.5	57.2	8.1	23.9	9.6
韩国	57.9	12.7	38.5	-8.8	54.0	12.1	31.0	3.2	52.9	14.4	28.6	4.4
马来西亚	—	—	—	—	43.8	10.2	26.9	19.2	52.4	13.7	20.8	13.1
菲律宾	77.7	8.2	23.3	-10.5	77.3	8.2	24.6	-4.6	78.1	6.6	18.1	1.4
新加坡	42.3	8.4	33.2	15.6	42.2	10.8	33.3	13.6	39.2	10.5	31.4	20.4
中国台湾	59.8	16.2	22.4	1.0	60.4	13.9	23.1	2.7	54.4	11.3	17.0	17.3
泰国	54.4	7.9	43.5	-5.4	54.0	10.7	20.7	14.9	51.8	8.9	23.9	15.4
东亚平均	66.3	10.3	27.2	-6.4	64.2	10.1	25.4	-1.2	57.2	9.8	23.9	4.4
德国	59.5	19.6	22.1	-0.9	58.9	19.0	21.8	0.4	54.7	18.4	20.3	6.8
日本	56.7	15.5	27.7	0.4	56.2	16.9	25.5	1.5	55.5	17.6	23.2	4.9
美国	67.7	16.2	17.2	-0.9	68.7	14.4	20.8	-3.9	71.0	14.5	17.5	-3.3

注：除了上述东亚十国（地区），"东亚平均"还包括孟加拉国、柬埔寨、印度、巴基斯坦、斯里兰卡、越南，该数值为未加权平均值。

资料来源：Eswar S. Prasad, "Rebalancing Growth in Asia", NBER Working Papar 15169, 2009.

在所有东亚国家（地区）中，1995—2008年只有菲律宾和马来西亚的家庭消费占GDP的比重呈现上升趋势，其他国家的这一比重都有不同程度的下降，其中下降幅度最大的是中国。但变化主要出现在2000年以后，事实上，家庭消费占中国GDP的比重在1995年到2000年期间还略有上升，从44.9%提高至46.4%，但此后快速下降，到2008年已经降至35.3%，这一比重仅相当于美国的一半。除了中国，新加坡是另外唯一一个家庭消费占GDP比重低于50%的国家，但其总体呈现是一种稳定状态，1995年至2008年仅仅下降了3.1个百分点。就中国而言，消费占比下降的同时，投资与净出口占GDP的比重却出现了大幅提高，2000年至2008年分别提高了8.2个百分点和5.5个百分点。

表3-4进一步展示了2000—2008年消费、投资以及净出口对东亚各国（地区）GDP增长率的贡献。可以看出，除了马来西亚和菲律宾，消费对东亚各国（地区）GDP增长的贡献率普遍较低，许多国家和地区不足50%。在这其中，消费对中国GDP增长的贡献率最低，在2000—2008年平均10.2%的GDP增长率中，只有4.1%可以归于消费的贡献（贡献率为40.2%），其中家庭消费更是仅贡献了其中的2.8%，贡献率不足28%，这与美国家庭消费对GDP增长高达87%的贡献率形成明显反差；中国香港和中国台湾GDP增长中的消费贡献率也都不足50%；韩国和泰国的情况稍好，但也都只是略高于50%，分别为51%和58%。

从投资对GDP增长的贡献率来看，东亚各国（地区）出现了较大分化。一方面，中国"一枝独秀"，投资对GDP增长的贡献率高达约50%。对投资的过度依赖也成为国内外学者对中国经济增长诟病的一个主要原因，超高的投资增长率难以持续，一旦投资下降，国内消费能否有效替代进而推动经济平稳增长成为人们最大的一个担心。另一方面，东亚金融危机以后东亚许多国家（地区）则面临投资不足的问题，比如，投资对马来西亚、菲律宾、中国台湾和日本GDP增长的贡献率都不足20%，这与1997年之前相比普遍有较大幅度的下滑。

表3-4　　　2000—2008年消费、投资与净出口对东亚国家
（地区）GDP增长率的贡献　　　　（单位：%）

国家/地区	GDP增长率	各组成部分对GDP增长率的贡献				
^	^	消费			投资	净出口
^	^	总计	家庭	政府	^	^
中国	10.2	4.1	2.8	1.3	5.0	1.1
中国香港	5.0	2.3	2.1	0.2	1.3	1.7
印度尼西亚	5.2	3.1	2.5	0.6	1.4	0.4
韩国	4.9	2.5	1.9	0.6	1.0	1.4
马来西亚	5.1	4.6	3.5	1.1	0.4	0.1

续表

国家/地区	GDP 增长率	各组成部分对 GDP 增长率的贡献				
		消费			投资	净出口
		总计	家庭	政府		
菲律宾	5.0	4.0	3.8	0.2	0.7	1.0
新加坡	5.5	2.7	2.1	0.6	1.5	1.5
中国台湾	3.6	1.5	1.4	0.1	0.0	2.2
泰国	4.8	2.8	2.4	0.4	1.5	0.5
德国	1.4	0.5	0.3	0.2	0.1	0.9
日本	1.5	1.0	0.6	0.4	0.2	0.5
美国	2.3	2.3	2.0	0.3	0.1	−0.1

注：GDP 增长率（以百分比计）为 2000—2008 年的年平均值。除柬埔寨（2000—2005 年）、印度尼西亚、马来西亚和巴基斯坦（2001—2008 年）外，其他国家和地区的消费、投资和净出口对 GDP 增长率的贡献（以百分比计）均为 2001—2008 年的平均值。由于舍入误差，或者在菲律宾等一些国家由于统计差异很大，各部分对 GDP 增长率的贡献之和可能与 GDP 增长率不完全一致。投资包括私人投资和公共投资。由于缺乏数据，日本的投资没有包括 2008 年的数据。

资料来源：Eswar S. Prasad, "Rebalancing Growth in Asia", NBER Working Papar 15169, 2009.

最后，我们来看净出口对东亚国家（地区）GDP 增长的贡献率。需要指出的是，即使一个国家具有很高的出口贸易依赖度，其净出口对 GDP 增长的贡献率仍然可能会比较小，这与进口的规模大小相关。从表 3-4 可以看出，净出口对 GDP 增长的贡献率在东亚地区表现出了较大的差异性。日本、中国香港、中国台湾三个国家（地区）净出口对 GDP 增长的贡献率最高，都超过了 30%；而中国、印度尼西亚和泰国，这一比重却只有 10% 左右。这与人们普遍的感受并不相同，比如，中国一般都被认为是严重依赖出口贸易的国家，但在 2000—2008 年平均 10.2% 的 GDP 增长率中，只有 1.1% 可归于净出口的贡献，换句话说，净出口对 GDP 增长的贡献率只有 11%。新加坡的情况也大致如此，对于一个高度依赖出口贸易的国家，其净出口对于 GDP 增长的贡献也仅为 27%。接下来我们将对这一现象进行更深入的探讨。

2. 外部失衡

我们通过表 3-5 来进一步讨论贸易对东亚各国（地区）经济增长的贡献。该表显示了 2000 年和 2008 年进出口贸易总额、出口以及净出口占 GDP

的比重。从表中可以看出，除了日本，东亚其他国家（地区）普遍具有较高的出口贸易依赖度，中国香港、新加坡和马来西亚的这一比重甚至超过100%。另外，从2000年到2008年，除了东南亚的印度尼西亚、马来西亚和菲律宾三个国家，东亚其他国家（地区）的出口贸易依赖度均有较大幅度的提高。不过，如果我们仔细分析东亚各国（地区）净出口总额占GDP的比重，则可以看出两个不同的特点：第一，除了中国香港、马来西亚和新加坡，东亚其他国家（地区）净出口总额占GDP的比重均不超过10%，印度尼西亚、韩国、菲律宾和日本的这一比值甚至都在零左右；第二，从2000年到2008年，与出口占GDP的比重只有三个国家下降不同，东亚地区有五个国家（地区）的净出口占GDP的比重出现了下降，其中包括出口占GDP比重上升的韩国、泰国和日本，说明与出口增长相比，这些国家的进口增速更快。不过，与大多数东亚国家相比，中国的净出口占GDP的比重在这一时期从2.0%上升至6.8%，出现了较大幅度的提高。

表3-5　东亚各国（地区）的贸易开放度（占GDP的比重）　（单位：%）

国家/地区	2000年			2008年		
	贸易总额	出口	净出口	贸易总额	出口	净出口
中国	39.6	20.8	2.0	59.2	33.0	6.8
中国香港	282.1	143.3	4.4	413.8	212.3	10.9
印度尼西亚	71.4	41.0	10.5	58.4	29.8	1.1
韩国	74.3	38.6	2.9	107.0	52.9	-1.2
马来西亚	220.4	119.8	19.2	183.7	103.5	23.2
菲律宾	108.9	55.4	1.9	76.1	38.0	-0.2
新加坡	377.7	195.6	13.6	449.6	234.3	19.1
中国台湾	105.3	53.8	2.2	144.2	74.4	4.6
泰国	124.9	66.8	8.6	150.1	76.4	2.8
日本	21.2	11.3	1.5	36.2	18.3	0.4

资料来源：Eswar S. Prasad, "Rebalancing Growth in Asia", NBER Working Papar 15169, 2009.

在许多东亚国家（地区）净出口占GDP比重并不高甚至还有一些国家（地区）下降的情况下，我们该如何看待出口对这些国家（地区）的贡献呢？理论上讲，如果一个国家的进出口贸易总额为零，那么其对GDP增长的贡献率也就为零。但这并不意味着出口贸易对这个国家的经济增长没有贡献。事实上，一个国家如果具有较高的出口贸易规模，即使其净出口为零，出口也可以通过大量的外溢效应来对该国经济做出贡献。这些外溢效应包括与贸易相关的技术转移、与市场扩大相关的规模效应、与上下游产业链相关的就业效应以及与竞争加强相关的效率增进效应等。① 因此，2000—2008 年贸易开放度的提高虽然在一定程度上提高了东亚国家（地区）抵御外部冲击的风险，但这些国家从贸易规模的扩大中受益丰厚也是事实，许多学者已经对此有过深入的分析。②

3. 内部失衡的进一步探讨：家庭与公司储蓄的视角

尽管存在国家间的差异，但总体来看，东亚各国（地区）的内部消费是相对不足的。与 2000—2008 年内部消费占 GDP 比重下降相对应，则是东亚地区储蓄率的整体上升（见图 3-7）。其中，中国的国内储蓄率从 37% 上升至 53%，中国香港、印度尼西亚、马来西亚、菲律宾、中国台湾也都有不同程度的上升，不过，日本、韩国和泰国出现了小幅下降。与东亚相比，美国的国内储蓄率在这一时期从 20.5% 下降至 15.5%，有了较大幅度的下降。

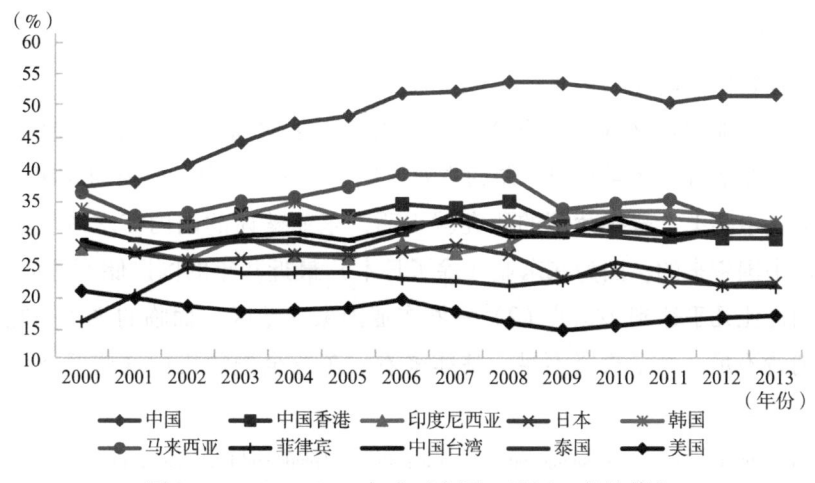

图 3-7　2000—2013 年东亚各国（地区）的储蓄率

资料来源：IMF, World Economic Outlook Database, October 2013.

---

① Eswar S. Prasad, "Rebalancing Growth in Asia", NBER Working Paper 15169, 2009.
② 比如参见［美］丹尼·罗德瑞克《让开放发挥作用：新的全球经济与发展中国家》，熊贤良等译，中国发展出版社 2000 年版。

一些学者的研究表明，东亚各国（地区）储蓄率的普遍上升主要是因为公司储蓄率的上升。比如，OECD（2007）的研究就显示，到2007年公司储蓄已经成为东亚各国（地区）最主要的储蓄来源，几乎占该地区总储蓄的一半[①]。在东亚国家（地区）中，中国的公司储蓄率又是上升最快的，2006年占总储蓄的比重已经超过50%，同样的情况还出现在菲律宾、韩国以及中国台湾。至于导致这一结果的原因，杰哈等认为主要是国有企业和私营企业盈利能力的上升、扭曲的股息政策以及不发达的金融体系等因素，共同导致了企业部门储蓄的螺旋式上升。[②]

总储蓄中公司储蓄占比的提高表明家庭储蓄在东亚国家（地区）国内储蓄中所占比重的下降。不过，一个有趣的现象是，虽然家庭储蓄在总储蓄中的所占比重下降，但其占可支配收入的比重在中国及其他一些东亚国家（地区）却呈现上升趋势。比如，中国的这一比重就从2000年的30%上升到了2008年的40%。该比重的上升说明，虽然东亚各国（地区）由于区域合作分工的加强而一直能够保持比较稳定的增长率，但家庭收入并未能实现同步的增长，相反，其在GDP中的比重是下降的。

（二）东亚各国经济增长的再平衡调整：共同特点与各国差异

综合以上研究，东亚地区经济面临的主要问题包括以下几点。（1）大多数东亚国家（地区）存在着国内需求不足的问题，这也被一些学者认为是东亚各国经常账户顺差的主要原因。[③] 在这其中，中国的问题最为严重。事实上，普拉萨德的研究就表明，东亚整体的国内需求疲软主要是由中国带来的，因为在东亚（除了日本）最近几年的国民储蓄总值中，中国占比几乎达到2/3。[④]（2）一些东亚国家（地区）面临的主要问题不是消费不足，而是投资不足。整体来看，东亚金融危机后这些经济体的

[①] OECD, "Corporate Saving and Investment: Recent Trends and Prospects", in OECD Economic Outlook 82, Organisation for Economic Co-operation and Development, Paris, 2007.

[②] S. Jha, A. Terada-Hagiwara and Eswar S. Prasad, "Saving in Asia: Issues for Rebalancing Growth", Asian Development Bank Economics Working Paper, No. 162, 2009.

[③] B. Bernanke, "The Global Saving Glut and the U. S. Current Account Deficit", Remarks by Governor Bernanke at the Sandridge Lecture, Virginia Association of Economics, Richmond, Virginia, March 10, 2005.

[④] Eswar S. Prasad, "Rebalancing Growth in Asia", NBER Working Paper 15169, 2009.

投资与 GDP 之比下降了 10 个百分点或以上，而且一直处于较低水平。部分原因可归结为对东亚金融危机前过度投资的矫枉过正，另外也与危机后商业环境恶化导致投资回报率下降有关。（3）由于对出口的严重依赖，东亚各国（地区）普遍存在着较高的出口贸易依存度。

基于以上判断，不同的国家面临的调整对策应该是有差异的，具体看如下。

对于中国来说，因为从规模角度看，中国占了东亚对美国贸易顺差的最大份额（2008 年时超过 60%），因此中国自然也是改变东亚—美国贸易失衡的关键力量。从扩大内需的角度看，中国的主要问题不是投资不足，而在于消费不足，因而以提升消费占比为主的增长模式转型是中国面临的最关键问题。① 核心则是民间消费的提高。除了加强教育、医疗、养老等领域社会安全网的建设，推进人民币实际汇率稳步升值，中国还应该在三个方面加大改革力度：一是加快推进税收、收入制度改革和户籍制度改革，不断提高城镇居民可支配收入，逐步缩小城乡收入差距；二是在加强银行风险管理的同时，深化金融发展和自由化（包括利率），以便能够提高资源配置效率，更好地满足私人消费的平稳增长；三是推进旨在提高生产率的服务部门结构改革（如加强本国和外国公司之间的竞争、零售服务自由化等），增强居民对非贸易产品的消费偏好与信心。中国能否顺利完成上述转型，将直接决定东亚经济再平衡的前途。因为日本虽然目前仍是区域最大的最终产品市场提供者，但其极低的增长率无助于东亚转型的动态平衡，只有中国才能在边际上推进区域内部市场的扩大。

对于韩国和东亚其他新兴市场经济体，改善投资环境和提高服务部门竞争力应是改革与转型的重点。通过加强法制、债权人权力和政府事务透明度，改善金融获得渠道，促进中小企业重组以减少信用风险以及为国内外投资者或私人与公共投资者之间创造公平竞争的环境等举措，将会确保这些国家和地区内部投资气候的改善，特别是有助于内向型企业和服务部门企业的恢复，增强其流动性和盈利能力。旨在提高生产率

---

① ［美］维韦克·阿罗拉、［美］罗伯托·卡达雷利编：《重新平衡亚洲发展：从中国经济的视角》，姜睿、钟晓辉、周自明译，中国财政经济出版社 2013 年版，第 87—105 页。

的服务部门结构改革应该包括鼓励加大竞争，在贸易部门和非贸易部门之间创造公平的竞争环境，促进劳动力和产品市场的灵活性以及进一步发展国内资本市场，提高这些弱势行业的信贷能力与信心。

对于日本来说，其所面临的环境与其他东亚经济体有很大差异，在结构转型的同时，日本还面临着经济增长以及解决政府债务的重大挑战。从推进内外部经济平衡的结构转型角度看，日本面临的主要任务是提高服务部门生产率，实现劳动力和产品市场的自由化。但是，与结构转型相比，经济增长和财政稳定是日本面临的更加紧迫的任务。尽管两者之间并非不相关，但与传统的出口激励相比，结构转型对解决经济增长和债务问题的作用更加不确定，更难以把握。因此，在对后者缺乏一种相对稳定的预期之前，日本的经济再平衡转型恐将是一种奢望。

(三) 东亚各国经济再平衡的政策实施

与反危机的宏观货币和财政政策相比，经济再平衡是关系到一国经济中长期发展的政策与战略调整。危机之后，东亚各国政府显然意识到了经济再平衡的重要性，纷纷出台措施推进本国增长方式转变。

意识到高度依赖投资和出口的增长模式是不可持续的，2008 年国际金融危机后中国加快了增长方式的转型步伐，核心目标就是希望转向更可持续的增长路径，让消费代替投资成为推动增长的主要动力。2008 年11 月 5 日，为应对国际金融危机的影响，党中央、国务院决定实行积极的财政政策和适度宽松的货币政策，并出台了进一步扩大内需促进经济平稳较快增长的十项措施，计划到 2010 年底约投资 4 万亿元人民币。2013 年召开的中国共产党十八届三中全会可以称得上是改革开放以来的一个重要里程碑。会议提出的改革总体思路是，让市场在资源配置中起决定性作用，同时更好发挥政府作用。在这一总的改革思路框架内，中国政府陆续出台了各种扩大内需的计划和政策，包括加快城镇化、发展服务业、改善收入分配、建立更广泛的社会保障体系等。以建立健全社会保障制度为例，2010 年我国出台了历史上第一部社会保险法——《中华人民共和国社会保险法》，对社会保险的筹资渠道以及个人、用人单位和政府的三方权利义务责任做出了法律上的规范。2011 年，"十二五"规划以"广覆盖、保基本、多层次和可持续的社会保障政策"为基础，强调兼顾社会保障公平与效率。① 党的十八大以后，中国社会保障体系建设进入快车道，一系列重要改革举措得到及时落实，包括统一了城乡居民基本养老保险制度，实现了机关事业单位和企业养老保险制度并轨，建立了企业职工基本养老保险基金中央调剂制度，整合了城乡居民基本医疗保险制度，全面实施城乡居民大病保险，等等。② 2017 年，党的十九大报告进一步提出构建覆盖全民、统筹城乡、权责明确、适度保障、可持续发展的多层次社会保障制度。

再看日本，2012 年安倍第二次当选日本首相后，很快推出了所谓的"三支箭"经济政策与改革方案，其中第三支箭的改革核心就是通过放宽行政管制、扩大贸易自由化等刺激民间投资，推动经济向具有成长性的产业结构性转移。③ 2013 年 6 月日本政府进一步出台了名为"日本再兴战略"的经济成长战略，其最终形成的经济增长战略主要包括三大支柱：日本产业再生计划、战略市场创建计划以及国际竞争计划。为推进"日本再兴战略"的实施，当年 10 月日本政府还通过了《产业竞争力强化法案》，希望通过减税等优惠政策促进企业重组、消化过剩产能，同时放松规制来激活经济、创造需求；通过提升劳动人口，特别是女性的就业率，以及采用在东京等大都市创设"国家战略特区"的方法吸引海外高级人才赴日工作等方式，改善日本的劳动力要素。总之，经济增长战略希望通过制度结构改革，达到促进日本长期经济增长的目的。

东南亚各国也积极调整中长期经济发展战略，相继推出促进经济转型和产业升级的政策措施。2010 年新加坡政府公布了未来十年本国的七大经济战略，确定转向通过技能和创新来巩固已有经济增长的发展方向；同年，马来西亚政府推出了包括 12 项国家关键经济领域和 131 项计划的经济转型计划（ETP），总投资额将达到 4440 亿美元；2011 年，印度尼西亚政府出台《2011—2025 年印尼经济发展总体规划》，根据该规划，政府将重点发展"六大经济走廊"，着力推动交通、通信、能源等大型基础

---

① 王美桃、何帆：《共同富裕导向下我国社会保障制度的探索与优化》，《中国人力资源社会保障》2022 年第 8 期。

② 周弘：《中国社会保障制度的百年建设与国际比较》，《人民论坛·学术前沿》2021 年第 19 期。

③ 刘红、胥鹏：《安倍经济学能否破解日本经济难题》，《日本研究》2014 年第 1 期。

设施项目建设，形成各具产业特色的工业中心，力争实现到2025年跻身世界十大经济强国的远景目标；2012年，泰国政府提出将在未来五年投资约720亿美元发展基础设施建设等项目以加强本国的长期竞争力和提升人民的生活质量。①

比较而言，全球金融危机之后韩国政府并未推出有针对性的经济再平衡政策。2008年上台的李明博政府，政策重点主要聚焦于放松规制改革，希望以此保障经济活动的自由并且促进竞争，进而在激烈的全球竞争时代提高国家的竞争力。2013年当选的朴槿惠总统则实施了旨在实现经济复兴的创意经济政策，具体包括创造新的市场和就业机会，将软件开发作为未来不断增长的业务，在开放共享中实现创意经济，以及创建科学、信息通信技术和未来规划部（MSIP），等等。直到2017年文在寅政府上台，韩国才真正开始重视经济增长范式的再平衡调整。文在寅政府推出了被称为"j经济学"（J-nomics）的独特经济政策，其目标是将韩国经济从长期以来以大企业和出口为中心的发展模式，转变为能够创造更公平的增长和就业机会的新模式。"j经济学"有两大支柱，具体如下。第一个支柱也是最主要的政策是通常所说的"收入主导的增长"，即通过提高工资和增加低收入和中等收入家庭的社会支出来缓解日益恶化的收入两极分化。为了促进收入主导的增长，政府启动了一系列新的经济政策，通过大幅提高最低工资、高收入阶层的所得税和大企业的企业所得税来提高中低收入阶层的个人收入。第二个支柱旨在通过政府支持政策，激励以创业公司和中小企业为中心的创新增长，以此迎接第四次产业革命。为此，政府首次将小企业管理局升级为中小企业创业部。政府还成立了一个新的总统技术创新委员会，以促进风险企业的创建。与此同时，文在寅政府还强调建设"公平的经济环境"，以此保证大企业和中小企业之间的公平竞争。②

---

① 王勤：《当代东南亚经济的发展进程与格局变化》，《厦门大学学报》（哲学社会科学版）2013年第1期。

② Choong Yong Ahn, "Income-Led Growth and Innovative Growth Policies in Korea: Challenges, Rebalancing, and a New Business Ecosystem", Academic Papers Series, Korea Economic Institute of America, May 2018.

三 东亚经济再平衡和区域分工调整的进展

(一) 东亚主要经济体的国际收支有一定改善

在各国政策调整的影响下，21世纪初东亚经济再平衡取得了一些进展。主要体现在两个方面，具体如下。一是除了韩国和越南，金融危机后其他东亚国家的出口依赖度均呈下降趋势。中国从2007年的34.4%大幅下降至2018年的18.3%，同期日本从15.8%降至14.9%，新加坡、泰国、马来西亚、印度尼西亚、菲律宾则分别从165.4%、58.5%、90.9%、27.3%和33.8%下降至113.3%、49.9%、69.0%、17.3%和20.4%。东亚作为一个整体，则从2007年的最高点30.1%降至2018年的22.7%。[①] 二是贸易收支状况得到一定改善（见表3-6）。2007—2018年东亚作为一个整体，贸易收支顺差从5462.1亿美元下降至3551.2亿美元，其中中国从3080亿美元降至1029.2亿美元，日本从835亿美元降至39.8亿美元，是最主要的两个贡献者。贸易收支的改善主要是由中国的服务贸易逆差扩大带来的，从2007年的37亿美元升至2018年的2922亿美元，增加了78倍，2018年时占整个东亚服务贸易逆差的95%。[②]

表3-6　　2001—2018年东亚各国的国际收支变化　　（单位：亿美元）

年份	中国	日本	韩国	马来西亚	泰国	新加坡	印度尼西亚	菲律宾	越南
2001	280.8	264.8	94.1	219.4	69.6	144.7	123.2	-85.5	-0.9
2002	373.8	516.0	144.1	199.9	77.1	162.3	131.3	-75.3	-18.0
2003	358.2	724.9	221.4	227.1	88.0	266.9	124.6	-78.1	-33.6
2004	511.7	942.3	391.7	313.4	67.5	301.0	113.4	-74.6	-31.6
2005	1246.3	699.1	324.9	275.4	-34.7	379.8	84.1	-100.0	-27.4
2006	2089.2	630.5	245.1	338.8	56.7	440.7	197.9	-69.8	-27.8
2007	3080.4	835.0	324.4	464.4	186.8	554.0	209.1	-80.1	-111.9
2008	3488.3	173.4	117.5	404.3	44.5	399.6	99.2	-166.8	-137.3

---

① 根据CEIC数据库相关数据计算得出（https://insights.ceicdata.com/login）。
② 根据CEIC数据库相关数据计算得出（https://insights.ceicdata.com/login）。

续表

年份	中国	日本	韩国	马来西亚	泰国	新加坡	印度尼西亚	菲律宾	越南
2009	2201.3	232.5	480.6	415.5	269.8	450.3	211.9	-89.6	-100.3
2010	2230.2	782.0	479.3	513.1	196.8	615.9	212.1	-110.9	-76.0
2011	1819.0	-395.4	280.1	385.2	76.3	752.9	240.2	-138.7	-34.3
2012	2318.4	-1012.0	485.9	354.7	40.8	693.3	-18.8	-127.5	74.5
2013	2353.8	-1251.3	802.6	307.8	114.1	713.5	-62.4	-106.5	56.0
2014	2213.0	-1286.1	861.5	254.1	274.9	737.4	-30.3	-127.5	86.0
2015	3578.7	-232.8	1202.8	217.6	460.4	833.5	53.5	-178.5	31.0
2016	2557.4	404.4	1164.6	165.7	608.2	835.4	82.3	-285.1	86.1
2017	2170.1	376.4	1135.9	161.8	630.2	822.3	114.3	-315.2	76.2
2018	1029.2	39.8	1118.7	298.0	511.9	946.3	-75.3	-385.4	68.0

资料来源：根据CEIC相关数据计算得出（https：//insights.ceicdata.com/login）。

（二）东亚对美贸易顺差持续扩大

尽管已取得上述成绩，但从"东亚生产—美欧消费"国际分工格局的调整角度看，东亚的经济再平衡并未达到预期效果。相反，作为一个整体，东亚的货物贸易顺差还从2009年的4803亿美元增加至2017年的7752亿美元，提高了61.4%，虽然2018年有所下降，但仍高达7337亿美元。在这其中，东亚对美国的货物贸易顺差增长尤为迅速，2009年降至最低点（2470亿美元）之后就持续上升，2017年达到4333亿美元，提高幅度高达75.4%（见图3-8）。其中，中国为2947亿美元，占东亚贸易顺差总额的68.0%；日本和韩国分别从317亿美元、101亿美元增加至629亿美元、257亿美元，提高了98.4%和154.5%；东盟国家中除新加坡外也都有不同程度的提高，其中越南从98亿美元上升至374亿美元，增幅高达281.6%。[①]

[①] 根据CEIC数据库相关数据计算得出（https：//insights.ceicdata.com/login）。

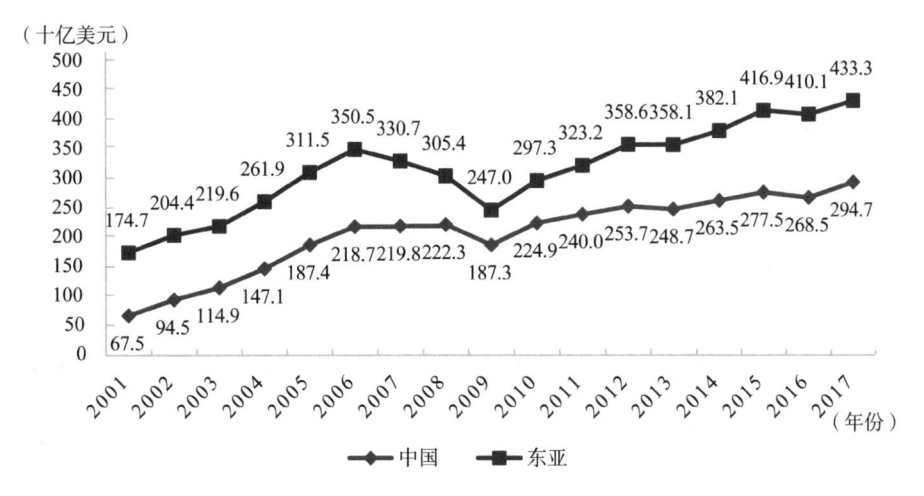

图 3-8 2001—2017 年东亚整体及中国对美商品贸易余额

资料来源：根据 CEIC 相关数据计算得出（https：//insights.ceicdata.com/login）。

（三）对美贸易失衡格局依然严重的主要原因

从导致上述结果的原因看，危机前的问题均未得到有效解决。以日韩为例，2008 年以来国内消费需求低迷的状态不但未能得到扭转，而且愈加恶化。在日本，家庭消费占 GDP 的比重从 2009 年的最高点 58.8% 开始一路下降，2017 年降至历史最低点 55.7%。这一比重低于 G7 平均值（59.5%），与美国的 69.3% 相比，更是低了 13.6 个百分点（见图 3-9）。

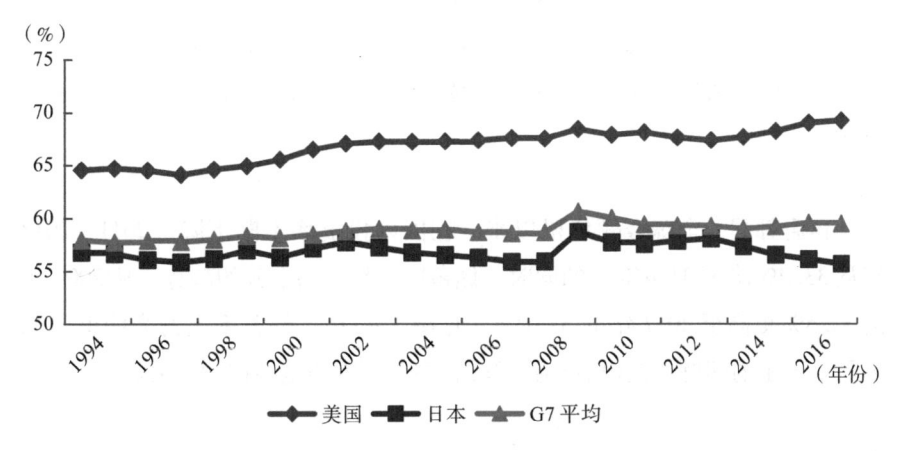

图 3-9 日本与其他 G7 国家家庭消费占 GDP 比重对比

资料来源：根据 CEIC 数据库相关数据作图（https：//insights.ceicdata.com/login）。

导致日本国内家庭消费不足的主要原因包括以下几点。一是老龄化不断加剧（见图3-10），日本是世界上老龄化最为严重的国家之一，而且老龄化呈加速上升的趋势，从1994年到2017年，其65岁以上人口占总人口的比重从14.4%上升到28.1%。[①] 二是家庭可支配收入一直处于停滞状态，从图3-10可以看出，20世纪90年代以来日本的家庭可支配收入基本处于停滞状态，1994年时为299万亿日元，2017年为301万亿日元，仅仅增加2万亿日元。三是消费者对未来的信心不足。全球金融危机以来，日本消费者的信心指数持续下降，从2009年2月最高点164降至2018年12月的最低点116，降了将近50点。

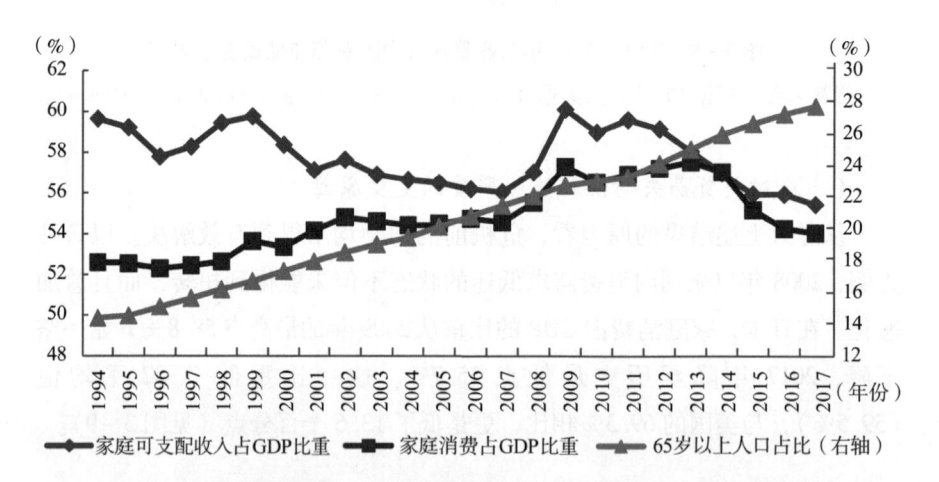

图3-10 日本的家庭消费、家庭可支配收入占GDP比重及65岁以上人口占比

数据来源：根据CEIC数据库相关数据计算得到（https://insights.ceicdata.com/login）。

再看韩国，全球金融危机以来，在国内投资率不断下降（2011—2018年从33.2%降至31.4%）的同时，储蓄率却呈一路上升的趋势，从2009年的33.5%提高至2017年的37.1%（见图3-11）。储蓄率上升表明韩国国内需求不足的问题依然没有得到扭转，主要原因还是结构性约束。

---

① UN, "World Population Prospects 2019"（https://population.un.org/wpp/）.

图 3-11　韩国的投资和储蓄率

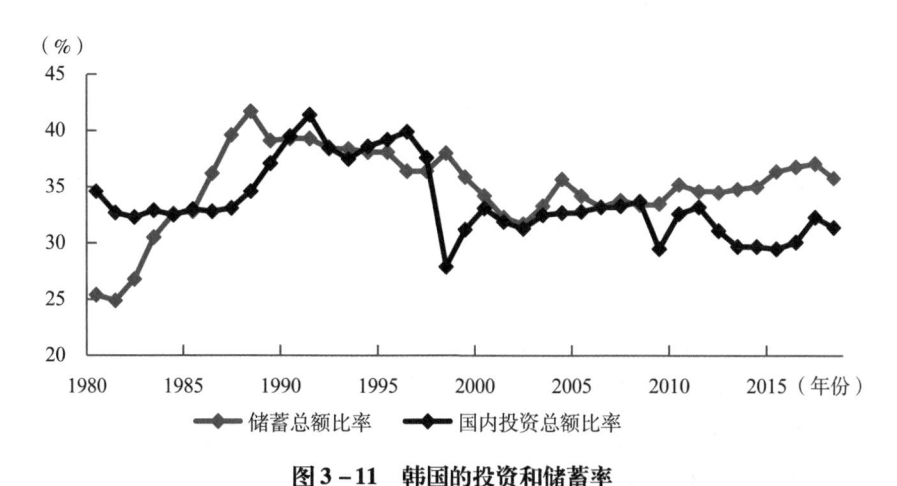

资料来源：根据 CEIC 数据库相关数据作图（https：//insights.ceicdata.com/login）。

对外贸易失衡的加剧说明危机前存在的问题未能得到有效解决。从 $X-I=I-S$ 这一恒等式可以看出，国际收支的顺差即体现为国内储蓄大于投资。事实上，2001—2008 年，韩国的投资率和储蓄率基本持平，但 2008 年国际金融危机以后，两者出现了相反的走势，在投资率呈总体下降趋势的同时，储蓄率却不断上升，从而导致储蓄与投资的缺口不断拉大。具体来看，有如下几点。首先，投资率不但未能复苏，反而继续下降。由于政府的刺激政策，韩国的国内投资率从 2009 年的 29.5% 上升至 2011 年的 33.2%，但这一趋势未能继续，此后是一路下降，2018 年时降至 31.4%。投资不振的主要原因包括：东亚金融危机后企业和经济结构重构的影响，国际投资者信心不足，营商环境不佳，产业结构向技术和知识密集型转变导致资本投入减少，资本边际产出递减是自然规律，等等。[①] 其次，在投资率下降的同时，韩国的储蓄率却呈现上升趋势，从 2009 年的 33.5% 提高至 2017 年的 37.1%，2018 年略有下降，但仍高达 35.8%。储蓄上升的原因主要是老龄化加速，社会安全网无法有效保护

---

① Joonkyung Ha, Jong-wha Lee and Lea Sumulong, "Rebalancing Growth in the Republic of Korea", ADBI Working Paper 224, 2010.

弱势群体。① 最后，投资结构的不合理状态依然未能扭转。具体表现为，与出口相关的对制造业的投资和对大企业的投资占比依旧很高，而对与国内需求有关的服务业和中小企业的投资占比依然不足。由此带来的后果是，出口部门的涟漪效应（Ripple Effects）不断减弱，家庭可支配收入增长持续下降。②

东亚区域分工体系的重构依赖于各国经济的再平衡调整。在各国经济再平衡没有显著进展的情况下，东亚区域分工体系自然也不可能出现大的变化。主要表现为以下几点。

一是以生产和出口导向为主的区域分工性质没有改变（见表3-7）。尽管作为一个整体，东亚的出口依赖度从2007年的最高点30.1%降至2018年的22.7%，但这一结果主要是由中国贡献的（从34.4%降至18.3%），如果不算中国，其他东亚国家作为一个整体的出口依赖度则从27.9%上升至29.1%，其中韩国的表现尤为突出，从33.1%上升至37.4%。生产和出口导向的区域分工性质没有变化还体现为区域内贸易的中间产品占比持续居高不下；2017年高达66.4%，与2008年的66%相比几乎没有变化。比较而言，2017年欧盟和北美自由贸易区的区域内贸易中间产品占比分别只有50.2%和47.3%，处于均衡状态（见图3-12）。

表3-7　　　　　　　东亚各国（整体）出口依赖度

年份	越南	泰国	韩国	新加坡	菲律宾	马来西亚	日本	印度尼西亚	中国	东亚整体
2000	0.465	0.546	0.307	1.434	0.470	1.047	0.098	0.396	0.206	0.182
2001	0.460	0.540	0.282	1.356	0.422	0.948	0.094	0.358	0.199	0.178
2002	0.476	0.507	0.267	1.353	0.433	0.933	0.101	0.302	0.221	0.191
2003	0.509	0.527	0.285	1.638	0.432	0.950	0.106	0.273	0.264	0.209

① Taehoon Lee, "New and Old Social Risks in Korean Social Policy—The Case of the National Pension Scheme", a Thesis Submitted to University of Kent in Partial Fulfillment of the Requirements for the Degree of Master of Philosophy, School of Social Policy, Sociology and Science of Research, University of Kent, September 2014.

② Seongman Moon, "Decrease in the Growth of Domestic Demand in Korea", *Journal of East Asian Economic Integration*, Vol. 19, No. 4, December 2015, pp. 381-408.

续表

年份	越南	泰国	韩国	新加坡	菲律宾	马来西亚	日本	印度尼西亚	中国	东亚整体
2004	0.583	0.557	0.332	1.727	0.434	1.015	0.117	0.276	0.303	0.236
2005	0.563	0.586	0.317	1.797	0.400	0.987	0.125	0.304	0.333	0.258
2006	0.600	0.585	0.322	1.829	0.388	0.988	0.143	0.284	0.352	0.287
2007	0.627	0.585	0.331	1.654	0.338	0.909	0.158	0.273	0.344	0.301
2008	0.632	0.610	0.421	1.747	0.282	0.864	0.155	0.274	0.311	0.297
2009	0.539	0.541	0.403	1.390	0.228	0.777	0.111	0.222	0.236	0.231
2010	0.623	0.567	0.426	1.467	0.258	0.779	0.135	0.209	0.259	0.260
2011	0.715	0.600	0.462	1.466	0.216	0.766	0.134	0.228	0.251	0.262
2012	0.735	0.576	0.448	1.384	0.208	0.724	0.129	0.207	0.240	0.252
2013	0.771	0.544	0.429	1.334	0.209	0.706	0.139	0.200	0.231	0.256
2014	0.807	0.558	0.406	1.300	0.218	0.692	0.142	0.198	0.224	0.254
2015	0.839	0.534	0.381	1.125	0.201	0.661	0.142	0.175	0.206	0.238
2016	0.860	0.522	0.350	1.063	0.188	0.630	0.131	0.155	0.188	0.219
2017	0.958	0.520	0.375	1.103	0.219	0.683	0.144	0.166	0.186	0.227
2018	1.002	0.499	0.374	1.133	0.204	0.690	0.149	0.173	0.183	0.227

资料来源：根据 CEIC 相关数据计算得出（https：//insights.ceicdata.com/login）。

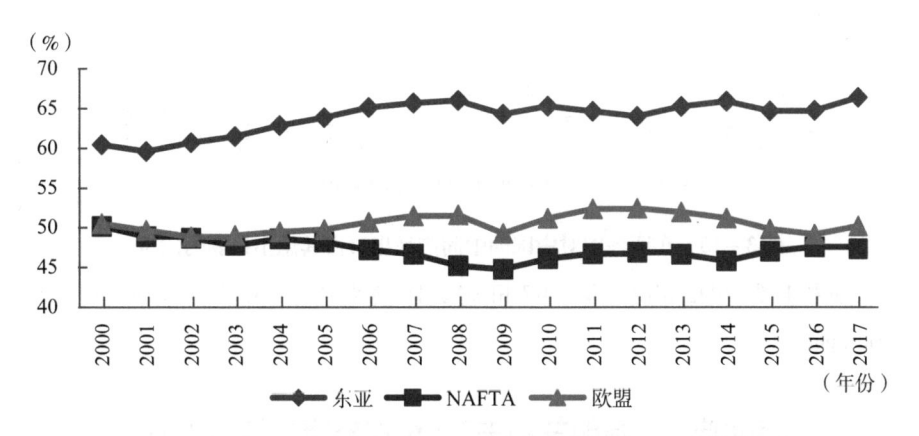

图 3-12　东亚、欧盟及 NAFTA 区域内贸易中中间产品占比比较

资料来源：RIETI-TID 2017（http：//www.rieti-tid.com/trade.php）。

二是"新三角贸易"结构没有变化。东亚对美国的最终产品出口依赖依然高居不下,2007年为25.95%,2008年国际金融危机爆发后曾小幅下降,2011年降至最低点21.68%,但此后就再次回升,2017年达到25.23%,基本回到了危机前的水平。与美国相比,中国在东亚最终产品出口中的占比尽管从2000年以来就不断上升,但总体看一直处于较低水平,2007年为5.75%,2010年曾上升至7.34%的最高点,但此后又有所下降,2017年降至6.24%。从东亚各国对中国出口总额中的中间产品占比看,2000年以来均呈上升趋势,以2000年、2008年和2017年三个年份的比较来看,日本分别为6.0%、12.5%和14.4%,韩国分别为11.7%、20.2%和24.5%,东盟四国(即泰国、马来西亚、印度尼西亚和菲律宾)作为一个整体则分别为3.8%、9.1%和12.1%(见图3-13)。

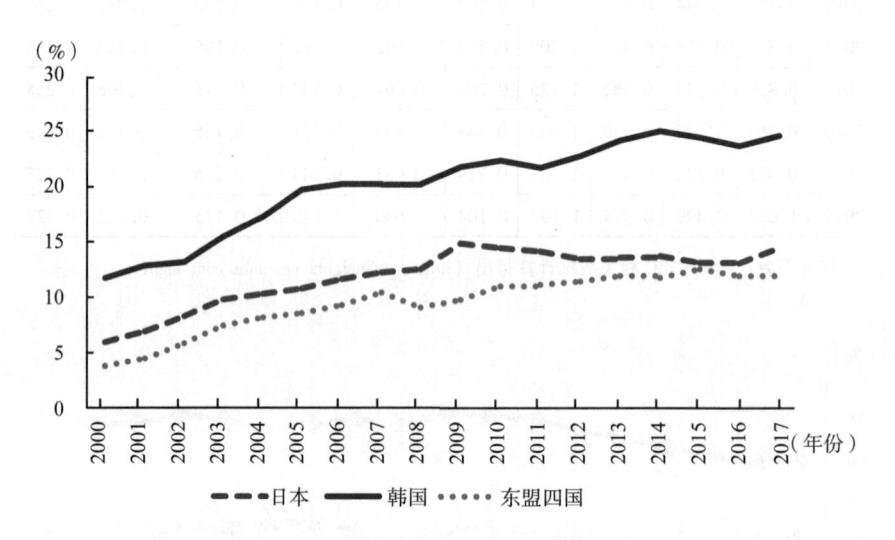

图3-13 东亚各国对中国的中间产品出口占其总出口额的比重

资料来源:根据RIETI-TID 2017相关数据计算得出(http://www.rieti-tid.com/trade.php)。

第四节 "特朗普冲击"、全球新冠疫情与东亚区域分工体系重构再出发

2008年国际金融危机本来是东亚区域分工体系重构的一次重要契机,

然而在强大的重商主义惯性思维下，东亚各国进取型的出口导向政策并未得到有效改变，最终使世界经济失衡，特别是使美国的贸易失衡愈演愈烈。但是，最近几年随着域内外环境的重大变化，东亚区域分工体系重构再次迎来历史的转折点。21世纪以来，随着西方国家国内产业空洞化、失业增加和收入差距的不断扩大，以反全球化为典型特征的右翼民粹主义在美欧发达国家迅猛抬头，并最终导致了特朗普民粹政府上台、英国脱欧等一系列"黑天鹅"事件的出现。特朗普上台后，在美国优先的政策指引下，采取了一系列破坏全球化进程的贸易保护措施，其中对华贸易战无疑是影响最为深远的事件。

与此同时，2020年新冠疫情突然暴发并随即在全球蔓延。新冠疫情除了给各国带来巨大的死亡人数，也导致国际贸易和全球供应链突然"停摆"，给世界经济造成了无法估量的损失。更令人担忧的是，在新冠疫情应对过程中，全球化时代依靠市场力量所形成的国家间的经济相互依赖成为西方国家政客抨击的对象，而美国不但不再愿意承担传统的全球领导角色，而且对其他国家，特别是中国，以及多边国际组织横加指责，严重破坏了国家间的信任，各国不断加深的裂痕导致新冠疫情下的国际合作困难重重。毫无疑问，这场突如其来的新冠疫情在深刻改变中美关系的同时，也对现有的国际秩序产生了巨大影响。

外部环境不断恶化的同时，作为东亚区域生产网络核心的中国，近年来也越来越深刻地认识到传统发展模式的不可持续性，因此加快了产业结构升级和增长方式由依靠外需转向内需拉动、从依靠投资转向消费主导的步伐。由于中国在东亚区域分工中的关键作用，中国的经济转型无疑将对东亚区域分工体系调整产生重要的推动作用。

一 中美经贸摩擦对东亚区域分工体系调整的影响

2018年以来，美国特朗普政府不断挥舞关税大棒，其所采取的保护主义政策正在导致全球贸易结构出现巨大的不确定性。美国对华关税战是这种保护主义立场的典型体现，中国也进行了坚决的回击。作为全球第一和第二经济体，中美两国的贸易争端势必对世界经济产生深远的影响，对于东亚国家来说尤其如此。通过在全球价值链上的分工，该地区的许多经济体与中国紧密联系在一起。它们为中国的出口生产提供原材料和中间产品，间接地向美国和世界其他地区出口。此外，中国日益成为该地区最终需求的重要来源。因此，美国对从中国进口的产品征收关税，无疑会使全球供应链及全球和地区需求的放缓，对该地区各国经济产生负面的连锁冲击。

尽管也有学者认为，中国对美出口能力的下降，将导致全球供应链重新调整，其他东亚新兴经济体有可能会因此而受益。[①] 但这种观点的一个基本前提是，中国在美国市场上失去的份额将完全能够被其他国家所填补。不过，导致东亚其他新兴经济体很难迅速填补中国离开而留下的空白有两种原因，具体如下。

一是短期调整的困难。尽管东亚其他新兴工业化国家有替代成为全球价值链新的生产中心的可能，但全球价值链的重构需要大量和耗时的投资转向。更可能的变化是，跨国企业采用"中国+1"战略，通过适当的多元化投资来分散风险。

二是美国外部需求的相对萎缩。2000年以来美国的进口总额占其GDP的比重呈先升后降的趋势，2008年国际金融危机之前持续上升，从2000年的12.1%上升至2008年的最高点14.7%，此后则出现了波浪式的下降，2018年降至12.4%，其中新兴和发展中经济体的进口占其GDP的比重从2008年的7.7%降至2018年的6.7%。随着美国贸易保护主义的不断加剧，美国对国外产品的进口需求增长将会进一步萎缩。2018年以来特朗普政府对华贸易战的结果显示，贸易战带来的只能是双输。但即使如此，特朗普政府依然选择极限施压和胆小鬼游戏（拼谁输的更少）的政策说明，未来任何国家试图将美国作为主要出口市场刺激本国经济增长的做法都将遭受持续沉重的打击。因此，中美经贸摩擦，东亚不会有赢家。[②]

美国对从中国进口的产品征收关税，可能对通过贸易和全球价值链

[①] 比如 Witada Anukoonwattaka and Richard Sean Lobo, "Trade Wars: Risks and Opportunities for Asia-Pacific Economies from US Tariffs", Trade, Investment and Innovation Working Paper, No. 01, ESCAP (The Economic and Social Commission for Asia and the Pacific), UN, May 2019.

[②] Bahri Yılmaz, "The US-China 'Trade War': The War Nobody Can Win", KOÇ UNIVERSITY-TÜSAD Economic Research Forum Working Paper, No. 1911, 2019; Sarmiza Pencea, "US-China Trade War and Its Potential Consequences", The Journal of Global Economics, Vol. 11, Issue 1, 2019, pp. 1–35.

与中国链接的亚太国家经济产生重大影响。中美经贸摩擦对东亚经济的影响主要有两种渠道：中国经济下行的直接影响和间接的关税影响。就直接影响看，贸易冲突会在一定程度上对中国经济增长产生负面冲击。中美经贸摩擦爆发以来，大量机构和学者基于不同的场景对贸易摩擦对中国 GDP 增长的负面冲击进行了预测性分析，影响区间从 0.3% 到 2%，不一而足。① 当中国的消费和投资下降时，东亚邻国无论与中国经济的产业连接是否紧密，都将因为中国进口需求的下降而受到不利影响。从间接影响看，美国对中国商品加征关税，会在一定程度上抑制中国相关产业的生产能力，而中国产出的下降，则将通过降低对东亚邻国中间产品的进口需求而对其经济产生影响，影响大小取决于各国对中国出口的依赖程度。

一个国家在全球价值链上所处的位置将决定其受中美经贸摩擦影响的渠道。科恩和米罗多的研究表明，处于价值链下游的国家容易受到最终需求国对其出口产品征收关税的影响，处于上游的国家则主要面临沿着全球价值链产生的贸易壁垒，对其出口的需求取决于第三国的最终需求。② 美国提高关税对中国的出口影响将是有限的，这种影响的一部分可能会通过价值链而转移出去，因为中国对美国的出口产品大多处于全球价值链的下游。③ 而有中国参与的全球价值链的上游国家则面临着来自中国的中间需求减少的风险。阿努库瓦塔可和洛博（Anukoonwattaka and Lobo）的研究显示，韩国对世界的出口总额中，约 1.2% 面临着美国对中国征收关税的影响，日本则有 0.5% 的出口可能受到影响。④

---

① Kumagai Satoru, Gokan Toshitaka, Tsubota Kenmei, Isono Ikumo and Kazunobu Hayakawa, "Economic Impacts of the US-China Trade War on the Asian Economy: An Applied Analysis of IDE-GSM", IDE Discussion Papers, No. 760, Japan External Trade Organization (JETRO), 2019; Terence Tai Leung Chong, Xiaoyang Li, "Understanding the China – US Trade War: Causes, Economic Impact, and the Worst-Case Scenario", *Economic and Political Studies*, Vol. 7, Issue 2, 2019, pp. 185 – 202; Ken Itakura, "Evaluating the Impact of the US-China Trade War", *Asian Economic Policy Review*, Vol. 15, No. 1, 2020, pp. 77 – 93.

② Koen De Backer and Sebastien Miroudot, *Mapping Global Value Chains*, Paris: OECD, 2013.

③ Lai Weijuan and Zhong Zihua, "China's Position in Global Value Chains Compared with the EU, US and Japan", *China Economist*, Vol. 12, No. 6, 2017, pp. 86 – 99.

④ Witada Anukoonwattaka and Richard Sean Lobo, "Trade Wars: Risks and Opportunities for Asia-Pacific Economies from US Tariffs", Trade, Investment and Innovation Working Paper, No. 01, ESCAP (The Economic and Social Commission for Asia and the Pacific), UN, May 2019.

全球价值链的增加值分解有助于我们进一步观察中美经贸摩擦对东亚各国的经济影响。我们分别从中国和东亚其他经济体两个视角讨论这一问题。从中国的角度看，2005年以来中国对美出口当中，除了日本和中国香港，来自其他国家和地区的增加值一直呈上升趋势。其中，韩国从2005年的67亿美元提高至2015年的103.3亿美元，提高了54.2%；同期，中国台湾从60.6亿美元上升至82.6亿美元，提高了36.3%；来自东盟的增加值虽然规模较小，但增长幅度更大，从52.7亿美元上升至94.2亿美元，提高了78.7%，其中菲律宾和越南更是分别提高了207.3%和352.9%（见表3-8）。

表3-8　　　　　中国对美国出口中来自其他主要国家
　　　　　　　　　和地区的增加值　　　　（单位：亿美元）

	2005年	2006年	2007年	2008年	2009年	2010年	2011年	2012年	2013年	2014年	2015年
日本	99.8	108.3	116.0	102.3	68.9	84.5	88.7	88.8	80.9	85.9	82.6
韩国	67.0	74.5	84.2	64.8	52.6	64.6	70.8	80.7	93.2	97.6	103.3
中国香港	9.4	9.3	9.0	7.5	5.2	5.2	5.6	5.2	5.3	5.6	5.2
印度尼西亚	9.0	11.2	12.1	11.8	9.1	13.0	18.3	17.8	17.9	15.3	12.8
马来西亚	13.4	15.1	17.8	15.9	13.7	17.9	20.6	21.5	23.0	22.9	21.6
菲律宾	4.1	9.2	9.2	8.5	6.2	7.3	7.8	9.4	10.5	11.9	12.6
新加坡	13.2	14.9	15.0	13.0	10.4	14.9	17.3	17.3	19.6	19.8	20.0
中国台湾	60.6	69.5	74.9	60.4	46.5	55.6	59.4	66.4	76.3	77.9	82.6
泰国	10.9	12.2	15.0	13.7	11.8	15.3	15.0	17.1	17.7	18.0	18.9
越南	1.7	1.9	2.1	2.4	2.1	2.8	3.8	4.7	5.5	6.6	7.7
东盟	52.7	65.1	71.8	65.8	53.7	71.8	83.5	88.6	94.9	95.2	94.2

资料来源：WTO/OECD-TIVA 数据库（https：//stats.oecd.org/Index.aspx? DataSetCode = TIVA_2018_C1）。

从东亚其他经济体的角度，我们来观察这些经济体经由他国对美国的增加值出口当中中国所占比重的变化。从表3-9中可以发现，2005年以来中国在所有国家和地区的这一比重都在提高。东盟国家作为一个整体，2015年时中国的占比平均超过了20%。具体看，2005—2015年，中国在日本、韩国、中国台湾、东盟经由他国（地区）对美国的增加值出口当中所占的比重分别从12.7%、11.5%、9.6%、11.2%上升至20.5%、20.4%、15.9%、26.2%，在越南的占比则从15.4%上升至34.7%。在计算机、电子及电气设备行业以及机械设备行业，由于其全球价值链的跨境分工更为复杂，中国占比还要更高。

表3-9 中国在东亚各国（地区）通过其他国家（地区）出口到美国的增加值贸易中的占比 （单位：%）

		2005年	2006年	2007年	2008年	2009年	2010年	2011年	2012年	2013年	2014年	2015年
日本	全部产业	12.7	12.5	12.8	13.2	14.9	14.3	15.3	16.0	16.4	17.3	20.5
	制造业	13.3	13.1	13.5	14.0	15.9	15.1	16.0	16.7	17.1	18.1	21.4
	机械设备	1.5	1.9	2.1	2.4	2.0	2.0	2.5	2.5	2.8	3.2	3.2
	计算机、电子及电气设备	18.5	18.1	18.5	19.2	22.1	21.5	23.3	24.4	25.2	26.2	29.1
韩国	全部产业	11.5	12.2	13.4	15.6	14.7	13.6	15.7	15.3	16.3	17.3	20.4
	制造业	12.3	13.0	14.4	17.0	15.7	14.6	16.5	16.1	16.9	18.0	21.2
	机械设备	13.2	14.7	17.0	20.0	15.3	13.9	16.9	17.2	18.0	19.7	22.8
	计算机、电子及电气设备	13.9	16.1	18.9	20.9	20.9	20.5	23.2	22.9	24.5	26.2	31.0
中国台湾	全部产业	9.6	10.7	10.9	11.1	12.2	11.2	12.3	9.9	11.0	14.0	15.9
	制造业	12.1	13.0	14.0	14.6	18.5	16.5	17.5	16.5	18.2	21.6	25.0
	机械设备	11.3	14.0	14.3	14.1	13.1	12.2	14.4	12.7	14.1	18.3	20.4
	计算机、电子及电气设备	10.1	11.2	11.5	11.8	12.9	11.9	13.1	10.7	11.9	15.1	17.1
东盟	全部产业	11.2	11.8	13.5	13.9	15.6	15.4	16.7	18.5	20.8	23.1	26.2
	制造业	16.3	17.4	20.9	21.8	24.1	24.9	26.4	28.2	31.2	33.2	35.8
	机械设备	9.2	11.0	12.1	12.6	11.1	10.9	12.0	14.2	18.1	22.3	26.2
	计算机、电子及电气设备	12.4	13.6	15.4	15.9	19.1	16.5	18.0	21.5	24.2	26.1	28.5

资料来源：根据WTO/OECD-TIVA数据库相关数据计算得到（https：//stats.oecd.org/Index.aspx? DataSetCode = TIVA_2018_C1）。

从经合组织的 TIVA 数据库可知，2015 年中国对美出口中来自日本、韩国、中国台湾以及东盟的增加值占比分别为 1.7%、2.1%、1.7% 和 1.8%，据此估算，2019 年中国对美出口减少 621 亿美元，将导致上述四个经济体对华出口分别减少 10.5 亿美元、13.0 亿美元、10.5 亿美元和 11.2 亿美元。卡利的研究结果则显示，中国台湾和马来西亚是受影响最大的两个东亚经济体，损失额占其 GDP 的比重分别达到 0.24% 和 0.20%。原因主要是这些经济体是中国向美国出口电子、光学设备和电机产品的最重要的中间产品进口来源地，这些投入占其损失的比重高达 2/3 以上。新加坡、韩国和泰国通过这一渠道遭受的损失也均超过其 GDP 的 0.1%。[1]

从特朗普政府到拜登政府不断加强的对华遏制战略，中美经贸发展在未来很长一段时间将难言乐观。中美经贸摩擦发展到现在，已经变成了美国作为霸权国对崛起的世界第二大经济体的全面遏制，如果达不到预期效果，美国恐将采取更多遏制手段，就像拜登政府上台后所采取的一系列的对华遏制与高科技产业链脱钩措施。即使仅从经济的角度看，美国也不会轻易放弃贸易战。过去几年，在部分民粹主义精英和西方媒体的鼓噪下，中国俨然成了美欧等发达国家失业增加、工人工资和福利下降的始作俑者，而以达龙·阿西莫格鲁（Daron Acemoglu）、戴维·奥特尔（David Autor）、大卫·多恩（David Dorn）和戈登·汉森（Gordon Hanson）等为代表的有关"中国冲击"的一系列实证研究结论进一步加剧了美欧等西方社会对中国的恐惧。[2] 事实上，特朗普发起对华贸易战的一个最大理由就是中国抢走了美国工人的饭碗。因此，只要美国国内的

---

[1] Massimiliano Calì, "The Impact of the US-China Trade War on East Asia", 2018（https://cepr.org/voxeu/columns/impact-us-china-trade-war-east-asia.）.

[2] 奥特尔等的研究显示，1990—2007 年来自中国的进口竞争导致了美国进口竞争制造业部门的失业增加、参与率的减少和工人工资的下降（参见 David H. Autor, David Dorn and Gordon H. Hanson, "The China Syndrome: Local Labor Market Effects of Import Competition in the United States", *American Economic Review*, Vol. 103, 2013, pp. 2121 – 2168; David H. Autor, David Dorn, and Gordon H. Hanson, "The China Shock: Learning from Labor Market Adjustment to Large Changes in Trade", NBER Working Paper, No. 21906, 2013）。2014 年阿西莫格鲁也加入上述研究团队，他们的合作研究进一步显示，由于来自中国的进口增加，1999—2011 年美国的就业岗位在制造业减少了 98.5 万个，在全部产业减少了 200 万—240 万个。参见 Daron Acemoglu, David H. Autor, David Dorn and Gordon H. Hanson, "Import Competition and the Great US Employment Sag of the 2000s", *Journal of Labor Economics*, Vol. 34, 2016, pp. 148 – 191.

民粹主义思潮不落，那么发动对华贸易战对于美国政府来说就永远是一个"政治正确"的选项。这种情况下，中美经贸的部分脱钩将不再是一种可能，而很可能成为一种现实。受此影响，以中国为轮轴的东亚区域分工体系也将出现新一轮的调整。

二 新冠疫情全球蔓延对全球和东亚价值链的深刻影响

2020年新冠疫情在全球蔓延，成为影响世界经济增长和全球价值链发展的一个重大"黑天鹅"事件。由于严格的人员流动限制和企业停工停产，导致需求和产出下降、失业率上升，国际贸易和直接投资大幅萎缩，世界经济遭受严重冲击。而新冠疫情与美国发起的对华贸易战的影响相互叠加，除了从经济基本面损害世界经济增长的微观基础，还给未来世界经济的发展造成了巨大的不确定性和悲观预期。

在此背景下，作为当代国际生产和分工体系最显著现象的全球价值链，正面临着前所未有的发生断裂的风险。新冠疫情的全球蔓延，主要通过四条渠道对全球价值链产生冲击，具体如下。一是生产中断带来的直接影响。当在全球价值链中运营的公司由于健康预防措施（因为一些员工生病和社交距离规则）而停止生产时，所有与其相关的全球价值链上其他企业都会受到供应断裂的冲击。二是国际运输网络中断而产生的间接影响。由于人员流动的限制和边境海关通关的额外要求，依赖其他国家和地区生产的投入物的企业就会因为运输网络的中断而陷入困境。三是需求下降的影响。这种情况下生产会继续，但愿意购买产品的消费者在减少。除了医疗用品和药品，经济危机、限制措施和消费者行为的变化会降低消费者对许多制成品和服务（其中许多可能都是依靠全球价值链生产的）的需求。四是贸易和投资政策变化的风险。新冠疫情蔓延影响下，许多国家针对关键医疗用品的出口实施禁令。对于部分战略性产品，一些国家面临着更大的重组全球供应链以提高国内生产能力的压力，这被认为能够促进更大的供应安全。尽管绝大多数国家仍然致力于保持市场开放和维护自由、公平、透明和非歧视的贸易和投资环境，但在世界经济不确定性日益加剧的情况下，确保国内供应的安全被越来越多的政府视为优先选项。在这种情况下，各国的经济政策会出现巨大的不确定性变化，而这种不确定性将对全球供应链产生显著的负面冲击（见图3-14）。

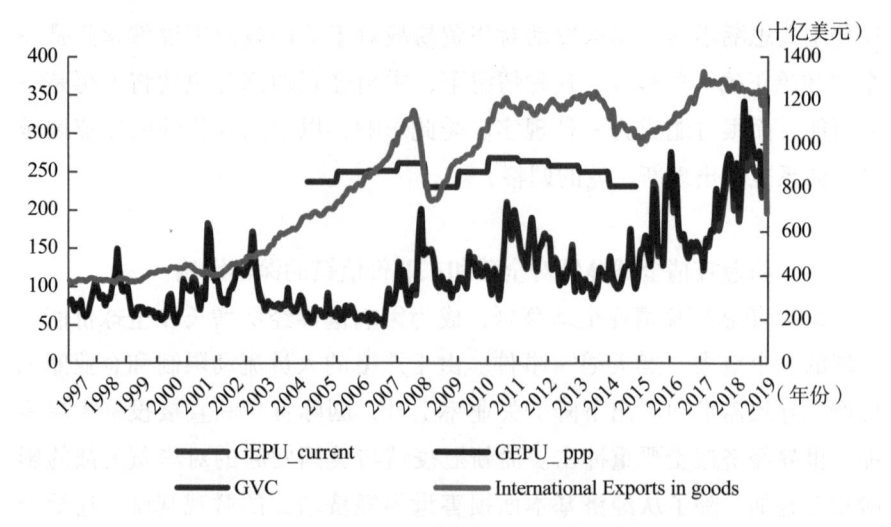

图 3–14　全球经济政策不确定与全球价值链的相关性

说明：GEPU_current：按名义汇率衡量的全球经济政策不确定性指数；GVC：G20 经济体（不算欧盟总体）制造业出口外国增加值占其总出口增加值的比重，为方便比较，图中的数值为计算结果乘以 1000 得到；International Exports in goods：全球商品贸易总额，其中全球经济政策不确定性指数和全球商品贸易总额为 1991 年 1 月至 2020 年 3 月的月度数据；GVC 为 2005–2015 年年度数据。

数据来源：全球经济政策不确定性指数来自 IMF（http://www.policyuncertainty.com/research.html）；全球商品贸易总额来自 TIVA 数据库，GVC 根据 WTO/OECD-TIVA 数据库相关数据计算得到（https://stats.oecd.org/Index.aspx?DataSetCode=TIVA_2018_C1）。

在新冠疫情的影响下，全球供应链存在着两种方向的变化趋势，具体如下。一是跨国生产的回流或跨境转移。由于紧张的贸易局势和新冠疫情大流行，许多人预期，企业可能会更多转向国内生产与采购。麦肯锡全球研究院基于产业经济以及各国政府可能采取的行动，对这种转移的可行性进行了研究，结果表明，全球贸易中约有 16% 到 26% 的生产（价值 2.9 万亿—4.6 万亿美元）在中期可能会发生跨境转移，包括恢复国内生产、近岸生产与转移至不同离岸地点的混合策略。[①] 二是生产网络的区域化。随着

---

① 麦肯锡全球研究院：《全球价值链的风险、韧性和再平衡》，2020 年 9 月（https://www.mckinsey.com.cn/wp-content/uploads/2020/10/Risk-resilience-and-rebalancing-in-global-value-chains-executive-summary-CN-V1014.pdf）。

全球供应链的不断延长，地区间的长途贸易在20世纪90年代和21世纪初开始兴起。但2008年国际金融危机爆发以来，国际贸易越来越呈现出区域化聚集的趋势，特别是在欧洲和亚太地区，这使企业能够迅速响应主要市场的需求。中美经贸摩擦和新冠疫情的暴发更加剧了这一趋势。

东亚、欧洲和北美是当前全球供应链的三个核心区域。与欧洲和北美相比，东亚地区的价值链发展更快，这一趋势可以从价值链贸易（以中间产品贸易占全部贸易比重衡量）的大幅提升中得到体现。东亚的价值链贸易占比从1980年的36.3%升至2005年的52.1%，增加了15.8个百分点，同期欧盟和北美自由贸易区则分别从44.5%和39.1%提升至47.3%和45.2%，仅仅增加了2.8个百分点和6.1个百分点。2008年国际金融危机的爆发只在短期内延缓了东亚价值链贸易的上升趋势，但随后2010年后就又再次上升，2017年达到54.8%。[①]

不过，与北美和欧洲地区的全球价值链相比，东亚供应链更具开放性和全球性。表3-10是根据经合组织的国家间投入产出表（ICIO）而计算的北美、欧洲和亚洲主要国家制造业产出（横轴）对其他国家投入的依赖程度（纵轴）。比如横轴上英国与纵轴上中国相对应的数字4.8%就意味着英国制造业总产出的4.8%依赖于中国制造业的直接和间接投入。从图中我们可以清晰地发现两个特征，具体如下。一是价值链贸易具有区域性的特点。三个区域盒子（北美工厂、欧洲工厂和亚洲工厂）内部的相互依赖度总体看显著大于对区域外国家的依赖，在三个区域内部，美国、德国和中国是分工网络中心。二是相比于东亚对北美和欧洲的价值链贸易依赖，后两个地区的国家对东亚国家的依赖程度普遍要更强一些，也就是说，相比于北美和欧洲，东亚地区的全球价值链显示出了更大的全球性特点。特别是中国，它在全球贸易和生产网络中处于绝对的主导地位，是真正的世界工厂。平均来看，中国的制造业投入占各主要国家制造业产出的3.6%以上。

---

① 根据日本独立行政法人经济产业研究所RIETI-TID 2018数据库相关数据计算得出（https://www.rieti-tid.com/share.php）。

表 3-10　世界三个区域主要经济体制造业对他国投入的依赖度

（单位：%）

		北美工厂			欧洲工厂								亚洲工厂							
		美国	加拿大	墨西哥	德国	英国	法国	意大利	西班牙	土耳其	荷兰	瑞士	中国	日本	韩国	印度	中国台湾	澳大利亚	印尼	巴西	俄罗斯	沙特
北美工厂	美国	—	1.6	1.6	1.0	—	—	—	—	—	—	—	6.5	1.2	1.0	—	—	—	—	—	—	—
	加拿大	14.1	—	1.4	1.2	0.5	—	—	—	—	—	—	7.2	1.2	1.1	—	0.5	—	—	—	—	—
	墨西哥	15.5	1.0	—	1.7	—	—	0.6	0.6	—	—	—	14.3	2.3	2.6	0.7	1.1	—	—	0.6	—	—
欧洲工厂	德国	1.6	—	—	—	1.0	2.0	1.9	1.1	0.6	1.3	1.0	4.6	0.9	0.6	—	—	—	—	—	0.8	—
	英国	2.6	0.5	—	3.9	—	1.6	1.2	1.0	0.6	1.0	—	4.8	0.6	0.6	0.6	—	—	—	—	—	—
	法国	2.4	—	—	5.7	1.2	—	2.3	1.9	—	0.8	0.6	4.1	0.6	—	—	—	—	—	—	0.5	—
	意大利	1.1	—	—	4.9	0.8	2.3	—	1.6	0.8	0.8	0.6	4.6	—	0.7	0.6	—	—	—	—	1.2	—
	西班牙	1.2	—	—	4.5	1.2	3.3	2.3	—	0.6	0.8	—	4.6	0.6	0.6	0.6	—	—	—	—	—	—
	土耳其	1.1	—	—	2.1	0.6	0.8	1.2	0.8	—	—	—	5.0	—	1.3	1.0	—	—	—	—	2.0	—
	荷兰	1.8	—	—	5.0	1.2	1.2	0.9	0.7	—	—	—	3.7	0.7	—	—	—	—	—	—	0.9	—
	瑞士	2.4	—	—	8.2	1.6	1.9	3.1	1.1	0.6	0.7	—	5.2	0.9	—	0.5	—	—	—	—	—	—

续表

		北美工厂			欧洲工厂								亚洲工厂								
		美国	加拿大	墨西哥	德国	英国	法国	意大利	西班牙	土耳其	荷兰	瑞士	中国	日本	韩国	印度	中国台湾	澳大利亚	印尼	巴西	俄罗斯	沙特
亚洲工厂	中国	1.5	—	—	0.9	—	—	—	—	—	—	—	—	1.9	3.0	—	1.9	—	—	—	—	—
	日本	1.4	—	—	0.7	—	—	—	—	—	—	—	6.3	—	1.2	—	0.6	—	—	—	—	—
	韩国	2.9	—	—	1.8	—	—	0.5	—	—	—	—	16.4	4.4	—	0.6	1.8	—	—	—	0.6	—
	印度	2.1	—	—	0.9	0.5	—	—	—	—	—	—	7.2	0.9	1.5	—	0.5	—	—	—	—	0.5
	中国台湾	2.7	—	—	1.3	—	—	—	—	—	—	—	13.8	6.4	3.4	0.6	—	—	—	—	—	—
	澳大利亚	1.8	—	—	1.0	—	—	—	—	—	—	—	7.1	2.2	1.5	—	0.5	—	—	—	—	—
	印尼	0.9	—	—	0.5	—	—	—	—	—	—	—	7.4	2.1	1.9	0.6	0.7	—	0.8	—	0.7	—
	巴西	2.2	—	—	1.0	—	0.6	—	—	—	—	—	4.6	0.5	0.6	0.6	—	—	—	—	0.6	—
	俄罗斯	1.0	—	—	1.9	—	0.8	—	—	—	—	—	5.7	0.8	0.8	—	—	—	—	—	—	—
	沙特	1.3	—	—	1.8	0.9	0.5	—	—	—	—	—	3.8	0.6	1.0	1.0	—	—	—	—	—	—

数据来源：Richard Baldwin, Rebecca Freeman, "Supply Chain Contagion Waves: Thinking Ahead on Manufacturing 'Contagion and Reinfection' from the COVID Concussion", VOX CEPR Policy Portal, April 1, 2020（https://voxeu.org/article/covid-concussion-and-supply-chain-contagion-waves）.

东亚供应链的上述特征，决定了中美经贸摩擦及全球新冠疫情的叠加效应可能会导致其出现两种变化趋势，具体如下。

一是区域供应链走向碎片化。在这种场景下，中美之间的贸易摩擦和权力竞争将长期持续，两国经济逐渐"脱钩"并开始适应新的变化。基于对在华经营风险、不确定性及未来前景的不同判断，跨国公司不得不做出"离开还是留下"的选择：一些受到高度安全审查的技术型企业，特别是美国企业，可能被迫选择彻底退出中国，并根据新的市场环境重新设计其技术生态系统；另外一些企业不会选择彻底离开中国，但可能会缩小在华经营规模，同时采取"中国+1"的发展战略以分散风险，企业撤离中国的规模、范围和速度将取决于企业自身和集体所感知的风险和不确定性的大小。最后，与上述两种企业不同，一些来自东亚的跨国公司和投资者则可能选择继续留在中国，甚至增强其在中国的影响力。经由上述不同选择，东亚地区的全球价值链逐渐走向碎片化，并在不断的分化和重组过程中形成两个平行中心：一些东亚经济体更加紧密地靠近中国，并以中国为中心重构自己的全球价值链；另外一些则逐渐向美国靠拢，以美国为中心重建产业链。东亚供应链重构进程中，美国会持续向中国施压，并大肆抹黑中国的营商环境和经济制度，以此鼓动跨国公司撤出中国、转向美国。另外，中国政府也不会坐视跨国公司撤离中国而不管，相反，会通过进一步实施开放措施努力留住在华企业并吸引新的外国投资者。如果两国竞争走向极端，将有可能把东亚经济体分化为两大阵营，真正形成21世纪的经济冷战。

二是以中国为消费中心形成新的全球价值链。在这种情况下，中美之间维持一种稳定的、可预期的竞争局面。与此同时，中国的市场转型和结构升级给全球价值链体系的重构带来新的选择。随着国内经济发展方式的转变，中国成功地从投资驱动型经济转型为消费驱动型经济。在此过程中，中国以约14亿人口的巨大规模崛起为"世界消费者"。中国取代美国成为东亚最重要的市场提供者。另外，中国的技术水平不断跃升，外部依赖持续下降，国内产业的供应链体系更加完备。这些转变使中国逐渐从传统的"世界组装工厂"转型升级为"全球制造基地+世界消费中心"。中国的转型给跨国公司带来新的机遇，它们以中国为最终消费目的地重构自己的全球价值链，由此，东亚产业链的特点会逐渐趋同于北美和欧洲——更加均衡，也更具区域性。

三 后"重商主义"时期中国经济转型对东亚区域分工格局的决定性影响

经过40多年的改革开放，中国经济高速增长，目前已经是世界第二大经济体和第一大货物贸易国家，也是全球100多个国家和地区的第一大贸易伙伴。不过，当前的中国经济正站在一个新的历史节点上。2008年国际金融危机以来，随着世界经济进入低速增长与深刻调整期，中国经济发展也逐步迈入"三期叠加"的新常态，虽然相比世界主要国家，中国经济增长速度依然最高，但相比自身过去，经济增速已经开始放缓。

过去中国经济的高速增长主要依靠的是低劳动成本下的投资和出口拉动，但当前中国面临的国内外环境已经发生巨大变化，国内的低成本人口红利快速消失，资本投入效率不断下降，国际市场环境也显著恶化，贸易保护主义全球蔓延，发达国家消费市场大幅萎缩。这一切使中国经济传统的增长模式不可持续，增长方式转变以及结构转型成为摆在中国政府面前的一个巨大挑战。实现上述转型目标需要长期的努力，从近几年中国政府的政策着力点来看，有以下两个方面的努力令人印象深刻。

一是从投资和出口拉动型向国内消费导向型的增长模式的转变。表3-11显示了2001年以来最终消费、投资和净出口对中国GDP增长的贡献，可以发现，在头十年的大多数年份，最终消费的贡献率都不足50%，2003年曾降至36.1%的最低点，这一时期经济增长的推动力主要来自投资和净出口；2011年之后情况开始发生变化，最终消费逐渐超过投资和净出口，成为拉动经济增长的主要引擎。除了2020年和2022年，其他年份最终消费对GDP增长的贡献率均超过50%，2023年甚至高达82.5%。[1]

---

[1] 数据来自中国国家统计局（http://data.stats.gov.cn/easyquery.htm?cn=C01）。

表 3-11　中国 GDP 的增长最终消费、投资及净出口的贡献

年份	GDP（%）	最终消费 贡献率（%）	最终消费 增长拉动（百分点）	投资 贡献率（%）	投资 增长拉动（百分点）	净出口 贡献率（%）	净出口 增长拉动（百分点）
2001	8.3	50.0	4.2	63.5	5.3	-13.5	-1.1
2002	9.1	58.1	5.3	40.0	3.7	1.9	0.2
2003	10.0	36.1	3.6	68.8	6.9	-4.9	-0.5
2004	10.1	42.9	4.3	62.0	6.3	-4.9	-0.5
2005	11.4	56.8	6.5	33.1	3.8	10.1	1.1
2006	12.7	43.2	5.5	42.5	5.4	14.3	1.8
2007	14.2	47.9	6.8	44.2	6.3	7.8	1.1
2008	9.7	44.0	4.2	53.3	5.1	2.7	0.3
2009	9.4	57.6	5.4	85.3	8.0	-42.8	-4.0
2010	10.6	47.4	5.0	63.4	6.7	-10.8	-1.1
2011	9.6	65.7	6.3	41.1	3.9	-6.8	-0.6
2012	7.9	55.4	4.4	42.1	3.3	2.5	0.2
2013	7.8	50.2	3.9	53.1	4.1	-3.3	-0.3
2014	7.4	56.3	4.2	45.0	3.3	-1.3	-0.1
2015	7.0	69.0	4.9	22.6	1.6	8.4	0.6
2016	6.8	66.0	4.5	45.7	3.1	-11.7	-0.8
2017	6.9	55.9	3.9	39.5	2.7	4.7	0.3
2018	6.7	64.0	4.3	43.2	2.9	-7.2	-0.5
2019	6.0	58.6	3.5	28.9	1.7	12.6	0.7
2020	2.2	-6.8	-0.2	81.5	1.8	25.3	0.6
2021	8.4	58.3	4.9	19.8	1.7	21.9	1.9
2022	3.0	39.4	1.2	46.8	1.4	13.8	0.4
2023	5.2	82.5	4.3	28.9	1.5	-11.4	-0.6

资料来源：国家统计局（https：//data.stats.gov.cn/easyquery.htm？cn＝C01）。

二是产业结构与技术水平的提升。通过优化生产要素配置提高增长质量和效益，促进经济增长由主要依靠扩大生产规模和增加物质资源消耗，向主要依靠技术进步、劳动者素质提高、管理创新转变，以此推动产业结构优化升级；推动产业迈向中高端，并最终催生新业态、新制造、新资源、新物流，使其成为中国新的主导产业和战略性支柱产业，无疑是最主要的发展方向。

中美经贸摩擦和全球新冠疫情的暴发，进一步加速了中国增长方式转变的步伐。习近平主席在 2018 年博鳌亚洲论坛开幕主旨演讲中指出，"内需是中国经济发展的基本动力，也是满足人民日益增长的美好生活需要的必然要求"[①]。党的十九大报告也明确提出，中国经济已由高速增长阶段转向高质量发展阶段，正处在转变发展方式、优化经济结构、转换增长动力的攻关期。除了消费成为经济增长的第一拉动力，通过优化生产要素配置提高增长质量和效益，国内产业结构也在发生深刻变化，服务业对经济增长和就业创造的支撑作用持续强化，制造业中高技术制造业和装备制造业所占的比重不断提升，新业态、新制造、新资源、新物流等正在成为中国新的主导产业和战略性支柱产业。

持续的经济增长、技术水平提升和结构转型，助推中国在全球价值链上的地位不断攀升。利用罗伯特·库普曼（Robert Koopman）等构建的全球价值链（GVC）地位指数，[②] 我们计算了中国和日本在全球价值链中的分工地位，结果显示，中日的 GVC 地位指数都大于 0，这说明两国在全球价值链上都更加靠近上游。另外，总体上中国在全球价值链上的地

---

① 习近平：《论坚持推动构建人类命运共同体》，中央文献出版社 2018 年版，第 526 页。

② GVC 地位指数主要反映一国在全球价值链分工当中的地位，计算公式为 $GVC\_Position_{ir} = Ln\left(1+\frac{IV_{ir}}{E_{ir}}\right) - Ln\left(1+\frac{FV_{ir}}{E_{ir}}\right)$，其中 IV_{ir} 表示 i 国向 r 国出口中的间接国内增加值，FV_{ir} 表示 i 国向 r 国出口中的国外增加值，E_{ir} 表示 i 国向 r 国的总出口。构建这一指数的基本思路是将一国出口的间接国内增加值与国外增加值进行比较，如果一国处于全球价值链的上游环节，更多地为其他国家生产中间产品，那么其总出口中的 IV 比例就高于 FV 比例；相反，如果一国处于全球价值链的下游环节，更多使用其他国家生产的中间产品，那么其总出口中 IV 的比例就低于 FV 的比例。该指数越大，说明一国越靠近全球价值链的上游，全球价值链分工地位越高；反之，则越靠近全球价值链的下游，全球价值链分工地位越低。参见 Robert Koopman, William Powers, Zhi Wang, Shang-Jin Wei, "Give Credit to Where Credit is Due: Tracing Value Added in Global Production", *NBER Working Paper*, No. 16426, 2010, pp. 1–38.

位一直低于日本，但双方差距在不断缩小，从 2005 年的 0.163 减至 2015 年的 0.055，说明相比日本，中国在全球价值链上的地位提高更快。不过，在制造业，特别是计算机、电子及电气设备行业，双方的差距仍然还比较大（见表 3－12）。

表 3－12　　　　　　　　　中日 GVC 地位指数比较

		2005年	2006年	2007年	2008年	2009年	2010年	2011年	2012年	2013年	2014年	2015年
总体	中国	0.196	0.198	0.202	0.224	0.235	0.218	0.217	0.220	0.227	0.240	0.278
	日本	0.359	0.341	0.337	0.315	0.362	0.336	0.324	0.324	0.314	0.313	0.333
制造业	中国	0.175	0.179	0.185	0.209	0.219	0.203	0.202	0.206	0.214	0.227	0.266
	日本	0.356	0.354	0.362	0.356	0.387	0.379	0.378	0.386	0.391	0.391	0.402
计算机、电子及电气设备	中国	0.069	0.068	0.065	0.098	0.137	0.114	0.110	0.111	0.129	0.145	0.199
	日本	0.415	0.418	0.423	0.417	0.437	0.418	0.430	0.436	0.448	0.453	0.480

数据来源：笔者根据 OECD-WTO 数据库贸易增加值（OECD-WTO Data base on Trade in Value Added）计算得出。

站在全球价值链和东亚经济再平衡的角度，中国的经济转型必将对东亚地区的区域分工产生深刻的影响。一是随着中国经济增长模式的成功转型，国内消费市场规模无疑会不断扩大，从而增加进口，这将为东亚其他国家扩大对中国的出口提供机遇。二是随着劳动力成本的不断上升和经济产业结构的持续升级，将为东亚其他后发国家融入东亚地区的全球价值链提供更多的空间，从而推动这些国家的经济走上振兴之路。三是中国经济的技术进步与产业升级将在一定程度上对日本、韩国等东亚先行经济体产生一定的竞争压力，短期内可能会对这些国家的经济产生负面冲击，迫使其做出调整。但如果调整过程能够顺利推进，则将会与东亚其他国家经济形成新的良性互动，区域分工会在更高层面上进行运转，从而摆脱 2008 年国际金融危机前那种失衡的、不可持续的"东亚生产—欧美消费"的国际分工格局。

第五节 东亚经济圈：东亚区域分工重构的必由之路

根据第二章的分析我们知道，无论是"雁行模式"还是东亚区域生成网络，反映的都是一种基于生产要素协作和商品贸易的区域产业分工形态。通过产业内或产品内垂直一体化或水平一体化构建的区域分工网络，使东亚作为一个整体成为"世界工厂"，而美欧最终产品市场的吸收意愿和能力，则决定了东亚生产网络的深度和广度。随着国际经济环境的恶化，特别是特朗普贸易保护主义的巨大冲击表明，非对称依赖美欧市场的东亚区域生产和分工模式已逐渐走向尽头，未来东亚必须通过持续的结构调整、制度变革和区域合作，转而实现一种生产与消费更加均衡的区域分工和经济发展体系。如果能实现这一最终目标，东亚才足以真正成为一个能够与北美和欧盟呈三足鼎立的东亚经济圈。

一 东亚经济圈的"前世"

东亚经济圈并不是一个新提法。事实上，这一构想最早是在日本政府的经济审议会在1988年发表的《与世界共存的日本》的报告书以及日本《选择》杂志1988年6月号根据该报告书精神写成的文章《霞关在推进东亚经济圈构想》中提出的。[1] 此后受到了广泛的关注。日本之所以希望建立一个以其为中心的东亚经济圈，是在外部压力和内部动力的共同作用下，基于最大化自身利益而形成的。[2] 从外因看，即将于1992年建成的欧洲统一大市场和1989年即将生效的"美加自由贸易协定"，给持续因对美贸易顺差而遭受"美国敲打"的日本带来了巨大的压力和恐惧感。在日本看来，西欧大市场虽然不是一个完全排他性的市场，但正如欧共体驻日大使阿赫特说过的那样"欧洲人并不会毫无代价地在1992年

---

[1] 参见贾明《日本友人谈"东亚经济圈"》，《国际展望》1989年第3期。
[2] ［新加坡］林华生：《亚洲"四极"经济——日本、"四小龙"、东盟、中国经济发展纵横》，黄晓勇等译，经济管理出版社1997年版；杨明宛：《从"东亚经济圈"构想的提出看日本加强同东盟国家的经济关系》，《南洋问题研究》1989年第3期；林雨：《"东亚经济圈"的发展趋势及我国对策》，《管理世界》1989年第2期。

把一切机会之门向外敞开",① 言下之意如要开放市场,日本就必须同等开放,不仅包括进一步开放其国内商品市场,还包括开放服务和金融市场,但这一点对于当时的日本来说还难以承受。北美自由贸易区的建立也将对日本对美贸易产生巨大影响,因为美国在日本对外出口中的占比超过了1/3。从内部动力看,主要是在"雁行分工模式"下,东亚地区经济已经显现出良性的高速发展态势,可以期待其未来会形成一个相对独立的东亚经济圈。日本通过贸易、投资、技术转让和经济援助,一方面可以在深化东亚地区合作的同时巩固日本"头雁"的主导地位;另一方面也有助于日本在与美欧激烈的贸易摩擦过程中摆脱孤立无援的危险处境。

按照日本的设想,构建"东亚经济圈"就是要通过贸易、投资和货币"三位一体化"的合作,日本担任"领头雁","四小龙"紧跟其后,东盟五国稳步前进,最终建立一个具有"雁行"发展特征的"开放性经济圈"。② 在这其中日本所扮演的关键角色,按照"东亚经济圈"构想提出者之一的渡边利夫教授以及报告起草人经济企划厅官员成相修的说法,就是基于本国产业结构升级和经济发展模式从出口导向转向内需扩大的转型,实现在东亚经济圈中的角色变化,即在继续担任资金和技术供应者的同时,取代美国,成为亚洲"四小龙"和东盟最终制成品的"市场吸收器"。③

然而,日本的这一构想最终并未成为现实。除了20世纪90年代初房地产泡沫破灭导致日本经济陷入长期萧条,国内经济增长方式转型的失败也使日本难以取代美国,成为东亚关键的最终产品市场提供者的角色。事实上,在"东亚经济圈"构想提出的最初几年,日本在东亚最终产品出口中的占比一直呈上升趋势,从1989年的8.8%提升至1995年的13.8%,其中,东盟出口中的日本占比更是从14.9%提升至17.8%。但此后,日本作为最终产品市场提供者的地位开始呈现一路下降的趋势,

---

① 奚方:《对"东亚经济圈"的几点看法》,《世界经济》1989年第2期。
② 杨明宛:《从"东亚经济圈"构想的提出看日本加强同东盟国家的经济关系》,《南洋问题研究》1989年第3期。
③ 参见贾明《日本友人谈"东亚经济圈"》,《国际展望》1989年第3期。

2000年在东亚出口总额中的占比降至11.6%，2007年进一步降至7.8%，2008年国际金融危机之后，日本占比曾有所提高，2012年达到9.9%，但此后又转头向下，2017年降至7.9%。与其相比，20世纪90年代以来美国在东亚最终产品出口中的占比虽然也有下降，从1990年的35.7%降至2017年的28.7%，[1]但其作为东亚最终产品需求第一引擎的地位从未被撼动过。这样，20世纪90年代中期特别是东亚金融危机之后，日本所构想的东亚经济圈便逐渐被人们所遗忘。

二 新时期东亚经济圈的"再生"

20世纪90年代以来，由于经济的快速增长和群起性的崛起，东亚开始逐渐被视为与北美和欧洲并行的第三个"增长极"。如果从经济总量的变化和区域内经济联系的紧密性来看，这种说法无疑是对的，因为它符合区域经济圈的基本特征：（1）经济圈内经济发展的规模与质量明显地高于其他地区，形成了自己的优势，社会财富有较多的积累；（2）公路网和海外航运网的建立，技术、贸易对外交流以及商业发展，形成其他地区无与匹敌的条件，并呈放射状对外产生巨大的影响作用；（3）社会政治、经济具有开放型的特点，对周边地区产生强大的凝聚力与辐射力，向外输出文化，推动外围地区社会发展；（4）具有充足的劳动力资源。[2]

但是，如果把区域经济的相对独立性和自我循环能力纳入考虑的范畴，结果就会完全不同。一种简单的判断方法是区域内的产出有多大比例被区域内所吸收，代表性指标就是最终产品出口的区域内占比。从东亚、NAFTA和欧盟三者的比较看，1990—2017年东亚的最终产品出口区域内占比从27.4%降至26.8%，NAFTA从52.8%提高至54.3%，欧盟则从74.0%降至61.8%，[3]可以看出，东亚的这一比重远远低于后面两个区域。考虑到NAFTA只有三个国家而且加拿大和墨西哥与美国的经济规模差距巨大，东亚地区对区域外最终产品市场的依赖就显得

---

[1] 根据日本经济产业研究所RIETI-TID 2017数据库计算得出（http：//www.rieti-tid.com/trade.php）。

[2] 陈奉林：《对东亚经济圈的历史考察》，《世界历史》2009年第3期。

[3] 根据日本经济产业研究所RIETI-TID 2017数据库计算得出（http：//www.rieti-tid.com/trade.php）。

更为突出。尽管20世纪90年代欧盟和美国在东亚最终产品出口中的占比有所下降，但2017年依然分别高达22.6%和28.7%。① 换言之，离开美欧市场，东亚经济将无法运转。因此，从这个角度看，东亚还远未形成与欧盟和北美相似的经济圈。尽管我们不能说欧盟和北美经济圈就是封闭的、排他的，但总体来看，其区域内经济增长的自我循环能力要明显强于东亚。

现在，由于"特朗普冲击"、全球价值链发展放缓以及中国经济转型，东亚地区通过区域分工体系重构形成一个真正的经济圈再次迎来机会之窗。首先，自2008年国际金融危机以来，在逆全球化趋势不断加剧的情况下，东亚经济正在变得越来越"区域化"。② 从2000年到2017年，东亚区域内贸易增长了4.0倍，远快于全球贸易增长速度（2.8倍）。2017年，东亚60%的货物贸易（2007年为56%）与60%的服务贸易（2007年为46%）均发生在东亚区域内。就区域内贸易份额而言，唯一超过东亚的地区是欧洲，占比达到了71%。在其他地区，区域内货物贸易所占的份额要低得多：北美自由贸易区为45%，拉丁美洲为22%，中东和非洲作为一个整体为21%。此外，在东亚初创企业获得的投资中，有71%来自区域内投资者。③ 东亚地区外国直接投资的59%来自区域内的投资者，④ 东亚航空旅行者中有74%的目的地在东亚区域内。⑤

其次，摆脱非对称的"东亚生产—美欧消费"国际分工格局，形成一种区域内外生产与需求更加均衡的分工体系越来越成为一种可能。从可比性的角度看，最终产品出口的区域内占比从当前的27.4%提升至50%以上，应该是东亚未来十年努力达到的目标。实现这一目标当然困

---

① 根据日本经济产业研究所 RIETI-TID 2017 数据库计算得出（http：//www.rieti-tid.com/trade.php）。
② 麦肯锡全球研究院：《亚洲的未来：亚洲的流动与网络正在定义全球化的下一阶段》，2019年9月（https：//www.mckinsey.com.cn/insights/mckinsey-global-institute/）。
③ 麦肯锡全球研究院：《亚洲的未来：亚洲的流动与网络正在定义全球化的下一阶段》，2019年9月（https：//www.mckinsey.com.cn/insights/mckinsey-global-institute/）。
④ 麦肯锡全球研究院：《亚洲的未来：亚洲的流动与网络正在定义全球化的下一阶段》，2019年9月（https：//www.mckinsey.com.cn/insights/mckinsey-global-institute/）。
⑤ 麦肯锡全球研究院：《亚洲的未来：亚洲的流动与网络正在定义全球化的下一阶段》，2019年9月（https：//www.mckinsey.com.cn/insights/mckinsey-global-institute/）。

第三章 超越区域生产网络：新时期东亚分工的第三次重构 / 129

难重重，但也并非完全没有可能。根据麦肯锡全球研究院的研究，2000年亚洲占全球消费总量的23%，到2017年已上升到28%，其中中国占比为10%。未来10年，预计亚洲将推动一半的全球消费增长。到2030年，预计将贡献全球消费增长的一半以上，其中中国一个国家就将贡献31%。这样到2030年时，中国占全球消费总量的比重将达到16%，亚洲其他新兴经济体消费占比则将提高至10%（2017年为8%）。到2040年，亚洲预计将占全球消费总量的39%。①

在东亚消费占全球比重不断提升的同时，区域内消费与生产的平衡也将可能实现。我们分别以2008—2017年的十年平均增速和2013—2017年的五年平均增速为基准对东亚到2030年时的出口进行了估算，结果表明，在第一种场景下，2030年时东亚的最终产品区域内出口总额将达到4410亿美元，其中对中国的出口为1870亿美元，其在区域内出口中的比重将从2017年的15.0%提升至2030年的42.4%，而在区域出口总额中的比重则从4.0%提升至14.1%。为了达到区域内贸易占比50%的目标，2030年东亚的区域内贸易规模需要增加至6640亿美元，比实际预测值4410亿美元多出2230亿美元。在第二种场景下，即如果按照2013—2017年的五年平均增速为基准计算的结果，则2030年时东亚的最终产品区域内出口总额将达到2608亿美元，其中对中国的出口为1239亿美元，其在区域内出口中的比重将从2017年的15.0%提升至2030年的47.5%，而在区域出口总额中的比重则从4.0%提升至12.0%。为达到区域内贸易占比50%的目标，2030年东亚的区域内贸易规模则需要增加至5157亿美元，比实际预测值2608亿美元要额外多出2549亿美元。如果这一部分增加额全部由中国承担，那么意味着，第一种场景下2030年中国从东亚进口的最终产品总额需要达到3320亿美元，比按2008—2017年平均增速预测的规模多1450亿美元；而在第二种场景下，2030年中国从东亚进口的最终产品总额需要达到2578.5亿美元，比按2013—2017年平均增速预测

---

① 麦肯锡全球研究院：《亚洲——未来已至》，2019年8月；《变革中的全球化：贸易与价值链的未来图景》，2019年4月；《亚洲的未来：亚洲的流动与网络正在定义全球化的下一阶段》，2019年9月（https://www.mckinsey.com.cn/insights/mckinsey-global-institute/）。

的规模多 1339.5 亿美元。① 根据目前我国进口的增长趋势②以及上述麦肯锡全球研究院的预测看，这并非不可能完成的任务。如果东亚其他国家也做出一定分担，那么目标的实现将更加顺利。

---

① 根据日本经济产业研究所 RIETI-TID 2017 数据库估算得出（http://www.rieti-tid.com/trade.php）。

② 如果根据 2015—2019 年的进口平均增速测算，中国的进口规模将从 2019 年的 20670 亿美元增加至 40646 亿美元，几乎增长一倍；进一步按照目前最终产品进口占中国进口总额 10% 的比重计算，2030 年中国消费品进口将超过 4000 亿美元。进口规模数据来自 CEIC 数据库（https://insights.ceicdata.com/login），消费品进口占比数据来自日本经济产业研究所 RIETI-TID 2017 数据库（http://www.rieti-tid.com/trade.php）。

第四章

中国在东亚区域分工体系重构中的角色变化:从"跟随"到"引领"

第一节 中国参与东亚分工体系的历史进程及地位变化

中国是东亚国际分工的后来者。自1978年以来,中国通过改革开放向世界经济敞开了大门,在一系列外资优惠政策吸引下,中国香港、中国台湾、日本、韩国和其他亚洲新兴工业经济体先后将其劳动密集型产业向中国大陆转移,中国开始逐步加入东亚地区的国际生产分工。在亚洲新兴工业经济体运营的美国和欧洲公司也开始将其工厂大量迁往中国。根据国家统计局的数据,中国吸引的外国直接投资从1990年的34.9亿美元猛增至2000年的407.2亿美元,增长了10.7倍;2001年加入世界贸易组织后,中国吸引的外国直接投资进一步呈爆发式增长,到2008年时达到1083.1亿美元。2008年国际金融危机后,中国吸引外国直接投资的步伐并未停滞,而是继续稳步上升,从2009年的940.6亿美元提升至2022年的1891.3亿美元。[①] 2002年,中国吸引的外国直接投资占全球的比重为7.1%,2021年则升至15.7%。[②] 截至2018年底,中国累计设立外商投资企业约96万家,累计实际使用外资超过2.1万亿美元。

以2008年国际金融危机为节点,1992年以来中国参与全球价值链的

---

① 国家统计局(https://data.stats.gov.cn/easyquery.htm?cn=C01)。
② 根据世界银行相关数据计算得到(http://data.worldbank.org/indicator/BX.KLT.DINV.CD.WD?view=chat)。

进程可以根据特征差异大致分为前后两个阶段，在此进程中，中国的经济实力和在全球价值链中的地位实现了巨大跃升。

一 第一阶段（1992—2008 年）：从全面融入全球价值链到成为"世界工厂"

1978 年中国打开国门，实施改革开放政策。整个 20 世纪 80 年代，可以用"摸着石头过河"来形容中国融入世界经济的进程。为吸引外资，中国陆续颁布了 3 部外资法律，在税收、外汇管理、审批权限、信贷等领域采取了一些配套政策，这些政策的实施，吸引了港澳外资以"三来一补""大进大出、两头在外"的国际代工模式试探性地进入内地，不过，其他发达国家的外国直接投资基本上还处于观望和迟疑态度，少有进入。但无论如何，外资的进入，舒缓了中国改革初期资金、技术的严重短缺问题。

1992 年的邓小平南方谈话以及随后党的十四大上中央正式提出建立社会主义市场经济体制的目标，标志着中国开始由政策性开放向制度性开放转变。某种程度上，这也称得上中国大规模融入全球价值链的元年。从 1992 年到 2007 年，中国在不断融入全球价值链分工体系的过程中，逐步做大规模成为世界工厂和制造大国。这一阶段有两个关键性事件，具体如下。一是 1992 年中国向市场经济的制度转型以及随后两年以人民币汇率改革和吸引外国直接投资为代表的一系列市场化改革。这些改革充分释放了中国的劳动力比较优势，极大鼓励了外国直接投资企业进入中国的信心，此后，外资迅猛增长，进出口贸易明显提升。经由大量的外国直接投资企业，中国得以成功切入全球价值链的分工体系，搭上世界经济发展的列车。在这一阶段，通过在农村实行家庭联产承包责任制而释放出来的劳动力，是中国将潜在的资源禀赋后发优势转化为参与全球化比较优势的最大的"人口红利"。[1] 二是 2001 年加入世界贸易组织，成为中国加速融入全球价值链体系的又一关键节点。为兑现入世承诺，中国不断深化改革，除了大幅降低关税水平，还重点清理了大量不符合世贸组织规则的法律法规，同时，逐步健全贸易促进、贸易救济法律体系、

---

[1] 蔡昉：《中国改革成功经验的逻辑》，《中国社会科学》2018 年第 1 期。

保护知识产权法律法规体系等，推动对外经济贸易法制化建设。这些制度性红利极大促进了中国对外贸易的发展，推动了中国经济与世界经济在更高层次上的融合。①

此外，中国政府还特别重视加强基础设施建设，使其成为全球价值链深度嵌入本国经济的显著特征。比如根据拉文希尔的研究，苹果手机之所以主要由中国而不是印度尼西亚制造，其中一个重要原因就在于，从印度尼西亚的一家工厂向美国西海岸运送一个集装箱的时间，几乎是从中国运送同样物品所需时间的两倍。②

由于上述一系列政策的实施，20世纪90年代以来中国迅速融入全球价值链，并在21世纪初成为"世界工厂"，主要表现为以下几点。

一是国际直接投资和国际贸易快速增加，国际贸易当中外商投资企业占比很高，中国逐步成为许多国家（特别是亚太国家）的最大贸易伙伴国。从1983年到2008年，中国货物出口总额从222亿美元增加至14307亿美元，提高了63.4倍；实际利用外国直接投资从9.1亿美元增加至924亿美元，提高了100.5倍。③ 在出口总额当中，外商投资企业的出口占比从1996年的41%提升至2008年的51%，说明这一时期中国对通过外商投资企业融入全球价值链的程度不断提高。由于进出口贸易的快速发展，中国在21世纪初陆续成为许多国家尤其是亚太国家的最大贸易伙伴。比如2003年和2008年分别超过美国成为韩国和日本的最大出口国，2009年超过欧盟成为东盟国家的最大出口伙伴。

二是中国企业在全球价值链上的后向联系不断加强，说明还处于全球价值链的低端环节。所谓后向参与度是指一国出口品中的其他国家生产的中间产品比重，用来反映出口对来自其他国家进口的依赖程度。1995—2007年，中国在全球价值链上的后向参与度从14%快速上升至20%，④ 这一变化表明，在此阶段中国主要通过大量进口中间产品进行加

---

① 洪俊杰、商辉：《中国开放型经济发展四十年回顾与展望》，《管理世界》2018年第10期。
② John Ravenhill, "Global Value Chains and Development", *Review of International Political Economy*, Vol. 21, No. 1, 2014, pp. 264–274.
③ 根据CEIC相关数据计算得到。
④ 所谓后向参与度是指一国出口当中其他国家生产的中间产品的所占比重，用来反映出口对来自其他国家进口的依赖程度。根据对外经贸大学全球价值链数据库相关数据计算得到。

工组装然后再出口以快速和全面融入全球价值链。由此就形成了第二章所说的"新三角贸易"。

三是出口中的国内增加值不断扩大，但主要不是依靠单位出口增加值的提高完成的，而是依靠规模取胜。为了加强与完善对加工贸易的管理，鼓励企业扩大外贸出口规模，中国自2000年4月开始成立了一系列由海关监管的出口加工区。除了对加工区区内企业生产所需的机器、设备等实施免税政策，以及对区内为加工出口产品所需的原材料、零部件等提供服务的企业实施保税政策，国家为促进在当地形成产业集群，还在每一个出口加工区设定了主导产业，从而形成了出口加工区扶持"主导产业"政策。[1] 其结果，一方面是出口加工区成为中国进出口贸易的主要平台，占了中国进口的1/3和出口的50%左右；[2] 另一方面，各地区依据中央政策和本地区特点形成的产业链，有机地将规模驱动的专业化转变为一种可持续的国家竞争优势。从南部珠江三角洲专门从事生产零部件以及将其组装成各种最终产品的劳动密集型制造业，到长三角地区专门从事汽车、半导体、手机和计算机等产品生产的资本密集型产业，都是中央政府以自上而下的方式做出战略决策，并在地方层面迅速、大规模实施的结果。[3] 这些专业集群一方面与东亚关键零部件供应商联系在一起；另一方面与全球买家联系在一起，将中国产品推向世界市场。[4] 因此，尽管中国并未获取产品出口的大部分价值，但依靠规模优势，中国在全球价值链中所获得的增加值还是在不断增加。从总体看，1995年至2015年的20年间，中国在全球制造业增加值中所占的比重由1995年的4.4%大幅提升至2015年的24.5%，增加了20.1个百分点，居于全球首位。美国居于第二位，所占份额由20.4%降至16.8%，下降了3.6个百分点。排第三和第四位的分别是德国和日本，其所占份额则分别由

---

[1] 张鹏杨、朱光、赵祚翔：《产业政策如何影响GVC升级——基于资源错配的视角》，《财贸研究》2019年第9期。

[2] Gereffi, G., "Global Value Chains in a Post-Washington Consensus World", *Review of International Political Economy*, Vol. 21, No. 1, 2014, pp. 9 – 37.

[3] Gereffi, G., "Global Value Chains and International Competition", *The Antitrust Bulletin*, Vol. 56, No. 1, 2011, pp. 37 – 56.

[4] Gereffi, G., "Development Models and Industrial Upgrading in China and Mexico", *European Sociological Review*, Vol. 25, No. 1, 2009, pp. 37 – 51.

18.6%、21.2%降至15.5%和6.9%，下降了3.1个百分点和14.3个百分点。①

二 第二阶段（2009年至今）：在全球价值链上不断提升分工地位和实现创新

2008年爆发的国际金融危机对于全球价值链分工体系的发展来说是一个"重大拐点"，②同时也是中美经济权力转移的一个分水岭。危机之后，以美国为首的西方发达国家的相对经济实力逐渐下降，中国等新兴市场国家则保持了强劲的发展势头，成为引领世界经济增长的火车头。据世界银行估算，2013—2017年中国对世界经济增长的贡献率平均超过30%，超过了美国、欧元区和日本的贡献总和。

经济强劲增长的同时，几个关键性的因素变化也促使中国政府开始调整经济增长和发展战略，这些因素包括2008年国际金融危机导致全球贸易断崖式下跌，外部需求不断减小；中国的人口红利逐渐消失，劳动力成本优势开始下降；早期"市场换技术"的发展政策并未获得显著成效，反而导致许多产业国内市场被跨国公司所垄断的同时，本土企业却被锁定在价值链的低端环节。由此，我们可以观察到，危机后中国政府的发展政策在两大方面发生了重大的战略转变，一是实施经济再平衡战略，推动经济增长方式从外需主导向内需主导的转变；二是实施技术升级与创新战略，提升本土企业在全球价值链上的地位，以及构建中国跨国企业的全球价值链。

增长方式的转变意味着中国正在改变以往对出口拉动的过度依赖，开始走向后重商主义时代。2008年最终消费对经济增长的贡献率仅为44%，大大低于投资的53.3%。但从2012年开始，最终消费逐渐超越投资，成为拉动经济增长的第一引擎。2014年消费贡献率达到56.3%，2018年进一步提升至65.9%。③ 增长方式转变的同时，中国政府对于通

---

① 根据OECD的TIVA数据库数据计算得出（https：//stats.oecd.org/Index.aspx? DataSet-Code = TIVA_2018_C1）。

② Gereffi, G., "Global Value Chains in a Post-Washington Consensus World", *Review of International Political Economy*, Vol. 21, No. 1, 2014, pp. 9 – 37.

③ 数据来自中国国家统计局（http：//data.stats.gov.cn/easyquery.htm? cn = C01）。

过引进技术推动本国创新发展的想法也开始发生变化。① 人们逐渐认识到，功能升级和供应链升级已经成为中国产业和企业摆脱全球价值链"低端锁定"困境的刻不容缓的战略要务。为此，就必须改变传统上将外国直接投资视为发展本国创新能力进而弥补"创新赤字"的主要渠道，②转而重新将注意力集中在打破对外国技术的依赖和创建一个自我持续的、以创新为导向的经济的必要性上。③

2006年中国召开的全国科学技术大会常被称为中国向创新经济转型的起点。④ 大会提出了"自主创新，建设创新型国家"的战略目标，发布了《国家中长期科学和技术发展规划纲要（2006—2020年）》。为落实这一转型战略的具体实施，国务院于2010年9月颁布了《国务院关于加快培育和发展战略性新兴产业的决定》，选择节能环保、新一代信息技术、生物产业、高端装备制造产业、新能源产业、新材料产业、新能源汽车产业等7个产业作为战略性新兴产业予以支持。2012年7月，国务院进一步发布《"十二五"国家战略性新兴产业发展规划》，对"十二五"期间上述七大战略性新兴产业领域的发展重点给出了更为详细的清单。在产业发展进程中，政府主要循着集中力量办大事的思路，通过财税、信贷、土地政策等垂直型干预政策，组织攻关突破关键技术，推动战略性新兴产业的创新发展。⑤

党的十八大以来，中国的产业政策更加注重创新驱动发展、新兴技术在经济发展中的应用。围绕创新驱动、新兴技术（产业）及先进制造业发展，中央政府又陆续出台多个政策文件，其中2015年颁布的《中国制造2025》是集中体现。《中国制造2025》明确提出将新一代信息技术

---

① Appelbaum, R. P., Parker, R., Cao, C., "Developmental State and Innovation: Nanotechnology in China", *Global Networks*, Vol. 11, No. 3, 2011, pp. 298–314.

② Bruche, G., "The Emergence of China and India as New Competitors in MNCs' Innovation Networks", *Competition and Change*, Vol. 13, No. 3, 2009, pp. 267–288.

③ Segal, A., "China's Innovation Wall: Beijing's Push for Home-grown Technology", *Foreign Affairs*, September 28, 2010.

④ 陈燕玲、朱孔来：《中国自主创新政策的演进及未来发展趋势》，《社会科学前沿》2017年第5期。

⑤ 江飞涛、李晓萍：《改革开放四十年中国产业政策演进与发展——兼论中国产业政策体系的转型》，《管理世界》2018年第10期。

产业、高档数控机床和机器人、航空航天装备、海洋工程装备及高技术船舶、先进轨道交通装备、节能与新能源汽车、电力装备、农机装备、新材料、生物医药及高性能医疗器械等十大产业作为未来十年的发展重点，并为每个产业需要重点突破的关键技术、装备和产品做了详细规划。从政策措施看，在继续秉持政府引导的基本原则下，中国更为强调市场在资源配置中的基础性作用。深化体制机制改革、营造公平竞争市场环境以及健全多层次人才培养体系等功能性产业政策，则成为政府新的政策着力点。[1]

此外，为加快提升中国产业在全球价值链中的地位，2016年12月中华人民共和国商务部、国家发改委、科技部、工业和信息化部、人民银行、海关总署、统计局等七部门联合下发《关于加强国际合作提高我国产业全球价值链地位的指导意见》，提出中国产业未来发展的三个方向：继续支持企业融入全球分工合作；不断提高中国出口增加值；主动打造互利共赢的全球价值链。为此，政府从产业基金支持政策、财税政策、人才政策、贸易投资便利化政策、金融政策、创新政策等多个方面提出了实现上述目标的政策框架。

上述一系列产业提升和创新政策的实施正在显出成效。2009年至今，中国在全球价值链上不断升级，从低端制造向先进制造和先进服务迈进，逐步做大做强，中国也由此开始从"制造大国"向"制造强国"转变，从"世界工厂"向"全球价值链枢纽"转变。

首先，中国企业在全球价值链上的地位不断攀升。可以从两个方面看出来，具体如下。一是出口的产品结构升级。根据罗德里克的计算，中国的出口组合已经与一个人均收入比中国水平高出三倍的国家相似。[2] 杰里菲认为，近些年全球价值链中的权力关系正在转向新兴经济体的战略合同供应商。[3] 二是越来越多的企业能够进入全球价值链上更复杂、增

---

[1] 江飞涛、李晓萍：《改革开放四十年中国产业政策演进与发展——兼论中国产业政策体系的转型》，《管理世界》2018年第10期。

[2] Dani Rodrik, "What's so Special about China's Exports?", *China & World Economy*, Vol. 14, No. 5, 2006, pp. 1–19.

[3] Gary Gereffi, "Global Value Chains in a Post-Washington Consensus World", *Review of International Political Economy*, Vol. 21, No. 1, 2014, pp. 9–37.

加值更多的生产环节，实现所谓的产品升级、流程升级和功能升级。这种变化反映在全球价值链上，主要表现为后向参与度的下降，从2006年到2015年，中国制造业产品出口中的国内增加值占比从71.6%上升至81.3%，相应地，国外增加值从28.4%降至18.7%，减少了近10个百分点。[①] 这说明中国通过产业链升级，替代和减少了对中间产品的进口，制造业正在升级到先进制造产业。张斌、王雅琦、邹静娴基于制造业出口产品增加值率的计算也发现，2008年国际金融危机后中国制造业的升级要快于危机前，而且对出口增加值率提高贡献最大的是行业内效应，而不是行业间效应。[②] 这表明中国制造业企业的技术升级路线主要来自对所进口中间产品的替代。后向参与度下降的同时，中国在全球价值链中的前向参与度则在危机之后稳步上升，从2009年的1.5%提升至2015年的2.4%。[③] 这说明中国作为全球中间产品供应国的地位越来越重要，数据显示，从2005年到2018年中国出口中的中间产品占比从35%上升至63%，相应地，中国在世界中间产品出口中的占比从7.4%升至15.7%，增加了一倍多。[④] 中国已经成为大多数国家进口中间产品的主要来源，换句话说，中国在全球价值链中开始扮演关键的"枢纽"角色。

其次，越来越多参与全球价值链的中国企业努力通过技术创新实现价值链重构与升级。通常人们将创新等同于突破性技术，但事实上，正如拜德所言，创新是一个复杂过程，除了高水平的突破性技术创新，还包括许多中等水平和低水平的应用性技术创新，它们是对突破性技术创新的有益补充，也是一种同等重要的创新活动。比如固态物理学的突破只有伴随着新的微处理器设计，才对半导体产业有价值，如果没有工厂层级的调整，使大量生产这些组件成为可能，那么微处理器设计本身是毫无用处的。而如果没有新的主板和计算机，新微处理器的价值也可能

[①] 根据CEIC和OECD的TIVA数据库数据计算得出（https://stats.oecd.org/Index.aspx?DataSetCode=TIVA_2018_C1）。

[②] 张斌、王雅琦、邹静娴：《从贸易数据透视中国制造业升级》，《国际经济评论》2017年第3期。

[③] 根据OECD的TIVA数据库数据计算得出（https://stats.oecd.org/Index.aspx?DataSetCode=TIVA_2018_C1）。

[④] 根据日本独立行政法人经济产业研究所RIETI-TID 2018数据库相关数据计算得出（https://www.rieti-tid.com/）。

无法实现。①何等借鉴拜德的思想，从结构创新（Architectural Innovation）和嫁接创新（Grafting Innovation）②两个方面讨论了中国企业的价值链升级活动与绩效，结果发现，华为（结构创新的代表）、比亚迪、中国南车（嫁接创新的代表）都已显示出强大的创新能力。为了进一步升级和追赶，这些公司中的大部分还在政府"走出去"和"自主创新"政策支持下，开始在发达国家和地区进行投资以寻找战略资产，或是设立海外研发中心。根据2012年中国政府对数百家中国领先创新企业的调查，其中70家企业已经在海外设立了137个研发中心，大部分位于发达国家。③

由于上述价值链升级活动，大量中国企业开始成长为全球旗舰企业。比如，华为现在是世界上最大的电信设备制造商，联想是世界上最大的个人电脑制造商，海尔是世界上最大的家用电器制造商，中国中车则是世界上最大的机车制造商，等等。中国在创新方面的这一趋势正在导致全球创新和研发活动的所有权、控制权和位置发生突破性的变化，这些新的全球旗舰企业开始在全球生产网络和市场中塑造其领导地位。④过去，学者们普遍认为，汽车产业是中国"市场换技术"政策比较失败的一个领域，但严等的研究表明，在融入全球价值链的过程中，中国汽车企业的技术创新和产业升级实际上也得到了较大的发展，在政府政策激励下，无论是国有车企还是民营车企，都越来越多地从事研发活动，自主创新不断涌现，自主品牌汽车正在从向发展中国家出口开始，努力开

---

① Bhidé, A., "Where Innovation Creates Value", McKinsey Quarterly, February 1, 2009 (https://www.mckinsey.com/business-functions/strategy-and-corporate-finance/our-insights/where-innovation-creates-value).

② 所谓结构创新，就是指重新配置已建立的系统，以新的方式将现有组件连接在一起，以便生产和销售满足客户需求的产品的能力。这使后发企业有机会获得比先发企业更大的优势，但要求后发企业了解组成部分如何相互联系成一个整体，还需要独特的管理和组织技能。所谓嫁接创新则是指发现现有技术的新用途和应用，从而根据其核心技术在其他行业的应用开发新产品和解决方案的能力。

③ Shaowei, H., Fallon, G. and Khan, Z., et al., "The Rise of Chinese Innovative Firms and the Changing Governance of Global Value Chains", Brunel Business School Research Papers, 2017.

④ BCG, "Redefining Global Competitive Dynamics", Boston Consulting Group, 2014 (http://www.iberglobal.com/files/global_challengers_bcg.pdf).

拓国际市场。① 2000—2016年中国自主品牌汽车的全球市场占有率已从3%提高至12%。② 此外，中国自己的民用飞机也于2023年正式投入运营，假以时日，将形成与波音和空客三足鼎立的格局。

最后，中国快速扩张的国内市场大大提高了在全球价值链上的讨价还价能力，成为结构性权力的重要来源。2008年国际金融危机后，由于西方发达国家消费需求停滞不前，全球价值链开始转向南方新的终端市场，特别是包括中国在内的大型新兴经济体国内市场。现在越来越多的跨国企业在中国生产不是为了出口，而是为了在中国市场销售。比如富士康在湖北、湖南、四川、山西和重庆的工厂生产的产品分别有77%、91%、82%、89%和97%是为了国内销售。③ 这种转变也深刻改变了中国本土企业（合同供应商）与全球价值链主导企业（合同购买方）的关系，使前者的议价能力不断提高。因为生产目的从出口到国内市场的转变意味着中国的制造商需要将其在全球价值链中的地位和作用从制造扩大到采购、销售和分销，而这些功能原本都是由产业链上的主导企业所控制的。除了本土企业议价能力的提高，中国的地方政府在与跨国公司谈判中的地位也在不断上升，由于国家创新发展战略的实施，地方政府特别是来自沿海地区的地方政府更加欢迎能更大程度融入本地经济以及有助于提升本地产业和技术升级的跨国投资。

第二节　中国在新时期区域分工重构中的角色变化

根据第三章的分析，由于西方民粹主义抬头、特朗普上台与中美经贸摩擦、新冠疫情全球蔓延等一系列新的不确定性因素的出现，东亚区

---

① Yan Sheng Lia, Xin Xin Kong and Miao Zhang, "Industrial Upgrading in Global Production Networks: The Case of the Chinese Automotive Industry", *Asia Pacific Business Review*, Vol. 22, No. 1, 2016, pp. 21 – 37.

② Goldman Sachs, "Made in the USA or China? 25 Years of Supply Chain Investment at a Crossroads", *Equity Research*, March 26, 2017, p. 22.

③ Chun Yang, "Market Rebalancing of Global Production Networks in the Post-Washington Consensus Globalizing Era: Transformation of Export-Oriented Development in China", *Review of International Political Economy*, Vol. 21, No. 1, 2014, pp. 130 – 156.

域分工再次进入新的转型期。在这一过程中，随着中国产业结构升级及经济再平衡调整的不断推进，其在东亚区域分工体系中的角色也将发生重大变化。总体来看，表现为两个方面：一是传统的以中国为组装中心的东亚生产网络逐渐瓦解，后发的东南亚国家（如越南）开始赶超中国，逐渐成为新的组装中心，与此同时，在经济深度转型的推动下，中国正逐渐摆脱处于全球价值链低端的"世界组装工厂"的角色，转而变成一个出口包含更高国内附加值和更多自主品牌产品的全球制造中心；二是随着经济增长方式向国内需求主导转变的完成，中国作为东亚地区消费中心的地位将日益凸显，从而推动东亚地区经济朝着一种内需与外需结构、生产与消费结构更加均衡的方向转型，最终实现东亚经济的再平衡增长。

一 从"全球组装工厂"向"全球制造中心"的转变

（一）东盟将取代中国成为新的"全球组装工厂"

近些年来，东亚经济再平衡调整的同时，东亚地区的网络分工结构也随之发生变化。总的趋势是生产集聚从中国向东南亚的转移。我们可以从以下两个方面观察这一现象。

1. 主要经济体对中国的直接投资出现停滞甚至减少的态势

2010年，中国吸引的外国（地区）直接投资超过千亿美元，当年达到1088亿美元，此后稳定增长，2022年时达到1891亿美元。[1] 但外国（地区）直接投资规模稳定增长的表象却掩盖了两个重要的内部结构变化，具体如下。

一是外国（地区）直接投资来源地结构的变化。观察中国吸引的外资，可以发现中国香港占比一直超过60%，根据肖耿的研究，很可能存在高达46.5%的假外资情况。[2] 如果不算中国香港，情况就会大不一样。表4-1显示，2013—2021年中国的主要外资来源地中，大部分国家（地区）对中国的投资都处于停滞或减少的趋势，日本的下降尤为明显，从

---

[1] 中国国家统计局（https://data.stats.gov.cn/easyquery.htm?cn=C01）。
[2] Xiao, Geng, "Round-Tripping Foreign Direct Investment in the People's Republic of China: Scale, Causes and Implications", ADBI Research Paper Series, No. 58, July 2004.

2012 年的 73.5 亿美元降至 2021 年的 39.1 亿美元，降幅高达 46.8%。整体看，从 2013 年到 2021 年，除了中国香港之外的前九大投资国（地区）对中国的直接投资从 267.5 亿美元下降至 263.9 亿美元；相应地，其在中国外国直接投资中的占比也从 22.7% 降至 14.0%，减少了 8.7 个百分点。①

表 4-1　2010—2022 年主要经济体对中国的直接投资　（单位：亿美元）

	2010年	2011年	2012年	2013年	2014年	2015年	2016年	2017年	2018年	2019年	2020年	2021年	2022年
中国香港	605.7	705.0	655.6	734.0	812.7	863.9	814.7	945.1	899.2	963.0	1057.9	1317.6	1372.4
新加坡	54.3	61.0	63.1	72.3	58.3	69.0	60.5	47.6	52.1	75.9	76.8	103.3	106.0
韩国	26.9	25.5	30.4	30.5	39.7	40.4	47.5	36.7	46.7	55.4	36.1	40.4	66.0
日本	40.8	63.3	73.5	70.6	43.3	31.9	31.0	32.6	38.0	37.2	33.7	39.1	46.1
美国	30.2	23.7	26.0	28.2	23.7	20.9	23.9	26.5	26.9	26.9	23.0	24.7	22.1
德国	8.9	11.3	14.5	20.8	20.7	15.6	27.1	15.4	36.7	16.6	13.5	16.8	25.7
中国台湾	24.8	21.8	28.5	20.9	20.2	15.4	19.6	17.7	13.9	15.9	10.0	9.4	6.6
英国	7.1	5.8	4.1	3.9	7.4	5.0	13.5	10.0	24.8	8.6	9.8	12.0	16.0
法国	12.4	7.7	6.5	7.5	7.1	12.2	8.7	7.9	10.1	7.9	5.1	7.1	7.6
荷兰	9.1	7.6	11.4	12.7	6.4	7.5	5.6	21.7	12.7	18.0	25.5	11.1	44.9
合计（除中国香港外）	214.5	227.7	258.0	267.5	226.6	217.9	237.3	216.3	262.0	262.3	233.7	263.9	340.9

资料来源：中国国家统计局（https://data.stats.gov.cn/easyquery.htm?cn=C01）。

进一步以日本为例考察外资从中国的撤退情况。根据日本贸易振兴机构（JETRO）发布的《2016 年度日本企业海外运营调查报告》，2010 年以来日本在华企业撤退数量逐年上升，2010 年、2013 年和 2014 年分别为 232 家、780 家、798 家，占日本跨国公司据点转移总额的比重分别为 16.4%、26.3% 和 27.8%，而到了 2016 年，在所调查的 458 家日本跨国公司据点转移案例中，中国第一次超过日本本土，成为转移数量最多的国家，达到了其全世界总转移量的 36%（日本占比为 30.8%）。其中

---

① 根据中国国家统计局相关数据计算得出（https://data.stats.gov.cn/easyquery.htm?cn=C01）。

15.3%的据点转移到了东盟国家,8.5%的据点回流到日本。①

二是外国直接投资产业结构的变化,主要表现为制造业外国直接投资数量的减少和第三产业外国直接投资数量的增加。根据国家统计局公布的数据,2010—2021年中国制造业吸引的外国直接投资从496亿美元降至337亿美元,减少了32.1%,相反,服务业吸引的外国直接投资则从260亿美元大幅提高至1064亿美元,增长了3.1倍。②

如果仔细考察导致制造业外国直接投资减少的原因,可以发现主要是由于劳动密集型产业吸引外国直接投资能力的下降。③ 劳动密集型行业尤其是低技术劳动密集型行业的撤资主要源于工资的上涨。过去几十年,中国参与东亚分工经历了一个从简单到复杂、由浅入深的发展过程,但无论是在20世纪八九十年代的"雁行分工"阶段,还是21世纪初的东亚生产网络阶段,中国依靠的都是低成本劳动力的比较优势。然而近年来,随着工资收入的大幅提高,中国劳动力成本的比较优势相比东南亚国家迅速消失,图4-1显示了日资企业在亚洲(不包括日本)各主要国家城市的普通职工工资水平,其中韩国首尔、中国香港、新加坡位列工资排名之首,中国台北和中国大陆的主要城市紧随其后,东亚其他国家城市位列榜尾,可以看出北京的平均工资已经上涨到越南河内平均工资的三倍之多。近年来随着中国各省制定的最低工资标准不断上调,2015年中国的最低工资标准已经达到1270元/月(海南省),这个数字比越南

---

① JETRO, "FT 2016 Survey on the International Operations of Japanese Firms", 2017 (https://www.jetro.go.jp/en/reports/survey/).

② 数据来自国家统计局 (http://data.stats.gov.cn/easyquery.htm? cn = C01)。

③ 根据刘洪钟和郭胤含对日本在华企业撤资的分析,在细分行业日企撤资率在劳动密集型制造业、资本密集型制造业和第三产业表现出了较大差异。撤资主要发生在劳动密集型制造业,平均撤资率为3.73%,其中撤资率超过5%的食品加工业、纤维业以及煤炭业等三种行业均属于低技术劳动密集型行业。在资本密集型制造业和第三产业的平均撤资率则分别只有2.35%和3.09%。如果与日企在其他国家的海外据点撤资率比较,会发现在其他国家上述三个产业的平均撤资率分别为2.04%、2.15%和2.89%,也就是说,总体上日企在华撤资率确实稍高于世界其他经济体,但这种撤资主要体现在劳动密集型行业,其他两个行业则差距不大。特别是在生产用机械制造、情报通信机械制造、输送机械制造、通信情报、批发以及零售等行业,在华日企的撤资率还要小于其他国家的日企撤资率,事实上,2010—2014年日企在中国上述六大领域的年均撤资率分别为2.53%、3.57%、1.07%、5.12%、1.97%和2.71%,而在其他国家则分别为2.89%、3.63%、1.35%、5.34%、2.28和3.64%。参见刘洪钟、郭胤含《日本在华企业撤资潮真的会来吗?》,《当代世界》2017年第5期。

日资企业普通职工的平均工资还要高,说明中国的低成本优势已基本被东盟低收入国家所取代。对于劳动密集型的日资企业来说,中国在成本上的区位优势逐渐丧失,出现劳动密集型制造业尤其是低技术劳动密集型制造业相对较高的撤资率是对宏观经济变化的自然反应,也是合情合理的。

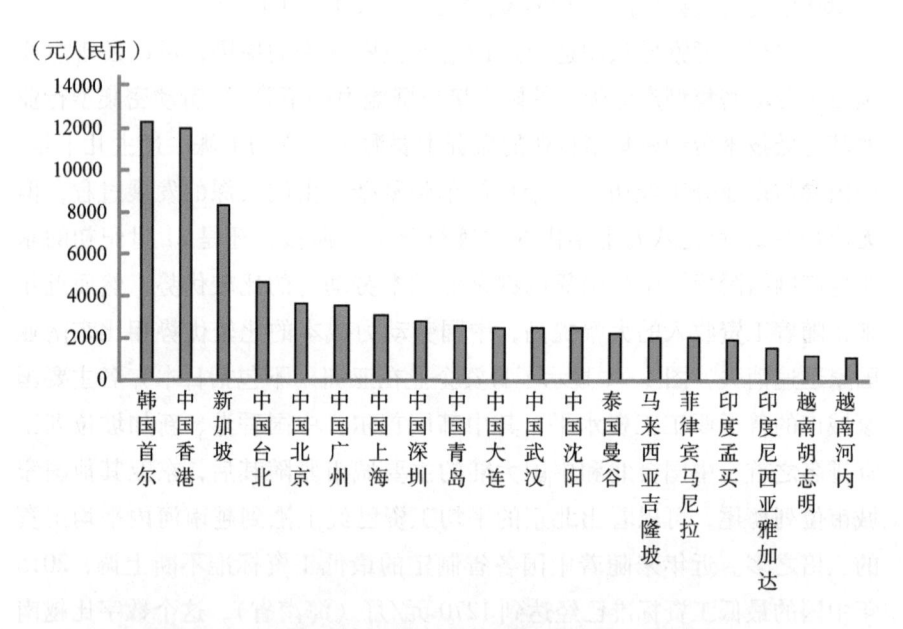

图4-1 日资企业在亚洲主要城市的普通职工工资水平

数据来源:日本贸易振兴机构海外调查部《在アジア・オセアニア日系企业実態調査》(2016年6月)。

2. 东南亚国家正在成为新的生产组装中心

2013年以来外国直接投资从中国撤离的同时,对东盟的国际直接投资则总体呈上升趋势。比较中国和东盟制造业吸引的外资数量可以在一定程度上反映这一点。图4-2显示,2018年之前中国吸引的外国直接投资数量一直大幅领先于东盟,但从2018年开始情况发生了变化,该年中国制造业吸引外国直接投资411.7亿美元,东盟则为608.6亿美元,超过了中国;经历2019年和2020年的下降后,2021年东盟制造业吸引的外国直接投资再次大幅增长,2022年达到658.8亿美元,大大高于中国的

496.7亿美元。在外资来源国中，2014—2022年中国、美国、日本和欧盟（27国）对东盟制造业直接投资数量分别从11.9亿、0.0亿、54.3亿和27.4亿美元增加至53.9亿、20.3亿、201.5亿和100.7亿美元，四国（地区）合计占东盟制造业外国直接投资总量的比重从2013年的23.5%提升至2022年的57.1%。[①]

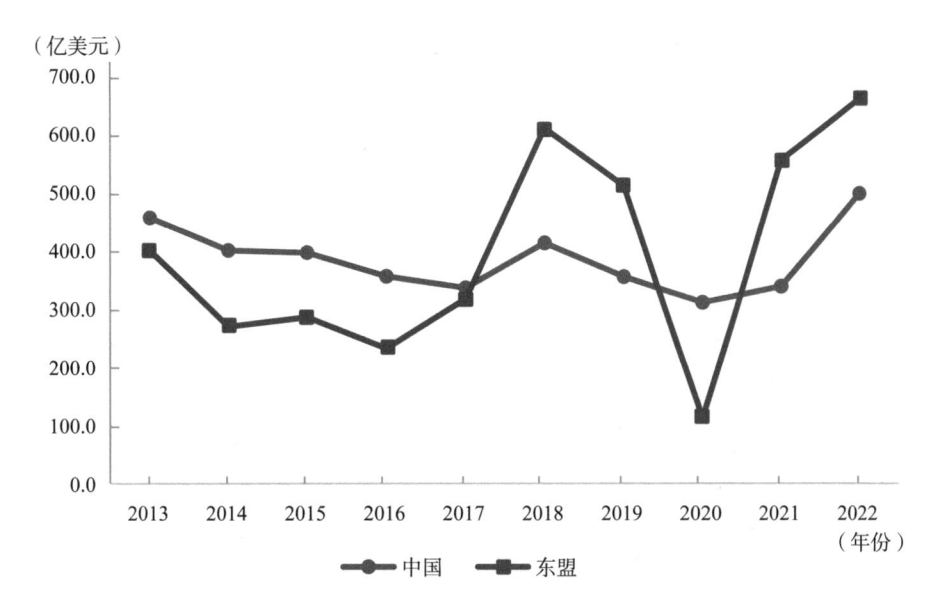

图4-2　2014—2019年中国与东盟制造业外国直接投资比较

资料来源：东盟的数据来自ASEANstatsDataPortal数据库（https://data.aseanstats.org/fdi-by-sources-and-sectors）。中国的数据来自国家统计局（https://data.stats.gov.cn/easyquery.htm?cn=C01）。

图4-3进一步比较了2000年以来中国和越南在制造业领域吸引外资的情况。可以看出，两国呈完全相反的走势。2008年国际金融危机以前，中国在制造业领域吸引的外国直接投资一路高歌猛进，从2000年的258亿美元大幅提升至2008年的499亿美元，增加了93.4%；受危机的影响，2009年吸引外资额下降至468亿美元，随后反弹，2011年时达到最

[①] 根据ASEANstatsDataPortal数据库相关数据计算得到（https://data.aseanstats.org/fdi-by-sources-and-sectors）。

高值521亿美元。2010年是中国GDP超越日本成为世界第二的元年，但也是中国制造业吸引外资发生转折的元年，在此之后，就一路下滑，2017年时降至335亿美元，比2010年下降了35.7%。与中国相反，2008年国际金融危机之后，越南作为一个新兴的制造业大国开始受到国际资本的关注，吸引的外国直接投资也一路走高，从2010年的60亿美元增加至2017年的164亿美元，提升了173%。虽然两国制造业吸引外国直接投资的绝对量还有较大差距，但从图4-3中可以看出，这一差距正在迅速缩小。

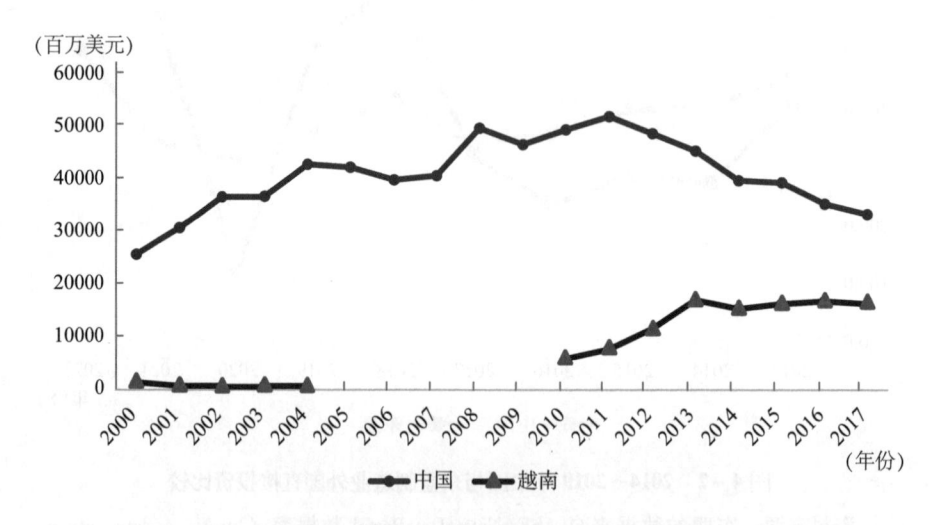

图4-3　2000—2017年中国与越南制造业FDI数量比较

说明：中国为实际利用外资数量；越南为登记外资数量。

数据来源：根据CEIC相关数据作图（https://insights.ceicdata.com/login）。

东南亚地区成为新的组装中心还可以从东亚地区的中间产品区域内贸易向东盟的聚集体现出来。表4-2显示了2000—2016年东亚区域内中间产品出口中各类国家（地区）的占比情况，从中我们可以发现中国和东盟在区域生产网络中的角色变化。2000—2007年，中国在东亚区域内中间产品出口中的占比从15.7%大幅提高至27.4%，同期东盟占比则从31.6%下降至27.8%，但此后情况开始发生逆转，中国占比在从27.4%微幅上升至28.3%的同时，对东盟的出口占比则从27.8%提高至31.9%，特别是越南的占比从3.4%大幅提升至6.3%。这说明,近年来东盟国家正在重新得到跨国公司的青睐,生产网络有向该地区集聚的趋势。

表4-2 东亚区域内中间产品出口各类国家(地区)占比比较 (单位:%)

年份	东盟	中国	日本	中国香港	中国台湾	韩国	新加坡	ASEAN 4	越南
2000	31.6	15.7	13.9	20.1	9.5	9.3	11.2	18.5	1.7
2001	30.5	17.9	14.0	20.4	8.0	9.1	10.2	18.1	1.9
2002	30.3	20.0	12.5	20.0	7.9	9.3	9.6	18.6	1.8
2003	27.6	23.7	12.6	19.1	7.7	9.3	8.6	16.5	2.3
2004	27.5	25.0	12.4	17.9	8.1	9.1	8.5	16.4	2.4
2005	28.0	25.7	12.2	17.3	7.9	8.9	8.9	16.5	2.5
2006	27.9	26.7	11.8	17.3	7.8	9.0	9.1	15.8	2.7
2007	27.8	27.4	11.3	16.4	7.4	9.7	8.1	16.0	3.4
2008	30.2	26.2	11.9	14.7	6.7	10.2	9.1	17.3	3.7
2009	29.4	28.2	10.4	15.8	6.5	9.7	8.9	16.7	3.6
2010	29.9	28.1	10.3	15.5	7.1	9.2	8.8	17.5	3.4
2011	30.0	28.0	11.1	14.7	6.9	9.4	8.5	17.5	3.7
2012	31.5	27.7	10.9	15.4	6.2	8.9	8.5	18.6	4.0
2013	31.8	27.4	10.1	15.7	6.1	8.9	8.5	18.4	4.4
2014	31.3	27.8	10.2	16.0	6.2	8.6	8.1	17.9	4.9
2015	31.3	28.4	9.7	16.6	5.5	8.6	7.7	17.2	5.8
2016	31.9	28.3	8.9	16.6	6.1	8.2	7.5	17.5	6.3

注:东盟数据仅包括新加坡、泰国、马来西亚、印度尼西亚、菲律宾、越南、文莱、柬埔寨八个国家的数据。

资料来源:RIETI-TID2016(http://www.rieti-tid.com/trade.php)。

(二)中国正在变成一个开放的全套型"全球制造中心"

中国进入全球价值链分工发端于进口中间产品,然后组装成制成品后出口到美欧等发达国家市场。随着国内分工的日益细化和深化,过去十多年里中国已经形成了比较完备的本地价值链分工体系。通过加大研发力度,淘汰老旧工厂和建设具有先进技术的新工厂,本土企业不断提升在既有产业全球价值链上的国际地位,与此同时,也努力进军新的细分市场,自有品牌产品市场占有率持续提高。由于上述变化,中国在国际市场上正逐渐改变传统的低端组装工厂的形象,一个开放的、拥有全套型产业结构的"全球制造中心"初露端倪。

关满博曾用"全套型产业结构"概括 20 世纪 60—70 年代的日本经济特征,其含义是指当时的日本成为西方发达国家中几乎唯一的在一国之内拥有诸如钢铁、造船、化工、汽车、电机、纤维等几乎所有产业部门,并能够保持在一定水平之上的国家。[①] 此外,从产业和企业的"机能"角度,关满博将全套型产业结构的特征描述为:同时拥有生产出社会上没有的全新产品的"创新机能"和"通过已经确立的技术和设备,批量生产成熟商品"的机能;在这两极之间,则构成从新产品到成熟商品的庞大的序列,所有商品都处在它自己的位置上。按照关满博的分析,日本之所以能够形成全套型产业结构,与当时周围没有国家同时要实现工业现代化以及日本与周边国家的关系长期紧张的历史背景有关。而从 20 世纪 70 年代开始,随着东亚"四小龙"、东盟国家以及中国陆续通过开放市场加入工业现代化的进程,日本的全套型产业结构就逐渐解体了。

观察当今中国经济的产业结构,可以发现与 20 世纪 70 年代的日本具有高度的相似性。由于存在国内市场规模巨大、仍处于工业化阶段、地区发展水平差异明显等特征,中国确实具备形成全套型产业结构的基础和条件。不过,由于全球经济的紧密融合,当今世界任何国家要想再构建出 20 世纪 70 年代日本那种相对封闭、独立和完备的全套型产业结构恐怕已不可能。中国正在形成的全套型产业结构是与东亚区域分工和全球价值链高度融合的产物,这就使中国能够在既有"世界组装工厂"的基础上,不断实现升级和超越,最终形成一种开放的、全套型"全球制造中心"。

中国从"世界组装工厂"向"全球制造中心"的转变具有如下特征。

一是拥有全套的产业结构并在国际市场占有重要地位。中国在全球制造业产值中的比重从 1990 年的 1% 飙升到 2018 年的 28%。近年来,中

[①] [日]关满博:《东亚新时代的日本经济——超越"全套型"产业结构》,陈生保、张青平译,上海译文出版社 1997 年版,第 26—32 页。

国一直在重点提升化学、机械和汽车等知识密集型制造业的技术实力。[1] 日本经济产业研究所（RIETI）基于制造业的分类将所有产业分成13个部门，2017年中国在贸易属性最高的五个部门（纺织品、通用机械、电机、家用电器、玩具及杂项）中，占全球出口总额的比重都超过了20%，其中家用电器部门更是高达39%，纺织品部门也达到了31.2%。此外，在化学品部门和精密机械部门，中国在全球出口总额中的比重也有大幅提高，2017年分别达到12.4%和13.8%。[2]

二是出口中的国内增加值不断提高。总体来看，从2005年到2015年，中国出口中的国内增加值占比从73.7%提高至82.6%，在东亚仅次于日本的86.8%，而高于韩国和东盟国家等地区。[3] 国内增加值的提高也可从21世纪以来中国进口总额中中间产品的占比不断下降得到体现。中间产品进口占比逐渐降低，表明国内生产更多使用国内中间产品。整体来看，2008—2017年中间产品占中国全部进口总额的比重从60.7%降至50.8%。其中，降幅最大的是家用电器部门，从2000年的53.5%降至2017年的22.0%。比重下降主要是由于中国的"自产自销"。事实上，参与这一价值链的其他国家之间的中间产品贸易还略有增加，从2000年的21.3%上升至2017年的25.7%。[4] 尽管国内增加值的高低并不必然等同于在全球价值链上的地位，因为它还与一国的经济结构及参与全球价值链的方式与深度有关。但从一国的历史纵向比较看，国内增加值的增加还是能够在一定程度上说明中国在全球价值链上地位的攀升，这一点从前面的分析中已经得到证明。

一个国家若想向技术链的上游挺进，必须具备四大要素：（1）大规模投入资金；（2）拥有获取技术和知识的渠道；（3）进入庞大的市场；

---

[1] 麦肯锡全球研究院：《中国与世界：理解变化中的经济联系》，2019年7月（https://www.mckinsey.com.cn/insights/mckinsey-global-institute/）。

[2] 根据日本独立行政法人经济产业研究所RIETI-TID 2018数据库相关数据计算得出（https://www.rieti-tid.com/）。

[3] 根据OECD的TIVA数据库数据计算得出（https://stats.oecd.org/Index.aspx?DataSetCode=TIVA_2018_C1）。

[4] 根据日本独立行政法人经济产业研究所RIETI-TID 2018数据库相关数据计算得出（https://www.rieti-tid.com/）。

(4) 推行鼓励竞争和创新的有效制度。[①] 中国在第一个（投资规模）和第三个（市场）要素上拥有极大优势，从第二个和第四个要素看，虽然目前还与发达国家存在一定差距，但近几年政府通过积极开发和收购核心知识技术、优化制度环境等措施，正努力构建一套有助于创新的竞争性生态系统。首先，21世纪以来中国在技术研发上的投入大幅增长，国内研发投入总额从2000年的约100亿美元增至2017年的2600亿美元。[②] 魏尚进、谢专、张晓波基于国际经验的比较，讨论了中国的研发投入强度以及中国企业创新能力的增长趋势。他们的研究发现，2010年中国的研发投入强度已经超过经合组织国家的中位数，到2012年则超过了经合组织国家的均值（2012年是1.88%），而2012年中国的收入水平连经合组织国家均值的1/5都不到。截至2014年，中国的研发投入强度上升至2.05%，整体上甚至超过了许多发达国家。他们还进一步计算了中国规模以上工业企业研发投入的资金分布，发现2000年时20%用于引进和消化国外技术，2%用于购买和消化国内其他企业的技术，78%用于技术的自主研发。随着时间的推移，第一项投资的占比呈现下降趋势而后两项呈上升趋势。截至2014年，在规模以上工业企业投入技术提升的资金中，11%用于引进和消化国外技术，5%用于购买和消化国内其他企业的技术，84%用于技术的自主研发。[③] 这些数字在很大程度上表明国内制造业的创新能力正在提高。

关于中国企业创新能力的增长趋势，魏尚进、谢专、张晓波从企业的专利申请角度进行了衡量。结果发现，无论是企业的国内专利申请数量，还是在美国的专利申请数量，近年来都出现了大幅度提高。在国内，中国国家知识产权局的专利申请从1995年的83045件火箭般地上升到2014年的230多万件，年均复合增长率高达19%。根据世界知识产权组织（WIPO）的数据，中国于2011年超过美国成为全世界最大的专利申

[①] 麦肯锡全球研究院：《中国与世界：理解变化中的经济联系》，2019年7月（https://www.mckinsey.com.cn/insights/mckinsey-global-institute/）。

[②] 麦肯锡全球研究院：《中国与世界：理解变化中的经济联系》，2019年7月（https://www.mckinsey.com.cn/insights/mckinsey-global-institute/）。

[③] 魏尚进、谢专、张晓波：《从"中国制造"到"中国创造"》，载吴敬琏主编《比较》第3辑，中信出版社2017年版。

请接收国。同期，中国企业申请人在美国专利商标局（USPTO）获得的专利授权数量同样增长很快，从 1995 年的 62 件增长到 2014 年的 7236 件。前一阶段（1995—2005 年）的年均增长率是 21%，后一阶段（2005—2014 年）的年均增长率上升至 38%。[①] 在相比较的国家（巴西、俄罗斯、印度、南非、德国、日本和韩国）中，只有印度达到了类似的增长速度。

在创造有利于技术创新的竞争性制度方面，近些年中国也有了大幅提高。比如对于知识产权保护力度的加强。2017 年，中国法院受理知识产权保护案件多达 213480 件，较 2016 年增加 40.4%，是 2013 年的两倍。2017 年，中国提升了专利侵权的赔偿金额。2015—2016 年，北京知识产权法院判处的专利侵权赔偿额平均增长 3 倍有余。中国也一直在消除对外企的偏见，例如 2017 年末在全国 12 个政府部门中展开了为期 4 个月的宣传活动，旨在保护外企的知识产权。2018 年 12 月，中国宣布针对知识产权侵权行为施加 38 项不同的惩罚措施。2018 年末，全国人民代表大会批准最高人民法院设立知识产权法庭，以负责相关上诉案件，并于 2019 年 1 月 1 日正式启用。[②] 这些举措受到了在华外企的普遍好评，在中国美国商会发布的《2019 中国商务环境调查报告》中，59% 的受访企业认为中国的知识产权监管水平在 2014—2018 年有所改善，另有 37% 的受访企业认为保持稳定。[③]

不断提升的自主创新能力对于中国在东亚区域分工重构过程中的角色转换形成了重要支撑。这一变化可以从中国对东亚地区的产品出口结构的升级体现出来。中间产品的进出口通常能够反映一国参与区域分工的程度。从图 4-4 可以看出，2001—2015 年中国对东亚的出口当中，中间产品的占比从 34.2% 大幅提高至 51.4%，表明中国参与东亚生产网络不断走向深入。不过，该比值的上升主要是在 2008 年国际金融危机之前

[①] 魏尚进、谢专、张晓波：《从"中国制造"到"中国创造"》，载吴敬琏主编《比较》第 3 辑，中信出版社 2017 年版。

[②] 麦肯锡全球研究院：《中国与世界：理解变化中的经济联系》，2019 年 7 月（https://www.mckinsey.com.cn/insights/mckinsey-global-institute/）。

[③] 中国美国商会：《2019 中国商务环境调查报告》，2019 年 2 月（deloitte-amcham-2019-china-business-climate-survey-report-bilingual-190301.pdf）。

完成的。2008年，该比值超过50%，此后几年，呈振荡式波动，2016年时仅为51.7%。

三是自有品牌产品在国际市场上的比重不断上升。随着中国在全球价值链上地位的不断跃升，一批中国企业开始在通信电子与家用电器、装备制造、新兴材料、无人机、人工智能等领域走向世界前沿，成为亚洲乃至全球的领先品牌。在一些产业领域，中国自主品牌产品占全球市场的份额不断上升，比如在海外光伏面板市场的比重已经高达50%，在货船、农用机械和机器人市场也分别占有45%、19%和15%的份额。[1] 另外根据高盛公司的一份报告，2011—2015年在全球市场上中国品牌的智能手机占比从11%提高至33%，2000—2016年中国品牌汽车占比从3%提高至12%。[2]

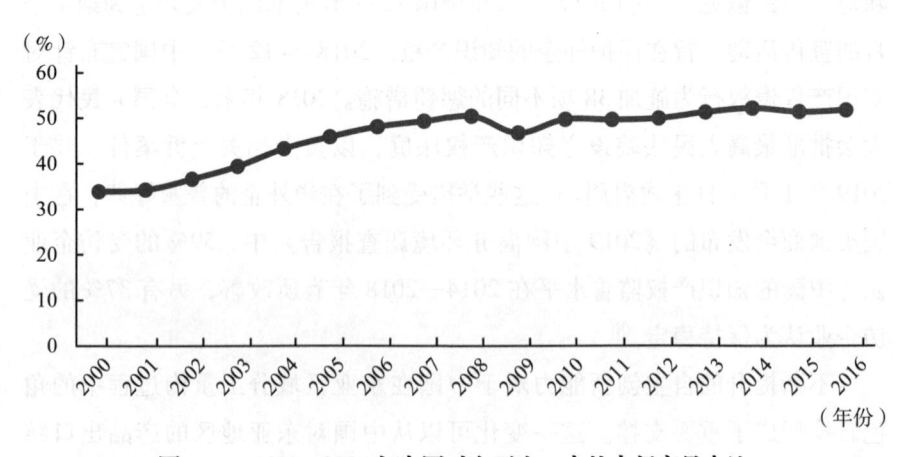

图4-4　2000—2016年中国对东亚出口中的中间产品占比
资料来源：RIETI-TID2016（http：//www.rieti-tid.com/trade.php）。

根据世界品牌实验室（World Brand Lab）自2005年开始每年编制发布的《世界品牌500强》，中国上榜品牌数量不断攀升（见表4-3），从2005年首次入选的4家增加到2010年的17家和2015年的31家，2019

---

[1] 麦肯锡全球研究院：《中国与世界：理解变化中的经济联系》，2019年7月（https://www.mckinsey.com.cn/insights/mckinsey-global-institute/）。

[2] Goldman Sachs, "Made in the USA or China? 25 Years of Supply Chain Investment at a Crossroads", *Equity Research*, March 26, 2017, p. 22.

年则继续升至 40 家,已基本与英国、法国和日本持平。而根据其编制发布的《亚洲品牌 500 强》,2006 年以来中国上榜企业从 93 家增加到 2019 年的 155 家,超过日本成为亚洲 500 强中占有率最高的国家。

二 中国将赶超日美成为东亚地区新的消费中心

随着增长方式不断转变和产业结构转型升级,中国还将超越传统世界工厂的单一角色,朝着成为一个消费大国和消费品进口大国加速前进。放弃传统重商主义理念的同时,进口对经济增长的作用也被人们所重新认识。进口商品既能通过消费渠道弥补国内供给短板,扩大消费者选择范围,降低消费价格,从而提高消费者福利,也能通过生产渠道给国内厂商带来竞争压力,激发其不断提质增效和创新赶超。[1]

表 4-3　　2005—2019 年世界品牌 500 强和亚洲品牌 500 强国家(地区)数量对比　　(单位:家)

年份 国家(地区)	2005	2010	2015	2019	年份 国家(地区)	2006	2010	2015	2019
美国	249	237	228	208	中国	93	97	156	155
英国	36	40	44	44	日本	220	201	123	138
法国	45	47	42	43	韩国	34	42	48	49
日本	45	41	37	42	中国香港	53	51	47	30
中国	4	17	31	40	中国台湾	27	32	32	26
德国	25	25	25	27	新加坡	24	24	21	21

注:表中的左半部分为世界品牌 500 强国家(地区)及其数量;右半部分为亚洲品牌 500 强国家(地区)及其数量。

数据来源:世界品牌实验室(http://www.worldbrandlab.com)。

从 2017 年开始,中国扩大进口的政策调整明显加速。首先,从该年 12 月 1 日起国家调整了部分日用品及高档消费品进口关税,平均税率由

---

[1] 庄芮、杨超、常远:《中国进口贸易 70 年变迁与未来发展路径思考》,《国际贸易》2019 年第 4 期。

17.3%降至7.7%；① 2018年4月，在博鳌亚洲论坛开幕式演讲中，习近平主席宣布了一系列扩大开放的新的重大举措，包括大幅降低汽车及部分其他产品进口关税，加快加入世界贸易组织《政府采购协定》进程，等等；2018年7月，国务院办公厅转发商务部等部门《关于扩大进口促进对外贸易平衡发展的意见》，明确指出要以扩大进口增强对外贸易持续发展动力，充分发挥进口对提升消费、调整结构、发展经济、扩大开放的重要作用；2018年12月和2019年12月，国家两次调整部分商品的进口关税，分别对706项和859项商品实施进口暂定税率，以扩大进口、削减进口环节制度性成本。② 其次，中国从2018年开始在上海每年定期举办中国国际进口博览会，这无疑是一项主动推进新一轮高水平对外开放的重大决策。

扩大内需和进口的战略转型正在取得积极效果。2008年，中国国内社会消费品零售总额为1.68万亿美元，只相当于美国的38.3%，而到2019年，支出总额增加至6.24万亿美元，达到美国的94.4%。③ 中国目前在诸多消费领域中都已成为全球第一大市场，例如，2017年中国占据全球电动车销量的40%、汽车销量的30%、纺织和服装消费的40%、计算机和电子产品消费的38%、鱼类和海鲜销量的45%、葡萄酒销量的24%以及全球电影票房的27%。在麦肯锡全球研究院分析的全球消费总额达到10万亿美元的24个消费品类产品中，中国占据的全球市场份额平均为18%。2010—2017年，全球汽车销量增长的50%来自中国。2017年以来，中国消费者贡献了全球电影票房增长的90%以上。④ 中国消费市场的快速增长，也带动了进口规模的扩大，2018年中国货物进口额达到2.14万亿美元，是2002年即加入WTO后第一年的7.2倍；服务进口为5213亿美元，是2002年的11.3倍。⑤

---

① 中国财政部：《我国将调降部分消费品进口关税 平均税率由17.3%降至7.7%》，2019年12月24日（http://www.mof.gov.cn/zhengwuxinxi/caijingshidian/cctv/201912/t20191224_3448895.htm）。
② 中国财政部（http://search.mof.gov.cn/was5/web/search）。
③ 根据CEIC数据库计算得出（https://insights.ceicdata.com/login）。
④ 麦肯锡全球研究院：《中国与世界：理解变化中的经济联系》，2019年7月（https://www.mckinsey.com.cn/insights/mckinsey-global-institute/）。
⑤ 根据CEIC数据库计算得出（https://insights.ceicdata.com/login）。

消费品进口的快速增加也反映在其占总进口额比重的提升，从2008年到2018年，消费品在中国进口总额的比重从4.4%提高至9.4%，显示出强劲的上升趋势（见表4-4）。从未来的发展趋势看，根据麦肯锡全球研究院的估计，未来十年中国的消费增长可能高达6万亿美元，相当于美国与西欧的总和，是印度与整个东盟国家的约两倍。①

表4-4　　2000—2018年中国进口中各类产品占比变化　（单位：%）

年份	初级产品	加工品	零部件	资本品	消费品
2000	15.3	38.8	23.6	17.5	4.8
2001	13.7	36.6	24.1	20.4	5.2
2002	12.0	36.0	25.6	21.1	5.2
2003	13.2	34.2	26.1	21.6	5.0
2004	16.8	32.2	25.9	20.8	4.3
2005	19.3	31.7	26.3	18.5	4.1
2006	20.8	30.0	27.0	17.9	4.3
2007	23.1	30.5	25.4	16.9	4.2
2008	29.1	28.7	22.3	15.5	4.4
2009	26.2	30.4	22.2	16.1	5.1
2010	28.8	28.4	21.6	15.6	5.6
2011	32.3	27.7	19.2	14.6	6.3
2012	33.5	26.9	18.7	13.9	6.9
2013	33.6	26.7	19.3	13.0	7.4
2014	31.8	27.2	19.3	13.1	8.5
2015	24.8	30.8	21.4	13.8	9.2
2016	23.9	29.9	22.4	13.6	10.3
2017	24.8	28.5	25.2	12.2	9.3
2018	26.3	28.5	23.7	12.1	9.4

资料来源：根据RIETI-TID 2018相关数据计算得出（http://www.rieti-tid.com/trade.php）。

---

① 麦肯锡全球研究院：《中国与世界：理解变化中的经济联系》，2019年7月（https://www.mckinsey.com.cn/insights/mckinsey-global-institute/）。

表4-5　　　中国、日本、美国和欧盟作为东亚和
世界最终产品市场提供者的国际比较　　（单位：%）

年份	中国 东亚	中国 世界	日本 东亚	日本 世界	美国 东亚	美国 世界	欧盟 东亚	欧盟 世界
2000	1.1	0.7	11.6	7.0	34.7	25.0	20.1	40.9
2001	1.1	0.7	11.7	6.5	35.2	24.3	19.8	42.3
2002	1.3	0.8	10.5	5.9	37.0	24.6	19.5	43.4
2003	1.5	1.0	10.1	5.5	35.2	22.9	22.1	46.1
2004	1.6	1.0	9.8	5.3	33.5	21.7	23.5	47.3
2005	1.6	1.0	9.2	5.2	33.0	21.3	23.5	46.2
2006	1.6	1.1	8.5	4.7	32.9	21.2	23.7	45.9
2007	1.5	1.2	7.8	4.2	30.4	19.3	24.7	46.7
2008	1.6	1.4	7.8	4.2	27.8	17.6	25.1	46.4
2009	1.9	1.7	9.4	4.8	27.1	17.1	25.4	47.0
2010	2.3	2.3	9.0	4.8	26.9	17.9	23.0	42.9
2011	2.5	2.7	9.5	5.0	24.6	16.4	22.2	41.7
2012	2.6	3.2	9.9	5.4	26.4	18.0	21.1	39.6
2013	2.9	3.4	9.2	4.9	26.7	17.9	21.0	39.9
2014	3.2	3.8	8.5	4.4	26.7	18.5	21.9	40.7
2015	3.3	3.7	7.9	4.4	28.6	19.7	21.2	39.7
2016	3.5	3.9	8.0	4.5	28.5	19.7	21.0	40.7
2017	3.8	4.2	7.5	4.2	27.0	18.5	21.2	39.9
2018	4.5	4.6	7.7	4.3	27.7	18.9	21.9	41.5

资料来源：根据RIETI-TID 2018相关数据计算得到（http://www.rieti-tid.com/trade.php）。

在中国作为东亚消费中心的前景逐渐明朗的同时，国内消费提升仍存在较大空间。图4-5比较了中日韩三个国家在人均GDP从2000美元增加至10000美元期间国内家庭消费占GDP比重的变化，从中可以发现，

人均 GDP 从 2000 美元增加至 10000 美元，三个国家所用的时间非常相似，差不多都用了 12 年的时间。但比较这一期间三个国家消费对经济增长的贡献可以发现，中国的家庭消费占 GDP 的比重远低于日本和韩国，中国在 48%—56% 之间，日本在 57%—68% 之间，韩国则在 58%—74% 之间。

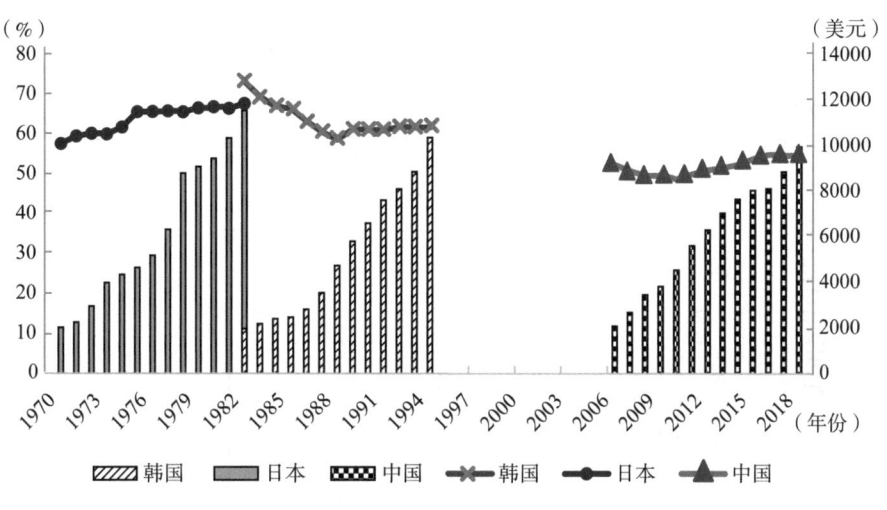

图 4-5 中日韩人均 GDP 相近阶段（2000—10000 美元）家庭消费占 GDP 比重

说明：（1）左轴表示国内家庭消费占 GDP 的比重；右轴代表人均 GDP；（2）柱状图表示人均 GDP，线段表示国内家庭消费占 GDP 的比重。

资料来源：根据 CEIC 数据库计算制图（https：//insights.ceicdata.com/login）。

表 4-6 还进一步比较了 1995—2016 年东亚主要国家的消费、投资和净出口对 GDP 的贡献。可以发现除了新加坡，中国的家庭消费占 GDP 的比重持续大幅低于东亚其他国家，2016 年中国家庭消费占 GDP 比重只有 38.9%，而东亚其他国家平均则超过了 50%。不过，从另外一个角度讲，这也恰恰说明未来我们存在着很大的增长方式调整空间。

表 4-6　1995—2016 年东亚主要国家消费、投资和净出口占 GDP 比重比较

（单位：%）

	1995 年 家庭消费	1995 年 政府消费	1995 年 投资	1995 年 净出口	2000 年 家庭消费	2000 年 政府消费	2000 年 投资	2000 年 净出口	2005 年 家庭消费	2005 年 政府消费	2005 年 投资	2005 年 净出口	2010 年 家庭消费	2010 年 政府消费	2010 年 投资	2010 年 净出口	2016 年 家庭消费	2016 年 政府消费	2016 年 投资	2016 年 净出口
中国	45.0	13.3	32.3	1.6	46.2	16.8	32.6	2.4	38.5	14.8	39.4	5.5	36.0	14.6	43.9	3.7	38.9	16.4	41.6	2.3
日本	52.6	15.1	30.6	1.2	53.5	16.5	28.5	1.4	54.7	17.7	25.9	1.4	57.2	19.2	22.6	1.3	55.1	19.7	24.8	0.8
韩国	50.6	10.0	37.1	-1.0	52.3	10.9	31.8	1.8	50.1	12.9	30.5	2.2	48.1	14.2	30.2	2.8	45.9	15.2	29.7	6.7
新加坡	41.4	8.3	33.2	16.8	42.0	10.5	32.3	12.3	38.5	9.9	23.2	29.9	35.0	9.7	25.6	26.3	34.9	10.3	26.0	26.2
马来西亚	47.9	12.4	43.6	-3.9	43.8	10.2	25.3	19.2	44.2	11.5	22.3	21.9	48.1	12.6	22.4	15.9	54.0	12.6	25.5	6.7
印度尼西亚	68.0	7.8	28.4	-1.3	67.2	6.5	19.9	10.5	69.1	8.1	23.6	4.1	56.2	9.0	31.0	1.9	55.5	9.5	32.6	0.8
泰国	52.6	11.3	41.3	-6.7	55.8	13.6	21.6	8.4	57.0	13.7	27.7	-1.0	53.1	15.8	24.0	5.7	45.5	16.9	23.7	13.6
菲律宾	74.0	11.4	22.2	-7.8	69.9	11.1	19.4	1.5	72.0	8.9	18.2	-1.4	68.5	9.7	20.4	-0.4	70.4	11.3	25.0	-8.4
越南	73.8	8.2	25.4	-9.1	67.5	6.4	27.6	-3.6	64.1	5.5	31.3	-3.3	66.5	6.0	32.6	-8.2	64.4	6.5	23.7	2.6

资料来源：根据 CEIC 相关数据计算得出（https://insights.ceicdata.com/login）。

第五章

东亚区域分工体系重构进程中的大国竞争

第一节 中美日在东亚价值链中的不同角色与地位

过去50多年,东亚地区全球价值链的快速发展离不开美国市场的开放,它为东亚出口产品提供了广阔的空间。"东亚生产—美国消费"成为人们对这一国际分工形态的形象描述。尽管20世纪80年代之后也持续爆发了美国与东亚各国的贸易摩擦,但总体来看,作为最终产品终端市场的美国的开放,为东亚经济和区域分工的持续发展起到了重要的拉动作用。

然而,自2018年中美经贸摩擦爆发以来,由于美国作为主要终端出口市场的角色突变,东亚地区的全球价值链开始面临巨大挑战。特朗普政府上台后一系列反全球化民粹政策的实施,使东亚价值链沿着既有轨道继续前行的脚步戛然而止。在世界最大的两个国家经贸摩擦不断加剧的冲击下,几十年来东亚价值链赖以成功的核心——开放的国际分工和多边经济治理体系——正在逐渐被侵蚀。进入美国市场变得异常困难,中美投资和技术脱钩趋势明显,民间交流受到更密切关注,中美民众互不信任日趋严重。这些变化使全球价值链在东亚的运作方式遭受严重挑战,一些跨国公司被迫中止在华业务,更多企业则处于观望和犹疑当中。

一 中美日在东亚价值链形成与发展过程中的不同角色

东亚价值链的形成与发展是第二次世界大战后美国主导的国际经济体系下一系列内外部有利因素同时出现并在东亚共同发生作用的结果,其中美国、日本和中国起到了至关重要但特点各异的作用。

(一) 美国:东亚价值链形成的制度保障者、技术和市场提供者

首先,美国基于自我霸权认知而形成的自由主义意识形态和以规则为基础的国际体系是东亚价值链形成与发展的制度基础。作为第二次世界大战最大的受益者,美国在战后确定了其无可争议的全球霸主地位,如何有效维护其霸权利益就成了战后美国外交的最重要考量。一般来说,有两种办法可以达此目的:一是器物层面,即通过自身拥有强大的军事和经济力量,用引诱、制裁等手段迫使其他国家服从;二是机制层面,霸权国家通过提出和倡导一系列国际机制、规则、制度等理念,并据此成立国际组织来实施,从思想观念上改变其他成员的价值取向和行为规则,使其自觉地与霸权国家倡导的行为准则保持一致。[1] 美国政府基于对本国在资本、技术、市场、军事等所有方面都处于压倒性优势的认知,主要选择后者,以期通过构建一种本国具有完全主导权的自由主义秩序并将其提升为意识形态,来保证本国利益的最大化。

作为自由秩序制度化的重要体现,世界贸易组织、国际货币基金组织和世界银行等国际机构应运而生。世界贸易组织始于1948年的关贸总协定,经过八轮自由贸易谈判和成员扩大,最终于1995年升级为世界贸易组织。这些全球经济治理机构具有多边性,但领导权无一例外掌握在美国手中。为了维护这一国际制度体系的正常运转,美国主动采取所谓的"战略性自我约束",除了在制度设计层面保证其不会对成员国滥用权力,还承担了维护各种安全、政治和经济秩序成本的主要部分,甚至在与其他成员国的经贸关系中对自我利益表现出某种程度的"忽略"。[2]

---

[1] 罗峰:《国际机制:美国霸权的隐性外衣》,《社会观察》2005年第8期。
[2] 陈东晓:《试论国际制度的本质特征及其与美国霸权的互动关系》,《国际政治研究》2004年第3期。

在这种情况下，只要不挑战美国的霸权地位，也不让其产生这种认知，其他国家就可以获得一个比较宽松的国际发展环境。东亚各国经济和东亚价值链就是在这种情况下成长起来的。不仅日本、韩国等美国盟友，即使是与美国政治制度完全不同的中国，在20世纪90年代初宣布向市场经济体制转型以来，也是通过放松管制、国企改革、对外开放等政策的实施全方位地融入了美国主导的国际经济体系当中。尽管中国一直在全球经济治理体系中处于弱势地位，受到许多不公正待遇，但中国并未因此而关上开放的大门，相反，其采取了继续全面拥抱全球化和积极参与推进全球经济治理边际调整与改进的双轨发展战略。在此过程中，中国从未试图颠覆和推翻美国在国际体系中的主导权，不仅如此，还努力维护和加强国际组织在全球治理中的权威和有效性，并且随着经济实力的不断增加，中国还对现有国际体系投入了大量资源以维护其现有规则和正常运转。因此，总体上中国是把自己的利益与全球自由经济秩序的利益锁定在了一起，这一目标与美国是完全一致的。

其次，始于美国的互联网和信息通信技术是东亚价值链快速发展的重要助推器。20世纪80年代之前，发达国家的制造业企业主要是在国内建立制造基地，构建形成从零部件组装的设计、品牌研发、采购、生产到销售和售后服务在内的整个产业链。然而，从80年代开始，特别是进入90年代后，美国引领的技术革命改变了这种生产组织的方式。基于互联网廉价而强大的信息通信技术，使企业可以把产品外包给其他国家生产效率更高的厂家进行生产，并对整个生产过程给予全天候的协调和监控。由此，全球价值链分工体系逐渐形成。从全球分布看，生产过程主要集中在东亚，但原料供应、思想和设计则来源于全球范围，其中日本和美国的跨国公司占据主导地位。[①]

最后，美国作为最终产品市场提供者是东亚价值链开放体系得以正常循环的重要保障。美国作为世界最大的最终产品消费市场，为东亚国家的产品出口提供了广阔空间。1980年，东亚的最终产品出口只有

---

① ［马来西亚］沈联涛：《十年轮回：从亚洲到全球的金融危机》，杨宇光、刘敬国译，上海远东出版社2009年版，第46页。

18.8%是在区域内,对美国的出口占比则高达35.7%,尽管此后前者不断提高,但始终未能改变美国的关键地位,2017年区域内出口占比为26.8%,对美出口占比则是28.7%。① 由于未能对等地从美国进口足够的产品,导致东亚地区成为美国最大的贸易逆差对象。20世纪80—90年代是日本,21世纪以后随着中国成为"世界工厂",其逐渐替代日本,成为美国最大的贸易逆差国。

(二) 日本:东亚价值链形成的主导者

东亚价值链的大规模兴起主要是从1985年广场协议后日本对外直接投资大幅增加开始的。第二次世界大战后经过几十年的高速增长,日本经济规模与美国的差距不断缩小,对美贸易顺差则不断扩大,由此两国贸易摩擦逐渐增加并在20世纪80年代达到高潮。为缩小对日贸易赤字,美国采取了惩罚性关税、自愿出口限制等各种贸易限制措施。1985年美国进一步通过广场协议,迫使日元大幅升值,从而导致日本出口特别是具有传统优势的钢铁、造船等"重厚长大型产业"的竞争力下降。出口减少带动经济失速,日本GDP增长率从1985年的5.1%降至1986年的3%。②

虽然广场协议对日本经济产生了巨大冲击,但站在整个东亚区域发展(特别是东亚价值链形成)的角度,这次冲击却成了一个重要的转折点。为了在日元强势的情况下保住自己在全球市场的份额,广场协议后日本政府和企业做出了大胆决定:提高本国生产率,同时把生产转移到欢迎日本直接投资且具有廉价土地和劳动力的国家。对日本来说,这一转移有三大好处:一是生产外迁有利于减少与美国的双边贸易顺差,从而降低贸易保护主义者对日本的压力;二是通过资本输出,日元升值的压力可以得到释缓;三是有助于扩大对亚洲邻国的政治影响。③ 因此,从

---

① 根据日本经济产业研究所RIETI-TID 2018数据库计算得出(http://www.rieti-tid.com/trade.php)。RIETI根据产品的生产阶段将贸易品划分为三大类(五小类):初级产品、中间产品和最终产品,其中中间产品又可具体划分为加工品和零部件,最终产品则包括资本品和消费品。

② [马来西亚]沈联涛:《十年轮回:从亚洲到全球的金融危机》,杨宇光、刘敬国译,上海远东出版社2009年版,第50页。

③ [马来西亚]沈联涛:《十年轮回:从亚洲到全球的金融危机》,杨宇光、刘敬国译,上海远东出版社2009年版,第50页。

1986 年开始，日本与东亚其他国家的经济联系迅速得到加强。1985—1989 年日本对东亚地区的直接投资从 14.2 亿美元增加至 81.2 亿美元，提高了近 5 倍。日本也成为当时东亚新兴经济体（主要是"四小龙"和"四小虎"）最大的直接投资来源国。1993—1997 年是日本对东亚投资的第二个高潮期，直接投资额从 65.6 亿美元增加至 114.2 亿美元，主要投资对象是"四小虎"。进入 21 世纪，特别是随着中国入世，日本对外投资的主要对象再次发生转变，中国成为最主要东道国。

（三）中国：东亚价值链发展与深化的"火车头"

2001 年中国入世对于东亚价值链的发展来说是一个重要转折点。正如第二章所分析的，随着中国崛起和东亚国家间经济合作的深化，传统的"雁行模式"逐渐解体，并被一种更复杂的区域生产网络所替代。区域分工结构调整的同时，东亚价值链也随之不断深化。

东亚分工结构的调整也带动了中国角色的改变，两者相互影响，互为因果。在"雁行分工"阶段，中国是配角，是先行国家产业转移的被动承接者。中美日在东亚区域分工中的角色主要是，由美国提供技术和主要零部件，居于微笑曲线高端环节；日本和亚洲"四小龙"等中等发达经济体提供制造技术和重要零部件，居于分工中端；中国以及东南亚后发国家主要从事产品加工和组装生产，处于微笑曲线的底部。进入 21 世纪之后，随着区域分工从"雁行模式"转变为复杂的区域生产网络，中国在全球价值链上虽然仍是产业转移承接者，但性质却已从配角变成主角，中国成了名副其实的"世界工厂"。随着对其他国家经济影响的日益加强，中国陆续超过日美成为东亚各国最大贸易伙伴。2008 年国际金融危机之后，相对于美日，中国在东亚价值链的核心地位继续得到加强。东亚区域分工由此进入了继"雁行模式"、东亚生产网络之后的第三次重构时代。

二　中美日在东亚价值链中的相对地位：实证分析

为更加准确地刻画中美日三国在东亚地区全球价值链中的分工地位，我们通过构建增加值出口依赖度、价值链相对地位指数和价值链双边合作度指标来衡量三个国家在东亚地区的作用与竞争。对于全球价值链的相关衡量指标，近些年学者们做了大量努力，使分析手段不断趋于科学化和系统化。有学者通过上游影响度和下游依赖度变化的情况刻画体现全球价值链的 RON 指数、测度修正后的显性比较优势指数和全球价值链地位指数来进行定量分析;① 黄群慧和倪红福通过产业附加值指数来代表全球价值链分工的基础条件和动力;② 还有学者通过价值链长度、价值链合作度、价值链地位和价值链分工模式四个维度构建了亚太地区的价值链重构指数。③ 借鉴上述研究的相关方法,我们以东亚地区出口增加值依赖度、价值链相对地位指数和价值链双边合作度指数三个指标,构建衡量中美日在东亚地区全球价值链竞争的测度体系。在此基础上,通过构建指标对比分析中美日三个国家的价值链竞争,深入剖析东亚地区第三次重构时代背景下的区域价值链特征,探究中美日三国之间的地位转换和引领作用。

(一) 研究设计

1. 核算方法

以库普曼等提出的增加值出口份额测算方法为基础,④ 王直等提出了生产分解模型,将全球价值链的分析框架从贸易阶段向上延伸至生产阶段,并指出一个国家的总出口可以按照后向联系分成 16 部分,从而将总出口中的增加值出口或者是增加值折返,甚至是出口中的重复计算部分均较好的分解出来。⑤ 具体而言,任一国家总出口的完全分解公式如下:

---

① 参见余振、周冰惠、谢旭斌、王梓楠《参与全球价值链重构与中美贸易摩擦》,《中国工业经济》2018 年第 7 期;戴翔、宋婕《"一带一路"有助于中国重构全球价值链吗?》,《世界经济研究》2019 年第 11 期。

② 黄群慧、倪红福:《基于价值链理论的产业基础能力与产业链水平提升研究》,《经济体制改革》2020 年第 5 期。

③ 周彦霞、张志明、陈嘉铭:《亚太价值链重构与中国的角色变迁》,《世界经济研究》2021 年第 4 期。

④ Robert Koopman, Zhi Wang & Shang-Jin Wei, "Tracing Value-added and Double Counting in Gross Exports", NBER Working Paper 18579, 2012.

⑤ Zhi Wang, Shang-Jin Wei & Kunfu Zhu, "Quantifying International Production Sharing at the Bilateral and Sector Levels", NBER Working Paper 19677, 2013.

$$E_{s*} = Z_{s*} + Y_{s*}$$

$$= \left(V_s B_{ss} + \sum_{r \neq s}^{G} V_r B_{rs} + \sum_{r \neq s}^{G} \sum_{t \neq s,r}^{G} V_t B_{ts}\right)(Z_{s*} + Y_{s*})$$

$$= V_s B_{ss} \sum_{r \neq s}^{G} Y_{sr} + V_s L_{ss} \sum_{r \neq s}^{G} A_{sr} B_{rr} Y_{rr} + V_s L_{ss} \sum_{r \neq s}^{G} A_{sr} \sum_{t \neq s,r}^{G} B_{rt} Y_{tt}$$

$$+ V_s L_{ss} \sum_{r \neq s}^{G} A_{sr} B_{rr} \sum_{t \neq s,r}^{G} Y_{rt} + V_s L_{ss} \sum_{r \neq s}^{G} A_{sr} \sum_{t \neq s,r}^{G} \sum_{u \neq s,t}^{G} B_{rt} Y_{tu}$$

$$+ V_s L_{ss} \sum_{r \neq s}^{G} A_{sr} B_{rr} Y_{rs} + V_s L_{ss} \sum_{r \neq s}^{G} A_{sr} \sum_{t \neq s,r}^{G} B_{rt} Y_{ts} + V_s L_{ss} \sum_{r \neq s}^{G} A_{sr} B_{rs} Y_{ss}$$

$$+ V_s L_{ss} \sum_{r \neq s}^{G} A_{sr} B_{rs} \sum_{t \neq s}^{G} Y_{st} + (V_s B_{ss} - V_s L_{ss}) \sum_{r \neq s}^{G} A_{sr} X_r$$

$$+ \sum_{r \neq s}^{G} V_r B_{rs} Y_{sr} + \sum_{r \neq s}^{G} V_r B_{rs} A_{sr} L_{rr} Y_{rr} + \sum_{r \neq s}^{G} V_r B_{rs} A_{sr} L_{rr} E_{r*}$$

$$+ \sum_{r \neq s}^{G} \sum_{t \neq s,r}^{G} V_t B_{ts} Y_{sr} + \sum_{r \neq s}^{G} \sum_{t \neq s,r}^{G} V_t B_{ts} A_{sr} L_{rr} Y_{rr} + \sum_{r \neq s}^{G} \sum_{t \neq s,r}^{G} V_t B_{ts} A_{sr} L_{rr} E_{r*}$$

$$(5-1)$$

式（5-1）中各部分具体含义参见王直等，将一国的 GDP 和最终产品进行分解，其中分解的 16 部分中前 5 部分相加为 s 国的总出口中被 r 国吸收的最终产品的国内增加值部分，记为 DVA；第 6 至第 8 部分相加为返回并被本国吸收的国内增加值部分，记为 RDV；第 9 和第 10 部分、第 13 至第 16 部分相加代表本国国内的重复计算部分和国外的重复计算部分；第 11 和第 12 部分相加代表出口中隐含的直接进口国的增加值；第 14 和第 15 部分代表出口中隐含的其他国家的增加值。[1] 进一步通过分解指标构建增加值出口依赖度、GVC 地位指数和参与度指数，可以整体上描绘某个经济体参与全球价值链的程度和位置。

2. 指标构建与数据说明

增加值出口依赖度指标。贸易增加值是各个国家或地区在参与全球生产网络过程中创造的实际价值，能够准确地体现全球价值链上的国际

---

[1] 王直、魏尚进、祝坤福：《总贸易核算法：官方贸易统计与全球价值链的度量》，《中国社会科学》2015 年第 9 期。

分工和利益分配情况。根据上述方法，一国的增加值出口是由该国生产并被其他国家使用的最终产品的国内增加值（不包含返回国内的增加值部分），是一国出口中为本国创造的实际价值的体现。所以增加值出口占GDP的比重可以衡量一国的增加值出口依赖度。进一步讲，分析不同国家之间的增加值出口依赖度，可以用一个国家出口到另一个国家的增加值占该国国内增加值的比重来反映出口国对进口国的经济依存关系。基于此，我们分别从中美日对东盟的增加值出口依赖度和东盟对中美日的增加值出口依赖度两个视角，来衡量中美日在东亚地区的增加值出口竞争度。增加值出口依赖度指数构建如下：

$$DVAR\_dependency_{ij} = \frac{DV_{ij}}{GDP_i} \quad (5-2)$$

其中 DV_{ij} 表示 i 国出口到 j 国的"出口增加值"，GDP_i 代表 i 国的国内生产总值。该数值越大，表明 i 国对 j 国的依赖度越高。

东亚地区全球价值链相对地位指数。库普曼等在研究贸易增加值核算的基础上，提出了一个国家某一产业的全球价值链地位指数，其基本思想是当某国某一产业在全球价值链的位置越靠近上游环节（研发、设计、市场营销、售后服务等），它就越有能力来为他国提供中间产品，对于这样的国家，其间接价值增值占总出口的比例就会高于国外增加值占总出口的比例，说明该国在国际分工中处于更加有利的地位；反之，如果某国某一产业在全球价值链的位置越靠近下游环节（零部件生产、成品组装等），它就会使用大量来自别国的中间产品来生产最终产品，而不是为他国提供中间产品，说明该国所处的国际分工地位越低[1]。目前，学者们常常使用该指数来分析中国在全球价值链上的分工地位或进行国际比较。[2] 不过，该指数的一个缺陷是，仅仅通过比较前向参与度和后向参与度相对大小得到的 GVC 地位指数，可能无法反映一国真实的分工地位

---

[1] Robert Koopman, William Powers, Zhi Wang and Shang-Jin Wei, "Give Credit Where Credit Is Due: Tracing Value-added in Global Production Chains", NBER Working Paper, No. 16426, 2010.

[2] 乔小勇、王耕、李泽怡：《中国制造业、服务业及其细分行业在全球生产网络中的价值增值获取能力研究：基于"地位—参与度—显性比较优势"视角》，《国际贸易问题》2017年第3期；杨仁发、李娜娜：《产业集聚、FDI 与制造业全球价值链地位》，《国际贸易问题》2018年第6期。

情况。例如，前向参与度和后向参与度都很高的国家，其地位指数取值可能与两者都很低的国家相同。[①] 事实上，一国在全球价值链中的地位是以该国与各国的 GVC 相对关联程度为微观基础的，可以通过计算两国的双边合作度来体现两国中间产品依赖度和紧密程度，大致衡量这两个国家的全球价值链相对地位。

东亚地区全球价值链相对地位指数可以进一步从以下两个方面来体现。

其一是基于需求视角的东亚价值链地位指数。当一个国家最终需求在驱动东亚价值链最终需求中所占的比重越大，我们可以说该国在东亚价值链中的相对地位越高。因此，我们利用东亚最终需求中所包含的各国的最终需求占比来衡量基于需求视角的东亚价值链地位指数：

$$AD\_position_{it}^{d} = \frac{\sum_{i\neq j}^{N} FV_{it}^{j}}{\sum_{i\neq j}^{N} D_{it}} \qquad (5-3)$$

其中 $AD\_position_{it}^{d}$ 代表 t 时期东亚国家总的最终需求中所包含的 j 国的国外增加值部分占东亚国家总的最终需求的百分比，该数值越大表明 j 国在东亚价值链中的相对地位越高；$\sum_{i\neq j}^{N} D_{it}$ 为东亚国家总的最终需求，计算中不包括 j 国；N 为东亚各国，$\sum_{i\neq j}^{N} FV_{it}^{j}$ 为 t 时期东亚各国最终需求中包含的 j 国的增加值。这里的 j 国主要指中、美、日三个国家。

在测度出基于需求角度地位指标的基础上，我们进一步探讨基于需求视角的东亚价值链相对地位变动趋势，通过选取计算两个时间点的变动率构建趋势指标如下：

$$RON\_d_i = \frac{AD\_position_{i(t+1)}^{d} - AD\_position_{it}^{d}}{AD\_position_{it}^{d}} \times 100\% \qquad (5-4)$$

RON_d_i 指标为正，表明基于需求视角的全球价值链相对地位上升，若该指标为负，则表明 i 国的全球价值链相对地位下降。

其二是基于生产视角的东亚价值链相对地位指数。首先，分别计算 i 国出口中包含的 j 国的增加值和 j 国中包含的 i 国的增加值。其次，选取两个代表性时间点计算增加值变化率，若 i 国出口中包含的 j 国的增加值

---

① 潘安、戴岭：《全球价值链分工特征的指标体系构建及应用》，《统计研究》2020 年第 6 期。

增长率大于 j 国出口包含的 i 国的增加值增长率，则 i 国相对 j 国来说价值链地位上升；反之亦然。其中 i 国中包含 j 国的增加值计算公式如式（5-5）所示：

$$FVR_i^j = \frac{FV_{i2015}^j - FV_{i2005}^j}{FV_{i2005}^j} \times 100\% \qquad (5-5)$$

j 国出口中包含的 i 国的增加值如式（5-6）所示：

$$FVR_j^i = \frac{FV_{j2015}^i - FV_{j2005}^i}{FV_{j2005}^i} \times 100\% \qquad (5-6)$$

测算两个时间点之间 i 国相对于 j 国的价值链地位变化率：

$$RON\_p_i = FVR_j^i - FVR_i^j \qquad (5-7)$$

RON_p_i 值为正，则代表 i 国相对于 j 国的价值链地位趋于上升；反之亦然。

东亚地区全球价值链双边合作度指标。可以通过计算两国的双边合作度来体现两国中间产品依赖度和紧密程度，进一步大致衡量这两个国家在全球价值链中的相对地位。如前文所述，在全球价值链变动过程中，各国产业的价值链地位和贸易获益能力会出现分化和重新配置，全球价值链重构特征表现为新经济形势下产品生产环节的再分配、产业地理结构的再分布，即价值链合作度及价值链地位的再调整。参考芬斯特拉和马的指标构造思想[1]，构建东亚价值链双边合作度指数如下：

$$BEAVC\_cooperation_{ijt} = \left(\frac{FV_{it}^j}{E_i + E_j} + \frac{FV_{jt}^i}{E_i + E_j}\right) \times 100 \qquad (5-8)$$

其中 FV_{it}^j 代表 i 国出口中包含的 j 国的增加值；FV_{jt}^i 代表 j 国出口中包含的 i 国的增加值；$E_i + E_j$ 的和表示 i 和 j 两国出口额之和；$BEAVC\_cooperation_{ijt}$ 为 i 国、j 国在 t 时期的双边合作度指数，该数值越大，代表双边合作度越深。

在构建东亚价值链双边合作度指标的基础上，我们进一步探讨东亚价值链双边合作度变动趋势，通过选取计算两个代表性时间点的变动率构建趋势指标如下：

---

[1] Robert C. Feenstra and Hong Ma, "Trade Facilitation and the Extensive Margin of Exports", *The Japanese Economic Review*, Vol. 65, No. 2, 2014, pp. 158–177.

$$RON\_d_i = \frac{BEAVC\_cooperation_{ij2015} - BEAVC\_cooperation_{ij2005}}{BEAVC\_cooperation_{ij2005}} \times 100\%$$

(5-9)

RON_d_i 数值为正，代表 i 国、j 国的合作度加深，若该数值为负，代表 i 国、j 国的双边合作度减弱。

数据说明。WTO/OECD-TIVA 贸易增加值数据库将国家投入产出表和双边贸易数据联系在一起，进而形成了国家间投入产出表，为全球价值链研究提供了大量数据。该数据库包含了 83 个经济体 2005 年至 2015 年的数据，涵盖了东亚地区 "10+3" 中 11 个国家的数据（除老挝和缅甸），鉴于无论从贸易总量还是经济总量来看，数据库中所包含的这 11 个国家均能代表和反映东亚地区的全球价值链活动，故将这 11 个国家加上美国的数据作为样本来探讨中美日在东亚地区的全球价值链竞争，进而厘清中美日三国的区域特征和中国的角色变迁。

（二）中美日在东亚地区的全球价值链相关指标比较分析

下面从中美日在东亚地区的增加值出口依赖度指数、全球价值链地位指标和全球价值链双边合作度指标三个维度，对中美日在东亚地区的全球价值链竞争程度进行比较分析，并着重分析中国在东亚地区全球价值链重构过程中的作用。

1. 基于增加值出口依赖度指数的比较分析

根据出口的 GVC 分解法和式（5-2）中的增加值出口依赖度指数，计算 2005 年至 2015 年间中美日对东盟的出口增加值与本国国内增加值和 GDP 的比值，其结果如表 5-1 所示。首先，我们来看中美日对东盟出口的增加值份额，该数值代表的是中美日三个国家分别对东盟的出口增加值占其各自国内增加值的比重，从表中可以看出日本对东盟出口的增加值份额最高，美国最低，中国处于中间位置；从比值的变化趋势看，2005 年至 2015 年中国对东盟出口的增加值份额一直呈上升态势，而美国呈现下降态势，日本则在 2012 年达到最大份额后出现下降。其次，从中美日对东盟的增加值出口依赖度结果看，三个国家的表现也不尽相同，其中美国对东盟的增加值出口依赖度最低，且呈先上升后下降的趋势；日本对东盟的增加值出口依赖度最高（除 2009 年略有下降外），其他年份呈逐年上升趋势；中国对东盟的增加值出口依赖度则在样本期间几乎保持不变。

表5-1　2005—2015年中美日对东盟出口的增加值份额和依赖度（单位：%）

年份	中国—东盟（份额）	中国—东盟（依赖度）	美国—东盟（份额）	美国—东盟（依赖度）	日本—东盟（份额）	日本—东盟（依赖度）
2005	5.8	0.12	5.1	0.04	10.9	0.13
2006	5.6	0.12	5.0	0.04	10.1	0.13
2007	5.7	0.12	4.7	0.04	10.2	0.14
2008	6.0	0.12	4.8	0.05	11.9	0.16
2009	6.6	0.11	5.0	0.05	12.1	0.13
2010	6.5	0.12	5.4	0.06	13.2	0.16
2011	6.9	0.12	5.2	0.06	13.3	0.16
2012	7.6	0.12	5.2	0.06	14.4	0.17
2013	7.9	0.12	5.2	0.06	13.7	0.17
2014	8.0	0.12	4.9	0.06	13.2	0.18
2015	8.7	0.12	4.1	0.05	13.2	0.19

资料来源：根据 WTO/OECD-TIVA 数据库相关数据计算得到（https://stats.oecd.org/Index.aspx?DataSetCode=TIVA_2018_C1）。

自2003年中国与东盟建立战略伙伴关系以来，中国对东盟出口的增加值份额逐年增加，一方面体现了中国与东亚区域合作的不断加强，贸易规模迅速扩大，商品结构也不断优化；另一方面也体现了中国经济战略重心不断向东南亚地区转移的趋势。而美国则在2010年之后，对东盟出口的增加值份额出现了明显下降，同时近年来，美国对东盟的投资规模也出现下滑趋势；日本对东盟出口的增加值份额则一直居高不下，表明日本经济对东南亚地区存在着较强的依赖性。

表5-2是2005年到2015年东盟对中美日出口的增加值份额和增加值出口依赖度指标的计算结果。从整体看，东盟对美国和日本出口的增加值份额呈下降趋势，对中国出口的增加值份额则逐年提高，并在2009年和2010年分别超过日本和美国，随后渐渐与它们拉开距离；从增加值出口依赖度看，东盟对中国的依赖度同样存在逐年增加趋势，对美国和日本的依赖度则呈下降趋势，同样是在2009年前后，东盟对中国的依赖度超过了美国和日本。

近20年来，中国不断加强对东盟的高速公路、铁路、港口和工业园区等基础设施投资，东盟国家对中国的依赖度越来越高，当前对于东盟几乎所有国家来说，中国都是排名前三位的出口市场。2008年国际金融危机是一个转折点，与美国和日本相比，中国受到危机的影响相对较小，成为导致中美日在东亚地区全球价值链重构中角色发生变化的一个重要因素。

表5-2　2005—2015年东盟对中美日出口的增加值份额和依赖度（单位：%）

年份	东盟—中国（份额）	东盟—中国（依赖度）	东盟—美国（份额）	东盟—美国（依赖度）	东盟—日本（份额）	东盟—日本（依赖度）
2005	11.6	0.37	18.6	0.58	14.5	0.46
2006	12.6	0.39	17.8	0.55	14.4	0.45
2007	13.3	0.41	16.3	0.50	13.2	0.41
2008	13.2	0.40	14.2	0.43	14.8	0.45
2009	14.5	0.41	14.6	0.41	12.5	0.35
2010	16.1	0.46	12.8	0.37	12.9	0.37
2011	18.2	0.54	11.3	0.33	13.1	0.39
2012	18.0	0.51	11.3	0.32	13.3	0.38
2013	19.5	0.54	11.5	0.32	12.0	0.34
2014	19.6	0.56	11.8	0.34	11.9	0.34
2015	20.6	0.57	13.6	0.38	10.7	0.30

资料来源：根据WTO/OECD-TIVA数据库相关数据计算得到（https://stats.oecd.org/Index.aspx? DataSetCode=TIVA_2018_C1）。

2. 基于东亚地区全球价值链地位指标的比较分析

基于需求视角的东亚地区全球价值链地位。如前文所述，当一个国家的最终需求在驱动东亚价值链最终需求中所占的比重越大，我们说该国在东亚价值链中的地位越高。根据式（5-3）计算的基于需求视角的东亚地区价值链相对地位指数和根据式（5-4）计算的相对地位变动率结果如表5-3所示。从相对地位指数来看，中国与美国在东亚价值链中的相对地位指数总体呈升高的趋势，而日本的相对地位指数则呈降低的趋势；从变动率来看，中美的东亚价值链相对地位变动率在大部分年度为正，而日本则为负，同样表明中美在东亚价值链中的相对地位逐年上升，日本的相对地位逐年下降。同时我们发现，日本的价值链相对地位指数在2005年最高，中国在2009年左右超过日本，表明来自中国的最终需求在驱动东亚价值链最终需求中所占比例逐渐增大，并在2008年国际金融危机后逐渐成为继美国之后另一个东亚地区重要的市场承担者。

中国在东亚生产网络形成过程中凭借后发优势和廉价劳动力成本，成为东亚的加工制造中心和出口中心，使东亚原来的线性产业链条日益网络化和复杂化，形成了区域性的生产网络。由于日、韩等国家把加工出口转向中国，产品通过中国再加工后销往美国，中美之间形成了生产—需求链条。2008年国际金融危机后，美国等西方国家国内市场相对萎缩，既有的中美分工链条受到冲击，东亚地区不得不进行调整。在此过程中，中美日在东亚价值链中的相对地位随之发生变化。

表5-3　　中美日基于需求视角的东亚地区全球价值链地位指数与变动率　　（单位：%）

年份	中国（地位指数）	中国（变动率）	美国（地位指数）	美国（变动率）	日本（地位指数）	日本（变动率）
2005	0.80	—	0.97	—	1.54	—
2006	0.91	13.21	1.06	9.57	1.32	-14.42
2007	1.03	13.03	1.10	3.56	1.19	-9.50
2008	1.15	11.55	1.13	2.35	1.20	0.20
2009	1.00	-12.80	1.06	-6.13	0.98	-18.18
2010	1.07	6.94	1.15	8.60	1.15	17.47
2011	1.30	21.53	1.19	3.82	1.04	-9.76
2012	1.43	9.67	1.28	7.61	0.89	-14.20
2013	1.62	13.64	1.54	19.82	0.71	-20.06
2014	1.76	8.89	1.73	12.52	0.69	-3.41
2015	1.87	6.08	1.98	14.68	0.61	-11.41

资料来源：根据WTO/OECD-TIVA数据库相关数据计算得到（https://stats.oecd.org/Index.aspx?DataSetCode=TIVA_2018_C1）。

基于生产视角的东亚地区全球价值链相对地位。表5-4是根据式(5-5)、式(5-6)、式(5-7)计算的基于生产视角的东亚地区全球价值链相对地位变动率指标，表中数据表示的是行经济体相对于列经济体的增加值变动率之差，数值为正，则代表行经济体相对于列经济体价值链地位出现上升。由于列经济体相对于行经济体的指标与行经济体相对于列经济体的指标含义相反，所以以对角线为基准，上三角数值与下三角数值相反。通过观察可以发现，中国相对于美国、日本、韩国和东盟的价值链相对地位变动率都为正，说明中国相对美国与东亚其他经济体的地位整体呈上升趋势；美国、日本则整体呈现下降趋势。

表5-4　　基于生产视角的东亚地区全球价值链相对地位变动率　（单位：%）

	中国	美国	日本	韩国	东盟
中国	—	108	120	154	194
美国	-108	—	48	-2	-54
日本	-120	-48	—	-35	-107
韩国	-154	2	35	—	34
东盟	-194	54	107	-34	—

资料来源：根据 WTO/OECD-TIVA 数据库相关数据计算得到（https://stats.oecd.org/Index.aspx?DataSetCode=TIVA_2018_C1）。

3. 基于东亚地区全球价值链双边合作度指标的比较分析

根据式（5-8）和式（5-9）计算的中美日在东亚地区的价值链双边合作度变动率结果如表5-5所示。总体来看，中国和美国同东盟经济体的合作度趋于加深，与日本的合作度减弱；与中国不同，美国与除中国之外东亚其他国家和地区（日本、韩国和东盟）的合作度都趋于减弱；日本则与美国、中国、韩国和东盟等所有国家和地区的双边合作度均呈减弱趋势。

导致这一结果的原因可能是，近些年来，中国利用自身优势深度融入全球价值链，在大力利用外资和促进企业出口参与率的同时，还不断通过提高生产率来满足国外需求，与此同时，中国也与各经济体展开了更为密切的双边价值链合作。另外，在东亚区域面临价值链重构的背景下，中国成为价值链的枢纽和东亚各国重要的合作伙伴。比较而言，2008年国际金融危机后美日等国经济普遍陷入停滞，内需不足导致与其他国家的贸易减少，从而削弱了双边经贸往来。

表5-5　　中美日在东亚地区全球价值链双边合作度变动率　　（单位：%）

	中国	美国	日本	韩国	东盟
中国	—	24	-39	-7	21
美国	24	—	-34	-10	-16
日本	-39	-34	—	-30	-10
韩国	-7	-10	-30	—	5
东盟	21	-16	-10	5	—

资料来源：根据 WTO/OECD-TIVA 数据库相关数据计算得到（https://stats.oecd.org/Index.aspx?DataSetCode=TIVA_2018_C1）。

第二节　东南亚：中美日主导权之争下的"三国演义"

由于中国的崛起，东南亚正在成为大国博弈的一个重要区域。由于被东北亚、中东和其他国际事务分散了过多精力，长期以来美国对东南亚地区并不重视，只是偶然介入。中国则从改革开放开始，就与东南亚国家建立起了密切的经贸合作关系。特别是1997年东亚金融危机之后，中国全力支持东盟各国走出危机，同时中国还与东盟建立了第一个"10+1"双边自贸协定，并支持东盟在东亚区域合作中扮演"中心地位"角色，从而助推地区经济繁荣发展。不过，从2010年前后开始，美国政府借由"重返亚太"战略的实施，高调介入东亚地区事务。奥巴马自称是美国第一个将东南亚列为外交政策重中之重的总统。日本也一改之前相对独立的与中国在东亚区域合作中的"隐性"主导权之争，开始采取跟随美国战略，希望通过与美国的紧密合作，共同抑制中国在东南亚地区持续提升的影响力。由此，东南亚地区开始成为中美日三个大国的博弈"重镇"。特朗普执政后，中美大国竞争日趋激烈，毫无底线的打压成为美国遏制中国崛起的不二选择。拜登政府虽然在一定程度上降低了两国对抗的烈度，但其遏制中国的战略没有丝毫改变，日本则成为美国在亚太地区的最佳帮手。在这种情况下，中美日三个国家的竞争举措和东盟的战略应对，将在很大程度上决定东南亚地区乃至整个亚太地区的和平与稳定。本节主要从经济层面讨论20世纪80年代以来中美日在东南亚

第五章　东亚区域分工体系重构进程中的大国竞争　／　175

地区的竞争与互动。

一　中美日在东南亚地区竞争与互动的历史变化

总体来看，20世纪80年代以来，中美日在东南亚地区的竞争与互动经历了以下三个阶段。

第一阶段（20世纪70年代末至20世纪末）：美国控制下的日本主导。国际关系建构主义代表人物之一的卡赞斯坦在其2005年的《地区构成的世界：美国帝权中的亚洲和欧洲》一书中说，我们"可以将世界视为一个美国帝权治下的不同地区所构成的世界"①，美国通过整合领土和非领土的行动，与世界各个地区形成了垂直联系。美国帝权的领土权力主要体现为以军事基地的形式对各地区的直接控制，而不谋求获得外国领土的非领土权力则是美国式帝权扩张的精髓和独特性质，主要表现为通过美式民主价值观的输出、经济和社会功能的组织，渗透到外国社会，并获得在那里自由活动的能力。正如亨廷顿总结的，"美国怀着满腔热忱，有可能成为扩张主义者，但绝不可能变成殖民主义者"②。

在美国帝权的控制范围内，这一时期东亚地区的权力结构基本上是以日本为主导，通过直接投资和"三角贸易"，把东亚地区经济和社会连接在一起。广场协议后，日本试图通过直接投资、对外援助以及日元国际化等形式，构建一个以日本为中心的东亚经济圈。总体来看，以"雁行模式"为特征的东亚区域经济一体化不过是日本经济发展模式的国际扩展而已。不过，由于日本经济的封闭性、20世纪90年代泡沫经济的破灭，以及美国的打压（比如东亚金融危机时美国对日本提议建立亚洲货币基金的否决），使日本在东南亚地区无法真正形成类似于美国帝权那样的控制能力。在这一时期，中国主要通过改革开放融入美日主导的东亚区域分工体系，总体来看还只是一个配角，中国与美日并未在东南亚地区形成竞争态势，东亚其他国家也主要还是把中国作为一个后发的、平

---

① ［美］彼得·卡赞斯坦：《地区构成的世界：美国帝权中的亚洲和欧洲》，秦亚青、魏玲译，北京大学出版社2007年版，第1页。
② ［美］彼得·卡赞斯坦：《地区构成的世界：美国帝权中的亚洲和欧洲》，秦亚青、魏玲译，北京大学出版社2007年版，第223页。

等的合作伙伴在看待。

第二阶段（21世纪前十年）：中日成为东亚地区的"双头雁"，美国则因中东战争而相对疏离了在该地区的存在。21世纪之后，中国经济快速发展，逐渐成为世界工厂，对东亚各国的影响力不断加强，但总体来看，中国还大而不强，日本依然拥有技术优势，在对外直接投资领域处于明显的领先地位，因此可以说是中日并行成为东亚经济的"双头雁"。这一时期东亚地区的大国博弈主要体现为中日围绕东亚区域合作的范式主导权竞争。中国力推"10+3"，日本则惮于中国不断扩大的地区影响力，希望通过扩大区域范围，推动"10+6"地区合作而对中国形成制约。由于两国各有优势和不足，都很难单独主导东亚区域发展与合作进程，在这种情况下，东盟作为一个统一的区域实体，自然被推上了区域合作"中心国家"的位置。这一阶段，基于反恐需求，美国加强了与东南亚相关国家的安全合作，但由于重心在中东，美国的东盟政策依然被认为是"善意的忽视"，因而并未在经济和政治领域与中国展开实质性竞争。

第三阶段（2010年至今）：中美在东南亚地区形成权力竞争态势，日本则退出前台成为美国的重要帮手。2008年国际金融危机的爆发以及2010年中国GDP超越日本变成世界第二，成为中美日角逐东南亚地区的一个分水岭。为了应对中国挑战，2011年11月美国总统奥巴马在夏威夷举行的亚太经合组织峰会上，正式提出"重返亚洲"的亚太再平衡战略，这标志着东盟地区以中日为主的大国竞争格局开始让位于中美直接竞争、日本协同美国的新的大国博弈格局。从特朗普政府起，美国开始将遏制中国视为本国最重要的国际战略。在东盟地区，特朗普政府以及现在的拜登政府主要是通过所谓的"印太战略"与中国展开竞争。美国试图通过拉拢亚太包括东南亚地区的盟友联合制华，中国则以推动RCEP达成协议和"一带一路"倡议建设继续加强与东盟国家的经济合作，日本则在紧随美国亚太再平衡战略的同时，不断提出新的区域发展议程而维护自己在东南亚地区的影响力，比如对CPTPP的主导、提出印太构想等。从东盟的角度来看，在这一新的历史阶段，中国对东盟地区的经济影响力全面超越美国和日本，但出于对中国未来发展战略的不确定性判断，对冲战略和不选边站队成为东盟国家平衡中美关系所常用的方式。

二 中美日对东南亚经济的影响比较

从中美日三个国家对东盟经济的影响力来看,我们可以从以下四个方面进行比较。

(一) 2008 年国际金融危机是中美日与东盟经贸关系的转折点

在此之前,中国对东盟的进出口贸易一直小于美国和日本,2007 年中美日对东盟的贸易总额分别为 1711 亿美元、1782 亿美元和 1733 亿美元。从 2008 年开始,中国对东盟的进出口贸易陆续超过美国和日本,并且,差距不断扩大。2022 年,中美日对东盟的贸易总额分别为 7221 亿美元、4204 亿美元和 2686 亿美元,中国分别为美国和日本的 1.7 倍和 2.7 倍。其中,中国对东盟的出口为 4313 亿美元,分别是美国 (1295 亿美元) 和日本 (1353 亿美元) 的 3.3 倍和 3.2 倍;对东盟进口为 2908 亿美元,与美国基本持平 (2910 亿美元),而为日本 (1333 亿美元) 的 2.2 倍 (见表 5-6)。2009 年,中国超越欧盟成为东盟的第一大贸易伙伴,2020 年东盟也超越欧盟成为中国第一大贸易伙伴。

表 5-6　　　　2003—2020 年中美日对东盟的进出口比较(单位:十亿美元)

年份	中国 总额	中国 出口	中国 进口	中国 贸易差额	日本 总额	日本 出口	日本 进口	日本 贸易差额	美国 总额	美国 出口	美国 进口	美国 贸易差额
2003	64.5	33.7	30.8	2.9	119.3	63.2	56.1	7.1	123.0	49.4	73.6	-24.3
2004	89.2	47.8	41.4	6.4	143.4	76.1	67.3	8.8	136.0	55.8	80.2	-24.4
2005	113.4	61.2	52.3	8.9	153.9	81.1	72.8	8.3	154.0	61.0	92.9	-31.9
2006	140.1	75.1	65.0	10.1	161.9	80.6	81.3	-0.7	161.2	64.3	96.9	-32.7
2007	171.1	93.2	77.9	15.3	173.8	88.1	85.1	3.0	178.2	72.3	105.9	-33.6
2008	196.7	109.2	87.5	21.7	214.7	108.9	105.8	3.1	185.2	82.6	102.6	-20.1
2009	178.0	96.5	81.5	15.0	161.0	82.9	78.0	4.9	148.7	66.7	82.0	-15.4
2010	235.5	122.9	112.6	10.4	218.9	115.9	103.0	12.9	181.2	81.3	99.9	-18.5
2011	295.0	154.9	140.1	14.9	256.4	128.3	128.1	0.3	198.1	93.0	105.1	-12.1
2012	319.4	176.8	142.5	34.3	264.5	136.5	127.9	8.6	199.2	92.0	107.2	-15.9
2013	351.6	198.2	153.4	44.8	240.2	117.9	122.5	-4.7	205.2	91.5	113.8	-22.3
2014	366.7	212.7	154.0	58.7	229.1	108.9	120.2	-11.2	211.5	90.3	121.2	-30.9

续表

年份	中国				日本				美国			
	总额	出口	进口	贸易差额	总额	出口	进口	贸易差额	总额	出口	进口	贸易差额
2015	363.5	218.2	145.3	72.9	202.8	100.9	101.9	-1.1	210.6	85.1	125.4	-40.3
2016	368.6	224.6	144.0	80.6	202.4	105.9	96.6	9.3	211.8	80.7	131.1	-50.3
2017	441.0	253.9	187.0	66.9	218.8	112.9	105.9	6.9	233.8	91.4	142.5	-51.1
2018	478.5	280.9	197.7	83.2	230.1	115.3	114.8	0.6	262.1	101.9	160.3	-58.4
2019	508.0	305.4	202.5	102.9	226.0	116.1	109.9	6.2	294.8	111.0	183.8	-72.8
2020	518.6	299.7	218.9	80.8	205.0	102.2	102.7	-0.5	309.1	97.5	211.6	-114.1
2021	670.3	388.4	281.9	106.6	241.3	126.5	114.8	11.7	365.6	109.3	256.3	-147.0
2022	722.1	431.3	290.8	140.6	268.6	135.3	133.3	2.0	420.4	129.5	291.0	-161.5

数据来源：https://data.aseanstats.org/trade-annually。

由于中国与东盟贸易的快速增长，使东盟对中国的贸易依赖度分别于2008年和2009年超过美国和日本。2009年中美日三国占东盟进出口贸易总额的比重分别为11.6%、9.7%和10.5%，此后中国与美日之间的差距迅速拉大（见图5-1）。

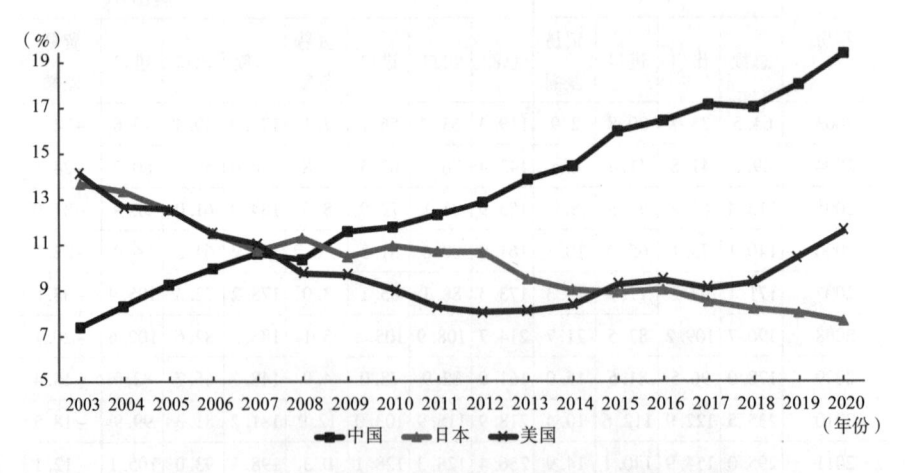

图5-1 2003—2020年东盟对中美日的贸易依赖度比较

数据来源：根据ASEANStatsDataPortal数据库相关数据计算得到（https://data.aseanstats.org/trade-annually）。

(二)尽管东盟整体上对中国的贸易依赖度高于美国和日本,但如果仅从作为东盟最终产品的市场提供者的视角看,中国的地位仍低于美国和日本

2007年中美日占东盟最终产品出口总额的比重分别为3.5%、26.1%和8.7%,美日远远高于中国,尽管近些年差距有所缩小,但东盟对美日的依赖度依然高于中国,2018年中美日的这一比重分别为7.8%、22.0%和9.6%(见图5-2)。也就是说,东亚与美国之间的"三角贸易"格局依然存在。

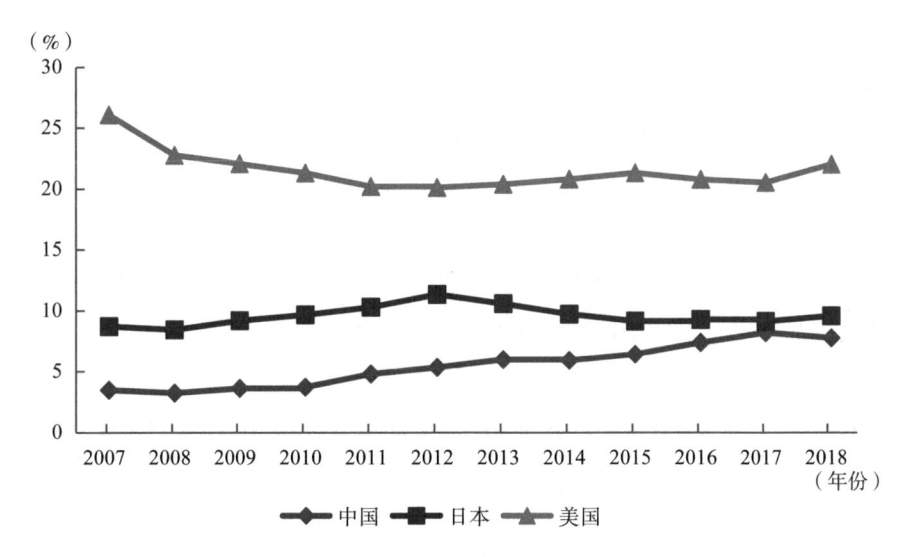

图5-2 2007—2018年东盟最终产品出口中中美日占比比较

资料来源:根据日本经济产业研究所相关数据计算得出(https://www.rieti-tid.com)。

(三)相比于美日,中国融入东南亚地区价值链的程度更深

这一点可以从东盟从中美日的中间产品进口以及东盟出口中来自中美日的增加值占比看出来,一国在东盟中间产品进口中的占比越高,反映该国参与东盟价值链的程度就越深;如果该国在东盟出口中的增加值占比更高,除了进一步说明参与东盟价值链程度更深的同时,还可以表明该国更多是从价值链的上游(即提供中间产品)参与东盟的区域价值链。表5-7显示,从2005年到2015年,无论从东盟中间产品出口中的

占比，还是从东盟出口中的增加值占比看，中国对东盟的作用都陆续超过美国和日本，并且差距不断扩大。从东盟中间产品出口中的占比看，2006年中国超过日本，2015年时中美日占东盟的比重分别为37.0%、7.0%和11.7%，而从在东盟出口中的增加值占比看，中国于2009年超过日本，2015年中美日占比分别为8.7%、3.8%和3.9%。

表5-8通过比较2019年中美日与东盟之间的贸易结构，可以进一步表现三个国家与东盟之间的分工模式。从三个国家对东盟的出口结构看，主要以中间产品和资本品为主，两项合计分别为79.1%、78.9%和84.6%，说明中美日三国出口的主要是工业用产品，而消费品出口则占比很小，分别只有15.2%、5.6%和2.8%。从进口结构看，中美日从东盟的进口仍然以工业用中间产品和资本品为主，在三个国家从东盟总进口中的比重分别为87.5%、63.0%和73.0%，但比较而言，中国的占比要远高于美国和日本。相反，中美日对东盟的消费品进口占比分别为6.4%、32.4%和22.4%，也就是说，美国和日本从东盟进口了更多的消费品。总体看来，无论是进口还是出口，中国与东盟的贸易以中间产品和资本品为主，说明中国融入东盟的价值链程度要高于美国和日本。

表5-7　中美日在东盟中间产品出口和增加值出口中的占比比较　（单位：%）

年份	中国		日本		美国	
	中间产品出口占比	增加值出口占比	中间产品出口占比	增加值出口占比	中间产品出口占比	增加值出口占比
2005	17.0	3.9	19.8	6.6	12.8	6.0
2006	18.3	4.3	17.3	5.9	12.6	5.8
2007	20.7	4.8	17.0	5.7	10.4	5.0
2008	20.2	4.8	17.2	5.3	9.4	4.5
2009	22.3	5.0	16.4	4.9	9.6	4.6
2010	21.7	4.9	17.7	5.4	9.0	4.5
2011	23.9	5.4	15.5	4.8	8.7	4.3
2012	27.0	6.1	15.0	4.6	7.3	3.8

续表

年份	中国 中间产品出口占比	中国 增加值出口占比	日本 中间产品出口占比	日本 增加值出口占比	美国 中间产品出口占比	美国 增加值出口占比
2013	29.7	6.8	12.3	3.8	7.0	3.8
2014	32.9	7.5	12.1	3.9	6.6	3.6
2015	37.0	8.7	11.7	3.9	7.0	3.8

资料来源：根据 WTO/OECD-TIVA 数据库相关数据计算得到（https：//stats.oecd.org/Index.aspx?DataSetCode=TIVA_2018_C1）。

表 5-8　　　　2019 年中美日对东盟各类产品进出口占比比较　　（单位：%）

	中间产品 出口	中间产品 进口	资本品 出口	资本品 进口	消费品 出口	消费品 进口	未分类产品 出口	未分类产品 进口
中国	57.0	74.9	22.1	12.6	15.2	6.4	5.8	6.0
日本	64.4	58.3	20.2	14.7	2.8	22.4	12.6	4.5
美国	64.3	38.6	14.6	24.4	5.6	32.4	15.5	4.5

数据来源：根据 Uncomtrade 相关数据计算得出（https：//comtradeplus.un.org/）。

（四）2008 年国际金融危机之后，中国对东盟的直接投资开始加速增加，不过无论是流量还是存量，中国与美日相比都还存在较大差距

2019 年中美日三国对东盟的直接投资分别为 130 亿美元、310 亿美元和 328 亿美元；截止到 2019 年中美日对东盟的直接投资存量则分别为 1099 亿美元、3356 亿美元和 2655 亿美元。[①] 与此同时，从图 5-3 可以看出，相比于日本主要投资制造业、美国主要投资金融和保险业等第三产业，中国对东盟的直接投资中房地产业占比过高。从中美日对东盟投资最多的四大产业（制造业、批发零售和车辆修理业、金融和保险业、房地产业）在各国总投资额中的占比情况看，2014 年中国分别为 8.8%、7.2%、32.2% 和 30.9%，日本分别为 49.7%、4.8%、35.6% 和 2.7%，美国则分别为 7.9%、58.9%、17.9% 和 1.7%。不过，近年来中国制造

---

① 数据来自 ASEANStatsDataPortal（https：//data.aseanstats.org/）。

业的投资出现了大幅提升并超过美日，2019年，中美日对东盟的直接投资中制造业占比分别为40.9%、33.6%和28.2%。相应地，中国对东盟房地产产业的投资占比则下降至22.3%。这反映出除了通过进出口贸易渠道，中国也越来越多地通过直接投资融入东盟的区域价值链分工体系中。

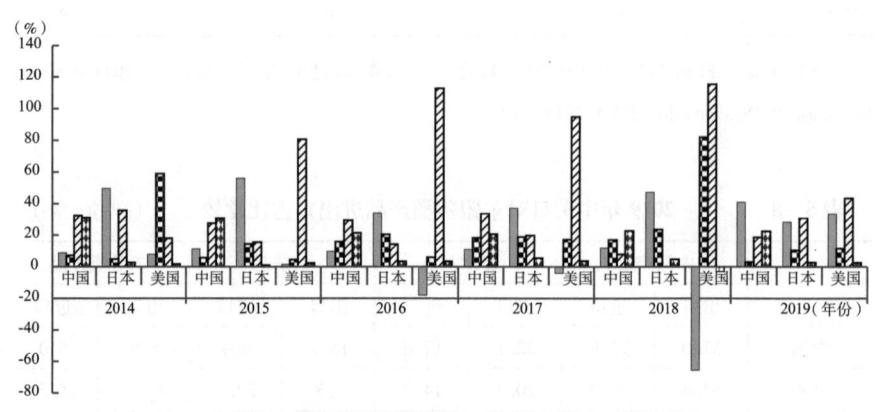

图5-3 中美日在东盟地区主要产业的直接投资占比

资料来源：根据ASEANStatsDataPortal相关数据计算得到（https://data.asean-stats.org/）。

因此，总体来看，相比于美国和日本，东盟对中国的经济依赖度要明显高于对美国和日本的依赖，而且差距在不断扩大。不过，中国尚未处于绝对的优势地位。从东盟的消费品出口和外国直接投资情况看，对中国依存度的提高还并未显著降低东盟对美国和日本的依赖。

第三节 东亚价值链：中美竞争与中国制造业的"压舱石"

对于被称作"世界工厂"的中国，制造业对经济增长和技术进步的拉动作用是无可替代的。20世纪80年代以来，在东亚"雁行模式"的分工体系下，中国凭借其巨大的劳动力成本优势吸引欧洲、美国和日本等发达国家和地区在国内投资建厂，主要从事加工组装再出口等低附加值工作，成为东亚低端制造业的中心。加入世界贸易组织后，中国制造业加速发展，出口结构也从主要以服装、纺织品和皮革等低附加值商品为主逐渐转向更多出口电子产品和机械设备等中高附加值商品。2010年，中国超越美国成为世界上制造业所占份额最多的国家，并表现出强劲的增长势头。以汽车行业为例，美国是汽车的发源地，但中国现在已经成为最大的汽车制造商，并拥有世界上最大的汽车市场。此外，中国不仅是世界上最大的船舶、铝、家具、服装、纺织品、手机和电脑生产商，而且也成为世界上大多数产品的最大消费国。

中国经济的强劲表现使美国感到了威胁。2017年8月18日，美国贸易代表办公室发布"对华301调查报告"，目标直指《中国制造2025》；2018年3月22日，美国总统特朗普签署总统备忘录，开始对中国进口商品征收关税并限制中国企业对美投资，中美经贸摩擦正式拉开序幕。此后，围绕制造业领域的全球价值链，中美之间的一系列摩擦使中美"脱钩"的说法甚嚣尘上。

一 中美经贸摩擦对中国制造业的影响

随着产业链分工的不断深化，各国之间的联系也日益密切，中美经贸摩擦无疑会对中国制造业产生负面的影响。

（一）总体影响

一个国家制造业生产中使用其他国家投入品的比重是判断一国制造业对其他国家依赖程度最直接的指标。图5-4比较了2005—2015年中国制造业生产中使用美国、德国和日本三个制造业大国投入品比重的变化情况。2005年，中国制造业生产所使用的投入品中来自日本的比重最高，但2013年后来自美国的投入品数量超过日本跃居第一位。由于中国制造业整体技术水平提升、对进口投入的依赖度下降，中国制造业生产中使用日本和德国的投入品比例在2005—2015年总体呈现下降的趋势，但使用美国的投入品比例自2009年起却不断回升，这种现象说明中美制造业之间存在着较大的互补性。对于中国来说，美国在一些关键零部件领域仍然具有日本、德国等国家无法替代的竞争优势。

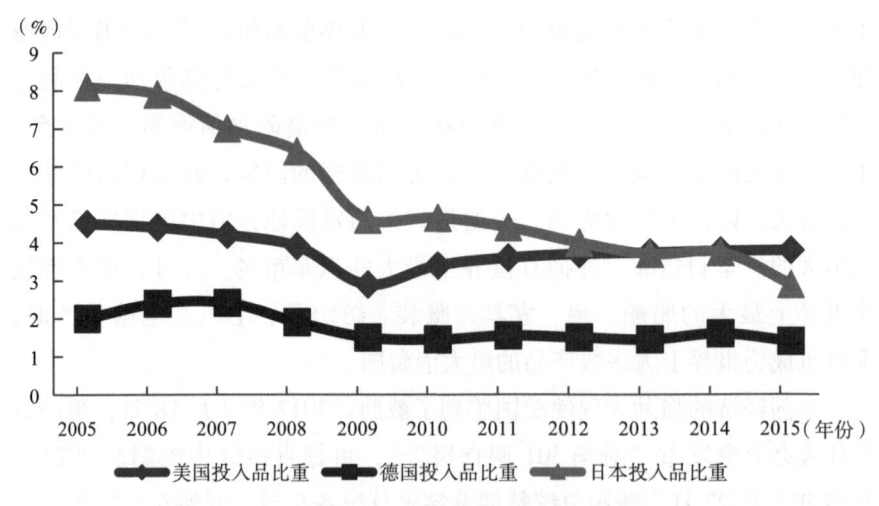

184 / 超越区域生产网络:东亚分工体系重构与中国角色

图 5-4 2005—2015 年中国制造业生产中使用美国、
德国、日本的投入品比重

数据来源：Richard Baldwin,"Trade Conflict in the Age of Covid-19", 2020 (https://voxeu.org/article/trade-conflict-age-covid-19).

中国对美国的投入依赖可以进一步从中国制造业进出口中美国所创造的增加值比重这一指标得到体现。图 5-5 显示了 2005—2015 年中国制造业进出口中来自美国的增加值及其占比的变化趋势。尽管 2005—2012 年中国制造业进出口中来自美国的增加值比例出现下降，但在 2012 年后便开始回升。其中，中国制造业进口中来自美国的增加值比例在 2015 年达到 12.7%，超过日本成为世界第一位。但如果从传统贸易总值的角度看，2015 年中国从美国的进口额占中国进口总额的比例仅为 9.0%，低于东盟的 11.6% 和韩国的 10.9%，排世界第三位。① 因此，从进口投入和增加值的角度可以看出，中国制造业对美国的依赖在主要经济体中是最高的，中美经贸摩擦无疑会对中国制造业产生比较大的影响。

---

① 根据 CEIC 数据库相关数据计算得到（https://cas.ceicdata.com/login）。

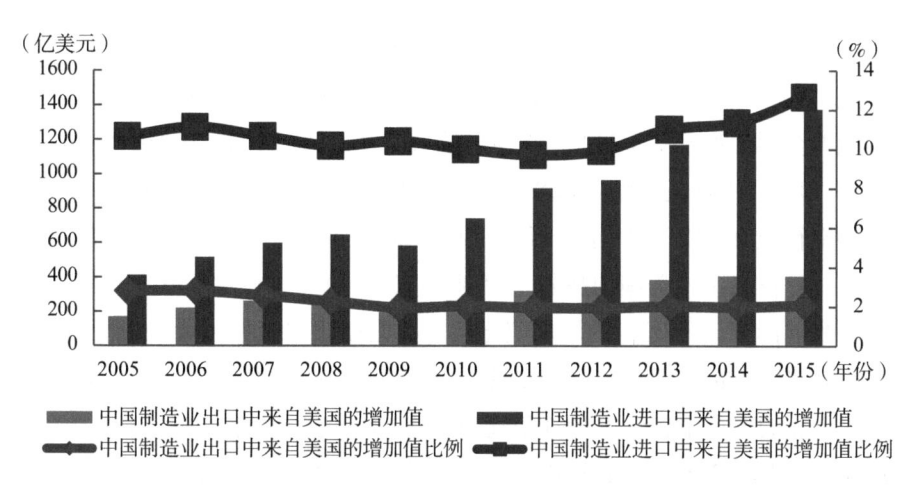

图 5-5　2005—2015 年中国制造业进出口中来自
美国的增加值及比重

数据来源：根据 WTO/OECD-TIVA 数据库相关数据计算得到（https：//stats.oecd.org/Index.aspx? DataSetCode = TIVA_2018_C1）。

（二）行业影响

为进一步分析中美经贸摩擦对中国各行业的影响及其可替代性，我们加入东亚主要经济体①作为对比。具体来看，我们按照中国进出口中包含的美国增加值的占比大小对各制造业进行分类，即美国占比最大且短期内难以被替代的行业，美国占比略有优势但较容易被替代的行业以及美国占比相对较小的行业。

表 5-9 是 2005 年和 2015 年中国制造业各行业出口中来自各国（地区）的增加值比重及行业分类。中国出口中美国增加值占比最大且短期内难以被替代的行业包括食品、饮料和烟草（D10T12），木材和软木制品（D16），纸制品及印刷（D17T18），焦炭和精炼石油产品（D19）和其他运输设备（D30）五个行业。这五个行业在 2015 年的中国出口中来自美国的增加值比重均处于领先地位，即使来自越南等东盟国家的增加值比

---

① 包括日本、韩国、中国、中国香港和中国台湾以及东盟中的印度尼西亚、马来西亚、菲律宾、新加坡、泰国、越南、文莱和柬埔寨。

重有一定幅度的上升，但是从绝对量上仍难以与美国相比较。中国出口中美国占比略有优势但较容易被替代的行业包括纺织品、服装、皮革及相关产品（D13T15），化学及药剂制品（D20T21），橡塑制品（D22），其他非金属矿产品（D23），碱性金属（D24），金属制品（D25），电气设备（D27），机械设备（D28），机动车辆、拖车与半挂车（D29）和其他制造行业（D31T33）十个行业。截至2015年，这十个行业所包含的增加值比重排名中，美国均超越了其他国家（地区）排名第一，但是其他排名靠前国家（地区）的增加值比重与美国相比差距并不大；中国电脑、电子及光学产品（D26）行业的出口中美国占比相对较小。2005年中国D26行业的出口中包含的增加值比重排名前四的依次为日本、中国台湾、韩国和美国，2012年韩国和中国台湾超越日本分别排名第一和第二，2015年排名前四的依次为韩国、中国台湾、日本和美国。根据《2019年度彭博创新指数》公布的排名，全球创新指数排名最高的是韩国，在创新的驱动下韩国高科技产品迅速发展，这也是中国在D26行业出口中韩国增加值比重最高的原因。

表5-9 中国制造业各行业出口中来自各国（地区）的增加值比重及行业分类 （单位：%）

	行业	年份	美国	日本	韩国	中国香港	中国台湾	印度尼西亚	马来西亚	菲律宾	新加坡	泰国	越南
美国占比最大且短期内难以被替代	D10T12	2005	1.50	0.97	0.51	0.21	0.40	0.20	0.24	0.03	0.16	0.18	0.06
		2015	1.40	0.32	0.28	0.05	0.17	0.19	0.12	0.03	0.10	0.24	0.11
	D16	2005	2.00	1.49	0.86	0.26	0.64	0.65	0.57	0.03	0.19	0.35	0.10
		2015	1.93	0.60	0.50	0.07	0.29	0.44	0.20	0.09	0.14	0.33	0.23
	D17T18	2005	3.04	2.66	1.41	0.62	1.15	0.73	0.32	0.05	0.28	0.31	0.08
		2015	2.15	1.00	0.64	0.10	0.39	0.39	0.15	0.06	0.17	0.20	0.08
	D19	2005	1.00	1.42	0.87	0.24	0.53	0.77	0.23	0.03	0.18	0.30	0.45
		2015	1.13	0.65	0.59	0.09	0.29	0.54	0.06	0.06	0.17	0.15	0.25
	D30	2005	3.91	4.23	2.09	0.45	1.60	0.36	0.33	0.09	0.37	0.29	0.07
		2015	4.37	1.27	0.95	0.09	0.61	0.21	0.21	0.10	0.21	0.19	0.09

续表

	行业	年份	国家（地区）									
			美国	日本	韩国	中国香港	中国台湾	印度尼西亚	马来西亚	菲律宾	新加坡	泰国	越南
美国占比略有优势但较容易被替代	D13T15	2005	1.53	3.02	1.99	0.49	1.68	0.35	0.25	0.04	0.25	0.35	0.07
		2015	1.11	0.80	0.74	0.09	0.52	0.25	0.14	0.05	0.15	0.25	0.30
	D20T21	2005	2.29	3.29	2.12	0.38	1.64	0.47	0.43	0.05	0.43	0.41	0.11
		2015	1.68	1.20	1.09	0.10	0.59	0.28	0.26	0.07	0.29	0.31	0.11
	D22	2005	2.76	4.30	2.69	0.44	2.15	0.50	0.50	0.06	0.50	0.51	0.09
		2015	1.93	1.59	1.40	0.11	0.77	0.30	0.30	0.08	0.33	0.41	0.13
	D23	2005	1.39	2.30	1.24	0.89	0.32	0.24	0.04	0.18	0.22	0.10	
		2015	1.19	0.87	0.68	0.10	0.39	0.24	0.22	0.07	0.16	0.17	0.09
	D24	2005	1.46	2.59	1.38	0.35	0.93	0.45	0.21	0.06	0.18	0.18	0.14
		2015	1.41	0.91	0.67	0.09	0.34	0.35	0.22	0.12	0.15	0.14	0.08
	D25	2005	1.74	3.65	1.94	0.07	1.39	0.40	0.26	0.07	0.07	0.22	0.09
		2015	1.46	1.15	0.86	0.09	0.47	0.27	0.20	0.10	0.17	0.16	0.08
	D27	2005	2.63	5.64	2.88	0.48	2.34	0.46	0.51	0.17	0.48	0.42	0.09
		2015	2.04	1.99	1.86	0.11	1.23	0.27	0.38	0.21	0.33	0.31	0.12
	D28	2005	2.21	4.67	2.19	0.45	1.71	0.36	0.33	0.10	0.35	0.28	0.07
		2015	1.79	1.63	1.31	0.11	0.83	0.24	0.26	0.14	0.25	0.22	0.09
	D29	2005	1.89	4.58	2.30	0.35	1.43	0.31	0.29	0.08	0.29	0.27	0.06
		2015	2.09	1.93	1.39	0.10	0.73	0.21	0.24	0.12	0.22	0.24	0.10
	D31T33	2005	2.05	3.04	1.72	0.38	1.36	0.59	0.43	0.07	0.28	0.37	0.10
		2015	1.56	1.03	0.81	0.09	0.52	0.33	0.21	0.10	0.18	0.30	0.19
美国占比相对较小	D26	2005	4.69	8.60	6.61	0.54	6.62	0.55	1.46	1.46	1.49	1.07	0.07
		2015	3.24	3.34	5.52	0.14	4.92	0.30	1.12	1.12	1.03	0.83	0.19

数据来源：根据 WTO/OECD-TIVA 数据库相关数据计算得到（https://stats.oecd.org/Index.aspx?DataSetCode=TIVA_2018_C1）。

表 5-10 是 2005 年和 2015 年中国制造业各行业进口中来自各国（地区）的增加值比重及行业分类。中国进口中美国占比最大且短期内难以被替代的行业与出口的情况相似，包括食品、饮料和烟草（D10T12），木材和软木制品（D16），纸制品及印刷（D17T18），焦

炭和精炼石油产品（D19），金属制品（D25）和其他运输设备（D30）六个行业。但其余两个分类，即中国进口中美国占比略有优势但较容易被替代的行业和中国进口中美国占比相对较小的行业，则与出口的情况有所不同。中国进口中美国占比略有优势但较容易被替代的行业只有化学及药剂制品（D20T21）和其他制造行业（D31T33）两个行业，而纺织品、服装、皮革及相关产品（D13T15），橡塑制品（D22），其他非金属矿产品（D23），碱性金属（D24），电脑、电子及光学产品（D26），电气设备（D27），机械设备（D28），机动车辆、拖车与半挂车（D29）这八个行业的中国进口中美国占比相对较小。比如2015年中国纺织品、服装、皮革及相关产品（D13T15）行业的进口中来自美国的增加值比重只有4.1%，而来自日本（4.7%）、韩国（8.5%）、中国台湾（6.5%）和越南（8.0%）的增加值比重都超过美国；电脑、电子及光学产品（D26）行业在2015年的中国进口中来自美国增加值比重为9.0%，而来自日本（10.2%）、韩国（20.8%）和中国台湾（18.9%）的增加值比重更是远超美国。此外，中国进口中来自越南等东盟国家的增加值比重有明显的增加，这体现了产业链向东盟国家的转移。

上述分析表明，中国在食品、饮料和烟草（D10T12），木材和软木制品（D16），纸制品及印刷（D17T18），焦炭和精炼石油产品（D19）和其他运输设备（D30）五个制造行业的进出口中来自美国占比最大且短期内难以被替代。在其他制造业行业中，虽然美国的增加值比重在某些行业仍然具有优势，但与东亚经济体差距不大，比如化学及药剂制品（D20T21）行业和其他制造行业（D31T33）。还有一类行业美国的增加值比重本身就不具有优势，说明美国相比于其他国家来说对中国该行业的影响并不大，比如电脑、电子及光学产品（D26）行业。

表5-10　　中国制造业各行业进口中来自各国（地区）的
增加值比重及行业分类　　　　　（单位：%）

行业	行业	年份	美国	日本	韩国	中国香港	中国台湾	印度尼西亚	马来西亚	菲律宾	新加坡	泰国	越南
美国占比最大且短期内难以被替代	D10T12	2005	12.9	3.0	2.0	1.1	0.9	6.2	7.7	0.2	0.6	3.3	0.9
		2015	14.0	1.9	1.9	0.9	1.4	6.9	3.4	0.3	0.8	4.1	3.2
	D16	2005	15.0	2.0	0.9	0.2	1.3	12.6	7.8	0.2	0.4	5.1	1.3
		2015	13.5	1.3	0.9	0.2	0.5	8.2	2.2	1.3	0.3	4.8	4.4
	D17T18	2005	23.5	9.5	3.8	1.8	4.1	6.6	0.6	0.2	0.4	1.2	0.1
		2015	26.5	8.1	2.2	0.5	1.4	5.2	0.3	0.1	0.6	1.0	0.2
	D19	2005	4.2	7.4	7.7	0.2	2.2	2.7	3.3	0.3	1.1	1.3	0.5
		2015	11.0	2.5	7.3	0.2	1.0	1.7	2.4	0.1	1.4	1.7	0.5
	D25	2005	10.5	15.8	11.2	1.0	7.5	0.7	0.7	0.2	1.1	0.5	0.1
		2015	17.2	9.0	10.4	0.1	3.7	0.6	0.8	0.3	1.2	0.8	0.4
	D30	2005	40.3	7.8	4.1	0.1	0.9	0.2	0.1	0.1	0.5	0.1	0.0
		2015	48.0	4.8	2.9	0.1	0.4	0.3	0.1	0.5	0.3	0.3	0.1
美国占比略有优势但较容易被替代	D20T21	2005	11.1	16.6	11.8	0.8	9.9	1.9	2.5	0.2	2.5	2.2	0.1
		2015	12.6	11.2	10.1	0.4	5.3	1.6	2.1	0.4	2.7	2.8	0.5
	D31T33	2005	9.3	25.5	3.6	7.7	3.1	0.8	1.0	0.3	0.9	1.1	0.2
		2015	10.8	10.0	2.9	1.5	2.7	1.4	2.0	0.6	1.1	4.7	1.0
美国占比相对较小	D13T15	2005	4.8	15.3	18.3	3.7	14.5	2.1	0.8	0.2	0.4	2.6	0.5
		2015	4.1	4.7	8.5	1.3	6.5	3.5	0.8	0.4	0.5	3.6	8.0
	D22	2005	8.9	25.1	12.8	1.5	11.0	2.0	2.0	0.2	0.9	3.4	0.8
		2015	10.9	17.6	12.6	0.9	5.8	1.7	2.5	0.2	0.8	5.9	1.4
	D23	2005	11.4	30.5	6.9	0.4	8.4	1.5	1.7	0.9	0.6	1.2	0.1
		2015	12.6	17.4	7.5	0.2	5.4	3.7	9.9	0.9	0.6	1.7	1.4
	D24	2005	7.1	18.7	10.2	0.4	6.7	1.6	0.8	0.3	0.2	0.6	0.1
		2015	10.7	12.3	6.9	0.3	2.6	1.6	0.8	0.3	0.3	0.3	0.2
	D26	2005	10.9	18.9	17.7	0.7	17.5	1.1	3.9	1.4	4.0	2.5	0.1
		2015	9.0	10.2	20.8	0.3	18.9	0.7	4.0	2.6	3.8	2.6	0.5

续表

行业		年份	国家（地区）										
			美国	日本	韩国	中国香港	中国台湾	印度尼西亚	马来西亚	菲律宾	新加坡	泰国	越南
美国占比相对较小	D27	2005	6.0	41.3	9.0	2.0	4.7	1.1	1.4	0.7	0.9	1.4	0.2
		2015	6.9	24.7	14.2	0.5	3.1	1.0	1.8	1.1	0.8	1.4	1.4
	D28	2005	10.5	27.6	5.6	1.7	4.8	0.6	0.6	0.1	1.3	0.4	0.1
		2015	11.0	20.7	8.4	0.3	3.7	0.6	0.8	0.3	1.7	0.6	0.3
	D29	2005	7.8	32.5	14.1	0.1	1.5	0.5	0.2	0.1	0.2	0.4	0.1
		2015	15.7	17.4	7.9	0.1	0.6	0.3	0.3	0.2	0.2	0.5	0.2

数据来源：根据 WTO/OECD-TIVA 数据库相关数据计算得到（https://stats.oecd.org/Index.aspx?DataSetCode=TIVA_2018_C1）。

综上，中美经贸摩擦会对中国制造业产生一定程度的影响，但对不同制造行业的影响存在着显著差异。接下来我们将分析中国如何利用东亚制造业区域价值链来降低中美经贸摩擦对中国制造业出口的影响程度。

二 中国突围：东亚制造业区域价值链的作用

通过前几章的分析可以知道，20 世纪 70—90 年代，作为东亚地区发展的"领头雁"，日本凭借其工业的迅速发展创造了"东亚奇迹"，东亚地区大多数国家的发展都依赖与日本的贸易。2001 年中国加入世界贸易组织后，对外贸易开始快速增长。2005 年中国超越日本成为东亚地区增加值进口量最大的国家，中国也由此成为东亚经济增长新的火车头。2008 年国际金融危机之后，由于发达国家经济陷入困境，东亚国家的贸易阵地开始从区域外转向区域内，高速发展的中国自然成为东亚区域内新的贸易重心。从历史比较，无论是传统贸易网络还是全球价值链贸易网络，2000 年东亚的贸易重心都是日本，而到了 2017 年日本的重心地位则都被中国所取代。此外，相比于 2000 年，东亚各国之间的贸易联系在 2017 年明显更加紧密，尤其是在全球价值链贸易网络中，这说明东亚各国都逐渐融入跨国生产网络，而且主要体现在区域层面上。

就制造业的发展来看，日本在 20 世纪 70 年代后迫于国内外的压力将纺织业和重化工业等产业的价值链低端环节转移到泰国、马来西亚和印度尼西亚等东南亚国家。此后，亚洲"四小龙"也逐渐向泰国、马来西亚、印度尼西亚和菲律宾转移加工装配环节，中国在改革开放后也承接了日本和亚洲"四小龙"的价值链转移。2008年国际金融危机以后，随着中国要素价格的不断上升，中国企业和部分在华跨国公司将一部分价值链低端的加工装配工厂从中国迁移至越南、柬埔寨等东南亚后发国家，而把相当比重的上游中间产品供给留在中国，从而在纺织品、服装、鞋帽、电子、机械等产业领域形成了新的垂直分工体系。

经过几十年的发展，日本和韩国凭借其先进的技术水平，仍然在运输设备、电子和机械设备等高技术制造行业占有优势，并为东亚和东盟各国提供精密复杂的半制成品和零部件；有"世界工厂"之称的中国凭借其显著的劳动力成本优势吸引了大量外资，同时也学习了外国先进的技术，制造业飞速发展，逐渐从劳动密集型的服装等产品的生产转向更高技术水平的电子设备等产品的生产；越南和柬埔寨在21世纪初期复制中国早期的发展模式，依靠其廉价劳动力的优势着重生产服装等轻工业产品。由于东亚各国制造业发展阶段和竞争优势不同，专业化分工自然也不尽相同。因此，东亚各国制造业发展虽然存在一定程度的竞争性，但仍有很大的互补空间，这是东亚区域价值链形成和发展的基础。

（一）中国利用东亚区域价值链缓解制造业压力的可能性分析

表5-9的结果表明，中国食品、饮料和烟草（D10T12），木材和软木制品（D16），纸制品及印刷（D17T18），焦炭和精炼石油产品（D19）和其他运输设备（D30）五个行业的出口中美国增加值占比最大，这些行业的发展很大程度上是由一个国家的自然禀赋决定的，在短期内难以被替代。纺织品、服装、皮革及相关产品（D13T15），化学及药剂制品（D20T21），橡塑制品（D22），其他非金属矿产品（D23），碱性金属（D24），金属制品（D25），电气设备（D27），机械设备（D28），机动车辆、拖车与半挂车（D29）和其他制造行业（D31T33）等十个行业的出口中美国增加值所占比重较大，但与其他国家（地区）差距不大，其他国家（地区）可以通过区域价值链的发展进行替代。电脑、电子及光学产品（D26）行业的出口中美国增加值占比不大，可以通过区域价值链的发展强化这种优势。因此，该部分重点对可以通过东亚区域价值链的发

展进行替代和强化优势的上述11个行业进行分析。由于中国进口中除了美国增加值占比最大且短期内难以被替代的行业，其余大部分制造行业的进口中来自美国的增加值比重都要小于来自东亚经济体的增加值比重，因此中美经贸摩擦对中国制造业进口的影响在一定程度上要小于对制造业出口的影响。而中国进口中美国增加值占比具有一定优势但与其他国家（地区）差距不大可以被替代的两个行业，即化学及药剂制品（D20T21）行业和其他制造行业（D31T33），也被包含在中国出口中的美国增加值可被其他国家（地区）替代的行业分类中，因此下文着重对中国制造业出口进行分析。

表5-11是2015年中国11个制造行业出口中增加值来源数额排名前三的美国行业以及来自其他经济体的这三个行业的增加值占中国制造行业出口的比重。虽然总体来看中国各行业出口中来自美国的增加值比重具有一定优势（见表5-9），但如果具体分析增加值的来源行业，那么这种优势则不再明显。

中国纺织品、服装、皮革及相关产品（D13T15）行业的出口中包含增加值比重最高的美国行业依次为化学及药剂制品（D20T21），纸制品及印刷（D17T18）和电脑、电子及光学产品（D26）行业，其增加值比重分别为0.13%、0.03%和0.03%。而来自日本和韩国D20T21行业的增加值比重分别为0.14%和0.13%，并不低于来自美国该行业的增加值比重；来自日本D17T18行业的增加值比重（0.02%）与美国相差不大；来自韩国和中国台湾D26行业的增加值比重分别为0.06%和0.05%，则要超过来自美国该行业的增加值比例。

中国化学及药剂制品（D20T21）行业的出口中包含增加值比重最高的美国行业依次为化学及药剂制品（D20T21）、焦炭和精炼石油产品（D19）和纸制品及印刷（D17T18）行业，中国橡塑制品（D22）和其他非金属矿产品（D23）两个行业的出口中包含增加值比重最高的美国行业依次均为化学及药剂制品（D20T21），电脑、电子及光学产品（D26）和纸制品及印刷（D17T18）行业。在中国这三个行业的出口中，除了来自美国D17T18行业的增加值因自然禀赋相较于东亚经济体始终具有优势，来自美国其他行业的增加值比重均不高于来自东亚经济体相应行业的增加值比重。

中国碱性金属（D24）和金属制品（D25）两个行业的出口中包含增加值比重最高的美国行业依次均为化学及药剂制品（D20T21），碱性金属（D24）和电脑、电子及光学产品（D26）行业，除了来自美国D20T21行业的增加值比重稍高于东亚经济体，来自其他行业的增加值相较于东亚经济体则不具有优势。

表5-11　2015年中国制造业出口中美国增加值占比最高的三行业中各国（地区）的增加值比重　（单位：%）

中国出口行业	来自美国增加值中占比最高的行业	美国	日本	韩国	中国香港	中国台湾	印度尼西亚	马来西亚	菲律宾	新加坡	泰国	越南
D13T15	D20T21	0.13	0.14	0.13	—	0.08	0.02	0.02	—	0.03	0.04	—
	D17T18	0.03	0.02	—	—	—	—	—	—	—	—	—
	D26	0.03	0.02	0.06	—	0.05	—	—	—	—	—	—
D20T21	D20T21	0.35	0.34	0.34	—	0.2	0.04	0.05	0.01	0.09	0.09	0.01
	D19	0.05	0.02	0.05	—	0.02	0.01	0.01	—	—	0.02	—
	D17T18	0.04	0.02	0.01	—	—	—	—	—	—	—	—
D22	D20T21	0.4	0.4	0.4	—	0.24	0.05	0.07	0.01	0.11	0.12	0.02
	D26	0.06	0.05	0.13	—	0.11	—	0.02	—	0.01	0.01	—
	D17T18	—	0.05	0.03	0.02	—	—	0.01	—	—	—	—
D23	D20T21	0.12	0.12	0.12	—	0.07	0.01	0.02	—	0.03	0.03	—
	D26	0.05	0.04	0.1	—	0.09	—	0.02	—	0.01	0.01	—
	D17T18	0.05	0.02	—	—	—	—	—	—	—	—	—
D24	D20T21	0.11	0.09	0.09	—	0.05	0.01	0.01	—	—	0.02	—
	D24	0.08	0.14	0.09	—	0.03	—	0.01	—	—	—	—
	D26	0.05	0.04	0.08	—	0.07	—	0.01	0.01	—	—	—
D25	D20T21	0.11	0.1	0.1	—	0.06	0.01	0.01	—	0.02	0.03	—
	D24	0.09	0.2	0.12	—	0.04	0.01	0.01	—	—	—	—
	D26	0.07	0.06	0.14	—	0.12	—	0.02	0.02	0.02	0.01	—
D27	D26	0.25	0.22	0.62	—	0.6	—	0.1	0.08	0.07	0.07	0.01
	D20T21	0.15	0.14	0.13	—	0.08	0.02	0.02	—	0.03	0.03	—
	D24	0.11	0.18	0.11	—	0.04	0.01	0.01	—	—	—	—

续表

中国出口行业	来自美国增加值中占比最高的行业	增加值来源国家（地区）及所占比重									
		美国	日本	韩国	中国香港	中国台湾	印度尼西亚	马来西亚	菲律宾	新加坡	泰国	越南
D28	D26	0.15	0.13	0.36	—	0.34	—	0.06	0.05	0.04	0.04	—
	D20T21	0.11	0.11	0.1	—	0.06	0.01	0.02	—	0.02	0.02	—
	D28	0.1	0.22	0.09	—	0.03	—	—	—	0.02	—	—
D29	D29	0.19	0.38	0.17	—	—	—	—	—	—	—	—
	D26	0.15	0.12	0.31	—	0.3	—	0.05	0.04	0.04	0.04	—
	D20T21	0.13	0.12	0.11	—	0.07	0.02	0.02	—	0.03	0.03	—
D31T33	D20T21	0.13	0.12	0.11	—	0.07	0.02	0.02	—	0.03	0.03	—
	D26	0.08	0.06	0.17	—	0.16	—	0.03	0.02	0.02	0.03	—
	D16	0.07	—	—	—	—	0.06	0.01	0.01	—	0.03	0.02
D26	D26	1.16	0.97	3.14	—	3.14	—	0.53	0.43	0.36	0.37	0.07
	D20T21	0.15	0.15	0.15	—	0.14	0.03	—	0.04	0.03	0.01	
	D24	0.05	0.15	0.11	—	0.03	0.02	—	0.01	—	0.01	—

注：中国出口中来自各国（地区）各行业增加值占比小于0.01%（0.0001）则忽略不计，记为"—"。

数据来源：根据WTO/OECD-TIVA数据库相关数据计算得到（https://stats.oecd.org/Index.aspx?DataSetCode=TIVA_2018_C1）。

中国电气设备（D27）行业的出口中包含增加值比重最高的美国行业依次为电脑、电子及光学产品（D26），化学及药剂制品（D20T21）和碱性金属（D24）行业；中国机械设备（D28）行业的出口中包含增加值比重最高的美国行业依次为电脑、电子及光学产品（D26）、化学及药剂制品（D20T21）和机械设备（D28）行业；中国机动车辆、拖车与半挂车（D29）行业的出口中包含增加值比重最高的美国行业依次为机动车辆、拖车与半挂车（D29），电脑、电子及光学产品（D26）和化学及药剂制品（D20T21）行业；中国其他制造行业（D31T33）的出口中包含增加值比重最高的美国行业依次为化学及药剂制品（D20T21），电脑、电子及光学产品（D26）和木材和软木制品（D16）行业；中国电脑、电子及光学产品（D26）行业的出口中包含增加值比重最高的美国行业依次为电脑、电子及光学产品（D26），化学及药剂制品（D20T21）和碱性金属（D24）行业。在中国这五个制造行业的出口中，除了来自美国 D20T21 和 D16 行业的增加值比重稍占优势，来自美国其他行业的增加值比重均低于东亚经济体。

此外，中国在这 11 个制造行业的出口中来自美国电脑、电子及光学产品（D26）行业的增加值比重始终远低于来自韩国和中国台湾的该行业增加值比重。除了碱性金属（D24）行业的出口，中国其他制造行业的出口中来自韩国或中国台湾 D26 行业的增加值比重均在来自美国 D26 行业增加值比重的两倍左右。其中，中国化学及药剂制品（D20T21）行业的出口中来自韩国和中国台湾 D26 行业的增加值比重分别为 0.09% 和 0.07%，而来自美国 D26 行业的增加值比重只有 0.04%，但由于中国 D20T21 行业出口中来自美国 D26 行业的增加值比重没有排在前三位，所以在表格中没有列出。韩国和中国台湾在 D26 行业中的突出贡献与近年来二者在该行业的创新升级密不可分，比如台湾新竹工业园 PC 产业集群中的电子设备供应商通过科技创新，从为产业链中的领导企业提供简单代工发展为自主品牌创造商，[1] 韩国三星电子在 2007 年拒绝戴尔的订单后开始经营自主品牌，通过将生产能力、专业的设计能力和自主品牌的经营相结合，最终实现了产业升级。[2]

此外，中国在这 11 个制造行业的出口中除了表 5-11 中列出的来自美国和东亚国家（地区）的增加值，其所包含的增加值绝大部分都是由国内创造的，除了电脑、电子及光学产品（D26）行业，其他行业出口中包含的国内增加值比重均达到 80% 以上，[3] 这说明中国各制造行业的发展主要依靠国内强大的制造能力，对其他国家和地区的依赖并不大。即使抛开国内生产能力只分析对外依赖部分，虽然各行业出口中包含的来自美国整体的增加值比重都是最大的，但相比于日本和韩国优势并不明显

---

[1] Ernst, D., "Global Production Network and Industrial Upgrading-A Knowledge-centered Approach", Eastwest Center Working Paper, 2001.

[2] 熊宇:《全球价值链治理新发展与我国制造业升级》,《科技进步与对策》2011 年第 22 期。

[3] 根据 TIVA 数据库相关数据计算得到（https://stats.oecd.org/Index.aspx?DataSetCode=TIVA_2018_C1）。

（见表5-9），如果再具体到细分增加值来源行业，那么来自美国各行业的增加值比重相比于东亚国家（地区）则不再具有优势（见表5-11）。因此，从总量上来看，中国依靠国内和东亚内部的制造业生产能力可以弥补制造业出口对美国的依赖。

（二）东亚不同国家（地区）对中国制造业出口的支撑比较

在表5-11的基础上，表5-12列出了东亚各国（地区）11个制造行业在2015年出口到中国的国内增加值情况，从而可以进一步分析东亚各国（地区）对中国各制造行业出口的支持作用。除了纺织品、服装、皮革及相关产品（D13T15），其他非金属矿产品（D23），电脑、电子及光学产品（D26）和其他制造行业（D31T33），在其余7个行业中日本和韩国出口到中国的国内增加值均为东亚国家（地区）中最多的，且与其他国家（地区）差距很大。尤其是在机动车辆、拖车与半挂车（D29）行业，日本和韩国向中国出口的国内增加值更是遥遥领先于其他东亚国家（地区）。

表5-12　2015年东亚各国（地区）各行业出口到中国的国内增加值

（单位：亿美元）

	日本	韩国	中国香港	中国台湾	印度尼西亚	马来西亚	菲律宾	新加坡	泰国	越南
D13T15	10.7	23.3	3.3	18.7	9.5	1.7	0.9	0.4	9.9	24.5
D20T21	139.8	139.9	4.4	74.2	14.4	24.2	3.7	34.0	36.3	5.5
D22	36.5	28.0	1.7	12.5	2.6	4.8	0.2	0.6	13.0	2.8
D23	23.7	10.2	0.1	7.5	4.7	14.2	1.1	0.3	2.0	1.7
D24	90.8	52.0	1.6	19.2	6.4	4.2	1.6	0.5	0.9	0.4
D25	13.0	16.8	0.0	5.8	1.0	1.0	0.4	1.8	1.0	0.4
D27	116.8	67.9	1.7	12.9	2.5	7.5	4.8	1.8	5.2	6.4
D28	207.8	84.8	1.7	1.6	1.6	6.2	1.9	15.5	4.5	2.2
D29	123.5	55.0	0.1	2.1	0.5	0.9	0.6	0.2	1.7	0.9
D31T33	20.8	5.4	3.3	5.6	2.2	3.9	1.1	1.9	10.6	1.9
D26	228.9	639.9	1.6	565.9	7.4	110.6	71.9	74.8	68.6	11.1

数据来源：根据 WTO/OECD-TIVA 数据库相关数据计算得到（https://stats.oecd.org/Index.aspx?DataSetCode=TIVA_2018_C1）。

具体来看，纺织品、服装、皮革及相关产品（D13T15）行业在 2015 年向中国出口增加值最多的国家是越南，随后依次为韩国、中国台湾和日本。在 2005 年越南该行业向中国出口的增加值仅高于菲律宾和新加坡，为 3960 万美元，但其在接下来十年间向中国出口的增加值稳步增长，2015 年达到 24.49 亿美元。越南 D13T15 行业的发展得益于中国制造业的升级，由于中国制造业向更高附加值的产业发展且劳动力成本优势逐渐下降，于是将低附加值的劳动密集型产业向东盟国家转移，越南则是最大的受益国。2019 年 7 月至 2020 年 6 月，越南的服装出口额达到 300 亿美元，成为世界第二大成衣出口国。[1] 在化学及药剂制品（D20T21）、碱性金属（D24）、金属制品（D25）和电气设备（D27）四个行业中，中国台湾出口到大陆的增加值仅次于日本和韩国，也在很大程度上领先于其他东亚经济体；泰国和中国台湾在橡塑制品（D22）行业出口到中国的国内增加值很高，这与其自然资源禀赋有关，形成了它们独特的资源优势；在其他非金属矿产品（D23）行业中，日本向中国出口的国内增加值仍然居于东亚经济体中的第一位，第二位是马来西亚，而韩国居于第三位；新加坡在机械设备（D28）行业出口到中国的国内增加值相比日本和韩国之外的其他经济体来说也比较高；在其他制造行业（D31T33）中，泰国出口到中国的国内增加值增长速度很快，从 2005 年的 3180 万美元增长到 2015 年的 10.64 亿美元，在 2015 年该数值仅次于日本；在电脑、电子及光学产品（D26）行业中，向中国出口增加值最多的四个国家（地区）依次为韩国、中国台湾、日本和马来西亚，出口增加值分别为 639.94 亿美元、565.93 亿美元、228.89 亿美元和 110.59 亿美元，这四个国家（地区）为中国 D26 行业的发展提供了大量高科技产品。除了中国香港和印度尼西亚，其他东亚经济体在该行业向中国出口的国内增加值相比其他行业数额也很大，说明中国 D26 行业正在升级，并带动了整个东亚地区产业链的发展。此外，从 2005 年到 2015 年泰国和越南与中国各制造行业的联系越来越紧密，表现为这两个国家出口到中国的国内增

---

[1] 《越南成为世界第二大成衣出口国》，2020 年 8 月 16 日，中评网（http://www.crntt.com/doc/1058/5/3/8/105853803.html? coluid = 0&docid = 105853803&kindid = 0&mdate = 0816145302）。

加值稳步增长，尤其是越南，这与两个国家承接了来自中国的产业转移密切相关。

因此，从国家的角度来看，想要弥补中美经贸摩擦对中国制造业的影响，日本和韩国的作用至关重要。日韩两国仍然是中国制造业重要的合作伙伴，东亚制造业区域价值链的构建离不开日本和韩国的支撑。东盟国家的作用也不容忽视，随着越南等东盟国家与中国制造业的联系日益密切，区域价值链的构建必须有东盟国家的加入和支持。此外，从行业的角度来看，化学及药剂制品（D20T21）和电脑、电子及光学产品（D26）两个行业在整个制造业的发展中有举足轻重的地位，大多数制造行业的出口除了本行业之外都需要来自这两个行业增加值的支撑，而且中国各制造行业的出口中来自美国 D20T21 行业和 D26 行业的增加值比重几乎都是最高的，因此中国 D20T21 行业和 D26 行业的发展是增强制造业供应链自主可控能力的关键。

第四节　中日在亚洲基础设施投资的竞争与合作

2013 年，中国国家主席习近平提出"一带一路"倡议，以此推动共建国家的基础设施发展，提高各国之间的连通性。基础设施短缺一直是制约一些亚洲后发国家经济发展的重要因素。据亚洲开发银行统计，2010—2020 年亚洲地区所需的基础设施投资额约为 8.3 万亿美元，同时交通和能源管道等具体部门所需的投资额约 2900 亿美元，亚洲每年在基础设施领域的投资需求至少为 7500 亿美元。[①] 为此，提出"一带一路"倡议的同时，2013 年 10 月习近平主席还提出筹建亚洲基础设施投资银行（AIIB）的倡议，得到了亚洲国家的积极回应和大力支持。

20 世纪 60 年代以来，日本一直是亚洲地区基础设施的最大输出国，也是亚洲开发银行的实际领导者。中国"一带一路"倡议的提出，引起了日本朝野的高度警觉。《日本经济新闻》《朝日新闻》等新闻媒体纷纷发表评论称，中国主导设立 AIIB 的主要目的就是对抗日本主导的亚洲开

[①] 《亚洲基础设施建设》，邹湘、智银凤等译，社会科学文献出版社 2012 年版，第 112—113 页。

发银行。而且，以中国为主导的 AIIB 的成立可能会在亚洲建立起以中国为中心的经济区和政治区，因此日本应该采取新的计划来抗衡 AIIB 的影响力。在这种情况下，2015 年 5 月 21 日时任日本首相安倍晋三宣布，日本将在今后五年内提供约 1100 亿美元成立亚洲基建基金，支持亚洲国家的基础设施建设。2015 年 6 月，在巴伐利亚七国集团峰会上，安倍公开提出 AIIB 的投资标准不透明，基础设施建设要考虑到对环境的影响。[①] 同年，日本又提出"高品质基础设施合作伙伴关系"，以保持其在亚洲基础设施投资中的影响力。

一 中日在亚洲基础设施投资的历史与现状

（一）日本对亚洲基础设施投资的发展

日本从 20 世纪 60 年代就开始了对亚洲地区的投资，亚洲也是日本对外基础设施投资的重点地区。90 年代，日本政府制定东南亚基础设施连通愿景。2009 年，日本提出《新成长战略》，指出要战略性地利用日本在亚洲基础设施等领域中的综合优势来推动国内经济增长。2010 年，日本的东盟与东亚经济研究所发表《亚洲综合发展计划》，指出日本基础设施连通愿景由三项举措构成：一是修建东西经济走廊，从越南中部的岘港通过老挝和泰国到达缅甸东南部的毛淡棉港；二是修建南部经济走廊，连接胡志明市、金边和曼谷，最终延伸到缅甸的土瓦港；三是修建东盟海洋经济走廊，连接文莱、印度尼西亚、马来西亚、菲律宾和新加坡，形成通信和技术网络来巩固海洋经济发展。[②] 2011 年，东盟通过《东盟互联计划》，日本随之提出《支持东盟互联愿景规划》，并成立"支持东盟互联项目组"，日本外务省、经济产业省、日本商会作为项目组的成员为其提供保障。2013 年，日本与东盟建交四十周年，日本决定在 5 年内提供 2 万亿日元支持东盟的互联计划。[③]

日本于 2015 年提出"高质量基础设施合作伙伴关系"后，更是把亚

[①] 孟晓旭：《日本高质量基础设施合作伙伴关系的构建与前景》，《国际问题研究》2017 年第 3 期。

[②] Zhao Hong, "Chinese and Japanese Infrastructure Investment in Southeast Asia: From Rivalry to Cooperation?", IDE-JETRO Discussion Paper, No. 689, 2018.

[③] 张继业：《日本推动东盟国家互联互通建设的政策分析》，《现代国际关系》2017 年第 3 期。

洲作为推进该战略的关键地区,安倍指出"亚洲基础设施投资需求预计将达到每年 100 万亿日元,日本要为此提供资金支持"①。表 5-13 列出了 2015—2017 年日本对东亚基础设施投资的重大项目。

表 5-13　　2015—2017 年日本对东亚的部分基础设施投资项目

相关项目	金额或特点
2015 年,菲律宾马尼拉铁路建设	2400 亿日元;ODA 一次性贷款中最大规模;提出高质量基础设施合作伙伴关系后第一笔投资
2015 年,越南胡志明市城铁和火力发电站建设	1660 亿日元
2015 年,老挝万象供水系统扩建	103 亿日元
2015 年,缅甸蒂拉瓦电力及港湾岸壁建设	200 亿日元
2016 年,泰国曼谷城市铁路建设	1700 亿日元
2016 年,越南干旱及盐害处理项目	250 万美元
2016 年,缅甸基础设施建设	107 亿日元
2016 年,越南岘港改造、老挝国道 9 号线建设、缅甸东西走廊建设	涉及东盟东西经济走廊
2016 年,柬埔寨国道 5 号线改修、乃良大桥建设等	涉及东盟南部经济走廊
2016 年,菲律宾薄荷岛机场建设等	涉及东盟海洋经济走廊
2017 年,菲律宾地铁及城市供电系统建设等	1 万亿日元
2017 年,印度尼西亚爪哇岛铁路建设	2000 亿日元
2017 年,越南下水道建设、干旱及盐害处理项目	1200 亿日元

资料来源:孟晓旭《日本高质量基础设施合作伙伴关系的构建与前景》,《国际问题研究》2017 年第 3 期。

日本对亚洲的基础设施投资主要有三种形式:捐赠、援助和技术合作。捐赠是指日本运营商将淘汰的设备赠送给发展中国家。官方发展援

---

① 《东盟商务与投资峰会:安倍总理大臣演讲》,2015 年 11 月 21 日(http://www.kantei.go.jp/cn/97_abe/statement/201511/asean.html)。

助（ODA）在日本的基础设施外交中扮演了关键角色。1989 年，日本 ODA 金额排名世界第一，并在 1993 年至 2000 年蝉联世界最大对外援助国的称号，目前日本的对外援助排名仍保持在世界前五。[①] 日本对东亚地区的援助金额占其对外援助总金额的比重最大，其中基础设施援助约占援助总额的 60%。表 5-14 列出了日本对亚洲国家部分基础设施投资项目的资金来源，大多数项目的资金来源都是 ODA。

表 5-14　　日本对亚洲国家基础设施投资项目形式

相关项目	国家	资金来源
德里大众快速运输系统项目	印度	官方发展援助
马尼拉公共交通系统能力改善工程	菲律宾	官方发展援助
仰光-曼德勒铁路改善工程第一期	缅甸	官方发展援助
雅加达公共快速运输项目	印度尼西亚	官方发展援助
曼谷城市铁路建设	泰国	官方发展援助
南汉大桥（越日友谊桥）建设项目	越南	官方发展援助
Neak Loeung 桥施工项目	柬埔寨	官方发展援助
金边交通管理系统开发项目	柬埔寨	官方发展援助
北白国际机场 2 号航站楼建设项目	越南	官方发展援助
新博霍尔机场建设与可持续环境保护工程	菲律宾	官方发展援助
Nghi Son 炼油厂	越南	国际协力银行、日本贸易保险
Nanngiep 1 水电工程	老挝	国际协力银行
普鲁利亚抽水蓄能工程	印度	官方发展援助
Muara Karang 燃气发电厂项目	印度尼西亚	官方发展援助
联合循环电厂开发项目	孟加拉国	官方发展援助

资料来源：International Cooperation Bureau，"'Quality Infrastructure Investment' Casebook"，Ministry of Foreign Affairs，Japan，2014（https://www.mofa.go.jp/files/000095681.pdf）。

官方援助方式主要包括无偿援助、优惠贷款和技术援助。[②] 从 1960 年到 2019 年，日本对外官方援助总计 5500 亿美元，其中无偿援助 2300

---

① 梅冠群：《日本对外投资支持政策研究》，《现代日本经济》2017 年第 3 期。
② 日本的无偿援助包括单边的债务免除和通过多边机构的援助。

亿美元，优惠贷款2500亿美元，技术援助700亿美元。① 从援助方式的历史变化看，日本早期援助方式以无偿援助为主，但由于资金有限且这种方式易使受援国对援助形成依赖，所以后来较多采用优惠贷款的方式，对东道国的基础设施建设提供低息长期贷款。相比无偿援助，政府采用优惠贷款只需承担市场利率和优惠贷款利率的利差，资金压力相对较小。如表5-15所示，2005年时日本官方的对外无偿援助额为65.3亿美元，占比40.6%，而到2018年，无偿援助额度降为26.3亿美元，占比下降至19.8%；与其相反，2005年低息贷款额为68.2亿美元，占比42.4%，而到2018年，两者分别上升至80.1亿美元和60.3%。在提出"高质量基础设施合作伙伴关系"后，日本迅速修订了官方援助体系，具体包括：日本政府缩短了ODA贷款的审核时间，将普通项目贷款程序的审查时间缩短为一年半，重要项目审查时间最多为两年；私营企业提出融资申请后一个月内国际协力银行必须开始对其展开评估，答复期限为两周；直接向发展中国家的次级主权实体提供贷款时，如果满足受援国经济稳定和政府充分承诺等条件，日本可以免除政府担保；等等，② 这些措施在一定程度上提高了日本ODA的效率和吸引力。

表5-15　　　　　　　　　　日本ODA的构成　　　　　　　（单位：亿美元）

	2005年	2006年	2007年	2008年	2009年	2010年	2011年	2012年	2013年	2014年	2015年	2016年	2017年	2018年
无偿援助	65.3	50.5	34.2	47.8	22.1	34.7	50.4	31.2	70.3	24.5	26.4	28.1	26.2	26.3
占比（%）	40.6	37.6	29.0	32.1	16.8	22.7	31.1	21.5	36.0	19.7	22.0	20.9	17.4	19.8
低息贷款	68.2	57.1	57.5	70.5	77.4	83.2	76.1	77.4	97.2	73.7	69.8	78.6	95.8	80.1
占比（%）	42.4	42.5	48.7	47.3	58.9	54.5	47.0	53.3	49.7	59.2	58.2	58.4	63.5	60.3
技术合作	27.5	26.7	26.3	30.6	31.9	34.9	35.4	36.6	28.0	26.3	23.7	27.8	28.8	26.5
占比（%）	17.1	19.9	22.3	20.6	24.3	22.8	21.9	25.2	14.3	21.1	19.8	20.7	19.1	19.9

---

① 数据来自日本外务省（https://www.mofa.go.jp/mofaj/gaiko/oda/files/100161805.pdf）。
② The Government of Japan, "Follow-up Measures of 'the Partnership for Quality Infrastructure'", 2015 (https://www.mofa.go.jp/files/000117999.pdf).

续表

	2005年	2006年	2007年	2008年	2009年	2010年	2011年	2012年	2013年	2014年	2015年	2016年	2017年	2018年
ODA总额	161.0	134.3	118	148.9	131.4	152.8	161.9	145.2	195.5	124.5	119.9	134.5	150.8	132.9
占比（%）	100.1	100.0	100.0	100.0	100.0	100.0	100.0	100.0	100.0	100.0	100.0	100.0	100.0	100.0

注：日本的ODA包括双边ODA和向国际机构的捐款，本表统计数据主要是指双边ODA。

资料来源：根据日本外务省各年度ODA白皮书相关数据计算得到（https：//www.mofa.go.jp/policy/oda/page_000017.html）。

除了政府资金，民间资金也是日本对外援助的重要资金来源，日本积极推动各商业银行和企业参与投资。2013年10月，日本政府在日元贷款方面推行经济合作改革，以推动日本企业参与公私合营（PPP）项目。基础设施的PPP项目周期为20—30年，风险很高，政府贷款的支持能有效推动私人部门参与投资。国际协力银行专门设有针对中小企业的政策性金融支持项目，另外日本商工组合中央金库、国民生活公库、中小企业金融公库等机构也可以为企业提供低息贷款。

国际协力银行是日本为企业对外投资提供资金的主要政策性银行，通过日本银行在东道国的分行或者与其有合作的东道国银行，将资金以信贷的方式贷给在东道国投资的日本企业。国际协力银行的资金由政府100%出资，资金来源主要是政府的追加资本金、政府借款和发行JBIC债券。[1] 如表5-16所示，国际协力银行主要通过海外投资贷款项目为日本企业提供低息长期贷款。提出"高质量基础设施合作伙伴关系"后，日本政府加强国际协力银行与亚开行的合作，决定共同成立一个新的信托基金，通过PPP模式向私人企业的高质量基础设施项目投资，其目标是在成立五年内至少投资15亿美元。同时，国际协力银行和亚洲开发银行还决定在2020年之前共同出资100亿美元支持长期投资计划，并为主权项目提供技术合作和贷款。[2]

---

[1] 梅冠群：《基于日本经验的中国对外投资政策选择研究》，《亚太经济》2017年第2期。

[2] The Government of Japan, "Follow-up Measures of 'the Partnership for Quality Infrastructure'", 2015 (https：//www.mofa.go.jp/files/000117999.pdf).

表5-16　　　　　　日本国际协力银行支出构成比例　　　　　（单位：%）

	2010年	2011年	2012年	2013年	2014年
海外投资贷款	40	60	74	76	75
担保	36	14	7	9	10
出口贷款	9	11	7	3	0
其他	15	15	12	12	15

资料来源：日本国际协力银行（JBIC）。

(二) 中国对亚洲基础设施投资的发展

21世纪初，中国为加强与东盟国家的运输连通性建立了泛北部湾经济合作区，旨在通过高速公路和铁路的建设实现与东盟国家的陆地连通，通过港口和机场等基础设施的建设建立与东盟国家的海上和空中连通。2013年，中国国家主席习近平提出"一带一路"倡议，以推动共建国家的基础设施发展，提升各国之间的连通性。表5-17列出了2005年到2018年6月中国对东亚各国的重大基础设施投资数据。"一带一路"倡议提出后，中国对各国的基础设施投资额都出现了大幅增加。2005年到2012年，中国对东亚地区基础设施年平均投资额为61.94亿美元，而2013—2017年年均投资额上升至136.82亿美元，增长了1.2倍。东盟地区处于"一带一路"的陆海交会地带，是推动"一带一路"倡议的优先方向和重要伙伴，中国对东盟国家的基础设施投资一直保持着较高水平，2005年至2018年对印度尼西亚的基础设施投资总额达到267.7亿美元，对马来西亚的投资总额达到254.2亿美元，对老挝、越南、菲律宾和柬埔寨等其他东盟国家的基础设施投资也数额巨大。2016年东盟发布《东盟互联互通整体规划2025》，随后中国与东盟互联互通协调委员会进行了三次会谈，2017年7月在雅加达举行的第三次会议上，双方就"一带一路"倡议与《东盟互联互通整体规划2025》的战略合作达成一致，并对优先合作项目展开进一步讨论，推动"一带一路"倡议与《东盟互联互通整体规划2025》的协同发展。[①]

---

① 中华人民共和国商务部：《中国—东盟互联互通合作委员会第三次会议在印尼雅加达召开》，2017年7月25日（http://www.mofcom.gov.cn/article/ae/ai/201707/20170702615284.shtml）。

表 5-17　2005 年到 2018 年 6 月中国对东亚国家基础设施投资额

（单位：百万美元）

	2005年	2006年	2007年	2008年	2009年	2010年	2011年	2012年	2013年	2014年	2015年	2016年	2017年	2018年6月	总额
孟加拉国	—	—	—	—	—	—	—	—	—	—	—	—	—	110	110
文莱	—	—	—	—	140	—	—	—	—	—	530	—	—	—	670
柬埔寨	—	280	—	910	—	370	—	120	1850	—	760	510	1230	2770	8800
斐济	—	—	—	—	150	—	—	—	—	120	—	—	—	—	270
印度尼西亚	1060	1210	2480	1130	—	1830	2290	1560	2450	4550	3200	4190	820	26770
老挝	120	150	2040	—	210	3420	—	840	900	120	3230	3850	2610	2830	20320
马来西亚	—	—	1830	—	1810	1260	3100	2170	2870	1420	7340	3450	170	25420
蒙古	—	—	—	120	—	—	—	—	—	990	110	220	180	1620
缅甸	130	—	—	430	100	210	—	200	370	—	550	—	710	2700
新西兰	—	—	—	—	—	—	—	—	—	—	150	—	—	150
巴布亚新几内亚	—	—	—	—	—	—	290	610	250	100	430	1230	—	2910
菲律宾	—	—	—	690	1060	—	350	600	1360	—	2140	3600	—	9800
新加坡	—	—	—	830	490	320	580	250	270	1050	110	1270	950	130	6250
韩国	—	—	—	—	—	—	—	—	—	—	610	—	—	610
泰国	—	—	—	—	—	170	—	100	110	120	570	1140	3050	470	5730
东帝汶	—	—	—	—	—	—	—	—	—	270	—	—	—	270
越南	—	760	—	1520	2690	5900	3220	2590	1010	—	260	—	340	950	19240
总额	1310	2400	4520	6220	4780	13290	7100	9930	9280	8710	12790	21300	20870	9140	131640

数据来源：笔者搜集整理。

中国在亚洲基础设施发展方面的长期目标包括泛亚铁路网的建设。1960 年，联合国亚太经社会首次提出构建泛亚铁路网的设想，2009 年 11 月 10 日，中国等 18 个亚太经社会成员代表在釜山签署了《泛亚铁路网政府间协定》，酝酿了近 50 年之久的泛亚铁路网之梦朝着现实迈出了关键性的一步。泛亚铁路网有四条铁路动脉，包括北通道、南通道、北南通道和中国—东盟通道，其中北通道、南通道和中国—东盟通道全部经过中国，该铁路网的中部、东部和西部路线将以中国昆明为中心经过老挝、泰国、缅甸、马来西亚和新加坡，而中国和东盟的交通合作计划也将为中国与东盟国家之间的国际交通走廊铺平道路。[①] 目前,中老铁路和中越铁路(国内段)已经投入运营,中泰铁路也已经启动建设。由于中国独特的地理位置,泛亚铁路一旦建成,中国昆明将成为欧亚大陆重要的国际铁路枢纽,这是日本和其他国家无法比拟的壮举。

官方发展援助是中国对外基础设施投资的主要资金来源。1995年之前,中国对外援助方式以无偿援助为主。1995年5月,国务院发布《关于改革援外工作有关问题的批复》,对援助方式进行了重大改革,优惠贷款变成主要方式。到2009年底,无偿援助、无息贷款和优惠贷款的金额分别为1062亿元、765.4亿元和735.5亿元,占援助总额的41%、30%和29%[②];但在2010年至2012年,三种援助金额分别为323.2亿元、72.6亿元和497.6亿元,占援助总额的36.2%、8.1%和55.7%,优惠贷款占比几乎提高一倍。[③] 中国进出口银行是优惠贷款的唯一资金来源,是中国境外承包工程和各类境外投资贷款的主要政策性融资渠道,中国企业则是优惠贷款项目的主要施工单位。表5-18是2005年至2018年6月对东亚国家进行重大基础设施投资的中国企业信息。其中,国有企业47家,私营企业16家,国有企业对东亚重大基础设施投资总额为1405.9亿美元,私营企业的总投资金额为107.9亿美元,国有企业投资额是私营企业的13倍,从中可以看出,中国的国有企业一直是对外基础设施投资的主力军。此外,2000年之前,中国政府的优惠贷款主要采取转贷的形式,由中国进出口银行通过受援国的转贷机构贷给投资企业,但在此之后,政府贷款通常由中国进出口银行直接贷给中国企业,其利率一般远低于商业贷款利率。

[①] 中华人民共和国商务部:《中国—东盟互联互通合作委员会第三次会议在印尼雅加达召开》,2017年7月25日(http://www.mofcom.gov.cn/article/ae/ai/201707/20170702615284.shtml)。

[②] 国务院新闻办公室:《中国的对外援助》,2011年4月21日(http://www.scio.gov.cn/zfbps/ndhf/2011n/202207/t20220704_130062_2.html)。

[③] 国务院新闻办公室:《〈中国的对外援助(2014)〉白皮书》,2014年7月10日(http://www.scio.gov.cn/zfbps/ndhf/2014n/202207/t20220704_130101.html)。

表 5-18　　2005 年至 2018 年中国对东亚国家基础设施投资的
企业信息　　　　　　　（单位：百万美元）

承包企业	企业性质	投资金额	承包企业	企业性质	投资金额
北方工业	国有企业	2060	上海建工集团股份有限公司	国有企业	370
北京城建投资发展股份有限公司	国有企业	1300	上海申通地铁股份有限公司	国有企业	290
北京控股有限公司	国有企业	490	上海隧道工程股份有限公司	国有企业	1260
北京神雾环境能源科技集团股份有限公司	私营企业	600	深圳市巨能伟业技术有限公司	私营企业	880
东方电气	国有企业	5040	深圳盐田	国有企业	1910
广东长大公路工程有限公司	国有企业	180	神州长城股份有限公司	私营企业	3440
国家电力投资集团公司	国有企业	1270	特变电工股份有限公司	私营企业	120
国家电网有限公司	国有企业	240	武汉凯迪电力股份有限公司	私营企业	850
国家开发投资公司	国有企业	310	云南建工集团有限公司	国有企业	1230
哈尔滨电气集团有限公司	国有企业	2980	云南省能源投资集团有限公司	国有企业	120
哈尔滨动力设备股份有限公司	私营企业	520	浙江恒通机械有限公司	私营企业	200
河北建设集团	私营企业	140	中钢钢铁有限公司	国有企业	540
河南森源电气股份有限公司	私营企业	180	中国大唐集团公司	国有企业	370
华为技术有限公司	私营企业	1240	中国电建	国有企业	17720
华西能源	私营企业	180	中国葛洲坝集团公司	国有企业	2970
江苏永鼎股份有限公司	私营企业	120	中国海洋石油集团有限公司	国有企业	370
青岛市恒顺众昇集团股份有限公司	国有企业	860	中国核工业集团	国有企业	990
青建集团股份有限公司	私营企业	230	中国华电集团有限公司	国有企业	3900

续表

承包企业	企业性质	投资金额	承包企业	企业性质	投资金额
日照港	国有企业	1910	中国华能集团有限公司	国有企业	430
山东高速集团	国有企业	270	中国化学工程集团公司	国有企业	3770
上海电气	国有企业	2260	中国机械工业集团有限公司	国有企业	12310
中国建材集团	国有企业	700	中国铁路工程总公司	国有企业	11400
中国建筑工程总公司	国有企业	6890	中国通用技术集团	国有企业	2370
中国江苏国际经济技术合作集团有限公司	国有企业	120	中国五矿集团公司	国有企业	5720
中国交通建设集团有限公司	国有企业	15200	中国冶金科工集团有限公司	国有企业	5180
中国南方电网	国有企业	640	中国远大集团	私营企业	120
中国能源建设股份有限公司	国有企业	5480	中国长城工业集团有限公司	国有企业	210
中国石油化工集团公司	国有企业	1930	中国长江三峡集团有限公司	国有企业	1580
中国石油天然气集团有限公司	国有企业	820	中国中材国际工程股份有限公司	私营企业	820
中国水电工程顾问集团公司	私营企业	1150	中铝集团	国有企业	460
中国水利水电建设集团公司	国有企业	4320	中信集团	国有企业	740
中国铁建股份有限公司	国有企业	9510			

数据来源：笔者自行搜集整理。

（三）中日对亚洲基础设施投资的比较

中国开始对外基础设施投资的时间要比日本晚很多，两国对亚洲基础设施投资的政策背景、战略布局以及投资主体都存在着较大的差异。

首先，中国以"一带一路"为背景，重在通过基础设施投资来提升共建国家的基础设施连通水平，希望与各国共同打造政治互信、经济融合、文化包容的利益共同体和命运共同体。日本则以构建所谓"高质量基础设施合作伙伴关系"为战略推动对亚洲的基础设施投资，强调"高质量"的重要性，以此提高本国基础设施投资的吸引力，从而拓展日本公司的业务。

其次，在发展亚洲铁路网络的战略计划方面，日本主要聚焦于东西路线的建设，目的是打通日本参与的几条东亚经济走廊，以此把缅甸、泰国、老挝和越南等国连接在一起，进而通过基础设施的互联互通在东亚地区为日本企业带来业务的扩张及生产网络的优化。与日本相比，在"一带一路"框架下，中国在东南亚地区的长期目标则是建立南北泛亚洲铁路网络，与吉隆坡—新加坡高铁相配合，在推进东南亚各国基础设施互联互通的同时，也改进中国进入东南亚和其他地区的途径。

最后，从投资主体看，由于基础设施投资的资金需求大且回报周期长，国有企业相比于私营企业在融资方面有更大的优势，因此国有企业一直是中国对外基础设施投资的主力军；日本的情况则有所不同，其私营企业在对外基础设施投资中占有举足轻重的地位，2013年到2014年在日本流入发展中国家的资金中私人资本占87%，日本政府主要依靠国际协力银行等政策性金融机构来支持私营企业的融资。除了上述差异，中日两国在亚洲的基础设施投资也有相似之处，比如都重视与东盟地区的基础设施合作，都以优惠贷款为主要方式向东道国提供资金，等等。

二 中日在亚洲地区基础设施投资的竞争

中日基础设施投资竞争与中国经济的高速增长有很大关系。第二次世界大战后，日本经济迅速发展，在亚洲各项事务中居主导地位，但1990年后随着其泡沫经济的破灭，日本经济陷入持续衰退之中。与此同时，中国经济则迅速崛起，2010年中国的GDP超过日本成为世界第二大经济体，国际地位也有了显著提高。近年来，作为亚洲两大强国，二者在亚洲的基础设施投资领域出现了比较激烈的竞争。

（一）中日竞争优势的比较

1. 中国的竞争优势

国家经济实力是一国对外投资的资金供给强有力的支撑。自2010年中国超过日本成为世界第二大经济体以来，由于增长速度的差异以及汇率变动的不同趋势，两国以美元计算的GDP规模差距不断扩大，2020年中国的GDP已接近日本的三倍。此外，从能够体现一国资金供给能力的国民净储蓄指标和外汇储备指标看，中国也远远超过日本。2018年中国的国民净储蓄达到3.86万亿美元，是日本2610亿美元的14.8倍；当年中国外汇储备总额也达到了日本的2.5倍（见表5-19）。综合来看，近些年中国的资金供给能力要远强于日本。

就基础设施投资的融资机构来看，中国的融资能力也远强于日本。中国可以为对外基础设施投资提供资金的融资机构主要包括中国进出口银行、中国发展银行、中国投资公司、丝绸之路基金以及由中国所主导的多边金融机构——亚洲基础设施投资银行，AIIB由104个国家作为整体共同承担资金支出，能有效分担支出成本。日本基础设施投资的资金主要来自ODA、国际协力银行以及由日本主导的多边金融机构——亚洲开发银行。表5-20比较了中日各融资机构的资金（融资）规模。就中日国内支持对外投资的政策性金融机构来看，中国的银行数量不断增多，而且规模更大，比如中国进出口银行在1995年成立之初创始资本就达到2000亿美元，而截至2015年3月31日，日本国际协力银行的资本金总额才增至122亿美元，与中国进出口银行的资本量相差甚远。中国发展银行和中国投资公司当前的资金规模更是分别高达1.9万亿美元和8190亿美元，即使是完全用于为"一带一路"共建国家项目融资的丝路基金，其资本总额目前也达到了400亿美元。因此相比于日本，中国对亚洲的基础设施投资显然更具资金优势。

表5-19　　　　　　　中国与日本经济实力比较　　　　（单位：十亿美元）

年份	GDP 中国	GDP 日本	国民净储蓄 中国	国民净储蓄 日本	外汇储备 中国	外汇储备 日本
2010	6087	5759	2241	76	2914	1105
2011	7552	6233	2481	27	3255	1296
2012	8532	6272	2703	19	3388	1268
2013	9570	5212	2855	51	3880	1267
2014	10476	4897	3113	78	3900	1261
2015	11062	4445	3041	196	3405	1233
2016	11233	5004	3060	246	3098	1217

续表

年份	GDP		国民净储蓄		外汇储备	
	中国	日本	中国	日本	中国	日本
2017	12310	4931	3522	287	3236	1264
2018	13895	5037	3855	261	3168	1270
2019	14280	5149	3845	NA	3223	1322
2020	14723	5058	NA	NA	3357	1391

资料来源：世界银行（https：//data.worldbank.org/indicator）。

表5-20　　　　　中日基础设施投资的融资机构比较　　　（单位：亿美元）

	对外政策性金融机构					多边开发性金融机构	
	中国				日本	中国	日本
	中国进出口银行	中国发展银行	中国投资公司	丝路基金	国际协力银行	AIIB	ADB
创始时间	1995年	1994年	2007年	2014年	1999年	2015年	1966年
创始资本	2000	620	2000	100	未知	1000	10
当前资金总额（截至2015年3月31日）	4270	19040	8190	400	122	未知	64.5

资料来源：国际协力银行；Åsa Malmström Rognes, "Does the Asian Infrastructure Investment Bank Added Anything New to Multilateral Finance in Asia?" Working Paper No. 244, 2017, Department of Economic History, Uppsala University。

再来比较 AIIB 和 ADB，从功能定位看，AIIB 的资本全部用于支持亚洲的基础设施建设，而 ADB 的投资业务不仅涉及基础设施领域，投资区域也不只局限于亚洲地区，因此能够用于亚洲基础设施投资的资金并不多。比如，相比于 2030 年亚洲年均高达 1.7 万亿美元的基础设施投资需求，[①] 2018—2021 年亚洲开发银行对成员国中所有发展中国家的基础设施

---

① Asian Development Bank, "Meeting Asia's Infrastructure Needs", February 2017 （http：//dx.doi.org/10.22617/FLS168388-2）.

投资年均金额只有102.4亿美元①，其资金供给远不能满足亚洲基础设施建设的资金需求。相比之下，中国主导的AIIB在2015年成立时仅创始资本就高达1000亿美元。此外，ODA是日本政府通过对外援助为基础设施投资提供资金的重要方式，但21世纪以来，日本的ODA一般预算持续下降，虽然2010年之后略有上升，但相比于1997年的最高点5851亿日元，2022年仅为4428亿日元（见图5-6），其可用于基础设施投资的资金规模自然也会相应缩小。

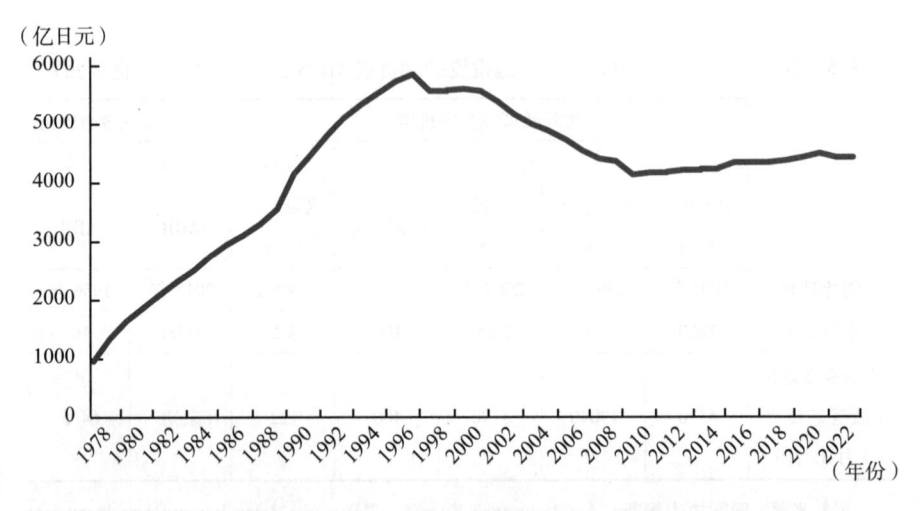

图5-6 1978—2022年日本ODA一般预算

资料来源：Ministry of Foreign Affairs of Japan（https://www.mofa.go.jp/mofaj/gaiko/oda/shiryo/yosan.html#section3）。

2. 日本的竞争优势

虽然资金供给能力不如中国，但日本在长期的对外基础设施援助中积累了许多经验，具有一定的竞争优势。首先，日本早在20世纪60年代就开始进行对外援助和投资，截至2015年3月，仅由国际协力银行出资支持的亚洲投资项目就有12123个。大规模的援助和投资使日本积累了宝贵的实践经验，同时也使日本与东道国政府和民众建立了信任关系。以

---

① 根据亚洲开发银行"Annual Report 2022：Building Resilience in Challenging Times"相关数据计算得到（http://dx.doi.org/10.22617/FLS230039）。

第二次世界大战受害地区东南亚为例，该地区的民众在早期对日本怀有敌意，但日本对东南亚地区的长期援助改善了当地民众对日本的态度。国际协力机构的调查显示，东南亚各国约有 90% 的民众认为日本是可以信赖的友邦，有 93% 的民众认为日本投资是友善的。[①]

其次，日本具有先进的技术。在印度的德里公共快速运输系统项目中，日本将"再生制动系统"引入地铁，在 20 年内将减少 2200 万吨 CO_2 排放，这是联合国注册的世界上第一个铁路部门 CDM 项目；在越日友谊桥的建设中，采用"钢管薄板桩墙结构"的软土地基法来减轻环境负担，该方法现已被当作越南国家桥梁设计标准；在菲律宾新博霍尔机场的建设中，利用日本太阳能发电系统和渗透池等先进技术，防止了机场废水对环境的损害；日本为中国台湾建设的高速铁路，即使在 2018 年 3 月发生的 6.4 级地震中，也未造成乘客死亡或受伤，[②] 堪称日本在基础设施领域的经典案例。

最后，日本各机构间沟通渠道相对完善。地方经济产业局每年会组织当地有意向海外投资的企业召开会议，会中由日本贸易振兴会提供东道国的商业情报。会议结束后，经济产业省将优秀的企业介绍给国际协力机构，国际协力机构利用自己强大的资源和信息优势为企业提供竞标项目的情报，使企业提前制定适合的投资策略。

（二）中日竞争案例分析

自"一带一路"倡议提出以来，中日双方围绕亚洲基础设施投资项目展开激烈竞争，在两国民间引起广泛关注。在零和思维的影响下，一些人甚至会把其中一方赢得项目形容为国家的胜利。

1. 印度尼西亚的雅加达—万隆高铁项目

佐科就任印度尼西亚总统后，提出建设雅加达—万隆高铁项目。从 2008 年开始，日本向印度尼西亚提出的多个修建方案都由于费用较高被拒绝，日本又锲而不舍地推销新干线技术，并许诺提供 1400 亿日元的贷款支持印度尼西亚的基础设施建设。2015 年 3 月，中国开始就该高铁项

[①] 黄伟：《日本对外直接投资的发展历程及启示》，《中国物价》2013 年第 5 期。

[②] The Government of Japan, "'Quality Infrastructure Investment' Casebook", May 2017 (Http://www.mofa.go.jp/files/000095681.pdf).

目与印度尼西亚政府商谈，4月双方就签订了雅加达—万隆高铁项目的基本规划书。但在2015年9月，印度尼西亚以要降低列车速度为由取消了该高铁项目，提出雅万中速铁路项目，中日双方又不断更新优惠方案，希望能够在竞争中取胜。最终，2015年10月印度尼西亚政府以日本方案不符合印度尼西亚"不占用国家预算和不使用国家担保"的要求为由放弃了与日本的合作，宣布中国方案为唯一选择，双方正式签署合作协议。

2. 印度的高铁项目

2014年，印度提出多项高铁修建项目，拟修建高铁的总长度约为4600千米。当年9月习近平主席出访印度，中印双方就"新德里—钦奈"高铁签署了备忘录；同年11月，中印之间对"迈索尔—班加罗尔—钦奈"铁路项目的修建研究达成了协议。但在这之后，两国之间的合作便没有了新的进展。日本则收获颇丰，在2012年就得到了"孟买—艾哈迈达巴德"高铁的可行性研究权，2015年日本提出愿意为该高铁项目提供总额约为9880.5亿卢比的低息贷款。当年12月安倍访问印度期间，日本拿下该高铁项目，两国签订了合作意向书。同时日本还承诺将设立120亿美元的基金，用于印度的基础设施建设投资。最终，在对印度高铁项目的竞争中，日本胜出，有日媒将其形容为日本在与中国的竞争中扳回一局。

3. 泰国的铁路项目

2012年，泰国准备改善本国的铁路系统，拟修建多条铁路。考虑到泰国资金有限，中国提出了"以泰国农产品抵偿高铁项目部分费用"的创新合作机制，这一方案得到了泰国政府的认同。但由于政府的变更，泰国对铁路系统的修建被迫中止，新政府上台后，铁路项目重新启动。中国又将"高铁换大米"项目计划进行了升级，希望与泰国达成合作。日本则积极向泰国推广新干线技术，并承诺在铁路修建过程中将派遣专家进行技术指导。泰国政府为了加强两国竞争，获得更多的优惠，先后访问中日两国并体验京津城际列车和"希望号"新干线列车。2015年5月27日，泰国宣布清迈至曼谷的高铁将与日本合作修建，同年，泰国又宣布廊开至曼谷的铁路项目将与中国合作实施。中日两国在泰国铁路项目的竞争中被认为是打成了平手。

三 中日基础设施的合作潜力

合则两利，斗则两伤。中日两国在亚洲基础设施投资领域的恶性竞争既不符合两国利益，也不符合历史发展的趋势，因此，调整是一种必然。正如2018年10月时任日本首相安倍在时隔七年再次访华前夕接受中国媒体采访时所说，"满足作为世界经济增长中心的亚洲日益旺盛的基础设施需求，有重要的意义。迄今为止，日中之间在基础设施建设投标方面竞争激烈。从结果上看，由于两国的竞争造成了不必要的成本，人们开始质疑这是否符合'旨在通过高质量的基础设施来提高凝聚力'的初衷。所以，今后日中要采取的姿态是，在应该合作的领域开展合作"[①]。

随着日本政府对华战略的调整，其对"一带一路"倡议的态度也出现了一定变化，从之前的消极观望、警惕质疑，逐渐转向客观看待和选择性参与。2017年5月，日本执政的自民党干事长二阶俊博率团出席"一带一路"国际合作高峰论坛，6月5日安倍首相在东京发表讲话，宣布日本准备扩大与中国"一带一路"倡议的合作。

日本最终选择参与中国的"一带一路"建设，加强与中国在亚洲基础设施投资领域的合作，不仅是因为恶性竞争所带来的高昂的经济与政治成本，也是由于两国基于各自的比较优势在该领域形成了巨大的合作潜力。正如前文的分析，中国具有资金优势和劳动力成本优势，日本则具有先进的技术和管理经验优势。基础设施投资的资金需求大、回报周期长，如果能够将两国各自的优势相结合，既能降低项目风险，又能极大地提高效率，从而实现双赢乃至与第三方市场的多赢。

在中日两国关系回暖的过程中，双方在第三方市场上的务实合作其实已经开始，而且有了一些成功的案例。比如，2015年日本最大的物流公司日本通运就与中国铁路总公司合作，协助在华日企开展通往中亚和欧洲的定期运输，在"一带一路"框架下，该公司在2017年9月宣布与哈萨克斯坦国家铁路公司合作，提供连接中日港口、中亚和欧洲的陆海联运服务。在哈萨克斯坦，中国中石化炼化工程股份有限公司与日本丸

---

① 刘洪亮：《安倍接受文汇报等采访：将邀习主席访日，把日中关系引向新的阶段》，2018年11月24日，文汇网（http://wenhui.whb.cn/third/zaker/201810/24/219718.html）。

红株式会社共同与当地企业合作,签署深加工联合装置建设 EPCC 总承包合同,总价 16.8 亿美元。在德国,中国中信泰富有限公司与日本伊藤忠商事株式会社联合参与北海海域 Butendiek 海上风力发电项目,为 37 万户德国家庭输送电能。在阿曼,中国山东电力建设第三工程有限公司与日本三井物产公司联合萨拉拉工业区建设燃气—蒸汽联合循环电站项目,以全新的合作模式共同开拓国际市场。中日两国的第三方合作还包括,日本 JFE 工程等企业联合体与中企携手在泰国推进智慧城市开发项目,富士通与中企一同推出面向老年人群的 IT 技术服务,中日在东南亚联合经营工业园区,等等。

此外,中日关系的改善还体现在 AIIB 与 ADB 的合作上。2016 年二者共同资助了巴基斯坦的新公路项目,还为孟加拉国的天然气生产提供了资金。2017 年 5 月,在横滨举办的第 50 届亚洲开发银行年会上,ADB 行长表示,"我们不需要将 AIIB 视为竞争对手,亚洲有很大的融资需求,我们可以合作"①。

为使第三方合作更加顺利,中日双方还在政府层面进行必要协调。仍以高铁建设为例,由于中国和日本的高铁系统建设类型不同,如果某一地区的各个国家选择采用不同的系统和技术,那么该地区的铁路网络可能不相容,这就需要两个国家建立有效的对话机制和合作机制。为此,2018 年 5 月 9 日两国政府在北京共同签署《关于中日第三方市场合作的备忘录》,并设立跨部门的"推进中日第三方市场合作工作机制",这为两国未来在第三方市场的合作提供了比较坚实的制度保障。随后,2018 年 5 月 30 日,中国国家发展和改革委员会副主任赴泰推动中日在泰国"东部经济走廊"开展的第三方市场合作,这也成为中日在第三方市场合作的示范项目。

2018 年 10 月 26 日,李克强总理与时任日本首相安倍晋三共同出席首届中日第三方市场合作论坛,该论坛有中日两国 1000 多名企业家参加,两国企业签署了 52 份、总金额超过 180 亿美元的合作协议。中国和其他

---

① Asian Development Bank, "ADB President Calls for New Infrastructure Investment as Part of ADB's Long-Term Strategy", May 6, 2017 (https://www.adb.org/news/adb-president-calls-new-infrastructure-investment-part-adbs-long-term-strategy).

国家在第三国共同开拓市场早有先例，比如中法在英国欣克利角共建核电项目，但是从规模、数量、涉及的国家和领域等方面来看，都没有像中日此次合作这么广泛。李克强指出，此次第三方市场合作论坛表明了中日双方在第三方市场不搞"恶性竞争"的共同意愿，两国要更加充分地发挥互补优势，拓展合作空间，在第三方市场实现三方共赢。安倍晋三则表示，中日关系已经开启了由"竞争"到"协调"的新阶段。[①]

总之，中国和日本作为亚洲两大强国，在基础设施投资领域各有优势。虽然两国近些年来在亚洲基础设施投资中出现过竞争，但是双方也存在着巨大的合作潜力。如果两国能充分发挥互补优势，不断拓展合作空间，就能实现互利共赢的局面。在"一带一路"的框架下，中日关系面临着回归正常发展轨道的重大契机。面对亚洲巨大的基础设施需求，中日应该抓住机遇，化竞争为合作，联手推动亚洲区域连通发展，为中日关系持续向好发展注入新动力，也为亚洲乃至整个世界的发展与繁荣做出贡献。

---

① 《首届中日第三方市场合作论坛上，李克强和安倍都说了什么?》，2018 年 10 月 27 日，中国政府网（http：//www.gov.cn/premier/2018-10/27/content_5335045.htm）。

第六章

"一带一路"与东亚区域分工：
多维对接与联动发展

第一节 共建"一带一路"：进展、成就与挑战

2013年9月，国家主席习近平对哈萨克斯坦进行国事访问，其间在纳扎尔巴耶夫大学发表公开演讲，提出为使欧亚各国经济联系更加紧密、相互合作更加深入、发展空间更加广阔，可以用创新的合作模式，共同建设"丝绸之路经济带"。10月，习近平主席在出访东南亚国家期间，在印度尼西亚国会发表演讲时提出共建"21世纪海上丝绸之路"的重大倡议。此后，2014年底的中央经济工作会议明确将"一带一路"倡议作为新一年经济工作的一项重要任务。2015年2月，国家召开了"推进'一带一路'建设工作会议"，成立了"一带一路"建设工作领导小组；3月国家发改委、外交部和商务部联合发布《推动共建丝绸之路经济带和21世纪海上丝绸之路的愿景与行动》，上述会议的召开和行动纲领的颁布，标志着"一带一路"倡议开始正式进入大众视野。

一 主要进展与成就

作为中国向世界提供的促进全球合作共赢的国际公共产品，"一带一路"倡议致力于将中国自身发展置于一个更为宏大的亚欧非框架内，以亚欧非大陆及附近海洋的互联互通为基础，以政策沟通、设施联通、贸易畅通、资金融通和民心相通为纽带，通过优势互补和产业转移，实现中国与广大共建国家的合作共赢和发展繁荣。倡议提出十年来，在中国

政府的积极推动下，在"一带一路"共建国家的共同努力下，两条古丝路在新时代人类命运共同体理念引领下正重现历史辉煌，日益焕发出勃勃生机。各个领域均取得了显著成绩。

（一）制度与政策协调持续增强

共建国家间的制度和政策差异是制约"一带一路"建设的巨大障碍。"一带一路"倡议提出后，一些国家和国际组织从疑虑到观望，再到积极响应和参与支持，政策沟通发挥了决定性的作用。[①] 截至2021年1月，中国与171个国家和国际组织共签署了205份"一带一路"合作文件，[②] 中国的"一带一路"倡议与俄罗斯的欧亚经济联盟、哈萨克斯坦的"光明之路"、印度尼西亚的"全球海洋支点"、匈牙利的"向东开放"等许多国家的发展规划实现了对接。2019年4月，第二届"一带一路"国际合作高峰论坛规模已经远远超过2017年5月举行的首届"一带一路"国际合作高峰论坛。特别是在全球贸易保护主义对企业造成负面影响日益显著的情况下，"一带一路"倡议获得了企业界的高度认可。在一个覆盖26个市场6000多家国际型企业的调研中，"一带一路"倡议认可度位居榜首，得到全球四成受访企业的认可，成为受全球企业认可度最高的经贸主张。[③] 上述丰硕成果表明共建"一带一路"倡议和构建人类命运共同体理念越来越深入人心，"一带一路"朋友圈也因此越来越大，这为未来"一带一路"经贸合作继续深化，为共建"一带一路"高质量发展打下了坚实基础。

（二）基础设施建设顺利推进

"一带一路"建设的关键是互联互通，特别是在基础设施领域的互联互通。在《推动共建丝绸之路经济带和21世纪海上丝绸之路的愿景与行动》中，基础设施互联互通被定位为"一带一路"建设的优先领域。因为它不仅对"一带一路"共建国家的经济增长起到重要的推动作用，而

[①] 郑雪平、林跃勤：《"一带一路"建设进展、挑战与推进高质量发展对策》，《东北亚论坛》2020年第6期。

[②] 张广琳：《我国已签署共建"一带一路"合作文件205份》，2021年1月30日，中国一带一路网（https://www.yidaiyilu.gov.cn/xwzx/gnxw/163241.htm）。

[③] 汇丰银行（中国）有限公司：《汇丰调查：全球主要经贸政策中"一带一路"影响力最受认可》，2018年3月21日（http://www.sh.chinanews.com/jinrong/2018-03-22/36468.shtml）。

且为政策沟通、贸易畅通、资金融通和民心相通提供了坚实的物质基础。倡议提出十年来，中国在与各共建国家政府的共同努力下，正沿着"一带一路"构筑起铁路、公路、航运、航空、综合信息网络等多层次、复合型的基础设施网络。聚焦"六廊六路多国多港"主骨架，中俄蒙、新亚欧大陆桥、中国—中亚—西亚、中国—中南半岛、中巴、孟中印缅等经济走廊建设顺利推进；2021年12月3日中老铁路全线开通正式运营，中泰铁路、雅万高铁、中吉乌铁路、匈塞铁路等重大项目取得积极进展；巴基斯坦瓜达尔港正常运营，斯里兰卡"未来之城"科伦坡港口城项目填海造地全部完成，缅甸皎漂特别经济区深水港、希腊比雷埃夫斯港项目建设稳步推进。空中丝绸之路建设也不断加快，中国已与126个国家和地区签署了双边政府间航空运输协定。[①] 中欧班列的贸易大通道作用更加凸显，截止到2021年10月底，中欧班列已铺画73条运行线路，通达欧洲23个国家175个城市，运输货品达5万余种，将中国生产的生活必需品和生产资料及时送达欧洲，也为欧洲企业对华出口提供便利。[②] 2020年全年开行超过1.2万列，同比上升50%。[③]

（三）投资合作与自贸区建设不断提速

在投资合作与自贸区建设方面，"一带一路"倡议的实施，有力促进了中国与共建国家的投资合作，2013—2020年，中国对共建国家累计直接投资1398.5亿美元。2020年末，中国境内投资者在"一带一路"共建国家设立境外企业超过1.1万家，涉及国民经济18个行业大类，当年实现直接投资225.4亿美元，同比增长20.6%，占同期中国对外直接投资流量的14.7%，较上年提升一个百分点（见图6-1）。从行业构成看，流向制造业和基础设施领域的投资最多，其中制造业76.8亿美元，占34.1%，建筑业37.6亿美元，占16.7%，电力生产和供应业24.8亿美

[①] 《图解："一带一路"倡议六年成绩单》，中国一带一路网（https://www.yidaiyilu.gov.cn/xwzx/gnxw/102792.htm）。

[②] 康逸、李骥志：《无惧疫情阴霾，中欧"一带一路"合作逆势前行》，2021年12月1日，新华社（https://www.yidaiyilu.gov.cn/xwzx/hwxw/202541.htm）。

[③] 张广琳：《我国已签署共建"一带一路"合作文件205份》，2021年1月30日，中国一带一路网（https://www.yidaiyilu.gov.cn/xwzx/gnxw/163241.htm）。

元，占11%。① 在共建国家承包工程完成营业额911.2亿美元，占全国对外承包工程的58.4%。②

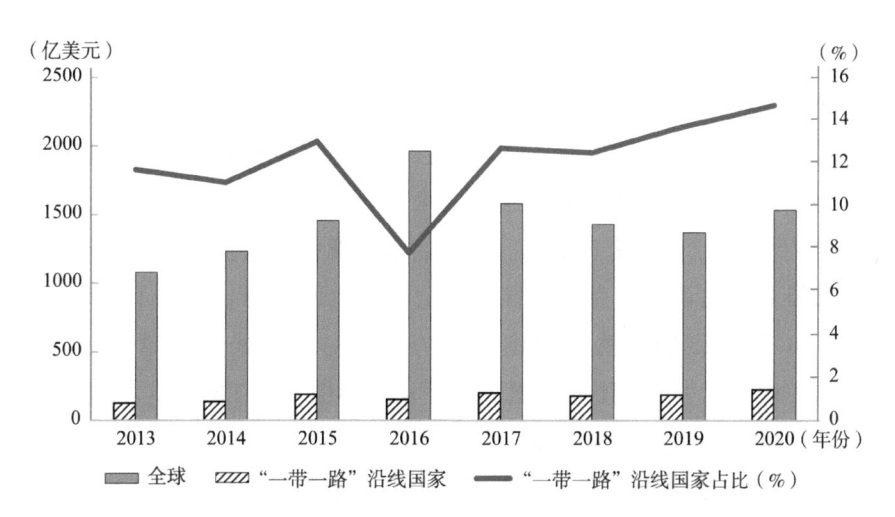

图6-1　2013—2020年中国对"一带一路"共建国家直接投资及其在中国对外直接投资总额中的占比

数据来源：根据《2020年度中国对外直接投资统计公报》相关数据绘制；《2020年度中国对外直接投资统计公报》，中国商务出版社2021年版，第17—18页。

区域经济合作也不断扩大与升级。截至2020年11月，中国已与26个国家和地区签署了19个自由贸易协定，其中6个是与"一带一路"国家签署的。其中，2022年1月1日正式生效的《区域全面经济伙伴关系协定》，是东亚区域一体化20年来最重要的成果，也是目前全球规模最大的自贸区。

一大批境外项目和园区建设在稳步推进。中国和白俄罗斯政府共同建设的中白工业园区，截至2020年底，已经吸引了包括中国石油、中兴、华为和白俄罗斯银行等在内的68家企业入驻，协议投资额超过12亿美

---

① 《2020年度中国对外直接投资统计公报》，中国商务出版社2021年版，第17—18页。
② 张广琳：《我国已签署共建"一带一路"合作文件205份》，2021年1月30日，中国一带一路网（https://www.yidaiyilu.gov.cn/xwzx/gnxw/163241.htm）。

元。① 中白工业园总规划面积达 112 平方千米，是目前中国在海外面积最大、合作层次最高的经贸合作区之一，也是中白合作共建丝绸之路经济带的标志性工程。2019 年 2 月，根据白俄罗斯共和国第 490 号"关于海关监管"总统令，中白工业园被批准成为白俄罗斯境内首个区域经济特区，园区企业可以最大限度地享受欧亚经济联盟的海关便利和税收优惠政策。由中国红豆集团联合无锡华泰投资置业有限公司、柬埔寨国际投资开发集团有限公司共同开发建设的柬埔寨西哈努克港经济特区，截至 2020 年 6 月，已引入来自中国、欧美、东南亚等国家及地区的企业（机构）165 家，占西哈努克省全省工厂企业总数近 80%，促进了当地工业的发展。同时，创造就业岗位近 3 万个，对当地经济贡献率超过了 50%。② 由中国华立集团在泰国主导开发的泰中罗勇工业园，经过 10 多年的建设和招商，已开发完成 8 平方千米，目前入驻中国企业 150 家，产业涉及汽摩配及其零部件、新能源、新材料、机械、电子、五金等，带动中国企业对泰投资超 35 亿美元，累计总产值 173 亿美元。③ 中国与马来西亚两国政府合作共建的马中关丹产业园，预计将实现 600 亿林吉特产值，为当地政府创造 60 亿林吉特的税收。由天津泰达控股和中非基金共同出资建设的中埃·泰达苏伊士经贸合作区，吸引了包括全球最大的玻璃纤维生产企业巨石集团、中国电气百强企业之首的中国西电集团等全球知名企业近 80 家，投资超过 10 亿美元，累计总产值约 12 亿美元，直接解决就业 3500 余人，产业带动就业约 3 万人。④ 总体来看，中国企业在共建国家建设的一批境外经贸合作，截至 2019 年末累计投资达到 350 亿美元，上缴东道国税费超过 30 亿美元，为当地创造就业岗位 32 万

---

① 《中白工业园入园企业已达 68 家，投资总额超 12 亿美元》，2021 年 2 月 22 日，北京日报（https://baijiahao.baidu.com/s?id=1692373365706416870&wfr=spider&for=pc）。
② 吴双：《柬埔寨西哈努克港经济特区》，2021 年 6 月 11 日，中国一带一路网（https://www.yidaiyilu.gov.cn/xwzx/swxx/hwwg/176839.htm）。
③ 吴双：《泰国泰中罗勇工业园》，2021 年 6 月 11 日，中国一带一路网（https://www.yidaiyilu.gov.cn/xwzx/swxx/hwwg/176851.htm）。
④ 刘梦：《中埃苏伊士经贸合作区迎三周年 建设成效显著》，2019 年 4 月 12 日，中国一带一路网（https://www.yidaiyilu.gov.cn/xwzx/hwxw/85632.htm）。

个。① 同时，共建国家企业也看好中国发展机遇，在华新设企业 4294 家，直接投资 82.7 亿美元。②

（四）贸易合作快速发展

在贸易合作方面，2013—2022 年中国与"一带一路"共建国家货物贸易进出口总额从 1.05 万亿美元增至 2.08 万亿美元，年均增速 7.9%，是中国总体进出口贸易年均增速 4.7% 的 1.7 倍。其中，中国对"一带一路"共建国家的出口从 5755 亿美元增加至 11809 亿美元，年均增速 8.3%，是中国总出口年均增速 5.4% 的 1.5 倍；对"一带一路"共建国家的进口从 4739 亿美元增加至 8949 亿美元，年均增速 7.3%，是中国总进口年均增速 3.7% 的 2.0 倍。与共建国家进出口贸易占中国总体进出口贸易总额的比重也从 2013 年的 25.2% 提升至 2022 年的 33.1%。整体来看，"一带一路"共建国家对中国的产品出口依赖较大，与中国的进出口贸易基本处于逆差状态且呈现上升状态，从 2013 年的 1016 亿美元升至 2022 年的 2860 亿美元（见表 6-1）。③

表 6-1　　　　中国对"一带一路"共建国家的进口与出口　（单位：亿美元）

			2013年	2014年	2015年	2016年	2017年	2018年	2019年	2020年	2021年	2022年
东南亚	新加坡	出口	458.3	489.1	519.4	445.1	450.2	490.4	548.0	576.3	551.0	794.2
		进口	300.6	308.3	275.8	260.1	342.5	337.3	352.4	316.2	388.2	336.4
		差额	157.7	180.8	243.6	185.0	107.7	153.1	195.6	260.1	162.8	457.8
	越南	出口	485.9	637.3	660.2	611.0	716.2	838.8	978.7	1138.2	1379.0	1438.8
		进口	168.9	199.1	298.3	371.7	503.7	639.6	641.2	784.7	923.2	879.4
		差额	316.9	438.2	361.9	239.3	212.4	199.2	337.5	353.4	455.8	559.3
	泰国	出口	327.2	342.9	382.9	372.0	385.4	428.8	455.8	505.1	693.5	772.2
		进口	385.2	383.3	371.7	385.3	416.0	446.3	461.5	481.4	618.3	565.5
		差额	-58.0	-40.4	11.2	-13.4	-30.5	-17.5	-5.8	23.7	75.2	206.6

---

① 中华人民共和国商务部：《中国对外投资合作发展报告 2020》（http：//www.mofcom.gov.cn/article/news/202102/20210203036239.shtml）。

② 张广琳：《我国已签署共建"一带一路"合作文件 205 份》，2021 年 1 月 30 日，中国一带一路网（https：//www.yidaiyilu.gov.cn/xwzx/gnxw/163241.htm）。

③ 根据 CEIC 相关数据计算得到（https：//cas.ceicdata.com/login）。

续表

		2013年	2014年	2015年	2016年	2017年	2018年	2019年	2020年	2021年	2022年
东南亚	菲律宾 出口	198.7	234.7	266.7	298.4	320.7	350.4	407.6	418.8	572.9	634.7
	菲律宾 进口	181.8	209.8	189.7	174.0	192.4	206.1	202.0	193.4	247.6	230.2
	菲律宾 差额	16.9	24.9	77.1	124.5	128.3	144.3	205.6	225.5	325.2	404.5
	文莱 出口	17.0	17.5	14.1	5.1	6.4	15.9	6.5	4.7	6.4	8.2
	文莱 进口	0.9	1.9	1.0	2.2	3.5	2.5	4.5	14.8	22.3	22.5
	文莱 差额	16.1	15.6	13.1	2.9	2.9	13.4	2.0	-10.1	-15.9	-14.3
	缅甸 出口	73.4	93.7	96.5	81.9	89.5	105.5	123.1	125.5	105.2	132.9
	缅甸 进口	28.6	156.0	54.5	41.0	45.3	46.8	63.9	63.5	81.2	114.9
	缅甸 差额	44.8	-62.3	42.0	40.9	44.2	58.6	59.2	62.0	24.0	17.9
	马来西亚 出口	459.3	463.5	439.8	376.7	417.1	453.8	521.4	563.0	786.5	917.2
	马来西亚 进口	601.5	556.5	532.8	492.7	544.3	632.1	719.1	751.7	983.1	1098.4
	马来西亚 差额	-142.2	-93.0	-93.0	-116.0	-127.1	-178.3	-197.7	-188.7	-196.5	-181.2
	柬埔寨 出口	34.1	32.7	37.6	39.3	47.8	60.1	79.8	80.5	115.7	139.4
	柬埔寨 进口	3.6	4.8	6.7	8.3	10.1	13.8	14.4	15.0	21.0	18.4
	柬埔寨 差额	30.5	27.9	31.0	31.0	37.8	46.3	65.4	65.6	94.6	121.0
	老挝 出口	17.2	18.4	12.3	9.9	14.2	14.5	17.6	14.9	16.7	22.7
	老挝 进口	10.1	17.8	15.5	13.6	16.1	20.2	21.6	20.9	26.8	33.5
	老挝 差额	7.1	0.6	-3.2	-3.7	-1.9	-5.6	-3.9	-6.0	-10.1	-10.8
	印度尼西亚 出口	369.3	390.6	343.4	321.3	347.6	431.9	456.5	409.8	606.5	706.4
	印度尼西亚 进口	314.2	244.9	198.9	214.1	285.7	341.5	341.1	374.8	639.2	778.9
	印度尼西亚 差额	55.1	145.7	144.6	107.1	61.8	90.4	115.3	35.0	-32.8	-72.5
	东帝汶 出口	0.5	0.6	1.0	1.6	1.3	1.3	1.4	1.9	2.6	2.8
	东帝汶 进口	0.0	0.0	0.0	0.0	0.0	0.0	0.2	0.0	1.1	1.5
	东帝汶 差额	0.5	0.6	1.0	1.6	1.3	1.3	1.2	1.9	1.5	1.3
南亚	印度 出口	484.3	542.2	582.3	584.2	680.4	766.8	748.3	667.2	975.1	1172.0
	印度 进口	169.7	163.6	133.7	117.6	163.5	188.3	179.9	209.8	281.5	174.9
	印度 差额	314.6	378.6	448.6	466.5	517.0	578.4	568.4	457.4	693.6	997.1
	孟加拉国 出口	97.1	117.8	138.9	143.0	151.7	177.5	173.2	150.8	240.9	266.2
	孟加拉国 进口	6.0	7.6	8.2	8.7	8.8	9.8	10.4	8.0	10.5	9.8
	孟加拉国 差额	91.0	110.2	130.8	134.3	142.9	167.7	162.9	142.8	230.5	256.3

续表

		2013年	2014年	2015年	2016年	2017年	2018年	2019年	2020年	2021年	2022年
南亚	斯里兰卡	出口	34.4	37.9	43.0	42.9	40.9	42.6	40.9	38.4	52.5	37.0
		进口	1.8	2.5	2.6	2.7	3.1	3.2	4.0	3.2	6.5	4.9
		差额	32.5	35.4	40.5	40.1	37.8	39.3	36.9	35.2	46.0	32.0
	巴基斯坦	出口	110.2	132.4	164.4	172.3	182.5	169.3	161.7	153.6	242.4	228.5
		进口	32.0	27.5	24.7	19.1	18.3	21.7	18.1	21.2	35.8	34.2
		差额	78.2	104.9	139.7	153.2	164.2	147.6	143.6	132.3	206.6	194.3
	尼泊尔	出口	22.1	22.8	8.3	8.7	9.7	10.8	14.8	11.7	19.5	16.4
		进口	0.4	0.5	0.3	0.2	0.2	0.2	0.3	0.2	0.3	0.2
		差额	21.7	22.4	8.0	8.4	9.5	10.6	14.5	11.5	19.2	16.2
	不丹	出口	0.2	0.1	0.1	0.0	0.1	0.1	0.1	0.1	1.1	1.7
		进口	0.0	0.0	0.0	0.0	0.0	0.0	0.0	0.0	0.0	0.0
		差额	0.2	0.1	0.1	0.0	0.1	0.1	0.1	0.1	1.1	1.6
	马尔代夫	出口	1.0	1.0	1.7	3.2	3.0	4.0	3.5	2.8	4.1	4.4
		进口	0.0	0.0	0.0	0.0	0.0	0.0	0.3	0.1	0.0	0.0
		差额	1.0	1.0	1.7	3.2	3.0	4.0	3.1	2.7	4.0	4.4
中东欧	摩尔多瓦	出口	1.1	1.2	1.0	0.8	1.0	1.1	1.3	1.5	1.8	2.1
		进口	0.2	0.2	0.2	0.2	0.3	0.4	0.5	0.6	1.0	0.8
		差额	0.9	0.9	0.8	0.5	0.6	0.7	0.8	0.9	0.7	1.2
	俄罗斯	出口	495.9	536.8	347.6	373.6	428.3	479.7	497.5	505.0	675.5	756.4
		进口	396.7	415.9	332.6	322.6	413.9	591.4	611.9	576.8	796.1	1143.8
		差额	99.2	120.8	15.0	51.0	14.4	-111.8	-114.4	-71.8	-120.6	-387.4
	白俄罗斯	出口	8.7	11.1	7.5	10.9	9.3	11.4	18.0	21.1	27.3	32.5
		进口	5.8	7.4	10.1	4.4	5.2	5.7	9.1	8.9	10.9	18.0
		差额	2.9	3.7	-2.6	6.5	4.2	5.7	8.8	12.2	16.4	14.5
	乌克兰	出口	78.5	51.1	35.2	42.2	50.4	70.2	74.0	68.8	94.0	32.9
		进口	32.7	34.8	35.6	24.9	23.4	26.5	45.1	80.0	97.7	43.5
		差额	45.8	16.2	-0.4	17.3	27.0	43.7	28.9	-11.2	-3.7	-10.5
	克罗地亚	出口	13.9	10.3	9.9	10.2	11.6	13.3	14.0	15.7	19.8	22.6
		进口	1.0	1.0	1.1	1.6	1.8	2.1	1.4	1.4	3.4	1.6
		差额	12.9	9.3	8.7	8.6	9.8	11.2	12.5	14.3	16.4	21.0

续表

			2013年	2014年	2015年	2016年	2017年	2018年	2019年	2020年	2021年	2022年
中东欧	爱沙尼亚	出口	11.1	11.5	9.5	9.6	10.1	10.3	9.2	8.6	10.1	9.5
		进口	2.0	2.3	2.3	2.1	2.6	2.5	3.0	2.8	2.8	2.9
		差额	9.1	9.2	7.2	7.5	7.5	7.9	6.2	5.8	7.3	6.6
	立陶宛	出口	16.9	16.6	12.1	12.9	16.0	17.6	17.0	18.1	22.0	17.9
		进口	1.2	1.6	1.4	1.6	2.6	3.3	4.4	4.9	4.3	0.9
		差额	15.6	15.0	10.7	11.3	13.5	14.3	12.6	13.2	17.6	17.0
	拉脱维亚	出口	13.7	13.2	10.2	10.6	11.5	11.7	10.9	10.5	11.5	10.2
		进口	1.0	1.5	1.4	1.3	1.8	2.1	2.0	2.0	2.4	3.8
		差额	12.8	11.7	8.8	9.3	9.7	9.5	9.0	8.5	9.1	6.5
	匈牙利	出口	56.9	57.6	52.0	54.3	60.5	65.4	64.7	74.0	101.4	104.5
		进口	27.2	32.6	28.8	34.6	40.8	43.4	37.5	42.8	55.7	50.5
		差额	29.8	25.0	23.2	19.6	19.7	22.0	27.3	31.2	45.7	54.0
	斯洛伐克	出口	30.8	28.3	27.9	28.6	27.3	25.4	29.2	30.3	45.5	44.3
		进口	34.6	33.8	22.4	24.1	25.8	52.5	59.7	64.3	75.5	77.1
		差额	-3.7	-5.5	5.6	4.5	1.4	-27.1	-30.4	-34.0	-30.0	-32.7
	捷克	出口	68.4	79.9	82.3	80.6	87.9	119.1	129.7	137.4	151.1	182.2
		进口	26.1	29.9	27.8	29.5	37.0	44.0	46.3	51.3	60.5	54.1
		差额	42.2	50.1	54.5	51.1	51.0	75.1	83.4	86.0	90.5	128.0
	罗马尼亚	出口	28.2	32.2	31.6	34.5	37.8	45.1	45.7	51.3	67.1	73.6
		进口	12.1	15.2	12.9	14.6	18.2	21.7	23.3	26.4	35.1	30.8
		差额	16.2	17.0	18.7	19.9	19.5	23.4	22.5	24.9	32.0	42.9
	波兰	出口	125.7	142.6	143.4	151.0	178.7	208.8	238.8	267.3	365.8	379.3
		进口	22.3	29.3	27.4	25.4	33.5	36.5	39.4	43.2	55.4	50.5
		差额	103.4	113.2	116.0	125.6	145.2	172.3	199.4	224.1	310.4	328.7
中亚及高加索地区	亚美尼亚	出口	1.2	1.2	1.1	1.1	1.4	2.1	2.2	2.2	3.3	4.8
		进口	0.7	1.7	2.1	2.8	3.0	3.0	5.3	7.9	10.9	9.1
		差额	0.5	-0.4	-1.0	-1.7	-1.6	-0.9	-3.1	-5.7	-7.6	-4.3
	阿塞拜疆	出口	8.7	6.5	4.4	3.5	3.9	5.2	6.2	6.2	9.9	11.3
		进口	2.3	3.0	2.2	4.1	5.8	3.8	8.7	7.0	2.1	2.5
		差额	6.3	3.5	2.2	-0.7	-1.9	1.3	-2.5	-0.8	7.9	8.9

续表

		2013年	2014年	2015年	2016年	2017年	2018年	2019年	2020年	2021年	2022年
中亚及高加索地区	格鲁吉亚 出口	8.6	9.1	7.7	7.5	9.1	11.0	14.0	12.8	10.3	12.4
	进口	0.5	0.5	0.4	0.5	0.7	0.5	0.8	1.0	1.8	1.5
	差额	8.1	8.6	7.2	6.9	8.5	10.4	13.2	11.7	8.5	10.9
	哈萨克斯坦 出口	125.5	127.1	84.4	82.9	115.6	113.5	127.3	117.0	139.6	162.5
	进口	160.5	97.4	58.5	48.1	63.8	85.3	92.7	98.1	112.9	148.4
	差额	-35.1	29.7	25.9	34.9	51.9	28.2	34.6	19.0	26.7	14.1
	吉尔吉斯斯坦 出口	50.8	52.4	42.8	56.1	53.4	55.6	62.8	28.7	74.7	153.4
	进口	0.6	0.6	0.6	0.7	0.9	0.5	0.7	0.3	0.8	0.8
	差额	50.1	51.9	42.2	55.3	52.5	55.0	62.1	28.3	73.9	152.6
	塔吉克斯坦 出口	18.7	24.7	18.0	17.3	13.0	14.3	15.9	10.2	16.8	22.0
	进口	0.9	0.5	0.5	0.3	0.5	0.8	0.8	0.5	1.8	3.7
	差额	17.8	24.2	17.4	16.9	12.5	13.5	15.1	9.7	15.1	18.2
	土库曼斯坦 出口	11.4	9.5	8.2	3.4	3.7	3.2	4.3	4.4	5.1	8.6
	进口	88.9	95.2	78.3	55.6	65.8	81.2	86.9	60.7	68.4	103.1
	差额	-77.6	-85.6	-70.1	-52.2	-62.1	-78.0	-82.6	-56.3	-63.3	-94.5
	乌兹别克斯坦 出口	26.1	26.8	22.3	20.1	27.5	39.4	50.3	51.4	58.8	74.2
	进口	19.4	16.0	12.7	16.1	14.7	23.2	21.8	14.8	21.6	22.8
	差额	6.8	10.8	9.6	4.0	12.8	16.2	28.5	36.6	37.3	51.5
	蒙古 出口	24.5	22.2	15.7	9.9	12.4	16.4	18.3	16.2	22.3	28.7
	进口	35.1	51.0	38.0	36.2	51.7	63.4	63.3	51.2	69.0	93.3
	差额	-10.6	-28.9	-22.2	-26.3	-39.3	-47.0	-45.1	-35.1	-46.7	-64.7
西亚北非	也门 出口	21.4	22.0	14.3	16.9	16.4	18.7	28.2	28.8	25.7	27.6
	进口	30.6	29.3	9.0	1.7	6.6	7.2	8.7	6.7	4.9	6.3
	差额	-9.2	-7.3	5.3	15.3	9.8	11.5	19.5	22.1	20.8	21.2
	利比亚 出口	28.3	21.6	18.9	11.8	10.3	14.3	24.5	18.8	21.3	23.4
	进口	20.4	7.3	9.5	3.5	13.6	47.8	48.2	8.3	32.8	29.4
	差额	8.0	14.3	9.4	8.4	-3.3	-33.5	-23.6	10.5	-11.5	-6.0
	伊朗 出口	140.4	243.4	177.7	164.2	185.8	139.4	95.9	84.9	82.8	93.3
	进口	253.9	275.0	160.6	148.3	185.5	211.0	134.5	64.4	65.0	63.5
	差额	-113.5	-31.7	17.1	15.9	0.3	-71.6	-38.6	20.5	17.8	29.7

续表

		2013年	2014年	2015年	2016年	2017年	2018年	2019年	2020年	2021年	2022年
西亚北非	巴林 出口	12.4	12.3	10.1	7.9	9.0	11.4	14.8	11.2	13.8	17.5
	巴林 进口	3.1	1.8	1.1	0.6	1.2	1.5	2.0	1.5	4.0	2.5
	巴林 差额	9.3	10.5	9.0	7.3	7.8	9.9	12.9	9.7	9.8	15.0
	黎巴嫩 出口	24.9	26.0	22.9	21.0	20.1	19.7	16.8	9.5	15.1	24.6
	黎巴嫩 进口	0.5	0.3	0.2	0.2	0.2	0.5	0.3	0.3	0.5	0.6
	黎巴嫩 差额	24.5	25.8	22.7	20.8	19.9	19.2	16.5	9.1	14.6	24.0
	约旦 出口	34.3	33.6	34.2	29.5	28.0	29.7	36.8	31.8	39.9	56.5
	约旦 进口	1.7	2.6	2.9	2.1	2.8	2.1	4.3	4.3	4.2	7.5
	约旦 差额	32.6	31.0	31.4	27.4	25.2	27.6	32.4	27.6	35.7	49.0
	卡塔尔 出口	17.1	22.5	22.8	15.2	16.8	24.8	24.1	26.3	39.6	39.3
	卡塔尔 进口	84.6	83.4	46.1	40.1	64.0	91.5	87.1	83.1	132.1	225.9
	卡塔尔 差额	-67.5	-60.8	-23.4	-25.0	-47.2	-66.6	-63.0	-56.7	-92.5	-186.5
	埃及 出口	83.6	104.6	119.6	104.4	94.9	119.9	122.0	136.3	182.6	169.9
	埃及 进口	18.5	11.6	9.2	5.5	13.4	18.4	10.0	9.2	17.0	10.2
	埃及 差额	65.1	93.0	110.4	98.8	81.4	101.4	112.0	127.0	165.6	159.7
	土耳其 出口	177.5	193.1	186.1	166.9	181.2	177.9	173.2	203.5	291.5	338.2
	土耳其 进口	44.9	37.1	29.4	27.9	37.8	37.6	35.0	37.3	50.5	45.0
	土耳其 差额	132.6	156.0	156.6	139.0	143.4	140.3	138.3	166.2	241.0	293.2
	以色列 出口	76.5	77.4	86.2	81.8	89.2	92.7	96.1	112.5	152.9	163.9
	以色列 进口	31.8	31.4	28.0	31.7	42.1	46.4	51.5	62.9	75.3	89.7
	以色列 差额	44.6	46.0	58.1	50.1	47.1	46.3	44.6	49.7	77.6	74.2
	阿曼 出口	19.0	20.7	21.2	21.5	23.2	28.6	30.2	30.8	35.7	41.4
	阿曼 进口	210.4	238.0	150.5	120.4	133.8	189.0	196.5	156.6	285.9	362.4
	阿曼 差额	-191.4	-217.3	-129.3	-98.9	-110.7	-160.3	-166.3	-125.8	-250.3	-321.0
	阿拉伯联合酋长国 出口	334.1	390.3	370.2	300.7	287.2	296.5	334.1	323.1	437.5	534.2
	阿拉伯联合酋长国 进口	128.2	157.6	115.1	99.9	123.1	162.4	153.4	170.5	285.7	454.2
	阿拉伯联合酋长国 差额	205.9	232.7	255.1	200.8	164.1	134.1	180.8	152.6	151.8	80.0
	叙利亚 出口	6.9	9.8	10.2	9.2	11.0	12.7	13.1	8.3	4.8	4.2
	叙利亚 进口	0.0	0.0	0.0	0.0	0.0	0.0	0.0	0.0	0.0	0.0
	叙利亚 差额	6.9	9.8	10.2	9.1	11.0	12.7	13.1	8.3	4.8	4.2

续表

		2013年	2014年	2015年	2016年	2017年	2018年	2019年	2020年	2021年	2022年
西亚北非	科威特 出口	26.8	34.3	37.7	30.0	31.1	33.1	38.4	35.5	43.7	49.1
	科威特 进口	95.9	100.0	75.0	63.7	89.3	153.4	134.5	107.4	177.6	265.0
	科威特 差额	-69.1	-65.8	-37.2	-33.7	-58.2	-120.3	-96.1	-71.9	-133.9	-215.9
	伊拉克 出口	68.9	77.4	79.1	75.5	83.3	79.0	94.6	109.2	106.9	136.9
	伊拉克 进口	179.8	207.6	126.7	106.6	138.1	225.0	239.3	193.0	266.5	394.0
	伊拉克 差额	-110.9	-130.2	-47.7	-31.2	-54.8	-145.9	-144.7	-83.8	-159.6	-257.1
	沙特 出口	187.4	205.8	216.1	186.6	183.8	174.3	238.8	281.0	303.2	377.2
	沙特 进口	534.5	485.1	300.2	236.3	317.6	458.5	542.0	390.7	569.7	780.6
	沙特 差额	-347.1	-279.3	-84.1	-49.7	-133.9	-284.3	-303.2	-109.7	-266.5	-403.4
南欧	斯洛文尼亚 出口	18.3	19.9	20.9	22.7	28.9	44.2	34.1	34.5	53.6	68.3
	斯洛文尼亚 进口	3.0	3.3	2.9	4.4	5.0	5.9	5.2	5.1	6.3	5.9
	斯洛文尼亚 差额	15.3	16.6	18.0	18.3	23.9	38.3	29.0	29.4	47.3	62.5
	希腊 出口	32.2	41.9	36.6	42.0	47.5	65.0	77.4	70.4	111.8	128.6
	希腊 进口	4.3	3.5	2.9	2.8	4.3	5.6	7.3	7.7	9.7	8.4
	希腊 差额	27.9	38.4	33.8	39.2	43.2	59.4	70.1	62.6	102.1	120.3
	塞浦路斯 出口	9.7	10.4	5.9	4.6	5.2	7.4	5.8	8.9	8.7	11.6
	塞浦路斯 进口	0.5	0.6	0.5	0.5	0.5	0.5	0.6	0.3	0.3	0.3
	塞浦路斯 差额	9.2	9.8	5.4	4.1	4.7	6.8	5.3	8.7	8.4	11.3
	保加利亚 出口	11.2	11.8	10.4	10.6	11.7	14.4	15.5	15.5	23.1	28.4
	保加利亚 进口	9.6	9.8	7.5	5.9	9.7	11.5	11.6	13.7	18.0	12.7
	保加利亚 差额	1.6	1.9	2.9	4.7	2.0	2.9	3.9	1.8	5.1	15.7
	黑山 出口	0.9	1.6	1.3	1.1	1.3	1.8	1.1	1.1	1.0	2.2
	黑山 进口	0.2	0.5	0.2	0.3	0.7	0.4	0.4	0.6	0.1	0.5
	黑山 差额	0.7	1.0	1.1	0.8	0.7	1.4	0.7	0.6	0.8	1.7
	北马其顿 出口	0.6	0.8	0.9	0.9	0.8	1.1	1.3	1.6	2.2	2.3
	北马其顿 进口	1.1	0.9	1.3	0.5	0.9	0.5	1.5	2.3	3.7	1.8
	北马其顿 差额	-0.4	-0.1	-0.5	0.4	-0.1	0.6	-0.1	-0.7	-1.4	0.6
	塞尔维亚 出口	4.3	4.2	4.2	4.3	5.5	7.3	10.3	16.2	22.4	21.7
	塞尔维亚 进口	1.8	1.1	1.3	1.6	2.1	2.2	3.6	5.0	9.8	13.6
	塞尔维亚 差额	2.5	3.1	2.8	2.7	3.3	5.0	6.7	11.3	12.6	8.1

续表

			2013年	2014年	2015年	2016年	2017年	2018年	2019年	2020年	2021年	2022年
南欧	阿尔巴尼亚	出口	3.2	3.8	4.3	5.1	4.5	5.4	6.0	5.7	5.9	7.0
		进口	2.3	1.9	1.3	1.3	2.0	1.1	1.0	0.8	1.6	1.9
		差额	0.9	1.9	3.0	3.8	2.6	4.3	5.0	4.9	4.3	5.2

注："一带一路"共建国家的区域划分参考了国家开发银行、联合国开发计划署和北京大学《"一带一路"经济发展报告》，中国社会科学出版社2017年版。

数据来源：根据国家统计局相关数据计算得到（https://data.stats.gov.cn/easyquery.htm?cn=C01）。

（五）资金融通与金融合作成效显著

金融是现代经济的核心，是保证共建国家基础设施互联互通、产业合作顺利推进的"血脉"。自"一带一路"倡议提出十年来，中国与"一带一路"共建国家在推动区域投融资机构建设、项目融资合作、金融市场合作、维护区域金融稳定以及区域金融合作机制创新等多方面取得了显著成效。

一是"一带一路"新型区域融资合作平台多元化。2013年，中国倡议并成功筹建亚洲基础设施投资银行（以下简称"亚投行"），成为全球范围内首个专注于基础设施建设的政府间多边开发金融机构，得到了全球许多国家的积极支持和参与，截至2023年6月，亚投行共有106个成员国。2014年12月，由中国出资设立的丝路基金正式运营，成为支持"一带一路"建设的一个重要融资渠道。2015年7月，中国、俄罗斯、巴西、印度、南非等"金砖国家"发起成立了金砖国家新开发银行（以下简称"新开发银行"），是历史上第一次由新兴市场国家自主发起成立和主导运营的国际多边开发银行。此外，2019年3月，中国财政部还联合世界银行、亚投行、亚洲开发银行、欧洲投资银行、欧洲复兴开发银行等多个国际金融机构，共同成立多边开发融资合作中心（MCDF），作为支持"一带一路"资金融通的重要平台。上述金融机构和平台的成立，有力保障了"一带一路"建设的资金需求。截至2020年底，亚投行共计为 108 个项目提供贷款，资助金额达到 220.2 亿美元；① 新开发银行累积为 678 个项目进行贷款，资助金额达到 244.4 亿美元。② 截至 2020 年 10 月，丝路基金累计签约项目 47 个，承诺投资金额 178 亿美元。③ 此外，丝路基金与欧洲投资基金还于 2018 年共同设立了中欧共同投资基金。

二是中国为"一带一路"共建重点项目提供全方位融资服务。截至 2020 年末，国家开发银行在"一带一路"共建国家和地区支持基础设施互联互通、产能合作、社会民生等的国际业务余额超过了 1600 亿美元。④ 截至 2019 年 4 月，中国进出口银行"一带一路"执行中项目已超过 1800 个，贷款余额超过 1 万亿元人民币；⑤ 非洲业务已覆盖 46 个国家，累计签约金额超过 6000 亿元人民币，支持了一大批经济社会效益突出的重大项目。2013 年至 2021 年上半年，中国出口信用保险公司对共建国家出口和投资累计支持超过 1 万亿美元。⑥ 此外，中资商业银行也积极为"一带一路"建设提供融资贷款，比如从"一带一路"倡议提出到 2019 年 4 月底，中国银行累计跟进超过 600 个共建项目，提供各类授信支持超过 1300 亿美元；⑦ 截至 2018 年末，中国建设银行在基础设施建设领域累计为 29 个"一带一路"共建国家的 117 个项目提供了金融支持，签约金额达到 206 亿美元。⑧

三是与第三方国际金融机构合作共同为"一带一路"建设提供融资

---

① AIIB, "2020 AIIB Annual Report", May 2021（https://www.aiib.org/en/news-events/annual-report/2020/_common/pdf/2020-aiib-annual-report-and-financials.pdf）.

② New Development Bank, "NDB Annual Report 2020", December 2020（https://www.ndb.int/wp-content/uploads/2021/07/NDB-AR-2020_complete_v3.pdf）.

③ 陈航：《丝路基金已签约 47 个项目、承诺投资金额 178 亿美元》，2020 年 10 月 24 日，光明网（https://m.gmw.cn/baijia/2020-10/24/1301715008.html）。

④ 王予：《国家开发银行支持共建绿色"一带一路"》，2021 年 8 月 24 日，中国一带一路网（https://www.yidaiyilu.gov.cn/xwzx/gnxw/184360.htm）。

⑤ 许晟：《中国进出口银行"一带一路"建设贷款余额超万亿元》，2019 年 4 月 18 日，中国政府网（https://www.gov.cn/xinwen/2019-04/18/content_5384274.htm）。

⑥ 杨倩：《上半年中国信保支持对"一带一路"沿线国家的出口和投资 842.1 亿美元》，2021 年 7 月 15 日，中国一带一路网（https://www.yidaiyilu.gov.cn/xwzx/gnxw/180266.htm）。

⑦ 刘梦：《中国银行累计跟进逾 600 个"一带一路"沿线项目》，2019 年 5 月 15 日，中国一带一路网（https://www.yidaiyilu.gov.cn/xwzx/gnxw/90723.htm）。

⑧ 陈莹莹：《建行累计为 29 个"一带一路"沿线国家 117 个项目提供金融支持》，2019 年 4 月 24 日，中国证券报（https://www.cs.com.cn/xwzx/hg/201904/t20190424_5942895.html）。

服务。比如2019年3月亚投行与亚洲开发银行共同签署了主权业务联合融资框架协议，为双方未来继续开展联合融资提供了整体安排指导，并已对5个项目进行了联合融资。① 中国推动形成的《"一带一路"融资指导原则》已有29个核准方，中国—中东欧银联体推动"16+1合作"框架下的多边金融合作。中国人民银行积极与多边开发机构开展联合融资，协同效应逐步显现。比如出资30亿美元与国际金融公司（IFC）成立了联合融资基金，出资20亿美元与非洲开发银行成立了"非洲共同增长基金"（AGTF），出资20亿美元与泛美开发银行建立"中国对拉美和加勒比地区联合融资基金"等。截至2019年3月末，上述联合融资机制已投资近200个项目超过30亿美元。②

二 "一带一路"建设面临的主要挑战与未来发展

在总结过去十年"一带一路"建设取得丰富成果的同时，我们也应该冷静看到，"一带一路"建设过程中还存在一些问题和隐忧。除了自身建设过程中暴露出来的不足，如发展规划滞后、建设质量有待提高等，来自西方发达国家的恶毒攻击和挑拨离间，也使"一带一路"建设的进程更加充满挑战，因此对其未来发展与深化提出了更高的要求。

（一）"一带一路"建设过程中出现的"粗放式发展"问题

过去十年间，"一带一路"建设秉持和平合作、开放包容、互学互鉴、互利共赢的理念，在共建国家的共同努力下，区域务实合作不断推进，政治互信、经济融合、文化包容不断加强，一个包括"一带一路"所有共建国家的利益共同体、命运共同体和责任共同体的雏形慢慢呈现在世界面前。当然，以"一带一路"倡议将政治、经济、社会文化等差异如此巨大的六十多个国家联合起来，通过区域连通与合作促进各国经济繁荣发展，无疑是一件充满挑战和困难的重大举措，建设初期出现各种问题也是在所难免的。总体来看，问题主要集中在以下几个方面。

---

① 袁梦晨、夏鹏：《亚行行长：愿继续与中国就"一带一路"建设开展合作》，2019年4月26日，中国一带一路网（https：//www.yidaiyilu.gov.cn/ghsl/hwksl/87715.htm）。

② 《通过第三方合作实现"1+1+1>3"》，2019年4月25日，中国人民银行官网（http：//www.pbc.gov.cn/goutongjiaoliu/113456/113469/3815484/index.html）。

1. 系统性的综合规划有待完善，国家间规划协调需要加强

"一带一路"作为中国单向发起的一个区域性合作倡议，得到了共建国家的积极响应和参与。由于它不是一个经过多边、多回合谈判达成的具有严格约束条件的区域性组织，因此，建设之初并不存在一幅清晰的合作路线图，而是采取了"摸着石头过河"的办法，边实践边探索，"一带一路"建设的目标蓝图、具体内容、合作途径和保障机制等，也都是在不断试验、相互经验借鉴之中逐步丰富和完善的。这种区域合作的发展模式就决定了建设初期必然存在着发展无序、低层次重复建设以及恶性竞争等问题。"一带一路"共建国家中，有许多国家都有本国的愿景规划和对外区域合作战略，比如哈萨克斯坦的"光明之路"计划，印度尼西亚的"全球海洋支点"战略，俄罗斯与白俄罗斯、哈萨克斯坦等五国建立的"欧亚联盟"计划，等等，而由于各国的战略意图和利益诉求各不相同，因此在与"一带一路"倡议对接时有时会出现规划衔接不到位的问题。此外，由于对远景性、整体性和系统性规划重视不够，"一带一路"建设过程中出现了发展定位模糊、园区布局功能和项目雷同、低层次重复建设以及恶性竞争等问题。比如在柬埔寨、老挝、缅甸等东南亚和南亚国家的投资主要集中在道路建设、房地产项目以及低端加工等方面，而在非洲地区则过于集中在资源开采、商贸批发等领域。[①]

2. 企业对外投资与经营的合规管理亟须提高

合规经营是国际上公认的惯例，要求企业遵守国家法规（公司总部所在国和经营所在国法规及监管规定）和市场规范（企业价值观、商业行为准则等），保持职业道德操守，保持经营活动透明、公平、规范和廉洁。随着"一带一路"建设的快速推进，中国企业加快了"走出去"的步伐。然而，或者由于合规风险意识淡薄，或者因为对东道国的制度环境、政策环境、法律环境、商业环境、社会和文化环境不熟悉，一些中国企业在海外市场开展业务时往往因为忽视东道国法规或国际通行规范而屡屡被罚，部分企业借着"一带一路"之名义投机套利；或打着"一带一路"项目的旗号将资产转移到境外；还有一些企业不讲诚信，只顾

---

① 王建华：《"一带一路"区域建设境外产业园区的战略思考》，《技术经济与管理研究》2018年第1期。

企业自身利益而缺乏社会责任感，企业经营无法令当地老百姓真正受益。从2011年开始，世界银行黑名单上开始出现中国企业，而且总体数量呈现上升趋势，截至2021年12月23日，黑名单中的中国企业和个人数量达到137个，其中2018年和2020年均为29个，而2021年达到34个（见表6-2），这些企业和个人在被处罚期限内都被禁止承接世界银行的资助项目。为更好引导中国企业赴境外合规经营，2018年12月国家发展改革委、外交部、商务部等七家国家机构联合印发了《企业境外经营合规管理指引》，从合规管理要求、合规管理架构、合规管理制度、合规管理运行机制、合规风险识别、评估与处置、合规评审与改进以及合规文化建设等主要方面为企业境外经营提供了指引。

表6-2　　2011—2021年被世界银行列入黑名单的中国企业数量　（单位：个）

年份	2011	2012	2013	2014	2015	2016	2017	2018	2019	2020	2021
被制裁企业数	4	0	1	3	7	4	12	29	14	29	34

资料来源：世界银行（https://www.worldbank.org/en/projects-operations/procurement/debarred-firms）。

3. 建设资金主要由中国提供，相关配套资金存在较大缺口

基础设施的互联互通是"一带一路"建设的先导领域，也是资金需要最大、建设周期最长的领域。根据亚洲开发银行2017年的预测，预计至2030年亚洲地区每年大概需要基础设施投资1.7万亿美元，而目前每年大体只能满足8000多亿美元的需求，还存在一半的缺口。非洲发展银行报告也显示，非洲基础设施领域每年需要1300亿至1700亿美元的投资，目前尚存在680亿至1080亿美元的资金缺口。在这种情况下，"一带一路"建设的基础设施投资就需要国际社会的共同努力，不过从过去几年的情况看，似乎存在着中国为单一行为主体的倾向。而共建东道国政府、金融机构、企业和私人的配套资金投入明显偏少，国际金融机构、国际财团以及第三方企业的参与度也明显不足。比如根据"新兴市场论坛"的估计，从2013年到2019年，中国在"一带一路"中承诺以贷款形式投入了约6000亿美元，而与之相比，世界银行、亚洲开发银行、非

洲开发银行、美洲开发银行等共计才提供了4900亿美元。[1]

4. 部分共建国家和地区政治与社会动荡给"一带一路"建设的安全和稳定发展带来了挑战

"一带一路"经过的许多国家都存在着政局不稳、社会动荡的问题，经常爆发地区冲突、恐怖主义和政府更迭，是国际安全最薄弱的环节，从而也给"一带一路"项目建设的可持续性以及施工人员的安全等带来巨大影响。特别是在中东和非洲许多地区存在着难以调和的部族矛盾、宗教派别冲突以及猖獗的恐怖势力，而"一带一路"共建的重点项目时常会成为它们攻击的目标。

5. 对外投资的效率和收益意识亟须提高

"一带一路"建设作为中国的一项重大战略，各省市都积极参与其中，但由于缺乏必要的统筹与协调，在少数领域出现了非理性的一哄而上的现象，导致各地区间定位趋同、产业布局交叉、重复建设、同质化竞争等问题，由此所产生的较低的投资绩效成为项目可持续发展的隐患。比如中国交建作为中国最大的国际工程承包公司，在"一带一路"共建国家的基础设施建设中获得了大量的业务订单和税收政策优惠，2015年海外新增合同金额同比增长40.6%，2019年与共建国家和地区新签合同额（1958.3亿元）占了本公司新签合同额的20%。从其短期偿债能力看，2011—2019年，中国交建的流动比率从2011年的1.02上升至2015年的1.05，但此后开始下降，到2019年时降至1.01，[2] 说明短期偿债能力承压非常明显，变现能力弱。与此同时，2011—2019年中国交建的净资产收益率整体呈现下降趋势，从2011年的17.31%降至2019年的10.22%。[3]

（二）地缘政治经济风险与挑战

自"一带一路"倡议实施以来，中国巨大的资金投入为共建各国的

---

[1] 毛维准：《后疫情时代的"一带一路"建设与全球基建浪潮》，《世界知识》2021年第12期。

[2] 流动比率是流动资产对流动负债的比率，用来衡量企业流动资产在短期债务到期以前可以变为现金用于偿还负债的能力。一般说来，比率越高，说明企业资产的变现能力越强，短期偿债能力亦越强；反之则弱。一般认为流动比率应在2∶1以上，即流动资产是流动负债的两倍，这样即使流动资产有一半在短期内不能变现，也能够保证全部的流动负债得到偿还。

[3] 陈雨昕、宋子岩、张修齐：《"一带一路"倡议下中国交建财务绩效调研分析》，《时代经贸》2020年第30期。

基础设施建设和经济增长提供了动力。然而,从倡议推行开始,就不断地有西方媒体指出,"一带一路"建设给有关国家制造了债务陷阱,指责中国不顾项目所在国负债情况和偿债能力,为一些项目提供贷款,加重了这些国家的债务负担,从而获得其控制权。一些西方媒体还进一步散布谣言称,中国向非洲提供资金是加剧非洲债务压力,会导致"债务陷阱",使非洲承受过多债务无力偿还而形成后患。

　　针对西方媒体对中国"一带一路"的批评,许多共建国家的领导人和企业负责人进行了反驳。斯里兰卡驻华大使鲁纳塞纳·科迪图瓦库就明确表示"中国政府给钱把斯里兰卡拖入债务陷阱是绝对错误的结论"。菲律宾外长洛钦则表示,中国给予菲律宾的贷款总额只占菲律宾总外债的2.7%,而日本占菲律宾总外债的比例则达到了9%,西方国家不渲染日本的威胁却来渲染中国的威胁,这简直就是一个笑话。巴基斯坦领导人指出,中国对巴的基础设施投资解决了巴基斯坦过去多年没有解决的能源短缺(特别是电力供应紧张)的问题,中巴经济走廊使中巴两国关系更加紧密。肯尼亚标轨铁路项目监理联合体副总监詹姆斯·米楚古·卡兰贾表示,"所谓债务危机的问题是某些人编造的,事实上'一带一路'倡议之下,各种项目极大地改善了沿线人民的生活质量。讨论债务危机没有问题,但是我们也应当看到,正是因为'一带一路'的这些项目解决了一些其他危机,比如说我想要讲到肯尼亚蒙内铁路的例子,在这条铁路上现在有了非常安全的交通,保证了人民的安全,而过去这条路上不仅花费时间特别长,而且事故频发,在某种意义上也是一种危机,而正是因为'一带一路'倡议下的蒙内铁路,这种安全危机消于无形。所以这就是一个选择的问题了,你或者是去借债,就像我们总统说的那样,借债但是要有效地管理这些债务,或者你不去借债,但你必须承受着与此相关的社会或者是经济上的一些问题。所以长远看,这种所谓的债务,最终的效果是非常积极的,它对GDP的增长有贡献,也能够给人民带来更大的福祉,最终它能够抵消人们所看到的这种所谓的债务危机"①。

---

　　① 戴高城:《外方谈"一带一路":沿线国家债务危机的问题是某些人编造的》,2018年11月15日,澎湃新闻(https://m.thepaper.cn/newsDetail_forward_2636992)。

(三)"一带一路"建设并未导致共建国家的债务陷阱

虽然相关国家领导人对外国媒体的批评进行了驳斥,但因为都没有公开具体的债务数据,因此并未减轻西方媒体甚至政府人士对"一带一路"项目的持续造谣抹黑。在学术界,一些学者对此进行了分析。宁胜男认为,虽然以斯里兰卡为代表的一些国家外债风险有所增加,但是这种外债问题绝非因中国而起,中国对各国的投资大多为生产性投入,有利于其长期发展。① 刘晨和葛顺奇的研究也表明,中国的投资使东道国的资本存量增加,使其基础设施水平得到改善,同时也提升了东道国的就业,对其市场、环境等方面产生了外部效应,为东道国的经济发展做出了贡献。② 接下来我们采用 133 个国家在 2005 年到 2017 年的具体数据,使用固定效应模型和分位数回归的方法,来说明中国"一带一路"的基础设施投资并不是导致各国债务危机的原因。③

1. 模型及方法

为避免由于不可观测的国家间差异使结果产生偏差,我们主要用固定效应模型进行估计,并进行 Hausman 检验,随后采用分位数回归的方法对结果进行验证。为了避免内生性问题,使用工具变量法进行检验。基本模型设定如下:

$$EDS_{it} = \beta_0 + \beta_1 Infra_{it} + \beta_2 GDP_{it} + \beta_3 Gov_{it} + \beta_4 EDIP_{it} + \beta_5 Res_{it} + \mu_{it}$$

其中,EDS_{it} 表示第 i 个国家在 t 年的外债存量;核心解释变量为 $Infra_{it}$,表示中国在 t 年对第 i 个国家的基础设施投资总额;GDP_{it}、Gov_{it}、$EDIP_{it}$、Res_{it} 为控制变量,分别表示第 i 个国家在 t 年的国内生产总值、政府消费支出、外债利息支付以及总储备;μ_{it} 为随机扰动项。

2. 数据

采取 2005—2017 年共 133 个国家的面板数据,表 6 - 3 报告了主要数据的描述性统计。

---

① 宁胜男:《斯里兰卡外债问题现状、实质与影响》,《印度洋经济体研究》2018 年第 4 期。
② 刘晨、葛顺奇:《中国企业对非洲投资:经济增长与结构变革》,《国际经济评论》2018 年第 5 期。
③ 该实证分析涵盖了除"一带一路"共建国家外更多的发展中国家。

表6-3　　　　　　　　　　描述性统计　　　　　　　（单位：美元）

变量描述	观测值	平均值	标准差	最小值	最大值	数据来源
外债存量	1210	3.99e+10	9.06e+10	2.94e+07	6.68e+11	世界银行
中国对各国的基础设施投资	640	1.16e+09	1.51e+09	1.00e+08	1.15e+10	The American Enterprise Institute; The Heritage Foundation
国内生产总值	1687	3.31e+11	1.46e+12	1.25e+08	1.94e+13	世界银行
政府消费支出	1544	5.81e+10	2.36e+11	6.63e+07	2.73e+12	世界银行
外债利息支付	1233	1.45e+09	3.58e+09	195877.5	3.54e+10	世界银行
总储备	1527	4.13e+10	8.98e+10	8184287	7.44e+11	世界银行
税收收入	1050	1.84e+13	1.11e+14	2.39e+08	1.34e+15	世界银行

根据上述数据，接下来先进行统计性分析，然后使用固定效应模型和分位数回归估计中国基础设施投资对各国外债的影响。

3. 统计性分析

按照中国在2010年到2018年6月期间对各国的基础设施投资总额，对东道国进行分类：把中国在这期间对其基础设施投资总额超过100亿美元的国家，定义为中国对其基础设施投资多的国家；把对其基础设施投资总额低于5亿美元的国家，定义为中国对其基础设施投资少的国家。由于某些数据的缺失，最终选定26个国家作为统计性分析的重点研究对象，其中对其基础设施投资多的国家包括撒哈拉以南非洲的安哥拉、喀麦隆、埃塞俄比亚、肯尼亚、尼日利亚和赞比亚，亚洲的老挝、越南、柬埔寨、孟加拉国、哈萨克斯坦、巴基斯坦和斯里兰卡，阿拉伯东部及北非的阿尔及利亚和埃及；对其基础设施投资少的国家包括撒哈拉以南非洲的博茨瓦纳、厄立特里亚、几内亚比绍、利比里亚和多哥，亚洲的斐济、阿富汗、阿塞拜疆和塔吉克斯坦，阿拉伯东部及北非的叙利亚和毛里塔尼亚。

随着2013年"一带一路"的提出，中国对外基础设施投资的总量也随之增加。表6-4显示的是中国对其基础设施投资多的国家在2008—2012年外债均值与2013—2017年外债均值的比较，除了阿尔及利亚，其他国家在"一带一路"提出后外债均值均有一定程度的增加。这似乎印证了西方媒体的说法，接受中国基础设施投资多的国家债务负担也加重了。如果单看各国的债务数据，似乎可以将中国"一带一路"的基础设施投资与相关国家的债务问题关联起来，但是中国基础设施投资的增加真的是导致这些国家债务问题的主要原因吗？

通过比较中国对这些国家基础设施投资额与各国外债总额的比值，可以得到否定的答案。表6-5是2008—2017年中国对部分不发达国家的基础设施投资额与该国外债的比值，选取的对象为中国对其基础设施投资多的国家。中国对各个国家的基础设施投资额占该国外债的比例除了个别国家在个别年份比较高，总体来看都是很低的。即使是比值较高的国家，到2017年时也都有所下降，比如喀麦隆在2016年时该比值就下降到3.7%，2017年为5.2%，赞比亚在2017年下降到16.3%。2017年中国对其基础设施投资额占该国外债比例最高的为老挝，但也只有18.6%，最低的是斯里兰卡，只有0.2%，大部分国家都不超过10%。所以，中国基础设施投资导致"一带一路"共建国家陷入债务危机的说法是站不住脚的。

表6-4　中国对其基础设施投资多的国家外债均值变化　（单位：百万美元）

	撒哈拉以南非洲						阿拉伯东部及北非	
	安哥拉	喀麦隆	埃塞俄比亚	肯尼亚	尼日利亚	赞比亚	阿尔及利亚	埃及
2008—2012年	18000	3240	6820	9400	16000	4460	6500	36200
2013—2017年	30800	7300	20400	19800	29200	11940	5320	57600

	东亚			西亚				
	印度尼西亚	老挝	越南	孟加拉国	哈萨克斯坦	巴基斯坦	俄罗斯联邦	斯里兰卡
2008—2012年	202000	6640	44000	26200	120000	59000	476000	24000
2013—2017年	308000	11560	80200	37400	158000	68600	542000	44400

数据来源：世界银行（https://www.worldbank.org/en/home）。

表6-5 中国对部分不发达国家的基础设施投资额与该国外债的比值 （单位：%）

年份	撒哈拉以南非洲						阿拉伯东部及北非	
	安哥拉	喀麦隆	埃塞俄比亚	肯尼亚	尼日利亚	赞比亚	阿尔及利亚	埃及
2008	20.3	—	4.3	—	38.5	9.0	2.6	1.1
2009	8.4	15.6	64.4	5.3	26.3	44.2	—
2010	0.0	56.6	6.9	5.7	0.7	9.1	—	5.4
2011	18.6	18.1	11.6	10.0	1.9	—	27.1	1.3
2012	4.3	27.4	18.0	15.0	37.8	55.4	52.2	0.8
2013	—	6.4	51.7	48.0	3.7	61.9	45.2	—
2014	6.1	—	6.2	6.2	—	—	38.7	0.9
2015	2.2	74.8	7.1	7.5	1.4	42.3	8.7	3.3
2016	9.5	3.7	10.8	11.7	14.3	68.9	60.9	11.9
2017	9.1	5.2	4.1	4.2	11.3	16.3	—	4.4

年份	东亚			西亚				
	印度尼西亚	老挝	越南	孟加拉国	哈萨克斯坦	巴基斯坦	俄罗斯联邦	斯里兰卡
2008	0.7	—	5.9	—	1.1	0.6	—	1.8
2009	—	3.3	8.2	0.7	14.2	1.4	0.2	5.5
2010	—	51.8	13.1	2.8	7.4	5.6	0.5	2.7
2011	0.8	—	6.0	2.9	3.2	1.1	0.2	4.4
2012	0.9	11.4	4.2	2.4	5.5	1.6	—	1.0
2013	0.6	11.0	1.6	3.3	—	1.1	—	5.6
2014	0.8	1.3	—	4.4	4.9	18.5	0.5	7.0
2015	1.5	26.9	0.3	9.9	5.6	13.9	0.7	1.2
2016	1.0	27.5	—	22.9	0.9	10.2	0.1	1.3
2017	1.2	18.6	0.3	9.6	3.9	3.9	1.3	0.2

数据来源：根据世界银行和美国企业研究所（The American Enterprise Institute）相关数据整理。

如果比较中国对其基础设施投资少的国家在"一带一路"推行前后的外债水平，就能看出各国陷入"债务陷阱"的罪魁祸首并不是中国基础设施投资，而是另有原因。表6-6显示了中国对其基础设施投资少的国家在2008—2012年外债均值与2013—2017年外债均值的比较，除了厄立特里亚、几内亚比绍、利比里亚、多哥和叙利亚，其他国家的外债均值与中国对其基础设施投资多的国家一样都有所增加，这说明中国基础设施投资额的多少与各国外债的增加并没有太大关联。此外，中国在2013—2017年对西亚的阿塞拜疆及阿拉伯东部及北非的毛里塔尼亚的基础设施投资额为0，即使中国没有对阿塞拜疆和毛里塔尼亚进行任何的基础设施投资，这两国在2013—2017年的外债均值相比2008—2012年仍然上升了，这进一步说明中国的基础设施投资与各国债务负担的加重没有关系。总之，无论中国对其基础设施投资是多还是少，也无论中国是否对其进行了基础设施投资，各国在2013—2017年的外债均值相比于2008—2012年都有所增加，这表明引发各国债务问题的并不是中国基础设施投资，而是有其他原因。

表6-6　中国对其基础设施投资少的国家外债均值变化　（单位：百万美元）

	撒哈拉以南非洲					
	博茨瓦纳	厄立特里亚	几内亚比绍	利比里亚	多哥	
2008—2012	1750	1038	792	1292	1194	
2013—2017	2180	870	296	820	1158	
	东亚	西亚			阿拉伯东部及北非	
	斐济共和国	阿富汗	阿塞拜疆	塔吉克斯坦	叙利亚	毛里塔尼亚
2008—2012	44000	2460	7040	3460	5220	2620
2013—2017	80200	2540	13400	5300	4580	3780

数据来源：世界银行（https://www.worldbank.org/en/home）。

4. 基准回归结果

表6-7显示的是中国的基础设施投资对东道国外债存量的影响。其中第（1）列既没有使用固定效应也没有加入控制变量，此时中国基础设施投资的系数在10%的水平正向显著；第（2）—（5）列使用固定效应并加入控制变量，为了避免控制变量之间的共线性问题对估计造成影响，

控制变量被逐一加入回归方程中,在加入控制变量后,中国基础设施投资的系数全部变为不显著。

表6-7的结果与上述统计性分析一致。如果只是片面地通过中国基础设施投资与各国外债这两个指标来考察二者的关系,确实可以得到中国基础设施投资是各国外债增加的结果。但是在使用其他指标或者综合地考虑了其他影响外债的因素后,这种结果就站不住脚了。第(2)—(5)列基础设施投资的系数都不显著,说明在综合考虑了其他因素后,中国基础设施投资对各国外债并没有显著的影响。相反,逐一加入回归的国内生产总值、政府消费支出、外债利息支付和总储备大多在5%或1%的水平正向显著,说明这些因素对各国外债有非常显著的影响。

表6-7　　　　　　　中国的基础设施投资对各国外债的影响

自变量	估计值				
	(1)	(2)	(3)	(4)	(5)
基础设施投资	2.092*	0.324	0.498	-0.350	-0.298
GDP	—	0.224***	0.165***	0.0779***	0.116***
政府消费支出	—	—	0.419**	0.641***	0.0876
外债利息支付	—	—	—	17.10***	16.06***
总储备	—	—	—	—	0.343***
截距项	4.150e+10***	9.870e+09***	1.065e+10***	-8.689e+09***	-1.159e+10***
观测值	484	480	452	452	407
R^2	—	0.621	0.627	0.842	0.862
国家数	94	92	86	86	76
固定效应	—	Yes	Yes	Yes	Yes

注:*表示估计值在10%水平显著;**表示估计值在5%水平显著;***表示估计值在1%水平显著。

基础设施投资所需资金多、建设周期长、价值回收慢,与之对应的通常是长期借贷。表6-8显示的是中国基础设施投资对各国长期外债的影响。与表6-7相同,第(1)列既没有使用固定效应也没有加入控制变量,而第(2)—(5)列在使用固定效应的基础上逐一加入控制变量。中国基础设施投资的系数在第(1)—(5)列全都不显著,而逐一加入的国内生产总值、政府消费支出、外债利息支付和总储备大多在1%水平正向显著,说明相比于其他因素,中国基础设施投资对各国长期外债没有显著影响。

表6-8　　　　　　　中国基础设施投资对各国长期外债的影响

自变量	估计值				
	(1)	(2)	(3)	(4)	(5)
基础设施投资	1.577	0.0987	0.306	-0.436	-0.377
GDP	—	0.186***	0.114***	0.0383**	0.0654***
政府消费支出	—	—	0.500***	0.695***	0.277**
外债利息支付	—	—	—	14.96***	14.20***
总储备	—	—	—	—	0.266***
截距项	3.383e+10***	7.630e+09***	8.331e+09***	-8.689e+09***	-1.092e+10***
观测值	484	480	452	452	407
R^2	—	0.585	0.597	0.842	0.862
国家数	94	92	86	86	76
固定效应	—	Yes	Yes	Yes	Yes

注:*表示估计值在10%水平显著;**表示估计值在5%水平显著;***表示估计值在1%水平显著。

5. 异质性分析

对于中国基础设施投资导致相关国家债务危机的问题,西方媒体质疑的焦点为中国的"一带一路"倡议,而最富有争议的国家集中在亚洲和撒哈拉以南非洲地区。表6-9的第(1)(2)列显示了中国基础设施投资对参与"一带一路"倡议国家外债的影响,第(3)(4)列表示中国基础设施投资对亚洲国家外债的影响,第(5)(6)列是中国基础设施投资对撒哈拉以南非洲国家外债的影响,相比于第(1)(3)(5)列,第(2)(4)(6)列在使用固定效应的基础上加入了控制变量。在第(2)(4)(6)列中,中国基础设施投资的系数都不显著,说明无论是参与"一带一路"倡议的国家、亚洲国家还是撒哈拉以南非洲国家,在综合考虑其他因素的情况下中国基础设施投资对其外债都没有显著的影响。表6-10显示了中国基础设施投资对参与"一带一路"倡议国家、亚洲国家和撒哈拉以南非洲国家长期外债的影响，结果与表6-9相似，在加入控制变量后，中国基础设施投资的系数全部不显著，说明中国基础设施投资对各国长期外债没有显著影响。

表6-9　　　　中国基础设施投资对各地区国家外债的影响

自变量	"一带一路"共建国家		亚洲		撒哈拉以南非洲	
	(1)	(2)	(3)	(4)	(5)	(6)
基础设施投资	2.276	-0.667	1.916	-1.179	1.126***	0.221
GDP	—	0.181***	—	0.197***	—	0.0209**
政府消费支出	—	-0.175	—	-0.243	—	0.106
外债利息支付	—	13.21***	—	12.54***	—	25.44***
总储备	—	0.292***	—	0.255**	—	0.0120
截距项	6.452e+10***	-4.912e+09	6.975e+10***	-6.424e+09	8.989e+09**	3.200e+09***
观测值	249	209	189	155	172	138
R^2	—	0.849	—	0.856	—	0.833
国家数	39	33	28	23	35	26
固定效应	—	Yes	—	Yes	—	Yes

注：*表示估计值在10%水平显著；**表示估计值在5%水平显著；***表示估计值在1%水平显著。

表6-10　　　　中国基础设施投资对各地区国家长期外债的影响

自变量	"一带一路"共建国家		亚洲		撒哈拉以南非洲	
	(1)	(2)	(3)	(4)	(5)	(6)
基础设施投资	1.535	-0.831	1.399	-1.055	1.085***	0.264
GDP	—	0.168***	—	0.181***	—	0.0227**
政府消费支出	—	-0.317	—	-0.373	—	0.0321
外债利息支付	—	11.43***	—	10.91***	—	22.98***
总储备	—	0.0990	—	0.0646	—	0.0870
截距项	5.185e+10***	1.631e+09	5.643e+10***	2.020e+09	7.291e+09***	1.698e+09**
观测值	249	209	189	155	172	138

续表

自变量	"一带一路"共建国家		亚洲		撒哈拉以南非洲	
	(1)	(2)	(3)	(4)	(5)	(6)
R^2	—	0.809	—	0.814	—	0.825
国家数	39	33	28	23	35	26
固定效应	—	Yes	—	Yes	—	Yes

注：* 表示估计值在10%水平显著；** 表示估计值在5%水平显著；*** 表示估计值在1%水平显著。

6. 内生性检验

为了避免核心解释变量具有内生性对估计造成影响，我们使用核心解释变量（中国基础设施投资 Infra）的滞后一期（L. Infra）和滞后二期（L2. Infra）作为工具变量进行检验，表6-11显示了检验结果。

表6-11　　　　　　　　检验结果

变量描述	假设内生变量	Infra（中国基础设施投资）
	工具变量	L. Infra；L2. Infra
识别不足检验	Anderson canon. corr. LM statistic	54.933
	Chi-sq (2) P-val =	0.0000
弱工具变量检验	Cragg-Donald Wald F statistic	40.240
过度识别检验	Sargan statistic	0.001
	Chi-sq (1) P-val =	0.9743
内生性检验	Wu-Hausman F test	0.34821
	F (1, 151) P-value =	0.55601
	Durbin-Wu-Hausman chi-sq test	0.36351
	Chi-sq (1) P-value =	0.54656

工具变量 L. Infra 和 L2. Infra 分别通过了识别不足检验、弱工具变量检验和过度识别检验，证明 L. Infra 和 L2. Infra 是有效的。随后进行内生性检验，原假设为"Infra 为外生变量"，而得到的 P 值分别为 0.56 和 0.55，不能拒绝原假设，说明中国基础设施投资不具有内生性。

7. 分位数回归结果

表6-12显示的是中国基础设施投资对不同水平外债的影响的分位数回归结果，第（1）—（5）列分别表示中国基础设施投资对2/10、4/10、6/10、8/10、9.5/10分位外债的影响。结果显示，中国基础设施投资在不同分位数上的系数均为负值且不显著，说明中国基础设施投资对不同水平的外债都没有显著影响。表6-13为中国基础设施投资对不同水平长期外债的影响的分位数回归结果，与表6-12的结果相同，中国基础设施投资对各国不同水平的长期外债没有显著影响。

表6-12　中国基础设施投资对不同水平外债的影响

自变量	估计值				
	（1）20%	（2）40%	（3）60%	（4）80%	（5）95%
基础设施投资	-0.202	-0.270	-0.348	-0.411	-0.496
GDP	0.125***	0.126***	0.126***	0.126***	0.126***
外债利息支付	17.09***	16.35***	15.51***	14.83***	13.91***
总储备	0.338**	0.355***	0.373***	0.388***	0.408*
观测值	434	434	434	434	434

注：*表示估计值在10%水平显著；**表示估计值在5%水平显著；***表示估计值在1%水平显著。

表6-13　中国基础设施投资对各国不同水平长期外债的影响

自变量	估计值				
	（1）20%	（2）40%	（3）60%	（4）80%	（5）95%
基础设施投资	-0.504	-0.474	-0.428	-0.378	-0.329
GDP	0.104***	0.100***	0.0955***	0.0902***	0.0850*
外债利息支付	14.73***	14.32***	13.70***	13.02***	12.36***
总储备	0.281**	0.306***	0.344***	0.386**	0.427*
观测值	434	434	434	434	434

注：*表示估计值在10%水平显著；**表示估计值在5%水平显著；***表示估计值在1%水平显著。

8. 机制分析

我们得到的分析结果与西方媒体的质疑完全相反，中国基础设施投资对各国外债没有显著影响。曼沙认为重债穷国之所以会出现偿债危机，是由于这些国家的外债大多用于消费而不是生产性的投资，如果投资增加了国内生产总值和税收收入，将有助于改善一国的外债状况。[1]

表6-14中第（3）列的结果是各国政府消费支出对国家外债的影响，政府消费支出的系数在1%水平正向显著，说明各国的外债很大程度上是由政府消费驱动的。表6-15显示的是政府消费支出分别对2.5/10、5/10、7.7/10分位外债的影响，从外债的2.5/10分位到7.7/10分位政府消费支出的系数逐渐变大，且由不显著变为10%水平的正向显著。这个结果说明，外债越多、越有可能发生债务危机的国家，其外债受政府消费支出的影响越大，这与曼沙的结论一致。

表6-14的第（1）（2）列的结果分别是中国基础设施投资对各国国内生产总值和税收收入的影响，其系数均在5%的水平正向显著，说明中国基础设施投资促进了东道国的经济增长。就债务与发展的关系而言，存在三种模式：一是有债务有发展，二是有债务无发展，三是无债务无发展。"一带一路"建设就是要努力做到第一种，不担心有债务，关键是债务要能够解决关键问题，比如美国在19世纪也曾向欧洲国家大量举债用以修建铁路系统。中国对相关国家的基础设施投资始终坚持以经济效益为导向。以非洲为例，麦肯锡公司2017年6月发表的研究报告称，在过去10年间中国和非洲国家双边贸易每年增长约20%，中国对非洲的直接投资每年增长40%。中国不仅承建了非洲许多大型基础设施项目，中国的企业也为非洲带来了投资、管理经验以及创新活力，从而促进经济的增长。2000—2015年，非洲国家的年均经济增长率之所以从0左右增加到3%，与中国的基础设施投资贡献是分不开的。

---

[1] David Mensah, "External Debt Among HIPCs in Africa: Accounting and Panel VAR Analysis of Some Determinants", *Journal of Economic Studies*, Vol. 44, No. 3, 2017, pp. 431-455.

表 6-14　　　　　　　　　　　机制分析

自变量	估计值			
	(1) GDP	(2) TaxRev	(3) EDS	(4) EDS
基础设施投资	3.445**	4163**	—	—
政府消费支出	6.602***	-134.4	0.728***	—
汇率（本币/美元）	—	—	—	5.407e+06*
外债利息支付	8.561***	—	9.224***	9.324***
总储备	-0.610***	179.8	0.475***	0.562***
国民生产总值	—	16.90	-0.0368	0.0772***
税收收入	—	—	9.02e-05***	2.41e-05
截距项	2.405e+10***	2.330e+13*	6.085e+09***	-1.223e+09
观测值	421	350	561	593
R^2	0.897	0.029	0.762	0.757
国家数	79	88	60	62
固定效应	Yes	Yes	Yes	Yes

注：* 表示估计值在10%水平显著；** 表示估计值在5%水平显著；*** 表示估计值在1%水平显著。

表 6-15　　　　　　　　　　　机制分析

自变量	估计值		
	(1) 25%	(2) 50%	(3) 77%
政府消费支出	0.436	0.713	1.009*
外债利息支付	6.416	9.079	11.92***
总储备	0.475	0.475	0.475**
国民生产总值	0.0159	-0.0341	-0.0874
税收收入	0.000103	9.09e-05	7.75e-05**
观测值	561	561	561

注：* 表示估计值在10%水平显著；** 表示估计值在5%水平显著；*** 表示估计值在1%水平显著。

除了将外债主要用于消费，美元升值以及全球保护主义的加强，也使相关国家的偿债负担不断加重。比如加纳的塞地和尼日利亚的奈拉兑美元汇率自2008年以来一直下跌，对于加纳来说，2007年价值7.5亿美元的国际债券到 2017 年的名义价值就变成了 34 亿美元,而尼日利亚在 2011 年发行了 5 亿美元的国际债券,到 2017 年这些债券的名义价值上涨到 9.66 亿美元。① 表 6-14 中第（4）列的结果是各国汇率对国家外债的影响,汇率的系数在 10% 水平正向显著,说明美元升值显著增加了各国外债的名义价值,加重了各国的偿债负担。

表 6-14 和表 6-15 的结果表明,相关国家债务负担加重的重要内部原因是其将外债用于政府消费而非生产,外部原因则是美元升值使以外币计价的外债名义价值增加,而非中国基础设施投资。相反,中国基础设施投资促进了东道国的经济增长,从而缓解了各国的偿债压力。

9. 总体结论

中国基础设施投资与相关国家外债负担加重看上去好像联系紧密,尤其是在撒哈拉以南非洲地区,表 6-9、表 6-10 的第（5）列在没有加入固定效应和控制变量时,中国基础设施投资对外债的影响在 1% 水平正向显著。但这种影响是经不起推敲的,在使用固定效应并加入控制变量的所有回归中,中国基础设施投资对外债的影响都是不显著的。

因此,西方媒体对中国基础设施投资加重了相关国家债务负担的批评是站不住脚的,中国基础设施投资与各国外债加剧的联系只是表面上的,一旦综合考虑其他因素,比如各国政府消费支出、美元升值等,二者的关系便不再显著了,这说明相关国家陷入债务危机的真正原因并不是中国基础设施投资。

实际上,中国对于相关国家的基础设施投资,始终重视加强债务管理。在"一带一路"建设项目的投融资问题上,中国根据项目国实际情况提供贷款,避免给项目国造成新的债务风险和财政负担。中资银行在为项目提供融资之前,都会对借款国的负债情况、偿债能力做严格测算,贷款后也会持续跟踪监测相关国别风险和主权风险,比如开发银行就建立了国家主权信用评级和国家风险限额管理制度,中国工商银行、中国信用保险公司等机构都建立了相关的评估监控管理体系。

---

① ［喀］维拉·松圭:《非洲债务问题主因不是中国》,2018 年 12 月 7 日,FT 中文网（http://www.ftchinese.com/story/001080573? full = y&archive）。

为了降低相关国家的债务水平，中国免除了非洲与中国有外交关系的最不发达国家、债务负担重的国家以及内陆发展中国家截至2018年底到期未偿还的政府间无息贷款债务。2018年9月3日至4日，在北京举行的中非合作论坛高峰会议上，习近平主席针对支持非洲发展做出了一系列重大承诺：实施50个农业援助项目，50个绿色发展和生态环保援助项目，50个文体旅游项目，50个安全援助项目；向非洲受灾国提供10亿元人民币紧急人道主义粮食援助，派遣500名高级农业专家，设立10个鲁班坊，培训1000名非洲精英人才，提供5万个政府奖学金名额和5万个研究培训机会，邀请2000名非洲青年来华交流；为了推动"八大行动"顺利实施，中国愿意以政府援助、金融机构和企业投融资等方式，再向非洲提供600亿美元的支持。习近平主席的庄重承诺表明，作为世界第二大经济体，中国在寻求自身发展的同时，也在努力为其他发展中国家的发展提供经验和支持，为与各国携手实现人类命运共同体做出更大贡献。

（四）"一带一路"建设高质量发展的未来

尽管"一带一路"倡议在实施过程中面临着诸多挑战，但作为一项中国对外战略的重大创新，"一带一路"倡议是崛起的中国履行大国责任、构建人类命运共同体的重要举措。面对各种问题与挑战，中国国家领导人有着清醒的认识，通过及时总结经验教训，从解决关键问题入手，坚持改革创新，为未来"一带一路"倡议稳定健康发展指明了方向。2018年8月27日，在推进"一带一路"建设工作5周年座谈会上，习近平主席指出："经过夯基垒台、立柱架梁的5年，共建'一带一路'正在向落地生根、持久发展的阶段迈进。我们要百尺竿头、更进一步，在保持健康良性发展势头的基础上，推动共建'一带一路'向高质量发展转变，这是下一阶段推进共建'一带一路'工作的基本要求。"[①] 2019年4月25—27日，在北京举行第二届"一带一路"国际合作高峰论坛的开幕式上，习近平主席做了《高质量共建"一带一路"》的开幕词，就未来高质量共建"一带一路"的主题、方向和基本原则做了全面阐述，并得到

[①] 赵超、安蓓：《坚持对话协商共建共享合作共赢交流互鉴 推动共建"一带一路"走深走实造福人民》，《人民日报》2018年8月28日第1版。

相关主要国家和国际组织的支持与确认，标志着"一带一路"正式开启了高质量发展的新征程。①

1. 高质量发展的内涵与主要方向

关于"一带一路"高质量发展的内涵，中国官方和学界给出了全方位的解读。比如，国家发展和改革委员会原副主任认为，"一带一路"建设高质量发展就是要坚持"三共""五通"的原则，遵循市场导向和国际惯例，发挥企业主体和政府引导作用，促进共建"一带一路"高质量发展，具体说就是要做好以下五个方面的工作：一是进一步凝聚合作共识；二是扎实推进互联互通建设；三是持续加强国际产能合作；四是大力拓展第三方市场合作；五是不断充实合作内容。② 推进"一带一路"建设工作领导小组办公室综合组组长、国家发改委区域开放司司长则从三个方面对"一带一路"建设高质量发展的内涵做了具体概括：一是把共商共建共享原则落到实处，全方位推进务实合作；二是把开放、绿色、廉洁理念落到实处，共建充满生机、风清气正的丝绸之路；三是把实现高标准、惠民生、可持续目标落到实处，让"一带一路"建设成果惠及合作各方。③

在学术界，许多学者从可持续性的角度对"一带一路"高质量发展的内涵进行了解读。比如王凯和倪建军就认为"一带一路"是一个综合、系统、全方位合作的高效平台，对"高质量建设"的内涵也应全面、整体、综合地进行剖析，具体包括以下三个方面。一是发展愿景的高质量。推动"一带一路"的愿景已由起初的打造"区域经济合作架构"提升为"构建人类命运共同体实践平台"。二是合作路径的高质量。既要推进海陆空网的"硬联通"，又要加强各个层面的战略对接。三是建设方式的高质量。既要从宏大的框架结构向企业、规则、人才和文化等微观领域聚焦，同时在共建过程中还要强调创新、协调、绿色、开放、共享、可持

---

① 王毅：《开启"一带一路"高质量发展新征程》，《求是》2019年第9期。
② 刘叶婷、樊海旭：《宁吉喆：坚持"三共""五通"原则，促进共建"一带一路"高质量发展》，2019年3月6日，人民网（http://world.people.com.cn/n1/2019/0306/c1002-30961008.html）。
③ 肖渭明：《推动"一带一路"建设迈向高质量发展》，《中国经贸导刊》2019年第28期。

续等理念,致力于实现多方利益的最大化。①

另有学者认为,"一带一路"高质量发展的可持续性具有双重含义:对中国的可持续性与对相关国家的可持续性。对中国而言,作为"一带一路"的倡导者,首先,可持续性意味着要符合自身利益诉求;其次,可持续性意味着中国的目标要和自身的实力相匹配,避免战略透支风险;最后,可持续性意味着"一带一路"要为国际社会所接受,需要与现行全球治理体系构成良好的互动关系,因此必须奉行共商共建共享原则。对相关国家而言,参与共建"一带一路"时要确保这些国家的债务可持续性、环境的可持续性和社会发展的可持续性,最重要的是要惠及民生,使民众具有实实在在的获得感。②

国家发展和改革委员会一带一路建设促进中心主任从突出"稳"的角度对"一带一路"高质量可持续发展进行了解读,主要包括:一是更加聚焦重点领域和重点区域;二是更加注重统筹发展和安全之间的关系;三是更加注重遵循市场规律、商业规则和国际通行的做法,提高共建"一带一路"的市场化水平;四是更加注重对接国际标准,包括一些区域性的重要国家的战略规划,有效提升共建"一带一路"的国际化水平;五是更加注重预防风险,尤其是政府方面要加强监督和管理的精细化。③

综上可以看出,"一带一路"倡议作为中国向世界提供的一项公共产品,其内涵是随着时代发展而不断深化和丰富的。如果说建设初期主要是通过发起倡议凝聚更多合作发展共识,通过"摸着石头过河"寻找更多可行的建设方案,那么,在累积大量经验教训的基础上,"一带一路"未来建设的方向和蓝图就变得更加明确。对此,习近平主席在北京举行第二届"一带一路"国际合作高峰论坛开幕式的致辞,清晰地指出了"一带一路"未来高质量建设重点需要努力的三个方向:一是秉承共商共建共享原则,二是坚持开放、绿色、廉洁理念,三是努力实现高标准、惠民生、可持续目标。④ 换句话说,未来的"五通"建设,都要沿着上述

---

① 王凯、倪建军:《"一带一路"高质量建设的路径选择》,《现代国际关系》2019年第10期。
② 李向阳:《对"一带一路"的研究现状评估》,《经济学动态》2019年第12期。
③ 高莹:《推进共建一带一路高质量发展》,《中国社会科学报》2021年9月10日第1版。
④ 习近平:《齐心开创共建"一带一路"美好未来——在第二届"一带一路"国际合作高峰论坛开幕式上的主旨演讲》,《人民日报》2019年4月27日第3版。

方向更有规划、更加坚实、更可持续地加以实施和推进。

2. 高质量发展的路径与机制保障

展望"一带一路"倡议的未来发展，我们认为，应该以习近平主席在北京举行第二届"一带一路"国际合作高峰论坛开幕式上的讲话精神为指导，以扎实推进基础设施互联互通为合作基础，以推动和完善机制化建设为制度保障，以"五通"建设为主要内容，重点在经贸交流、产业融合和多边合作等方面进行创新，引领共建国家在中国战略主导下，共商共建共享，消除贫困，包容增长，实现更加紧密的经济共生、政治合作与安全协调，推动实现亚非地区的利益共同体和命运共同体。

一是突出建设重点，扎实推进基础设施互联互通。基础设施是互联互通的基石，也是许多国家发展面临的瓶颈，推进基础设施的互联互通，是实现共建各国经济联动发展的前提和基础。正如前面所述，共建"一带一路"十年来，已经有许多重大基础设施项目建设完成，一个以新亚欧大陆桥等经济走廊为引领，以中欧班列、陆海新通道等大通道和信息高速路为骨架，以铁路、港口、管网等为依托的互联互通的基础设施网络雏形渐渐浮出水面，成为造福于共建各国人民的早期成果。不过，前述分析也同时显示，由于粗放式的发展，导致项目成果良莠不齐，一些项目（特别是境外工业园区）出现烂尾工程或绩效低下。同时，由于资金过度集中由中国提供，导致大量基础建设资金需求难以得到满足，并且还使一些国家产生了"等""靠""要"的现象。

因此，在"一带一路"未来发展过程中，需要着力解决好三方面的工作。首先，要突出重点，加快推进高效畅通的国际大通道建设，扎实建设好重大项目。特别是要持续深化中欧班列国际联运合作与品牌建设，努力提升共建各国口岸运输能力，不断扩大中欧班列国际影响力，以此形成良好示范，带动其他基础设施建设更好发展。其次，要将高质量、可持续、抗风险、价格合理、包容可及的目标融入基础设施项目的选择、建设、运营和管理，要在兼顾政治效益和社会效益的同时，增强项目的绩效意识，形成可持续发展能力。最后，联合更多国家力量，合作共同开发。中国提出"一带一路"倡议的本质是要将其建设成为一个国际经济合作平台，但实际推进过程中更多体现出的是1对N的双边合作特征，中国长袖独舞，共建国家之间以及非共建第三方参与的多边合作则相对较少。虽然从初期发展看这是正常现象,但从长远计,中国则需要通过更多的机制创新,联合共建国家和其他愿意参与的第三方经济体,共同谋划,共同开发,把"一带一路"建设成为一个更有生机和活力的区域多边合作平台。

二是深化产业合作,逐步形成紧密经济共同体。"一带一路"高质量共建的基本逻辑是要以发展导向为引领,通过共建"一带一路",为中国与共建国家的进一步发展提供新动力和新机遇,最终在一种良性循环过程中实现共同发展和繁荣。[①] 基础设施互联互通是实现共建国家经济繁荣的前提和基础,但要实现经济的可持续发展,各国依据本国比较优势有机融入国际分工是根本途径。作为全世界规模最大、产业体系最完备、参与全球价值链分工最深入的制造业国家,中国有能力在"一带一路"框架内为共建国家构建一种更加紧密的区域分工体系提供动力和支撑。一方面,要以 RCEP 为载体,充分挖掘东南亚及南亚的巨大市场潜力,通过不断优化完善投资布局和经贸合作,加快推进中国与这些国家的产业融合,打造中国与东南亚、南亚分工协作的产业链、供应链和价值链,实现"海上丝绸之路"共建国家更深层次、更高水平的经济一体化发展。另一方面,沿着中亚、中东进入欧洲的"丝绸之路经济带",迄今尚未形成具有一体化特征的区域分工形态,各国之间的经济融合尚处于初级阶段。由于地缘政治、经济与安全方面的约束,短期来看试图形成一种紧密的区域分工体系还存在较大困难,为此,可以采取"以点带面"的形式,比如提升中国—中东欧合作机制以及与更多共建国家签订双边投资协定及建立自贸区等,逐步加强中国与各国之间的经济和产业融合,并在此基础上,以中国为轮轴、以共建各国为辐条,逐渐把各国产业连接在一起,为最终形成紧密的区域经济与产业一体化分工体系打下坚实基础。

三是加强机制建设,确保区域合作规范有序。有学者认为,"一带一路"是一种以发展为导向的新型区域经济合作机制,即以古丝绸之路为纽带,以互联互通为基础,以多元化合作机制为特征,以正确义利观为

[①] 胡必亮:《推动共建"一带一路"高质量发展——习近平关于高质量共建"一带一路"的系统论述》,《学习与探索》2020 年第 10 期。

建设原则，以实现人类命运共同体为目标。① "一带一路"的发展导向，决定了其不同于基于规则的区域经济一体化的建设属性，也就是说，在其起步阶段并不以设置规则为门槛，而是以合作发展为导向吸纳更多发展中国家共建"一带一路"。但基于发展导向的"一带一路"建设并不意味着就不需要规则和机制化。相反，除了"硬联通"，以规则和机制为主体的"软联通"建设（即机制化建设）是"一带一路"框架下深化区域合作的内在要求，也是应对外部挑战（包括域外国家的造谣抹黑以及战略对冲等）的必然选择，同时还是对接现行全球治理体系的前提条件。② 从习近平主席提出的高标准可持续惠民生的"一带一路"高质量发展目标看，加强机制化建设无疑是实现上述目标的重要路径选择。

具体来看，可以从两个方面加强建设，具体如下。其一是努力推动共建国家规则与标准的统一。经济实务层面的合作是"一带一路"建设的主要体现，但规则与标准的差异会大大降低合作效率、增加合作成本，从而抑制"一带一路"发展的深度和广度。因此，在实务合作的基础上，应进一步推进基础设施建设、贸易、金融、投资等相关领域的规则与标准的协调与统一，努力形成"一带一路"多边框架下公平、统一、高效的新型规则和治理体系。其二是遵循共商、渐进、共赢原则，在"一带一路"框架下构建高质量、可持续的新型区域合作机制。发展导向的区域合作决定了"一带一路"不可能生硬复制现有区域经济一体化的机制化建构模式，而是需要寻求更大的制度创新。比如，在部分条件成熟、能够形成最大共识的共建国家，可以率先形成具有规则约束力的区域合作机制；在其他条件暂时不成熟的共建国家，则可以采用双边或多边投资协定、特惠贸易协定等形式，形成较低级别的区域合作形式。以贸易投资和产业合作为纽带，在各类区域合作机制之间加强联系，形成联动，充分实现不同区域合作机制的正向溢出效应。

---

① 李向阳：《"一带一路"的高质量发展与机制化建设》，《世界经济与政治》2020年第5期。
② 李向阳：《"一带一路"的高质量发展与机制化建设》，《世界经济与政治》2020年第5期。

第二节 "一带一路"建设为东亚区域分工"西扩"带来机遇

向西发展的"一带一路"建设为中国以东亚地区为重点的对外开放和经济融合模式提供了新的开拓空间。事实上,"一带一路"建设与中国参与东亚区域分工并不冲突,而是并行不悖、相互融合。从区域经济发展的视角看,"一带一路"倡议旨在以基础设施互联互通为牵引,通过优势互补和产业转移,实现与共建国家的区域分工安排和共同发展。这就为东亚区域分工的扩大和重构提供了新的机遇。如前所述,以中国为轮轴,构建开放的东亚经济圈将是未来东亚区域分工体系重构的方向。东亚经济圈是相对于欧盟经济圈和北美经济圈而言的,核心在于区域内部生产与消费的均衡发展,但这并不意味着东亚经济圈具有封闭属性。事实上,从地理范围分散和国家特征多样性的角度看,东亚经济圈也不可能是封闭的,相反,与过去几十年的发展一样,未来的东亚经济圈将依然呈现一种开放性的特征。"一带一路"倡议的提出,为东亚区域分工与合作提供了新的机遇和广阔空间。由于地缘经济的优势,过去几十年东亚地区充分享受了全球化所带来的红利,而欧亚内陆国家则由于基础设施落后、缺乏"头雁"国家而被边缘化,成为事实上的"外围国家"。中国提出"一带一路"倡议,以解决基础设施瓶颈为先导,既为传统上以产业技术关联为主导基础条件形成的东亚区域增长机制的转型扩容提供了新的解决方案,[①] 同时也通过东亚区域分工体系的"西扩",将欧亚内陆国家纳入一个更加广泛的亚欧区域分工网络,依靠区域内部产品市场、原料市场和投资市场的对接,推进"一带一路"共建东亚国家与欧亚内陆国家之间新型的功能性互补与发展型合作,最终与东亚国家一道构建一种全新的区域发展合作平台。[②]

[①] 朴光姬:《"一带一路"与东亚"西扩"——从亚洲区域经济增长机制构建的视角分析》,《当代亚太》2015年第6期。

[②] 陆寒寅:《亚洲区域经济重构效应探析——基于"一带一路"的战略视角》,《复旦学报》(社会科学版)2016年第5期。

一 "一带一路"共建国家巨大市场潜力为东亚经济增长提供了拓展空间

"一带一路"共建国家主要以新兴市场国家和发展中国家为主体，具有巨大的市场潜力。从2000年至2022年，"一带一路"共建国家经济增长总体呈快速上升趋势，GDP总额从3.4万亿美元增加至18.1万亿美元，增长了4.3倍，占世界GDP总额的比重从2000年的9.9%提高至2022年的17.9%（见图6-2）。

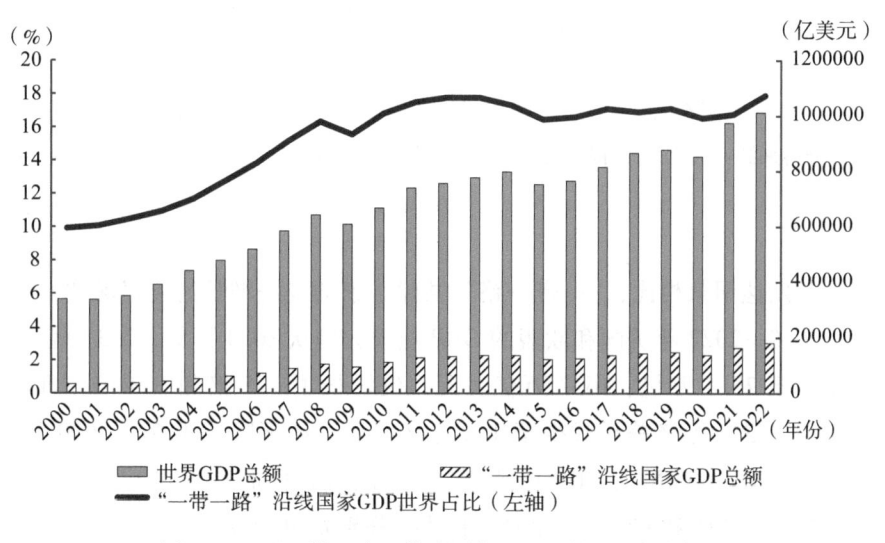

图6-2 "一带一路"共建国家GDP总额及世界占比

资料来源：根据世界银行相关数据计算得到（https://www.worldbank.org/en/home）。

从"一带一路"不同板块看，除了南欧，其他五大区域国家GDP的世界占比在2000年到2022年期间均呈上升趋势，其中，东南亚占比从1.82%提升至3.58%，南亚从1.90%提升至4.32%，中东欧从2.07%提升至4.23%，西亚北非从3.43%提升至4.76%，中亚及高加索地区则从0.14%提升至0.52%。南欧GDP的世界占比略微有所下降，从2000年的0.56%降至2022年的0.49%（见图6-3）。

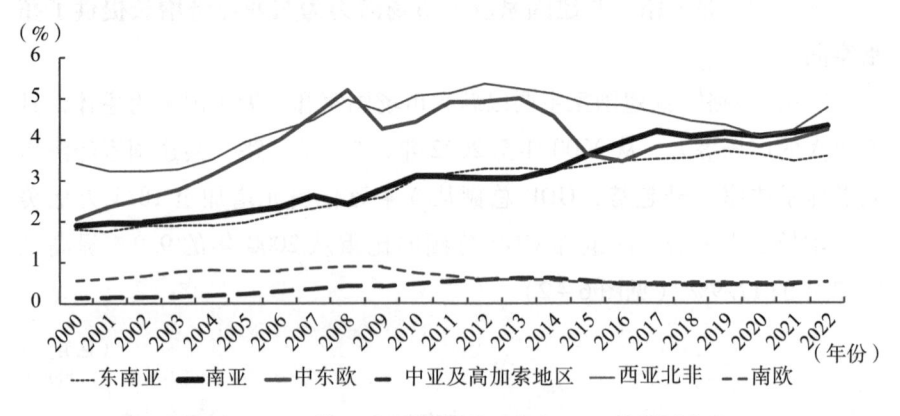

图 6-3 "一带一路"共建不同区域 GDP 的世界占比

资料来源：根据世界银行相关数据计算得到（https://www.worldbank.org/en/home）。

与发达国家相比，"一带一路"共建国家的经济增长速度显然要快得多。2000—2022 年美国和欧盟的 GDP 规模分别从 10.3 万亿、7.3 万亿美元增加至 25.4 万亿、16.7 万亿美元，仅增长了 1.5 倍和 1.3 倍，日本 GDP 则从 5.0 万亿美元减少至 4.2 万亿美元，还下降了 16%。2000 年，"一带一路"共建国家 GDP 总额占美国、欧盟和日本 GDP 的比重分别为 32.8%、46.2% 和 67.7%，2022 年时则分别提升至 71.3%、108.3% 和 428.5%（见表 6-16）。

受益于经济的快速增长，"一带一路"共建国家的人均 GDP 也不断增加。总体看，2000—2022 年，"一带一路"共建国家人均 GDP 平均从 4862 美元提高至 15089 美元，增长了 2.1 倍，同期世界人均 GDP 从 5517 美元提高至 12744 美元，增长 1.31 倍，并且"一带一路"共建国家人均 GDP 占世界人均 GDP 的比重有所上升，从 2000 年的 88.1% 提升至 118.4%。不过，与经济增长的变化趋势相同，"一带一路"共建国家人均 GDP 占世界人均 GDP 的比重也经历了较大波动，2008 年国际金融危机之后出现了一定的下降趋势，从 2013 年的 122.5% 降至 2020 年的 107.1%（见图 6-4）。尽管如此，从较长期发展看，从 2005 年开始"一带一路"共建国家人均 GDP 已经超过世界平均水平。

表 6-16　　2000—2020 年"一带一路"共建国家 GDP 总额及其国际比较　（单位：十亿美元）

		2000 年	2005 年	2010 年	2015 年	2016 年	2017 年	2018 年	2019 年	2020 年	2021 年	2022 年
东南亚	新加坡	96	128	240	308	319	343	377	377	348	424	467
	越南	31	58	147	239	257	281	310	334	347	366	409
	泰国	126	189	341	401	413	456	507	544	500	506	495
	菲律宾	84	107	208	306	319	328	347	377	362	394	404
	文莱	6	10	14	13	11	12	14	13	12	14	17
	缅甸	9	12	50	60	63	66	68	75	79	66	62
	马来西亚	94	144	255	301	301	319	359	365	337	374	407
	柬埔寨	4	6	11	18	20	22	25	27	26	27	30
	老挝	2	3	7	14	16	17	18	19	19	19	15
	印度尼西亚	165	286	755	861	932	1016	1042	1119	1059	1187	1319
	东帝汶	0	0	1	2	2	2	2	2	2	4	3
南亚	印度	468	820	1676	2104	2295	2651	2703	2836	2672	3150	3417
	孟加拉国	53	69	115	195	265	294	321	351	374	416	460
	斯里兰卡	16	24	59	85	88	94	94	89	84	89	74
	巴基斯坦	99	145	197	300	314	339	356	321	300	349	375
	尼泊尔	5	8	16	24	25	29	33	34	33	37	41
	不丹	0	1	2	2	2	3	3	3	2	3	0
	马尔代夫	1	1	3	4	4	5	5	6	4	5	6
中东欧	摩尔多瓦	1	3	7	8	8	10	11	12	12	14	15
	俄罗斯	260	764	1525	1363	1277	1574	1657	1693	1493	1837	2240
	白俄罗斯	13	30	57	56	48	55	60	64	61	70	73
	乌克兰	32	89	141	91	93	112	131	154	157	200	161
	克罗地亚	22	45	59	51	53	56	61	61	58	69	72
	爱沙尼亚	6	14	20	23	24	27	31	31	31	37	38
	立陶宛	12	26	37	41	43	48	54	55	57	67	71
中东欧	拉脱维亚	8	17	24	27	28	30	34	34	34	39	41
	匈牙利	47	113	132	125	129	143	161	164	157	182	177
	斯洛伐克	29	63	91	89	90	96	106	106	107	119	115
	捷克	62	137	209	188	196	219	249	253	246	282	291
	罗马尼亚	37	98	170	178	185	210	243	251	251	286	301
	波兰	172	306	476	477	470	525	589	596	599	681	688

续表

		2000年	2005年	2010年	2015年	2016年	2017年	2018年	2019年	2020年	2021年	2022年
中亚及高加索地区	亚美尼亚	2	5	9	11	11	12	12	14	13	14	20
	阿塞拜疆	5	13	53	53	38	41	47	48	43	55	79
	格鲁吉亚	3	6	12	15	15	16	18	17	16	19	25
	哈萨克斯坦	18	57	148	184	137	167	179	182	171	197	225
	吉尔吉斯斯坦	1	2	5	7	7	8	8	9	8	9	12
	塔吉克斯坦	1	2	6	8	7	8	8	8	8	9	10
	土库曼斯坦	3	8	23	36	36	38	41	45	46	50	57
	乌兹别克斯坦	14	14	50	86	86	62	53	60	60	70	80
	蒙古国	1	3	7	12	11	11	13	14	13	15	17
西亚北非	也门	10	17	31	42	31	27	22	0	0	0	0
	利比亚	1	1	2	3	3	3	3	3	3	4	4
	伊朗	110	226	487	408	458	487	330	284	240	359	413
	巴林	9	16	26	31	32	35	38	39	35	39	44
	黎巴嫩	17	21	38	50	51	53	55	52	32	23	0
	约旦	8	13	27	39	40	42	43	45	44	46	49
	卡塔尔	18	45	125	162	152	161	183	176	144	180	236
	埃及	100	90	219	329	332	248	263	319	384	425	477
	土耳其	274	506	777	864	870	859	779	761	720	820	907
	以色列	136	147	238	303	322	358	377	402	413	489	525
	阿曼	20	31	65	79	75	81	92	88	76	88	115
	阿拉伯联合酋长国	104	181	300	370	369	391	427	418	349	415	507
西亚北非	叙利亚	81	134	253	16	13	16	21	23	11	9	0
	科威特	38	81	115	115	109	121	138	136	106	137	175
	伊拉克	48	50	139	167	167	187	227	234	181	208	264
	沙特	190	328	528	669	666	715	847	839	734	874	1109
南欧	斯洛文尼亚	20	36	48	43	45	49	54	54	54	62	60
	希腊	130	248	297	196	193	200	212	205	188	215	218
	塞浦路斯	10	18	26	20	21	23	26	26	25	29	29
	保加利亚	13	30	51	51	54	59	66	69	70	84	90
	黑山	1	2	4	4	4	5	6	6	5	6	6
	北马其顿	4	6	9	10	11	11	13	13	12	14	14
	塞尔维亚	7	28	42	40	41	44	51	52	53	63	64
	阿尔巴尼亚	3	8	12	11	12	13	15	15	15	18	19
"一带一路"共建国家总额		3363	6093	11215	12391	12709	13933	14637	15021	14099	16354	18133

续表

	2000年	2005年	2010年	2015年	2016年	2017年	2018年	2019年	2020年	2021年	2022年
中国	1211	2286	6087	11062	11233	12310	13895	14280	14688	17820	17963
美国	10251	13039	15049	18206	18695	19477	20533	21381	21060	23315	25440
欧盟	7276	11910	14556	13554	13889	14766	15981	15693	15381	17316	16746
日本	4968	4831	5759	4445	5004	4931	5041	5118	5049	5006	4232

资料来源：根据世界银行相关数据计算得到（https：//www.worldbank.org/en/home）。

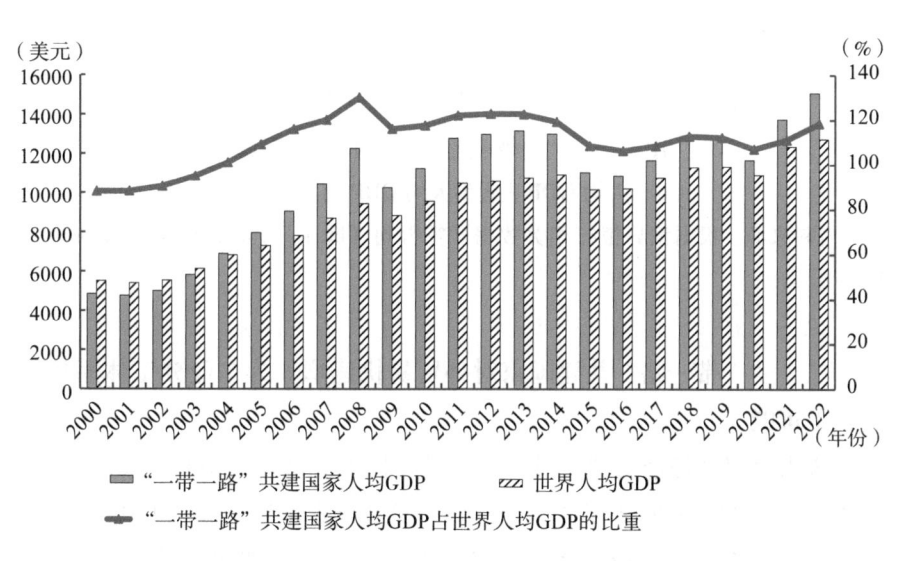

图6-4　"一带一路"共建国家平均的人均GDP及占世界人均GDP的比重

资料来源：根据世界银行相关数据计算得到（https：//www.worldbank.org/en/home）。

从不同区域看，除了西亚北非，其他五个区域人均GDP平均规模与世界平均水平相比都呈上升趋势，不过如果按照绝对的收入水平看，南亚、中亚及高加索地区的人均GDP水平仍然远低于世界平均水平。具体比较各区域与世界人均GDP的比重，2000—2022年东南亚、南亚、中东欧、南欧以及中亚及高加索地区的人均GDP占世界人均GDP的比重分别从93.1%、10.0%、58.7%、99.3%和10.7%提高至124.5%、18.2%、137.9%、125.9%和45.1%，西亚北非则从179.2%降至176.7%（见图6-5）。

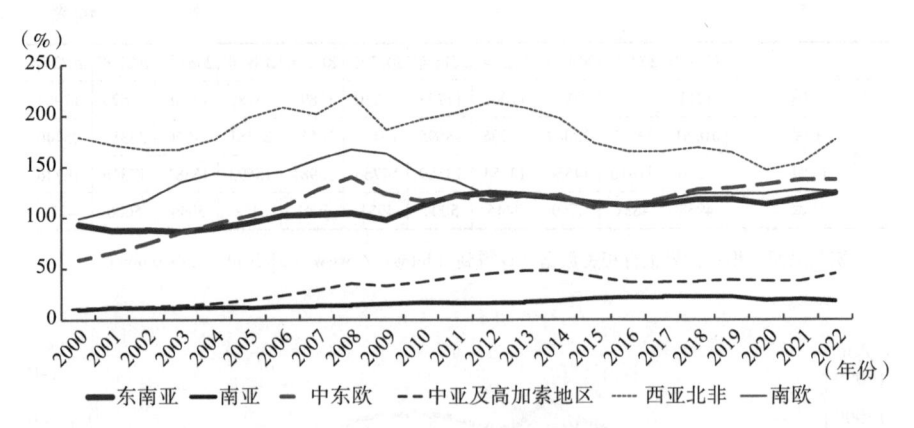

图 6-5 "一带一路"共建国家不同区域
人均 GDP 占世界人均 GDP 的比重

资料来源：根据世界银行相关数据计算得到（https：//www.worldbank.org/en/home）。

二 "一带一路"共建国家对外贸易快速增长为东亚分工体系扩大提供了可能

进出口贸易是推动"一带一路"共建国家经济快速增长的重要动力。从出口看，2001—2022年"一带一路"共建国家出口总额从1.04万亿美元增加至6.51万亿美元，增长了5.3倍。由于在此期间的增长速度大部分年份都高于世界出口的增速，使"一带一路"共建国家出口总额占世界出口总额的比重也不断提高，从2001年的16.8%提升至2012年的25.7%，此后有所下降，2020年降至23.7%，但随后又出现回升，2022年达到26.1%（见图6-6）。

进口情况显示了同样的趋势。从2001年到2022年，"一带一路"共建国家的进口总额从0.98万亿美元增加至6.26万亿美元，增长了5.4倍，同期其占世界进口总额的比重也从15.2%提升至24.4%（见图6-7）。

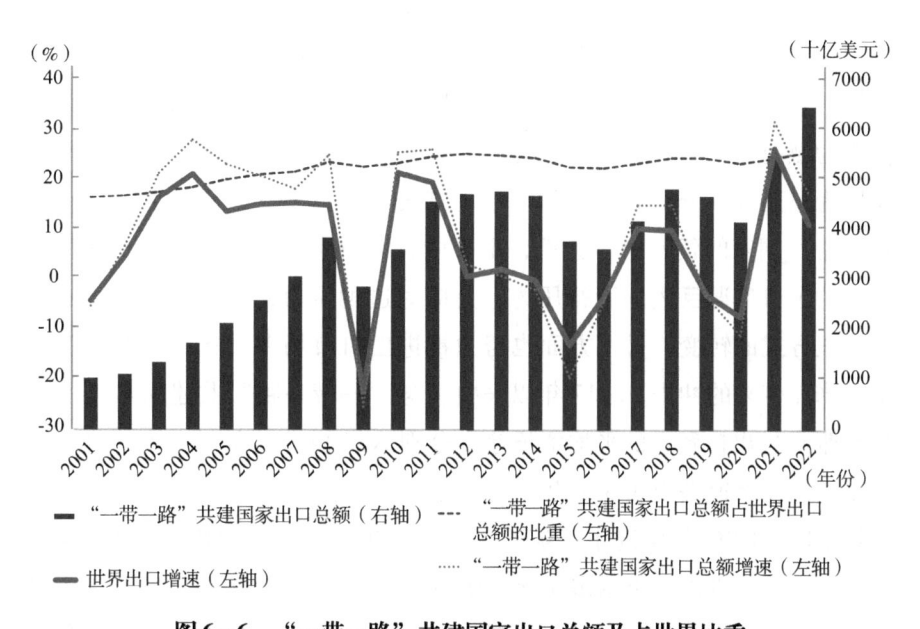

图 6-6　"一带一路"共建国家出口总额及占世界比重

资料来源：根据 WTO 相关数据计算得到（http：//www.wto.org/）。

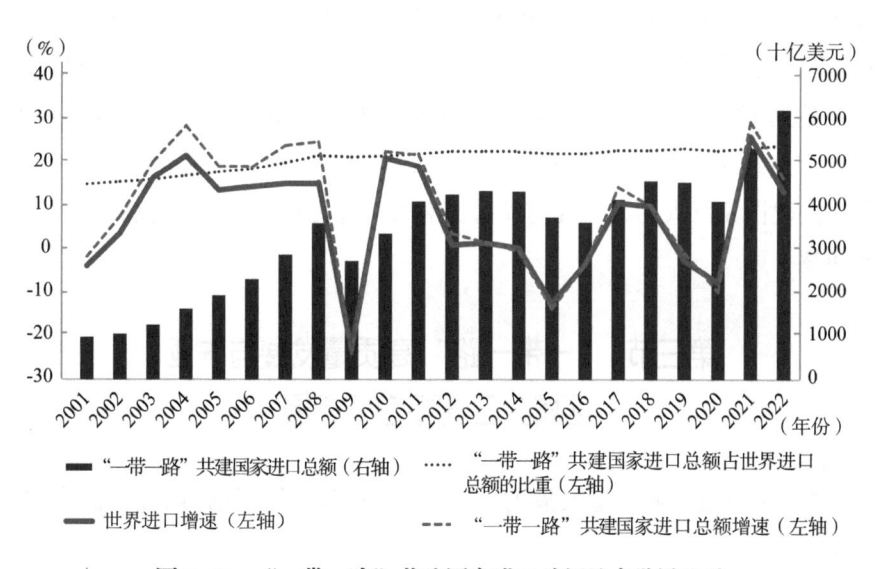

图 6-7　"一带一路"共建国家进口总额及占世界比重

资料来源：根据 WTO 相关数据计算得到（http：//www.wto.org/）。

"一带一路"共建国家经济的快速增长和进出口贸易规模的持续扩大，为中国乃至东亚的经济再平衡提供了巨大的市场空间。正如第三章所述，东亚区域分工体系的重构并不意味着区域内部生产的减少，而是体现为域内消费的增加。如果能够将"一带一路"国家纳入区域分工，无疑为东亚区域分工转型进程的平稳推进提供重要支撑。以中国与"一带一路"国家的贸易合作为例，由于中美经贸摩擦的负面冲击，近些年中国的出口遭遇巨大的下行压力，为应对这种压力，中国一方面加快国内增长方式的转变，另一方面也努力推进出口市场多元化以降低外部需求骤降而带来的冲击。2017年以来中国与"一带一路"共建国家（不包括东盟）进出口贸易的平均增长速度分别达到14.0%和16.4%，比中国进出口总体增速高出3.6个百分点和3.7个百分点。[①] 2019年中国在对美贸易下降10.7%的情况下能够实现全年进出口总额同比增长3.4%的业绩，与中国推进出口市场多元化显然是密不可分的，其中与"一带一路"国家的贸易贡献尤为显著，双边贸易总额达到9.27万亿元，同比增长10.8%，高出整体增速7.4个百分点。[②] 由于上述原因，"一带一路"共建国家（不包括东盟）在中国进出口贸易中的占比不断上升，从2013年的25.0%上升至2022年的32.9%，提高了7.9个百分点。2022年双边贸易额达到13.83万亿元，其中中国出口7.89万亿元，在中国出口总额中的比重达到32.9%，进口5.94万亿元，占比32.8%。[③] 考虑到"一带一路"共建国家巨大的人口规模和增长潜力，毫无疑问这一趋势将能继续得到巩固。

第三节 "一带一路"高质量发展与东亚 区域分工调整空间拓展

"一带一路"高质量发展的一个重要内容就是要加强国际产能合作，

[①] 根据CEIC数据库计算得出（https://insights.ceicdata.com/login）。
[②] 数据来自中国一带一路网（https://www.yidaiyilu.gov.cn/xwzx/bwdt/118778.htm）。
[③] 《国务院新闻办就2022年全年进出口情况举行发布会》，2023年1月13日，中国政府网（http://www.gov.cn/xinwen/2023-01/13/content_5736993.htm）。

通过推动"一带一路"共建国家的经济有机融入全球价值链分工体系，为其形成可持续增长奠定坚实基础。当前东亚区域分工体系的调整与重构为此提供了广阔空间。正如第三章和第五章所分析的，当前东亚区域分工体系重构正处于一个新的历史节点。域外不利的国际经济环境对域内的分工重组提出了诸多挑战，在早期"雁行模式"和东亚生产网络两个阶段的分工体系构建过程中，域内的产业调整与域外的需求变化是同时发生、相互推动的，形成了"东亚生产—美欧消费"的开放式国际循环体系。然而，特朗普上台以来美国政府通过强化贸易保护主义使这一东亚经济增长高度依赖的国际循环体系陷入困境，尽管短期看，中美经贸摩擦为部分东亚国家释放了市场空间，但如果东亚各国依然固守传统进取型的出口导向发展模式而不合作形成更加均衡的域内经济循环体系，未来的发展将会越来越被动。新冠疫情全球蔓延下全球价值链的区域化发展趋势更进一步地对东亚区域分工的适应性重构提出了迫切要求。

从调整范围看，东亚区域分工体系的重构是极为广泛的，既包括区域内部的生产与产业重组，也包括区域内部市场的重塑和区域外部市场的多元化。从2008年国际金融危机以来东亚经济的再平衡绩效看，由于对美欧市场的贸易顺差不但未能缩小，而且在不断扩大，表明这一进程将非常艰难和漫长。在这种情况下，如果能够将东亚以产业关联为基础的区域分工体系与"一带一路"共建国家以基础设施互联互通为重点而形成的"走廊经济"结合起来，[①] 无疑将对以构建东亚经济圈为目标的东亚区域分工重构起到有益的补充作用。

一 "一带一路"高质量发展有助于东亚国家在更大的区域内构建合作平台：以中日韩在中东欧地区的竞合为例

"一带一路"倡议是中国为共建各国实现合作共赢而搭建的一个合作平台，但它并不是一个封闭的会员俱乐部，而是开放、包容和共享的，为世界各国参与"一带一路"建设提供了同样的机遇和空间。从推动亚

[①] "走廊"主要是指由经济要素通过交通等基础设施媒介联结城市区域，并在特定的地理区域内不断集聚和扩散而形成的一种特殊的线状系统经济空间形态。参见卢光盛、邓涵《经济走廊的理论溯源及其对孟中印缅经济走廊建设的启示》，《南亚研究》2015 年第 7 期。

欧国家合作的视角看,随着"一带一路"倡议的推进,连接亚洲和欧洲的基础设施将会不断完善和丰富,从而大大降低共建国家的贸易及其他合作成本。因此,东亚各国都可以通过加入"一带一路"倡议,与中国共建和共享这一便利性,达到整体竞争力提升的效果。下面以中国与日本、韩国在中东欧地区①的贸易竞争与合作关系对此进行进一步的讨论。

(一)中日韩三国与中东欧国家的贸易发展

中日韩三国与中东欧地区的大规模经贸合作始于21世纪初。在此之前的20世纪90年代,中东欧国家处于转型初期,其对外经贸合作主要面向西欧国家。2000年,在中日韩三国对中东欧国家的出口贸易总额中,中国和日本都不到50亿美元,韩国则仅仅有20亿美元(见表6-17)。随着中东欧国家经济转型的完成,进入21世纪以来,这些国家开始大力推动包括东亚国家在内的对外经贸合作,中日韩三国与中东欧地区的贸易规模也随之迅猛增加。纵观过去20多年的发展,中日韩三国与中东欧地区的贸易呈现如下四个方面的特征。

一是2008年国际金融危机之前贸易增速快于危机之后,不过"一带一路"倡议对中国与中东欧国家的贸易具有显著的推动作用。2000—2008年,中国对中东欧地区的贸易总量从53.3亿美元增加至439.3亿美元,增长了7.2倍;日本从51.2亿美元增加至119.8亿美元,增长了1.3倍;韩国则从22.4亿美元增加至147.8亿美元,增长了5.6倍。但2008年国际金融危机打破了这一进程,虽然危机后由于世界各国政府的赤字猛药推动了2010年的世界贸易反弹,但随着政策效应的下降,2011年之后世界贸易进入疲弱的增长期,其增速甚至低于世界经济的增长速度。中日韩三国对中东欧地区的贸易同样受到世界贸易疲弱的影响。2010—2020年,中国对中东欧地区的贸易总量由474.8亿美元增加至892亿美元,仅增长87.9%;日本和韩国的增速更是大幅下降,其中日本从89.4亿美元增加至95.4亿美元,增长6.7%;韩国则从155.2亿美元增加至197.4亿美元,增长27.2%。不过,相对而言,"一带一路"倡议对中国与中东欧国家的贸易具有显著的推动作用,2010—2013年双方贸易的平

---

① 该部分的中东欧地区包含的国家与前面分析稍有区别,主要指的是中国—中东欧国家领导会晤机制中的16个国家(未包括2019年加入的希腊)。

均增速只有1.3%，2014—2020年则上升至8.9%。

表6-17　　2000—2020年中日韩三国对V4及中东欧国家的进出口比较　　（单位：亿美元）

年份	中国 出口 中东欧	中国 出口 V4	中国 进口 中东欧	中国 进口 V4	日本 出口 中东欧	日本 出口 V4	日本 进口 中东欧	日本 进口 V4	韩国 出口 中东欧	韩国 出口 V4	韩国 进口 中东欧	韩国 进口 V4
2000	49.9	31.8	3.4	2.1	46.8	35.7	4.4	3.5	20.2	14.3	2.2	1.4
2001	71.7	42.5	5.2	3.9	45.8	34.5	5.2	3.7	17.4	11.3	2.0	1.2
2002	100.2	64.2	8.3	5.6	51.0	37.7	6.9	5.6	23.2	15.4	2.5	1.3
2003	133.1	95.3	12.8	8.2	65.4	49.1	8.5	6.4	31.7	22.4	3.1	1.5
2004	149.0	102.6	16.6	13.2	65.8	51.2	10.3	8.2	37.9	27.2	4.6	2.6
2005	170.3	105.4	18.6	14.3	67.3	49.4	12.3	9.6	47.6	33.7	5.5	3.7
2006	220.5	141.4	28.9	21.6	75.6	56.3	14.7	11.0	68.9	51.2	7.6	6.1
2007	320.0	225.5	37.9	31.7	88.5	72.1	17.1	13.3	111.5	84.4	10.3	8.4
2008	392.9	273.0	46.4	38.3	100.1	82.5	19.7	16.0	134.5	106.2	13.3	10.5
2009	316.6	225.1	51.6	43.4	66.9	56.0	16.3	12.5	115.4	98.8	11.0	7.7
2010	404.8	297.6	70.0	57.1	68.1	57.2	21.3	16.6	140.0	120.4	15.2	9.7
2011	463.0	336.0	91.6	73.2	66.6	54.2	24.3	18.3	138.0	111.5	20.5	13.5
2012	413.1	294.0	90.8	69.6	58.7	47.9	26.5	20.0	142.2	118.9	23.6	14.4
2013	421.0	297.9	108.2	80.6	53.5	43.0	29.4	22.3	133.1	108.5	27.5	17.0
2014	454.1	331.2	108.2	79.6	51.2	42.3	30.4	23.5	143.3	113.9	23.6	15.6
2015	447.7	349.5	85.8	64.0	47.1	39.5	26.3	20.6	128.3	105.8	22.3	14.5
2016	459.7	355.0	90.2	66.5	52.4	43.9	29.1	21.7	124.0	98.3	21.9	15.0
2017	518.8	401.5	110.4	78.9	57.9	48.4	28.1	20.1	133.3	108.2	23.0	15.0
2018	617.5	476.5	115.8	83.6	62.1	51.1	33.1	22.4	160.9	133.8	24.6	16.0
2019	653.5	511.9	120.2	88.8	66.7	55.9	32.5	23.8	164.6	138.5	26.1	18.3
2020	757.1	595.8	134.9	100.2	62.7	51.2	32.7	22.8	169.7	146.4	27.7	20.3

注：V4指的是匈牙利、波兰、捷克和斯洛伐克等四国。

资料来源：根据CEIC相关数据计算得到（https://insights.ceicdata.com/login）。

二是中国对中东欧地区的贸易规模远高于日本和韩国。2000年时，中国与中东欧地区的贸易总量虽然大于日本和韩国，但差距并不大，其中比韩国多30.9亿美元，比日本仅多2.1亿美元。但随后不同的增长趋势导致中日韩三国与中东欧地区的贸易规模差距不断扩大。2008年，中国比日本、韩国分别多出319.5亿美元和291.5亿美元；而到了2020年，上述差距进一步分别扩大至796.6亿美元和694.6亿美元，中国对中东欧地区的贸易总量已分别达到日本和韩国的9.4倍和4.5倍。

三是中日韩三国对中东欧地区的出口大于进口。2000年以来，中日韩三国与中东欧地区的贸易一直呈失衡状态，出口大于进口，而且差额不断扩大。2000年、2008年、2015年和2020年，中国对中东欧地区的出口分别为49.9亿美元、392.9亿美元、447.7亿美元和757.1亿美元，进口分别为3.4亿美元、46.4亿美元、85.8亿美元和134.9亿美元，相应地，中国的贸易顺差从2000年的46.5亿美元逐步扩大到2008年的346.5亿美元、2015年的361.9亿美元和2020年的622.2亿美元。韩国总体也呈现上升趋势，2000年、2008年、2015年和2020年的顺差分别为18.0亿美元、121.2亿美元、106.0亿美元和142.0亿美元。日本情况稍有不同，与中东欧地区的贸易顺差呈先扩大后下降的趋势，2000年、2008年、2015年和2020年分别为42.4亿美元、80.4亿美元、20.8亿美元和30.0亿美元。

四是中日韩对中东欧地区的进出口贸易以维谢格拉德集团（V4）[①]为主，与该集团的贸易占日本对中东欧地区贸易总额的比重超过60%，中国和韩国则超过70%。2000年中日韩三国与V4国家的贸易额占中东欧16国的贸易额的比重分别达到64%、77%和70%，2008年时变为71%、82%和79%，2015年时分别为78%、82%和80%，2020年则变为78%、78%和84%。虽然各国比重随时间变化而有所变化，但总体看从未低于60%。由于V4国家进出口增长率的变化趋势与中东欧国家基本相似，后面的分析我们主要以V4国家作为中东欧国家的代表进行讨论。

[①] 维谢格拉德集团是由中欧的匈牙利、波兰、捷克和斯洛伐克四国组成的一个跨国组织。该组织成立于1991年，最初的主要目的是加入欧盟进行协调与合作，就安全事务进行磋商，贸易和投资领域的合作，基础设施的互联互通以及地方合作，等等。2004年四国入盟后，维谢格拉德集团并未解散，而是继续专注于加强中欧地区身份的地区倡议和协调活动。

(二) 中东欧国家对中日韩三国进出口贸易的结构比较

为进一步比较中东欧16国对中日韩三国进出口贸易的结构特征,下面借鉴沈子傲、韩景华的方法,依据海关HS编码将商品分为21大类,其中第1—5类为资源密集型初级产品,第6—20类为工业制成品,第21类为艺术品。[①] 按资本劳动投入比例将第8、9、11、12、20类归为劳动密集型产品,第6、7、10、13、14、15、16、17、18、19类归为资本密集型产品。同时按照技术含量进一步划分,将第1—15类归为原料类产品,第16—18类归为较高技术含量产品。

1. 进口

表6-18显示了2013—2019年中东欧16国对中日韩三国的进口占各自国家总进口的比重情况。从表中可以看出,中东欧16国从中国进口占该国总进口的比重均在2%以上,2019年排在前五位的国家是塞尔维亚、捷克、阿尔巴尼亚、波兰和黑山。中东欧各国从日本进口占本国总进口的比重均低于2%,2019年排名前五位的国家分别为马其顿、匈牙利、捷克、黑山和波兰。中东欧各国从韩国进口占本国总进口的比重除了斯洛伐克和斯洛文尼亚,其他国家也基本低于2%,2019年排名前五位的国家分别是斯洛伐克、斯洛文尼亚、匈牙利、捷克和波兰。

表6-18　　2013—2019年中日韩三国在中东欧国家进口中的占比情况　　(单位:%)

	中国				韩国				日本			
	2013年	2015年	2017年	2019年	2013年	2015年	2017年	2019年	2013年	2015年	2017年	2019年
阿尔巴尼亚	6.72	8.46	7.94	9.21	0.47	0.49	0.47	0.41	0.40	0.41	0.50	0.40
爱沙尼亚	4.12	4.78	4.65	4.04	0.30	0.30	0.35	0.49	0.21	0.22	0.29	0.40
保加利亚	2.97	3.68	3.67	4.52	0.33	0.32	0.38	0.44	0.26	0.32	0.35	0.43
波黑	6.01	6.87	6.55	7.34	0.46	0.47	0.33	0.35	0.50	0.67	0.57	0.52
波兰	5.42	7.39	7.89	8.67	1.44	1.34	1.22	1.54	0.62	0.63	0.63	0.81
黑山	8.17	10.30	9.65	8.53	0.43	0.75	0.44	0.50	0.94	0.90	1.61	0.88

---

① 沈子傲、韩景华:《中国与中东欧贸易合作研究——基于贸易互补性和竞争性的视角》,《国际经济合作》2016年第8期。

续表

	中国				韩国				日本			
	2013年	2015年	2017年	2019年	2013年	2015年	2017年	2019年	2013年	2015年	2017年	2019年
捷克	5.79	8.26	7.30	9.25	1.41	1.83	1.71	1.42	0.95	0.80	1.03	0.97
克罗地亚	5.73	2.83	3.22	2.89	0.45	0.66	0.87	0.75	0.54	0.14	0.12	0.16
拉脱维亚	2.54	3.14	2.92	3.02	0.32	0.32	0.17	0.15	0.09	0.16	0.12	0.17
立陶宛	2.16	2.86	2.88	2.91	0.20	0.79	0.86	0.89	0.10	0.15	0.14	0.18
罗马尼亚	3.56	4.59	5.01	5.26	0.69	0.77	0.54	0.54	0.39	0.46	0.46	0.35
马其顿	5.70	6.09	5.78	5.76	0.44	0.41	0.34	0.31	0.84	0.88	1.36	1.60
塞尔维亚	7.33	8.45	8.24	9.40	0.68	0.65	0.71	0.80	0.60	0.60	0.55	0.61
斯洛伐克	4.05	4.18	4.20	3.60	5.97	5.49	4.51	4.40	0.50	0.41	0.29	0.22
斯洛文尼亚	4.05	5.43	4.50	5.13	3.71	3.59	3.47	2.70	0.43	0.29	0.28	0.31
匈牙利	6.85	6.21	5.89	6.96	0.92	1.49	1.38	2.71	1.23	1.38	1.36	1.26

资料来源：根据 CEIC 相关数据计算得到（https://insights.ceicdata.com/login）。

接下来，以 2015 年中东欧地区从中日韩进口规模排名前五的国家为例，进一步比较中东欧国家对中日韩三国的进口产品结构。2015 年中东欧国家从中国进口排名前五的国家是波兰、捷克、匈牙利、罗马尼亚、斯洛伐克，进口额分别为 145.1 亿美元、116.8 亿美元、57.1 亿美元、32.0 亿美元、30.5 亿美元。五个国家从中国进口的主要商品：一是机电产品（第 16 类 84、85 章）、光学及医疗仪器（第 18 类 90 章）等具有较高技术含量的资本密集型产品。二是塑料、橡胶及其制品（第 7 类 39、40 章）、贱金属及其制品（第 15 类 72、73、76 章）等原料类资本密集型产品。三是手套及服装（第 11 类 62、63 章）、家具及玩具（第 20 类 94、95 章）等劳动密集型工业产品。其中较高技术含量产品占比超过 65%，机电产品占比超过 50%。

2015 年中东欧国家从日本进口排名前五的国家是匈牙利、波兰、捷克、罗马尼亚、斯洛伐克，进口额分别为 12.7 亿美元、12.4 亿美元、11.4 亿美元、3.2 亿美元、3.0 亿美元。五个国家从日本进口的主要商品：一是机电产品（第 16 类 84、85 章）、非轨道车辆及零件（第 17 类 87 章）、光学及医疗仪器（第 18 类 90 章）等具有较高技术含量的资本密集型产品；二是塑料、橡胶及其制品（第7类39、40章）等原料类资本密集型产品。其中较高技术含量产品占比超过75%，机电产品占比超过50%。

2015年中东欧国家从韩国进口排名前五的国家是斯洛伐克、波兰、捷克、匈牙利、斯洛文尼亚，进口额分别为40.0亿美元、26.2亿美元、25.8亿美元、13.7亿美元、10.7亿美元。五个国家从韩国进口的主要商品：一是机电产品（第16类84、85章）、非轨道车辆及零件（第17类87章）、光学及医疗仪器（第18类90章）等具有较高技术含量的资本密集型产品；二是化工制品（第6类38章），塑料、橡胶及其制品（第7类39、40章），贱金属及其制品（第15类72、73章）等原料类资本密集型产品。其中较高技术含量产品占比超过80%，机电产品占比超过35%。

2. 出口

表6-19显示了2013—2019年中东欧16国对中日韩三国的出口占各自国家总出口的比重情况。从表中可以看出，中东欧16国对中国出口占各自国家总出口的比重均低于5%，2019年排在前五位的国家是黑山、保加利亚、马其顿、斯洛伐克和阿尔巴尼亚；对日本出口占各自国家总出口的比重均低于1%，2019年排在前五位的国家分别是立陶宛、爱沙尼亚、捷克、拉脱维亚、匈牙利和罗马尼亚（两国并列第五）；对韩国出口占各国总出口的比重也均低于1%，2019年排在前五位的国家分别是拉脱维亚、保加利亚、罗马尼亚、爱沙尼亚、斯洛伐克。

下面以出口额排名前五的国家为例进一步比较中东欧国家对中日韩三国的出口产品结构。2015年中东欧国家对中国出口排名前五的国家是波兰、捷克、匈牙利、斯洛伐克、保加利亚，出口额分别为20.1亿美元、18.5亿美元、14.0亿美元、11.3亿美元、6.0亿美元。五个国家向中国出口的主要产品：一是机电产品（第16类84、85章）、非轨道车辆及零件（第17类87章）、光学及医疗仪器（第18类90章）等具有较高技术含量的资本密集型产品；二是铜及其制品（第15类74章）、橡胶及其制品（第7类40章）等原料类资本密集型产品；三是木及木制品（第9类44章）等原料类劳动密集型产品。

表 6-19　　2013—2019 年中日韩三国在中东欧国家出口中的占比情况　　（单位：%）

	中国				韩国				日本			
	2013年	2015年	2017年	2019年	2013年	2015年	2017年	2019年	2013年	2015年	2017年	2019年
阿尔巴尼亚	4.46	2.59	3.05	1.84	0.01	0.01	0.00	0.09	0.02	0.13	0.22	0.32
爱沙尼亚	0.81	1.17	1.69	1.16	0.56	0.43	0.50	0.36	0.53	0.55	0.54	0.56
保加利亚	2.93	2.35	2.45	2.77	0.54	0.23	0.21	0.44	0.13	0.17	0.15	0.17
波黑	0.13	0.32	0.35	0.26	0.02	0.07	0.07	0.07	0.01	0.02	0.00	0.00
波兰	1.03	1.01	0.99	1.11	0.35	0.21	0.23	0.26	0.33	0.29	0.24	0.28
黑山	1.05	2.50	1.74	4.19	0.01	NA	0.00	0.06	0.62	0.98	0.29	0.07
捷克	1.18	1.17	1.33	1.21	0.36	0.32	0.25	0.22	0.54	0.55	0.42	0.49
克罗地亚	0.60	0.60	0.88	0.71	0.10	0.06	0.40	0.16	0.46	0.38	0.35	0.26
拉脱维亚	0.79	1.00	1.18	1.16	0.24	0.38	0.50	0.52	0.41	0.36	0.41	0.42
立陶宛	0.36	0.45	0.68	0.93	0.11	0.26	0.31	0.21	0.14	0.21	0.45	0.61
罗马尼亚	1.01	0.96	1.18	0.89	0.93	0.76	0.39	0.37	0.47	0.39	0.37	0.39
马其顿	2.44	3.17	1.02	2.32	0.02	0.02	0.03	0.05	0.04	0.02	0.01	0.01
塞尔维亚	0.15	0.15	0.37	1.74	0.05	0.05	0.05	0.03	0.05	0.32	0.30	0.30
斯洛伐克	2.47	1.50	1.64	2.11	0.13	0.16	0.12	0.36	0.21	0.09	0.15	0.18
斯洛文尼亚	0.66	1.02	1.65	1.08	0.28	0.25	0.41	0.25	0.16	0.20	0.41	0.21
匈牙利	1.77	1.42	1.56	1.31	0.27	0.41	0.35	0.30	0.46	0.56	0.49	0.39

资料来源：根据 CEIC 相关数据计算得到（https：//insights.ceicdata.com/login）。

2015 年中东欧国家对日本出口排名前五的国家是捷克、波兰、匈牙利、罗马尼亚、斯洛伐克，出口额分别为 8.7 亿美元、5.7 亿美元、5.6 亿美元、2.3 亿美元、0.7 亿美元。五个国家向日本出口的主要产品：一是机电产品（第 16 类 84、85 章）、非轨道车辆及零件（第 17 类 87 章）等具有较高技术含量的资本密集型产品；二是猪肉（第 1 类 2 章）、动物饲料及烟草（第 4 类 23、24 章）等资源密集型初级产品；三是木及木制品（第 9 类 44 章）、服装（第 11 类 62 章）等原料类劳动密集型产品。

2015 年中东欧国家对韩国出口排名前五的国家是捷克、罗马尼亚、波兰、匈牙利、斯洛伐克，出口额分别为 5.1 亿美元、4.6 亿美元、4.2 亿美元、4.0 亿美元、1.2 亿美元。五个国家向韩国出口的主要商品：一是机电产品（第16类84、85章）、非轨道车辆及零件（第17类87章）、光学及医疗仪器（第18类90章）等具有较高技术含量的资本密集型产品；二是陶瓷及其制品（第13类69章）、钢铁材料及其制品（第15类73章）等原料类资本密集型产品；三是木及木制品（第9类44章）、服装（第11类62章）等原料类劳动密集型产品；四是谷物（第2类10章）等资源密集型初级产品。

通过比较中东欧地区对中日韩三国进出口排名前5的国家的贸易特征及结构差异，可以发现：中东欧国家对中国的进出口贸易明显高于韩国和日本，但出口额小于进口额，贸易不平衡问题比较突出；对中日韩三国的进出口贸易占中东欧国家贸易总额的比重仍然较低，存在着较大的发展空间。从进出口商品种类看，中东欧国家对中日韩三国的进出口商品种类高度相似，进口较为集中的产品包括机电产品，光学及医疗仪器，以及塑料、橡胶及其制品；出口较为集中的产品是机电产品、非轨道车辆及零件以及木及木制品等。那么，在进出口贸易结构高度相似的情况下，中东欧国家对中国进口贸易的增加是否会对日本和韩国产生挤出效应呢？中日韩又该如何借助"一带一路"倡议加强合作，实现与中东欧国家贸易合作的共赢？接下来将进一步对此展开探讨。

（三）中日韩三国与中东欧国家贸易的竞争与合作

为分析中日韩三国在中东欧地区的贸易竞争，我们以2013—2015年的数据分别计算这三个国家在V4国家的出口相似度指数。然后通过测算V4国家较高技术产品进口中中日韩三国的占比，来探讨三个国家在中东欧地区合作的可能性。

1. 中日韩在中东欧地区的贸易竞争：基于对V4国家的出口相似度比较

第一，总体分析。出口相似度指数（Export Similarity Index，ESI）由芬格尔和科瑞尼提出，常被用于衡量两国或地区对某共同目标市场出口商品结构的互补程度和竞争程度。[1] 计算公式为：$ESI_{cd,k}^{t} = \sum_{p=1}^{N} \min (S_{cp,k}^{t},$

---

[1] J. M. Finger and M. E. Kreinin, "A Measure of Export Similarity and Its Possible Uses", *Economic Journal*, Vol. 89, No. 356, 1979, pp. 905–912.

$S_{dp,k}^t$）×100，式中，$S_{cp,k}^t$ 和 $S_{dp,k}^t$ 分别表示国家 c、d 在 t 时期向某目标市场 k 出口的某种 HS 4 位编码商品 P（N 为 HS 4 位编码的商品总和）占各自向 k 市场总出口的份额。$ESI_{cd,k}^t$ 的取值范围是 0—100，取值越小，互补性越强；反之，竞争性越强。

运用出口相似度指数测算 2013—2015 年中日韩三国对 V4 国家、EU11 国家和中东欧 16 国整体的出口商品相似性指数，然后进一步讨论三个国家在这些地区出口相似产品的具体种类及其变化，以此探讨中国对中东欧地区出口的增加是否对日韩存在挤出效应。计算基于联合国的 UN Comtrade 数据库，测算结果如表 6-20 所示。

表 6-20　2013—2015 年中日韩三国对 V4 国家的出口相似度指数

国别	中日			日韩			中韩		
	2013 年	2014 年	2015 年	2013 年	2014 年	2015 年	2013 年	2014 年	2015 年
波兰	60.0	61.2	59.9	64.9	68.4	56.7	53.8	62.7	66.2
捷克	73.1	68.8	69.3	56.2	69.0	66.1	37.3	45.3	41.8
斯洛伐克	61.1	77.8	64.7	73.8	69.0	69.1	81.7	75.9	78.2
匈牙利	72.5	74.2	69.1	57.7	62.4	57.2	40.2	48.9	55.8
V4 总额	80.0	81.1	76.4	75.8	79.0	78.2	59.6	62.2	66.5

数据来源：根据 UN Comtrade database 数据计算得到（https://comtradeplus.un.org/）。

从表中可以看到，无论是中日、日韩还是中韩，在中东欧市场上的出口相似度指数基本在 60 以上，这表明中日韩三国在中东欧市场上出口的商品存在较大程度的相似性。换句话说，中日韩三国在 V4 国家的出口市场上总体呈现出较强的竞争性。中韩在捷克和匈牙利市场上的情况稍有不同，其出口商品结构既有竞争性又有互补性，不过即使如此竞争性也呈现出上升的趋势。

第二，产品竞争结构。下面就中日韩三国对 V4 国家的出口产品按类别进行详细分析，各大类商品占出口商品的比重如表 6-21 所示。从表中可以看出，中日韩对 V4 国家的出口商品竞争主要集中在第 16—18 类具有较高技术含量的资本密集型产品，这部分产品占对 V4 国家出口产品总量的 65% 以上。通过对出口商品的具体种类进行分析，发现中日韩三国在机电产品上具有高度的竞争性，中韩在光学及医疗仪器产品上也有很高的竞争性，日韩则在非轨道车辆及零件产品和塑料、橡胶及其制品方面有很高的竞争性。总的来说，中日韩在V4国家的竞争主要表现在技术含量较高的产品上，因此接下来对这类产品在2000—2020年中日韩三个国家对V4国家的出口量做进一步的分析。

表6-21　　2013—2015年中日韩三国在V4国家各大类产品出口中的占比情况　　（单位：%）

类别	2013年（V4国家）			2014年（V4国家）			2015年（V4国家）		
	中国	日本	韩国	中国	日本	韩国	中国	日本	韩国
1	0.65	0.00	0.00	0.61	0.00	0.00	0.57	0.00	0.00
2	0.25	0.01	0.00	0.23	0.03	0.00	0.23	0.03	0.00
3	0.01	0.01	0.00	0.01	0.01	0.00	0.01	0.01	0.00
4	0.38	0.05	0.06	0.37	0.10	0.09	0.37	0.08	0.16
5	0.13	0.04	0.04	0.15	0.04	0.03	0.12	0.05	0.04
6	2.14	2.26	1.49	2.36	2.61	1.82	2.33	3.25	4.12
7	2.24	4.71	4.74	2.25	4.18	5.58	2.13	6.67	6.59
8	1.07	0.00	0.01	0.81	0.00	0.01	0.86	0.00	0.08
9	0.28	0.00	0.00	0.35	0.00	0.00	0.31	0.00	0.00
10	0.36	0.15	0.16	0.30	0.17	0.16	0.30	0.22	0.15
11	8.37	0.99	1.28	8.16	1.00	1.25	7.39	1.40	1.61
12	3.10	0.01	0.03	3.14	0.01	0.04	2.82	0.01	0.06
13	1.58	1.14	0.22	1.36	1.53	0.27	1.39	2.34	0.25
14	0.06	0.03	0.00	0.08	0.02	0.00	0.10	0.02	0.00
15	4.58	5.73	4.32	4.87	5.24	4.93	4.69	6.12	5.41
16	56.16	55.45	34.40	56.65	48.74	36.62	56.45	58.35	39.55
17	2.60	18.07	26.35	2.61	22.54	21.71	2.59	16.46	22.37
18	10.66	10.48	24.78	10.37	12.89	25.70	11.68	4.67	18.35
19	0.01	0.01	0.01	0.01	0.00	0.01	0.01	0.00	0.07
20	5.36	0.85	2.10	5.29	0.89	1.77	5.64	0.31	1.19
21	0.00	0.00	0.00	0.00	0.00	0.00	0.00	0.00	0.00

数据来源：根据UN Comtrade database 数据计算得到（https：//comtradeplus.un.org/）。

第三，高技术产品竞争的进一步分析。从图 6-8 可以看出，2000—2008 年中日韩对 V4 国家较高技术含量产品的出口均呈快速上升的趋势，日本从 13.4 亿美元增加至 70.2 亿美元，提高了 4.2 倍，韩国从 5.8 亿美元增加至 90.6 亿美元，提高了 14.6 倍，中国则从 6.5 亿美元增加至 170.6 亿美元，提高了 25.2 倍。2008 年国际金融危机打断了这一进程，中东欧地区对中国、日本和韩国的进口量都出现了不同幅度的下降。2010 年，随着国际经济形势好转，中东欧经济有所恢复，对中日韩的进口也出现短暂的上升。但随着欧洲主权债务危机的爆发，中东欧经济再次受到负面冲击，从 2011 年开始，日本和韩国对 V4 国家的较高技术含量产品的出口就一路下行，2011—2020 年，日本从 53.1 亿美元下降至 42.9 亿美元，韩国则从 114.7 亿美元下降至 89.8 亿美元。然而，中国与中东欧地区的贸易合作却呈现不同的发展趋势，虽然 2012 年也曾出现下降，但随着"一带一路"倡议的推进，2013 年开始中国对 V4 国家的出口呈现出明显的持续上升的趋势，从 2013 年的 197.2 亿美元增加至 2020 年的 348.6 亿美元。那么日本和韩国对中东欧地区较高技术含量产品出口的下降是不是中国出口增加而产生的挤出效应的结果呢？

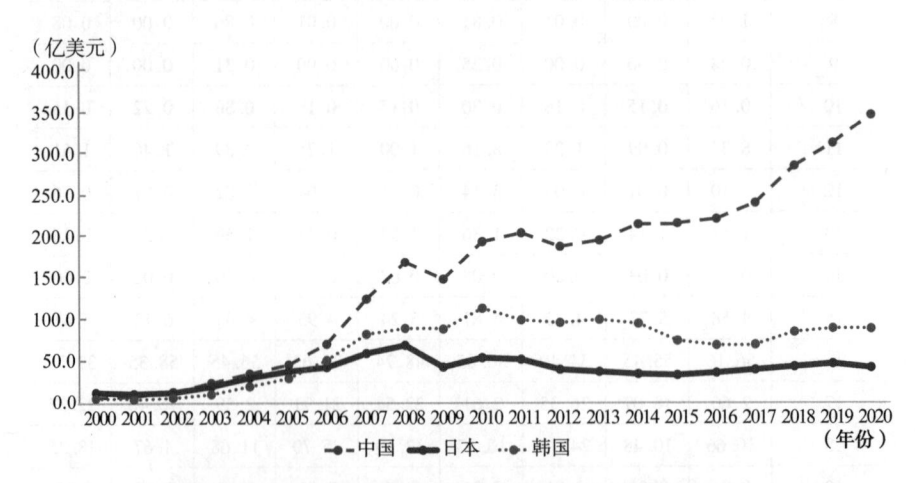

图 6-8　2000—2020 年中日韩三国对 V4 国家较高技术产品出口情况

数据来源：根据 UN Comtrade database 数据计算得到（https://comtradeplus.un.org/）。

为此，我们将2000年以来中日韩三国较高技术含量产品对世界的出口总量与其对V4国家的出口进行对比，来分析三国在中东欧市场该领域的竞争状况。从表6-22可以看出，2008年国际金融危机以后，中日韩三国较高技术产品对世界的出口出现了与其对V4国家出口的不同走势。从中国的情况看，2000年以来两条曲线总体上保持了趋势性的一致，说明较高技术含量产品在对世界出口保持高速增长的同时，对中东欧地区的出口也保持了同样的增长态势；日本与韩国的情况在危机前后则完全不同，2000—2008年，日本与韩国较高技术含量产品对世界的出口与其对V4国家的出口保持了相似的增长态势，而且对V4国家的出口增速还要快于对世界的出口增速，但2008年国际金融危机以后，情况发生了逆转，日本较高技术产品对世界的出口以及对V4国家的出口均呈现下降态势，但显然后者的下降速度要显著快于前者。从2010—2015年，日本总的较高技术产品出口从4989亿美元减少至4021亿美元，下降了19.4%，对V4国家的出口则从55亿美元减少至34亿美元，下降了38.2%，此后虽然有所上升，但2020年时仍然只有43亿美元，比2010年少12亿美元。从韩国的情况看，2000年以来较高技术产品对世界总的出口呈持续的上升趋势，但对V4国家的较高技术产品出口则以危机为界表现出了不同的趋势，2000—2008年韩国对V4国家的较高技术产品出口从6亿美元持续增加至91亿美元，增长了14.2倍，比较而言，韩国较高技术产品出口总额仅增长了1.6倍；危机之后，韩国对V4国家的较高技术产品开始下降，从2010年的115亿美元降至2017年的71亿美元，下降了38.3%，此后略有回升，但2020年也仅有90亿美元。因此，如果仅从中日韩三国高技术产品在中东欧地区呈现的高竞争性角度看，似乎容易推断中国的出口增长对日韩出口会产生一定的挤出效应。不过，要做出这种结论需要一些严格的约束条件，其中重要的一点就是需要中东欧地区对中日韩三国较高技术含量产品的进口占其总进口量的比重至少是不变的。而恰恰是这一点，接下来的分析将表明，做出中国的出口增长对日韩出口会产生挤出效应的结论是草率的。

表6-22 2000—2020年中日韩对V4国家和总的
较高技术产品出口对比　　　　（单位：亿美元）

年份	中国 对V4出口	中国 出口总额	日本 对V4出口	日本 出口总额	韩国 对V4出口	韩国 出口总额
2000	7	907	13	3597	6	1029
2001	9	1027	12	2958	5	893
2002	14	1360	13	3037	7	1022
2003	25	2010	21	3441	11	1250
2004	36	2879	31	4088	21	1667
2005	47	3788	39	4191	30	1864
2006	72	4881	44	4497	52	2117
2007	126	6246	60	4877	84	2420
2008	171	7291	70	5215	91	2632
2009	150	6398	44	3678	90	2366
2010	196	8441	55	4989	115	3030
2011	206	9746	53	5267	101	3379
2012	190	10510	41	5223	97	3259
2013	197	11264	38	4544	101	3419
2014	216	11576	35	4401	96	3513
2015	218	11469	34	4021	76	3433
2016	223	10642	37	4206	70	3186
2017	242	11632	41	4494	71	3674
2018	287	12902	44	4729	86	3747
2019	314	12796	48	4486	90	3304
2020	349	13464	43	4001	90	3230

数据来源：根据UN Comtrade database 数据计算得到（https：//comtradeplus.un.org/）。

2. 中日韩在中东欧地区的贸易合作：潜力与发展方向

第一，合作潜力。2000—2008年，中韩两国在本国经济较快增长的同时，不断加强与中东欧地区的贸易合作，日本虽然国内经济增长较慢，但对外合作持续发展。这就导致中日韩三国作为一个整体在中东欧地区进口总量中的占比不断提升。以中日韩三国对V4国家的较高技术产品出口为例，2000年三个国家占V4国家较高技术产品总进口的比重仅为

4.7%，2008年则大幅提升至14.2%，提高了2倍。2009年，世界贸易整体回落，V4国家的较高技术产品进口贸易自然也大幅下降，但由于中韩两国的下降幅度相对更小，结果导致中日韩三国占V4国家较高技术产品总进口的比重继续上升至16.6%；2010年随着国际贸易整体反弹，V4国家的较高技术产品进口也增加了17.1%，在此过程中由于V4国家从中国、日本和韩国的进口占比分别提高了30.4%、25.2%和27.9%，因此中日韩三国占V4国家较高技术产品总进口的比重进一步上升至18.2%。

然而，从2011年开始形势发生逆转。中日韩三国占V4国家较高技术产品总进口的比重出现了持续下滑的趋势。日本占比从2010年的2.8%下滑至2017年的1.6%，同期韩国从5.7%下降至2.7%，中国从9.8%下降至9.4%，这样，总体上中日韩三国在V4国家较高技术产品进口中的占比就从2010年的18.2%下降至2017年的13.7%，下降了4.5个百分点。不过，在这一过程中，三个国家的变化趋势是不同的，2010—2017年中国对V4国家较高技术产品的出口实际上是从196亿美元增加到了242亿美元，提高了23.5%，但同期日本从55.1亿美元大幅降至40.6亿美元，减少了26.3%，韩国则从114.7亿美元降至70.8亿美元，减少了38.3%。而与此同时，从图6-9中可以看出，德国对V4国家较高技术产品的出口在2000—2009年经历了持续的下降之后，开始迅速上升，其占V4国家较高技术产品进口的比重从2009年的最低点27.1%上升至2017年的30.2%，上升了3.1个百分点。换句话说，中日韩占比下降的4.5个百分点基本上被德国的出口上升弥补了。

2018—2020年，V4国家从中日韩三国高技术产品的进口出现了回升，中国占比从9.5%上升至11.9%，韩国从2.9%升至3.1%，日本则保持1.5未变，总体来看，中日韩三国占比从13.9%上升至16.4%，提高了2.7个百分点。同期德国占比则从29.0%下降至27.1%，下降了3.1个百分点。

因此，虽然说中日韩三国对V4国家较高技术产品的出口存在着很强的竞争性，理论上中国对中东欧地区的出口增加可能会对日韩的出口产生挤出效应，但实际的情况并非如此，中国的出口增加并未挤出日本和韩国对中东欧地区的出口，虽然中国在中日韩三国对中东欧地区的出口中所占份额不断提高，但2010—2017年三个国家作为一个整体在中东欧国家进口中所占的份额却是不断下降的，这就说明，是日本和韩国对V4

国家较高技术产品出口的大幅下降导致了中日韩三国在 V4 国家较高技术产品进口中占比的下降。此外还可以看到，即使在差距最小的 2010 年，中日韩三国在 V4 国家较高技术产品进口中的占比也比德国低 9.3 个百分点，而到了 2017 年，中日韩三国对 V4 国家较高技术产品的出口合计甚至不到德国的一半。上述两种情况从另外一个角度看，也表明中日韩在中东欧地区其实存在着合作的广泛空间。

第二，合作方向。中日韩三国该如何加强在中东欧地区的合作才能实现共赢，进而作为一个整体不断提升在中东欧国家进口中的占比呢？从表 6-17 不难看出，中国对中东欧地区的出口贸易曾在 2012 年达到危机以后的谷底，但随后就开始反弹并一路上扬，而这恰好是与 2012 年中国与中东欧国家开启"16+1"合作以及随后发起的"一带一路"倡议同时发生的，可以说"一带一路"倡议对推动中国与中东欧地区的双边贸易起到了积极的推动作用。

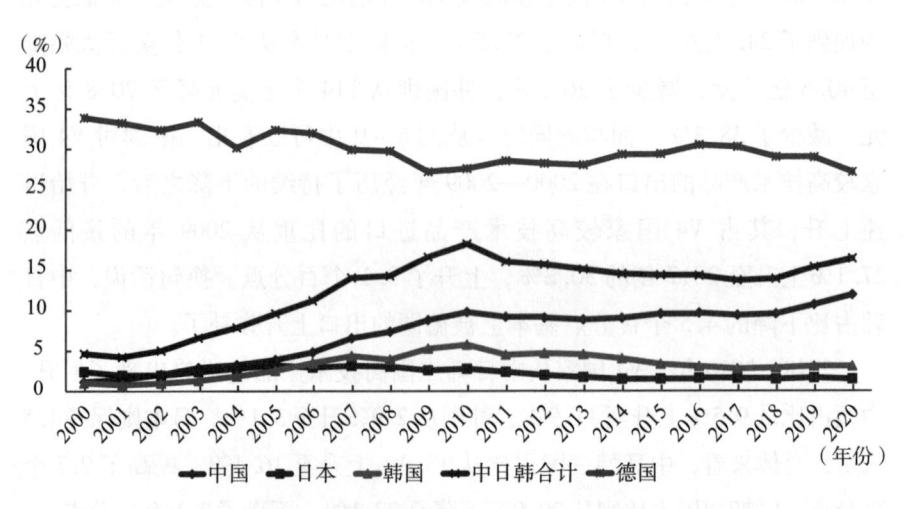

图 6-9　2000—2020 年中国、日本、韩国和德国在 V4 国家
较高技术产品进口中的占比比较

数据来源：根据 UN Comtrade database 数据计算得到（https://comtradeplus.un.org/）。

正如前文所述，"一带一路"倡议是中国为共建各国实现合作共赢而搭建的一个开放、包容和共享的合作平台，为世界各国参与"一带一路"

建设提供了同样的机遇和空间。日本和韩国完全可以通过加入"一带一路"倡议，通过第三方合作共建和共享这一便利性，最终实现区域共赢。

不过，在推进"一带一路"的过程中，需要注意以下几点。一是虽然目前中国对中东欧地区的出口增加并未对日韩产生挤出效应，但毕竟中日韩对中东欧国家的出口相似度很高，存在较强的竞争性，因此随着合作的加深和贸易水平的不断提升，三个国家之间的确存在着相互挤出的可能。因此，在共建"一带一路"的过程中，如何良性互动地开展差异化竞争，是三个国家能否实现合作的可持续健康发展的关键。二是中日韩与中东欧地区的贸易不平衡问题比较严重，出口大大高于进口，从长期来看对于提升双方的贸易水平是不利的。因此，在充分开发和利用"一带一路"贸易便利性的同时，中日韩三国要与中东欧国家充分探讨改变贸易失衡状况的途径，不断增强彼此在贸易和经济上相互依赖的均衡性。三是日本和韩国参与"一带一路"的建设，不仅有助于促进东亚与中东欧地区的合作，而且可以加强亚洲地区各国之间的贸易联系，促进亚洲地区的繁荣与稳定。中日韩三国应该抓住这个契机，尽可能地摒弃不利于合作的制约因素，为践行构建人类命运共同体的伟大理念做出切实的努力。

二 "一带一路"高质量发展有助于东亚国家与共建国家之间形成"区域经济大循环"

"一带一路"共建国家都是成长中的新兴经济体，有巨大的经济发展潜力，但从过去的发展进程看，由于未能充分融入东亚、北美和欧洲三大区域经济分工（东南亚国家除外），这些国家的发展潜力并未能得到有效释放。"一带一路"倡议的提出，为这些国家融入东亚区域分工体系提供了一个有效的合作平台，通过过去几年的政策沟通、设施联通、贸易畅通、资金融通、民心相通等建设，"一带一路"倡议在共建国家更加深入人心，中国与日韩等国家在共建国家第三方合作的理念也不断加强。随着"一带一路"高质量发展的推进，共建国家将会更加深入地参与东亚地区的区域分工合作，从而为本国经济的可持续增长奠定坚实基础。对于东亚国家来说，与"一带一路"国家的国际分工合作，也为区域经济的再平衡发展和区域分工重构提供了一个更广阔的市场空间，有助于其在一个更大的区域范围内实现经济的大循环。

事实上，2010年以来"一带一路"共建国家已经出现了融入东亚和国际经济分工的趋势。下面以东南亚以外15个代表性国家为例对此进行分析，[①] 2010—2019年，中国、东盟和美国对这15个国家的消费品出口总额分别从822.1亿美元、125.6亿美元和71.6亿美元增加至1224.9亿美元、172.7亿美元和91.3亿美元，分别提高了49.0%、37.5%、27.5%，日本、韩国和欧盟则分别从21.7亿美元、42.5亿美元、1004.4亿美元减少至12.3亿美元、29.0亿美元和989.2亿美元，分别下降43.3%、31.8%和1.5%；同期，中国、日本、韩国、东盟、欧盟和美国对这15个国家的中间产品出口分别从828.5亿美元、178.8亿美元、255.0亿美元、499.8亿美元、1829.8亿美元和440.2亿美元增加至1565.0亿美元、191.4亿美元、324.6亿美元、633.1亿美元、1849.6亿美元和620.8亿美元，分别提高了88.9%、7.0%、27.3%、26.7%、1.1%和41.0%，增长幅度要显著高于消费品出口增长幅度。这一时期，中国、日本、韩国、东盟、欧盟和美国对这15个国家的资本品出口增长幅度也分别为77.4%、-10.4%、-17.4%、63.3%、-1.7%和22.9%，变动趋势与消费品一致，但总体看中国、东盟和美国对这15个国家的资本品出口增加额421.9亿美元，大于日本、韩国和欧盟减少的出口规模47.9亿美元（见表6-23）。

表6-23　中、日、韩、东盟、欧盟和美国对"一带一路"主要共建国家各类产品出口额　　（单位：亿美元）

		2000年	2005年	2010年	2015年	2016年	2017年	2018年	2019年
中国	消费品	111.8	406.8	822.1	1173.9	1118.2	1151.5	1136.1	1224.9
	中间产品	55.1	255.5	828.5	1249.0	1210.2	1374.1	1535.0	1565.0
	资本品	16.3	105.6	429.3	562.8	591.9	692.6	758.6	761.6
	未分类产品	1.1	4.4	5.9	15.6	33.6	41.7	46.9	42.5
	总计	184.3	772.3	2085.9	3001.3	2953.9	3260.0	3476.6	3594.0

---

① 这十五个国家分别是南亚的印度、巴基斯坦和孟加拉，中东欧的捷克、希腊、匈牙利、波兰、俄罗斯和乌克兰，西亚北非的土耳其、埃及、以色列、沙特阿拉伯和伊朗，以及中亚的哈萨克斯坦，2020年其GDP总量占"一带一路"共建国家GDP总量（东南亚除外）的80.6%。

续表

		2000 年	2005 年	2010 年	2015 年	2016 年	2017 年	2018 年	2019 年
日本	消费品	11.3	19.2	21.7	15.7	16.1	13.0	12.9	12.3
	中间产品	62.3	102.4	178.8	157.6	158.3	175.1	194.7	191.4
	资本品	40.3	67.0	101.4	78.1	86.0	88.0	98.8	90.9
	未分类产品	26.7	72.9	115.6	82.1	80.2	82.3	95.7	97.4
	总计	140.6	261.5	417.5	333.5	340.6	358.4	402.1	392.0
韩国	消费品	23.5	28.1	42.5	37.7	36.3	58.4	28.2	29.0
	中间产品	48.8	108.3	255.0	291.9	272.9	311.5	339.7	324.6
	资本品	32.5	73.2	131.5	109.2	100.4	109.5	93.6	108.6
	未分类产品	10.4	35.3	57.5	61.4	52.1	58.3	65.5	67.7
	总计	115.2	244.9	486.5	500.2	461.7	537.7	527.0	529.9
东盟	消费品	na	na	125.6	161.4	157.5	147.2	157.7	172.7
	中间产品	na	na	499.8	539.9	516.7	628.8	669.1	633.1
	资本品	na	na	96.1	125.1	120.0	153.6	169.6	156.9
	未分类产品	na	na	70.7	53.1	45.5	59.0	68.0	67.7
	总计	na	na	792.2	879.5	839.8	988.6	1064.4	1030.4
欧盟	消费品	236.9	592.0	1004.4	918.5	907.6	936.4	894.7	989.2
	中间产品	554.2	1186.8	1829.8	1677.0	1666.2	1882.0	1982.5	1849.6
	资本品	233.8	615.6	839.3	741.6	749.7	879.4	879.5	824.8
	未分类产品	99.5	175.0	295.4	337.2	310.8	346.2	315.8	298.6
	总计	1124.3	2569.4	3968.9	3674.3	3634.3	4044.0	4072.6	3962.1
美国	消费品	38.3	46.0	71.6	93.7	94.2	87.3	87.6	91.3
	中间产品	160.3	225.6	440.2	481.9	460.5	518.4	623.8	620.8
	资本品	94.9	80.4	125.9	150.5	141.2	144.6	143.6	154.7
	未分类产品	24.9	81.1	132.0	173.1	179.2	187.1	191.6	200.83
	总计	318.5	433.1	769.7	899.2	875.1	937.4	1046.5	1067.6

注：(1) 未分类产品包括汽油、乘用车和其他未列明的商品；(2) na 表示数据缺。

资料来源：根据 UN Comtrade database 的 BEC 分类计算得到（https://comtradeplus.un.org/）。

由于上述变化，导致东亚国家和地区对 15 个主要国家的出口结构，总体上呈现出中间产品和资本品占比上升而消费品占比下降的趋势，从中间产品占比看，2010—2019 年中国、日本和韩国分别从 39.7%、

42.8%和52.4%提高至43.5%、48.8%和61.3%,只有东盟从63.1%略降至61.4%,东亚作为一个整体则从46.6%上升至48.9%,提高了2.3个百分点;同期,中国、日本和韩国对15个主要国家的消费品出口占比则分别从39.4%、5.2%、8.7%下降至34.1%、3.1%、5.5%,东盟则从15.9提高至16.8%,总体来看,东亚作为一个整体从26.8%降至25.9%(见表6-24)。欧盟与美国对"一带一路"共建国家的出口结构总体呈现出了相同的趋势。中间产品出口占比的提升说明,"一带一路"共建国家正在越来越深入地参与国际分工当。

表6-24　　　　中、日、韩、东盟、欧盟和美国对"一带一路"主要共建国家各类产品出口占比　　　（单位:%）

		2000年	2005年	2010年	2015年	2016年	2017年	2018年	2019年
中国	消费品	60.6	52.7	39.4	39.1	37.9	35.3	32.7	34.1
	中间产品	29.9	33.1	39.7	41.6	41.0	42.2	44.2	43.5
	资本品	8.8	13.7	20.6	18.8	20.0	21.2	21.8	21.2
	未分类产品	0.6	0.6	0.3	0.5	1.1	1.3	1.3	1.2
日本	消费品	8.0	7.3	5.2	4.7	4.7	3.6	3.2	3.1
	中间产品	44.3	39.2	42.8	47.3	46.5	48.9	48.4	48.8
	资本品	28.7	25.6	24.3	23.4	25.2	24.5	24.6	23.2
	未分类产品	19.0	27.9	27.7	24.6	23.5	23.0	23.8	24.8
韩国	消费品	20.4	11.5	8.7	7.5	7.9	10.9	5.4	5.5
	中间产品	42.4	44.2	52.4	58.4	59.1	57.9	64.5	61.3
	资本品	28.2	29.9	27.0	21.8	21.7	20.4	17.8	20.5
	未分类产品	9.0	14.4	11.8	12.3	11.3	10.8	12.4	12.8
东盟	消费品	na	na	15.9	18.3	18.8	14.9	14.8	16.8
	中间产品	na	na	63.1	61.4	61.5	63.6	62.9	61.4
	资本品	na	na	12.1	14.2	14.3	15.5	15.9	15.2
	未分类产品	na	na	8.9	6.0	5.4	6.0	6.4	6.6

续表

		2000 年	2005 年	2010 年	2015 年	2016 年	2017 年	2018 年	2019 年
东亚	消费品	33.3	35.5	26.8	29.5	28.9	26.6	24.4	25.9
	中间产品	37.8	36.5	46.6	47.5	47.0	48.4	50.1	48.9
	资本品	20.2	19.2	20.1	18.6	19.5	20.3	20.5	20.2
	未分类产品	8.7	8.8	6.6	4.5	4.6	4.7	5.0	5.0
欧盟	消费品	21.1	23.0	25.3	25.0	25.0	23.2	22.0	25.0
	中间产品	49.3	46.2	46.1	45.6	45.8	46.5	48.7	46.7
	资本品	20.8	24.0	21.1	20.2	20.6	21.7	21.6	20.8
	未分类产品	8.8	6.8	7.4	9.2	8.6	8.6	7.8	7.5
美国	消费品	12.0	10.6	9.3	10.4	10.8	9.3	8.4	8.6
	中间产品	50.3	52.1	57.2	53.6	52.6	55.3	59.6	58.1
	资本品	29.8	18.6	16.4	16.7	16.1	15.4	13.7	14.5
	未分类产品	7.8	18.7	17.2	19.2	20.5	20.0	18.3	18.8

注：（1）未分类产品包括汽油、乘用车和其他未列明的商品；（2）东亚包括中国、日本、韩国和东盟；（3）na 表示数据缺失。

资料来源：根据 UN Comtrade database 的 BEC 分类计算得到（https：//comtradeplus.un.org/）。

东亚国家与"一带一路"共建国家经济具有极强的互补性，东亚国家的竞争优势是强大的工业基础和产能合作，而大多缺乏保证经济可持续增长的能源供应；"一带一路"共建国家则普遍蕴藏着丰富的原材料和油气资源，根据表 6-25，2016 年 15 个共建主要国家对中国、日本、韩国和东盟的初级产品出口额分别为 598.3 亿美元、350.2 亿美元、291.6 亿美元和 313.6 亿美元，占这些国家从 15 个共建国家进口总额的比重高达 55.2%、74.9%、76.3% 和 51.3%。经济互补的同时，也反映了"一带一路"共建国家与东亚国家的分工还存在着非对称性。如果东亚国家能够携手通过"一带一路"平台与共建各国开展更加广泛的合作，即在帮助共建国家完善基础设施以及协助其进入全球价值链体系的同时，建立更加全面深入的国际产业分工体系，这无疑将是一个多方共赢的结果。

对于东亚国家来说,在保证为未来的可持续发展提供稳定能源供应的同时,也有利于既有的东亚区域分工在更大的区域进行拓展;而对"一带一路"共建各国而言,则将有助于其缩短与世界的距离,通过进入全球价值链体系,加快国内经济的现代化进程。

表6-25　2016年中国、日本、韩国和东盟从"一带一路"15个主要共建国家进口中初级产品占比

	中国	日本	韩国	东盟
初级产品进口额(亿美元)	598.3	350.2	291.6	313.6
进口总额(亿美元)	1083.0	467.5	382.1	611.5
初级产品进口占比(%)	55.2	74.9	76.3	51.3

注:初级产品包括HS分类中的第1—5大类。

资料来源:根据UN Comtrade database中HS分类相关数据计算得出(https://comtradeplus.un.org/)。

第七章

结论与未来展望

第一节 主要结论

近几十年来，东亚经济取得了举世瞩目的成绩，由于群起性的崛起，东亚区域渐成世界增长一极，与北美、欧洲比肩。历经 1997 年东亚金融危机、2008 年国际金融危机和新冠疫情全球蔓延，东亚非但没有倒下，而且国际地位不断上升。世界经济重心向东转移、"亚洲世纪"正在到来已成全球共识。[①] 然而，未来东亚地区的持续增长恐怕并非理所当然，亮丽的成绩单背后依然潜藏着风险与挑战，比如老龄化加速发展、收入分配不断恶化等，而这其中，由于非对称地过度依赖对美欧市场的出口而导致的全球经济失衡，则是横亘在东亚面前并成为最大增长隐患的结构性问题。回顾历史，这一问题的产生其实具有必然性，它是 20 世纪 60 年代以来随着东亚区域分工不断深化而逐渐形成并日趋严重的"东亚生产—美欧消费"非均衡国际分工结构的产物。因此，2018 年美国发起的对华贸易争端看似是两个国家之间的交锋，实则是整个东亚区域产业链分工体系与美国的对峙，中国作为这一分工体系的核心，则被推向了交锋的最前线。短期而言，东亚面临的挑战是，如何在严峻的全球环境中，通过政策激励与协调保持宏观经济的平稳增长；从中长期来看，东亚则必须意识到，过去几十年以发达国家为主要终端出口市场支撑经济高速成长的宽松的全球化红利时代已经结束，东亚唯有加大改革力度，通过

---

① ［美］哈瑞尔达·考利、［印度］阿肖克·夏尔马、［印度］阿尼尔·索德等：《2050 年的亚洲》，姚彦贝、郭辰、曲歌等译，人民出版社 2012 年版，第 1 页。

持续不断的制度创新与区域合作完成增长动力的结构转换,才能实现长久的、可持续的经济增长与繁荣。事实上,2008年国际金融危机以后,东亚区域经济分工体系的重构进程就已被动开启,但中美经贸摩擦经由全球价值链而形成的对东亚各国经济的巨大影响表明,东亚经济的再平衡调整和区域分工体系重构远未完成。新冠疫情全球蔓延对全球价值链的巨大冲击以及由此引发的各国对全球价值链的短链化和区域化的战略调整,则再一次把东亚经济再平衡的问题摆上日程,中国及东亚各国需要加强区域合作,推动东亚经济走上可持续增长和繁荣之路。

本书系统讨论了东亚区域分工体系扩大与调整的内涵、特点与路径,中国与亚洲各国之间的产业联动升级、经济协同发展和互动合作共赢,以及"一带一路"建设与东亚区域分工体系调整之间的互动关系,在此基础上揭示了东亚区域分工体系扩大与调整进程中中国引领作用的内涵、特征与路径。研究的主要结论包括以下几点。

第一,当前东亚正在进行的区域分工体系调整与重构,是继日本主导的"雁行模式"和以中国为组装中心的区域生产网络之后迎来的第三次历史性的结构转型。这一转型是2008年国际金融危机爆发、贸易保护主义和逆全球化趋势不断加强以及中国经济结构转型等各种因素的综合结果。转型的基本方向是,东亚区域分工体系将会逐步摆脱对美欧发达国家出口的过度依赖,最终实现以域内需求为主、区域内外均衡发展的结构性转变。2008年国际金融危机爆发启动了这一转型进程,但由于全球价值链的强大韧性,直到2018年中美经贸摩擦爆发,"东亚生产—美欧消费"的全球分工失衡格局非但没有缓和,还不断加剧。中美经贸摩擦和新冠疫情的暴发使全球价值链分工体系的短链化和区域化成为一种长期趋势,在这种背景下,东亚区域分工再次启动重构进程将成为一种必然。

第二,新时期中国经济增长与转型升级给东亚区域分工调整带来了新的机遇。2008年国际金融危机之后,中国一直是世界经济的火车头,每年对全球经济增长的贡献均在30%左右,对东亚的贡献更是超过75%。新冠疫情之后的中国,在未来仍将是东亚和世界经济增长的主要动力。对于东亚来说,更加重要的是,当前中国经济正在发生两个重大变化:一是增长方式从投资与出口拉动为主向国内需求主导的转变,二是产业结构从以低附加值生产为主向以高附加值生产为主的升级。上述变化将推动东亚区域分工出现显著调整，并为各国发展提供新的机遇。一方面，东南亚地区正在替代中国成为新的"世界组装工厂"。2017年东盟吸引的制造业外国直接投资已经开始超越中国，2018年达到中国的2.65倍；东盟内部，越南成为从中国劳动密集型制造业转移出去的外国直接投资的主要受益者，2010—2018年其制造业领域吸引的外国直接投资数量从59.8亿美元增加至193.8亿美元，增长了2.24倍。另一方面，中国将通过在全球价值链上的地位攀升，逐渐变成一个区域乃至全球的制造中心，为东亚地区的技术研发创新、产品质量提升以及价值链升级提供更大动力。与此同时，依靠国内需求的强劲增长，中国还将成为东亚地区新的消费中心。2019年中国国内社会消费品零售总额达到6.24万亿美元，已接近美国的95%，可以预期不久中国就将成为世界上最大的消费市场，这将为东亚各国的产品提供广阔的空间。东亚区域分工的上述变化将推动东亚经济彻底摆脱以往严重依赖美欧最终消费市场的失衡状态，最终走向一种内需与外需、生产与消费更加均衡的可持续发展轨道。这既是中国经济转型的目标，也是东亚各国的期待，因为"东亚生产—美欧消费"的失衡格局始终是悬在东亚各国头上的一把"达摩克利斯之剑"。

第三，当前东亚区域合作正站在一个新的历史起点。2001年，东亚"10+3"会议首次提出把建立东亚共同体作为东亚合作的长远目标。2012年进一步提出"东亚经济共同体2020愿景"。虽然历经波折，但在各国领导人的共同努力下，到2020年时愿景提出的四大目标——形成单一市场和生产基地；保持金融稳定、食品和能源安全；实现公平和可持续发展；对全球经济做出建设性贡献——均取得显著进步。当前东亚已经形成全方位、多层次、宽领域的合作格局，各种机制齐头并进，为区域经济发展提供了良好的制度保障。特别是，2022年包含15个亚太国家在内的RCEP正式生效，这无疑将成为东亚区域合作进程中一个里程碑式的突破，对于推进东亚合作不断走向深入和东亚区域分工顺利调整都将起到重要的制度支撑作用。

第四，对于中国来说，加强东亚合作对于中国双循环新发展战略的顺利推进至关重要。首先，加强东亚合作是保证中国经济长期稳定发展的基石。改革开放以来，东亚在中国对外经济联系和国内增长方面始终扮演着关键角色。尽管过去十几年中国经济对其依赖度在相对下降，但东亚地区迄今为止仍是中国最大的经济伙伴，占中国进出口贸易总额的1/3和吸引外国直接投资总量的近80%。能取得如此成绩，主要归功于中国与邻国关系的不断改善使区域合作持续加强。杨攻研和刘洪钟的实证研究就表明，每当中国与东亚伙伴国的政治关系改善1%，即可使两国贸易额增加0.176%。[1] 因此，在当前国际环境高度不确定的背景下，巩固和加强同东亚各国的合作，对于保障中国经济的稳定增长至关重要。其次，加强东亚合作是中国应对当前逆全球化风潮的迫切需求，可以在一定程度上起到"避风港"的作用。根据前面的分析，自2008年国际金融危机以来，由于贸易保护主义的盛行，经济全球化出现退潮，北美、东亚和欧洲三大区域经济集团正朝着彼此脱钩的方向发展，世界经济变得越来越"区域化"。新冠疫情更是加剧了价值链主权化、区域化重构的进程。2018年北美地区签订了新的更加排外的《美墨加三国协议》，欧盟尽管遭遇英国脱欧和新冠疫情合作不利的冲击，但总体合作意志依然坚定。不仅如此，美国和欧盟还大力在中国周边"跑马圈地"，它们都与日本和韩国签订了双边自由贸易协定，这将对中国经济带来不利影响。上述新的形势变化对中国发展环境提出了严峻挑战，通过稳定与周边国家的经济联系保证中国的全球价值链不断裂，已经成为当前我们的迫切任务，也是政府政策的重中之重。最后，加强东亚合作是化解美国对中国围追堵截的关键抓手。除了经济施压，美国政府还通过各种手段拉拢中国周边国家给我们制造麻烦，甚至逼迫其选边站队。如果任由这种形势发展，假以时日，东亚价值链会朝着不利于中国的方向发展，周边国家经济链接转向美欧将在军事政治安全之上叠加经济风险，这对中国的和平崛起和周边安全极其不利。因此，我们必须采取有力手段及时化解这一风险，通过有效的区域合作方式"诱导"东亚各国至少在经济联系上继续留在以中国为主的经济圈内，不被美国所利用。

第五，中国倡导的"一带一路"建设，为东亚区域分工与合作提供了新的机遇和广阔空间，两者的对接与联动发展将为实现中国提出的人

---

[1] 杨攻研、刘洪钟：《政治关系、经济权力与贸易往来：来自东亚的证据》，《世界经济与政治》2015年第12期。

类命运共同体目标注入强大动力。推进"一带一路"建设是中国对外开放转型的一项重点战略，在此过程中，如何把"向西开放"与"向东开放"有机融合起来，真正形成党的十九大报告所提出的"陆海内外联动、东西双向互济"的开放格局，是关涉中国开放转型能否顺利推进的关键。从东亚经济再平衡的视角看，"一带一路"建设与东亚区域分工调整并不冲突，而是并行不悖、相互融合。"一带一路"的高质量发展，将为东亚区域分工与合作提供新的机遇和广阔空间，两者的对接与联动发展既为传统上以产业技术关联为主导基础条件形成的东亚区域增长机制的转型扩容提供了新的解决方案，同时也通过东亚区域分工体系的"西扩"，推进了"一带一路"共建国家与东亚国家之间开展新型发展合作，并最终与东亚一道构建一种以产业关联为基础的全新的区域发展合作平台和区域分工体系。

第二节 未来展望与政策启示

一 影响东亚区域分工未来发展的三大因素

当前的东亚区域分工正站在一个十字路口。回首过去，正是因为东亚各国持续不懈地融入区域分工、推动区域合作不断深入的努力，带来了东亚地区长达半个多世纪的繁荣，各国之间也由此形成了彼此紧密连接的经济命运共同体。虽然发展的道路上也时常会遭受意外"黑天鹅"事件的冲击，比如东亚金融危机、日本福岛核事故、2008年国际金融危机等，各国之间也会彼此竞争，但所有国家都明白，如果离开对区域分工与合作的参与，每个国家都将失去增长的动力。因此，无论是快是慢，东亚区域分工与合作的步伐一直都没有停止。从21世纪之前日本主导的"雁行模式"，到21世纪初中日扮演"双雁头"的东亚区域生产网络，东亚区域分工不断走向深入。在动态的调整过程中，当前的东亚正逐渐向以中国为"轮轴"，其他东亚国家和地区为"辐条"的复杂的全球价值链分工体系过渡，在这种体系中，中国是几乎所有东亚经济体的最大贸易伙伴。然而，由于中国的崛起，引发美国及其盟国的担忧，大国竞争开始成为影响东亚区域分工合作进程的一个重要变量。自特朗普开始，美国政府步步紧逼，试图通过贸易战、市场战和技术战等方式，卡住中国在高科技及相关战略行业全球价值链中的"脖子"。同时，美国政府还试图蛊惑和拉拢盟友在相关重要产业领域重构没有中国的全球价值链。凡此种种，美国政府的最终目的就是要延缓甚至遏制中国的崛起。

在这种情况下，东亚区域分工的前景开始变得模糊和不确定。未来究竟会朝着哪个方向发展，将会受到一系列因素的影响，而这其中，以下三大因素无疑将起到至关重要的决定性作用。

（一）美国的对华价值链脱钩战略与行动

从特朗普开始，美国政府正式采取对华脱钩战略，新冠疫情大流行进一步强化了美国政府关于"半导体、医疗用品等关键领域严重依赖中国供给会危及国家经济安全"的认识。降低对以中国为核心的全球价值链的依赖开始成为越来越多美国精英的共识。因此，确保关键领域供应链的多样化、弹性和安全，开始成为美国政府外交政策的重要目标。特朗普上台后不久，就以经济安全也是国家安全为由发起对华贸易战，为在高科技等关键领域与中国价值链脱钩，特朗普政府对华同时采用了技术进口限制和技术出口限制的"双收紧"战略，[①] 并将160多个他们认为可能危及美国国家安全的中国企业和个人列入实体清单。拜登政府上台后，基本维持了特朗普政府的对华脱钩战略。不过，与特朗普宣称的经济全面脱钩不同，拜登政府主要是针对高科技领域的对华"精准脱钩"而采取"小院高墙"政策。在国内，2022年7月28日美国国会通过了《芯片和科学法案》，规定任何获得美国政府补贴的企业在未来十年都不能增加对中国高端芯片的投资。10月7日美国商务部工业与安全局公布的《对向中国出口的先进计算和半导体制造物项实施新的出口管制》，则更加全面地升级了对华半导体产业的限制和制裁。此外，为振兴国内的半导体产业链，拜登政府还采取各种手段，威逼利诱台积电、三星等半导体企业国际芯片制造巨头在美投资设厂，同时还以"美国芯片法案"为由，要求这些企业交出属于内部机密的商业订单、库存量等数据信息。美国的上述政策，对中国相关产业的全球价值链带来了显著的影响。以华为为例，由于美国的出口限制，2021年华为的全年营收下降了35%。

除了直接的遏制战略，美国政府还采取拉拢盟友联合制华的团伙策

[①] 黄琪轩：《大国战略竞争与美国对华技术政策变迁》，《外交评论》2020年第3期。

略。2021年6月25日美欧宣布成立美国—欧盟贸易和技术委员会（TTC），旨在就全球贸易、经济和技术问题进行协调。9月29日在该委员会在美国宾夕法尼亚州匹兹堡举行的首次会议上，双方联合宣布，将以"共同的民主价值观"为基础，深化跨大西洋贸易和经济关系，协调解决全球关键技术、经济和贸易问题。特别是，双方声明指出："我们将站在一起，继续保护我们的企业、消费者和工人不受不公平贸易行为的影响，特别是非市场经济体造成的不公平贸易行为，这些行为正在破坏世界贸易体系。"虽然声明并未提到中国，但其针对中国的目的显然是不言自明的。10月30日，美国和欧盟还直接达成了一项将中国排除在外的联合行动计划，并可能为更多此类协议定下基调。美国取消了特朗普对欧盟征收的钢铁和铝关税，而欧盟则同意加入美国倡议的被称作"可持续钢铁和铝生产的全球安排"联合行动中。协议以在"志同道合的国家之间"开展贸易为由，明确将中国排除在它们的合作伙伴之外。欧盟贸易专员多姆布罗夫斯基斯（Valdis Dombrovskis）将此形容为"限制非参与者的市场准入"，拜登总统则更是直言不讳地指出，"这项协议就是要限制类似中国那样的将肮脏钢铁倾销到我们市场的国家进入到我们的市场"。2022年5月24日拜登总统在访问日本期间宣布正式启动由14个亚太经济体组成的印太经济框架（IPEF），其中包括7个东盟国家。2022年3月美国还提议与日本、韩国以及中国台湾合作建立芯片四方联盟（Chip 4），并于2023年2月16日召开了首次高级别官员虚拟会议。此外，2月28日拜登政府在火奴鲁鲁与日本和韩国共同启动了一项新的美日韩经济安全三边对话机制，旨在就提高关键和新兴技术、半导体、电池和关键矿物的供应链弹性，协调保护敏感技术的措施等问题展开讨论并形成具体的合作方式。

通过上述种种措施，美国政府的最终目标是要在半导体等高科技领域把中国排除在外，重新构建一套由美国主导的所谓基于规则的排他性全球供应链、产业链和价值链体系，遏制中国崛起的同时，也维持住美国的世界产业霸主地位。

（二）中国的稳定发展与持续深化的开放进程

21世纪以来，东亚地区围绕中国逐渐形成和深化的区域价值链分工体系已经将各国经济紧紧地融合在一起，形成了你中有我、我中有你的经济命运共同体。这种分工模式已历经 2008 年国际金融危机、多次自然灾害的考验，显示出了强大韧性，它也赋予了中国在区域分工中稳固的中心地位。正如前面所分析的，2008 年国际金融危机后北美、东亚以及欧盟在全球价值链网络中的联系呈现疏离趋势，而以中国、美国和德国为中心，"东亚—北美—欧洲"三足鼎立的区域发展格局正不断凸显。在东亚，2000 年时日本、韩国、印度、马来西亚、菲律宾的最大贸易伙伴都是美国，但 2020 年时都变成了中国。在这种情况下，中国对东亚价值链和东亚各国经济的稳定发展就具有强大的稳定器作用。[①] 而持续扩大的内需将进一步稳定中国在未来东亚区域分工体系调整中的核心地位。在经历改革开放以来以投资和出口为主要动力的经济增长之后，当前中国经济的增长模式正稳步地向消费拉动型深刻转型。这一转变使中国正在成为继美国和日本之后又一个重要的地区乃至全球最终产品市场。站在东亚区域分工的角度看，中国国内消费市场的持续扩大，无疑会为东亚其他国家扩大对中国的出口提供重要机遇，因此对于稳定东亚地区的价值链分工体系具有带动作用。

（三）RCEP 及东亚主要国家的选择

2022 年 1 月 1 日，历时八年谈判的《区域全面经济伙伴关系协定》正式生效。在美国受制于国内强大的反对力量不愿加入包括 CPTPP 在内的各类区域合作协定的情况下，RCEP 的生效无疑给东亚地区的经济合作提供了巨大的动能，对于东亚地区经济秩序的重组将会产生深远的影响，同时，也会有力地阻止中美脱钩和地区分裂。借由 RCEP 生效，中日韩三个东亚最大经济体，还第一次实现了相互间的自贸协定。此外，签署 RCEP 的同时，中国还正式提出了加入 CPTPP 的申请。中国通过上述措施进一步融入东亚区域合作的选择，不但有助于跳出美国以价值链脱钩所带来的大国对抗陷阱，而且还可以在一定程度上激发美国国内重新回归多边主义的正面声音。

RCEP 有效推动东亚区域分工合作的同时，也不能忽视日本、韩国等国的离心倾向。作为美国的盟友，在美国与中国价值链脱钩的政策影响

[①] 庞珣、何晴倩：《全球价值链中的结构性权力与国际格局的演变》，《中国社会科学》2021 年第 9 期。

下，这些国家基于所谓价值链安全的考虑，不同程度地选择了"中国＋1"战略。中美经贸摩擦，特别是新冠疫情全球蔓延以来，在西方的媒体、政界和学术界，"中国＋1"成为一个热议话题。出现这一动向，是由两个方面的原因导致的：其一，新冠疫情对全球价值链分工的巨大冲击，对各国推动本国价值链回流或多元化起到了重要作用；其二是美国的鼓动和拉拢。作为美国的盟国，这些国家普遍采取两面下注的策略，一方面，作为所谓"自由世界"中美国的盟国，这些国家普遍对中国都存在防备之心，担心对中国不断增强的经济依赖会使其在未来与中国打交道的过程中处于下风。因此，当拜登政府以安全为由蛊惑盟友采取与中国企业脱钩的政策，站队美国重新构筑基于相同价值观的全球供应链体系时，这些国家基于地缘政治经济的考虑纷纷选择了跟随美国的战略。但另一方面，由于在华长期经营，这些国家的企业和经济早已与中国经济紧紧连接在一起，中国经济的稳定增长对于这些国家经济的发展来说至关重要，因此，与中国价值链的完全脱钩并不符合这些国家的实际利益。在这种情况下，采取"中国＋1"无疑是一种可行的、有各种回旋余地的战略选择，既能继续享受搭乘中国发展便车所带来的红利，又能降低过度依赖中国所产生的经济和政治风险。

二 关于 RCEP 与东亚经济一体化的进一步思考

（一）RCEP 的特点及其对中国的重大战略意义

RCEP 从 2013 年开始，经过 8 年 31 轮正式谈判，最终于 2020 年 11 月 15 日签订，并于 2022 年 1 月 1 日正式生效。该协定具有五大特点，具体如下。第一，它是东亚地区第一个真正意义上的区域性自贸协定，有效化解了东亚区域合作中长期存在的"面条碗效应"。第二，无论是经济规模、贸易总额、外国直接投资，还是人口规模，RCEP 都占全球的 1/3 左右，是全球最大的自由贸易区。第三，RCEP 是一个具有较高水平的自贸协定。除了大范围降税，还包括许多亮点，比如货物贸易领域实行了原产地的区域累积规则，服务贸易和投资领域都采用了负面清单规则，等等。第四，尽管条款标准不如 CPTPP 严格，但 RCEP 具有更大的现实可行性，而且关键的是，它并非一成不变，而是强调发展动态性和开放性，即规则可以根据需要不断升级，成员也可在协议生效 18 个月后随时扩大。第五，RCEP 是中日韩签署的第一个自由贸易协定，为未来三国谈判建立更高水平的自贸协定奠定了坚实基础。

RCEP 的签署对于中国来说是一次重大的外交胜利，具有经济、地缘政治和全球等三大战略意义。从经济意义来看，RCEP 的签署将显著推进中国经济增长与发展。根据彼得森国际经济研究所佩特里和普卢默的一份报告，中国是 RCEP 最大的单一经济受益者。如果中美经贸摩擦持续进行，到 2030 年 RCEP 将使中国 GDP 额外增加 1000 亿美元，可以有效缓解中美经贸摩擦的负面冲击。此外，RCEP 会使全球出口贸易额外增加 5000 亿美元，而仅中国就达到 2480 亿美元，几乎占了一半。[①] 除了收入增长，RCEP 对于中国来说更重要的是有助于稳定全球价值链。中美经贸摩擦和新冠疫情给全球价值链的发展带来了巨大的不确定影响。新冠疫情之后，安全因素和政府政策将会成为跨国企业对外投资的两个重要考量因素。许多在华跨国企业打算采取所谓的"中国+1"战略来应对新的形势变化。在这种背景下，RCEP 的签署将极大增强各方对中国和东亚经济的信心。在 RCEP 框架内，成员国之间货物、服务、投资等领域的市场准入将进一步放宽，原产地规则、海关程序、检验检疫等将逐步统一，这些变化无疑将有力促进区域内经济要素的自由流动，强化区域内生产分工合作，从而推动中国和东亚区域内产业链、供应链和价值链的稳定发展。

从地缘政治意义来看，RCEP 的签署对于中国增强地区影响力和提升国家形象具有重要作用。经过改革开放以来四十多年的发展，中国与东亚各国形成了你中有我、我中有你的经济一体化格局。中国经济高度依赖东亚，出口贸易中东亚占比超过 1/3，吸引的外国直接投资中东亚占比更是接近 80%。而随着中国经济的崛起，其对东亚各国经济的反向正面溢出效应也迅速提高。目前，中国是东亚经济增长的"发动机"，GDP 超过区域整体的 55%，是 RCEP 15 个成员国中除老挝以外其他 14 个国家的最大贸易伙伴。由于中国一直被认为是 RCEP 谈判过程中的最重要推手，因此协定的签署，无疑会进一步提升中国在东亚区域合作中的作用，并

---

① Peter A. Petri and Michael G. Plummer, "East Asia Decouples from the United States: Trade War, COVID-19, and East Asia's New Trade Blocs", Peterson Institute for International Economics Working Paper 20-9, June 2020.

强化其在东亚经济与欧盟和北美三足鼎立中的"领头羊"角色。

从全球意义来看,RCEP 的签署对于稳定多边主义具有积极作用。过去几年,世界经济与政治遭受一系列冲击,比如单边行动趋势越来越强,各国对世贸组织和多边贸易体系信心不断下降,中美经贸摩擦和新冠疫情给世界带来巨大的不确定性影响,等等,建立在多边合作基础上的全球化进程俨然正在遭遇一场寒冬。在这种背景下,中国推动签署 RCEP,对于多边主义来说无疑是一个令人鼓舞的好消息。

(二)RCEP 的潜力与不足:以服务贸易为视角

服务行业规模的扩大和产品多样性的增加是经济增长的先决条件,而服务贸易是提升服务绩效的重要渠道,服务贸易开放将促进一国生产率的提高。[①] 深化服务市场开放与加强服务贸易领域合作已经成为世界各国提高国际竞争力的必然选择。相较世界其他地区而言,东亚区域的服务贸易发展一直相对滞后。在 2014 年到 2021 年东亚各经济体服务贸易壁垒指数均值为 0.34,远高于世界平均水平 0.26 和 OECD 国家均值 0.23。[②] 为进一步推动区域内服务贸易开放,东亚各经济体之间签署了大量自由贸易协定,并都在其中添加了服务贸易开放的相关条款,但整体来看众多自贸协定生效后对服务贸易开放的促进作用有限。

《区域全面经济伙伴关系协定》的签署和生效为东亚服务贸易发展提供了契机。相比于东亚地区已有的自由贸易协定,RCEP 在充分考虑不同发展水平成员国利益诉求的条件下,对服务贸易领域相关的条款进行了重大调整和创新,并首次设置电子商务专门章节,满足了东亚各国对互联网等现代通信技术提供服务所产生的规则需求,适应了新时代服务贸易的发展步伐。

1. RCEP 关于服务贸易的内容

RCEP 各成员国采用正面清单与负面清单相结合的方式对服务承诺做出安排,协定在服务贸易领域的内容大幅度降低了各成员国对跨境服务贸易的限制,对相关歧视性措施进行了大量削减,并就金融服务、电信服务和专业服务制定了具体的规则框架,为各成员国之间进一步扩大服

[①] Aaditya Mattoo, Bernard Hoekman, "Services Trade and Growth", World Bank Policy Research Working Paper 4461, 2008.

[②] 笔者根据 WTO-OECD-STRI 数据库的数据计算得到。

务贸易创造了条件。

第一，采用正面清单方式的国家。中国、泰国等8个RCEP成员国以正面清单的方式对服务贸易开放做出了承诺。在服务贸易具体承诺表中，各成员国列出了承诺开放的部门、分部门以及在不同服务提供方式下对市场准入和国民待遇的限制。RCEP各成员国在服务贸易领域均做出较大程度的开放承诺，如表7-1所示，泰国承诺开放的分部门数量最多，共计240个分部门，其他国家承诺开放的分部门总数也均超过100个。除老挝、缅甸和柬埔寨，其他成员国均就最惠国待遇和进一步自由化分部门做出承诺，其中新西兰和中国分别对正面清单中37%和28%的分部门做出了最惠国待遇承诺，对16%和19%的分部门做出了进一步自由化承诺，这对各成员尤其是中国来说是服务贸易开放领域中的一大突破。对于菲律宾来说，其承诺的最惠国待遇和进一步自由化分部门不是立即生效，有一定的过渡期，最惠国待遇在过渡到负面清单承诺表时生效，进一步自由化则从RCEP对菲律宾生效之日起五年后开始，且均需要与利益相关方协商并根据1987年《菲律宾宪法》进行确定。

《服务贸易总协定》（GATS）将服务贸易分为四种提供模式：一是跨境提供（跨境交付），二是境外消费，三是商业存在，四是自然人移动。自2005年起，通过在全球建立附属机构（模式三，商业存在）的销售是世界服务贸易的主要模式，金融服务和分销服务的贸易主要通过在他国建立商业存在实现。但随着数字化、手机银行和在线销售的发展，金融和分销等服务行业的商业模式正在重塑，以跨境提供（跨境交付）模式进行的服务贸易份额正在增长。① 对于以跨境提供和商业存在两种模式进行的服务贸易，RCEP各成员国基本放开了各服务行业在国民待遇方面的限制，中国在这两种服务提供模式下在国民待遇方面"完全没有限制"的分部门比例分别为73%和77%，柬埔寨的该比例更是达到了89%和96%。不过，除新西兰外的成员国在这两种服务提供模式的市场准入方面仍设置了大量的限制措施，尤其是在商业存在提供模式下，即使是承诺开放分部门数量最多的泰国，也仅仅完全取消了3个服务分部门的市

---

① 世界贸易组织：《2019年世界贸易报告——服务贸易的未来》，上海人民出版社2019年版，第14—15页。

场准入限制。对于以境外消费模式提供的服务贸易,各成员国均大幅度降低了各服务行业在市场准入和国民待遇方面的限制,完全开放的分部门数量均达到80%以上。最后,除了菲律宾和缅甸,各国在对自然人移动模式下提供的服务贸易都没有做出承诺。

表7-1　　　　　正面清单国家承诺开放部门情况　　　　（单位:个）

国家\数量	开放的分部门总数量	最惠国待遇分部门数量	进一步自由化分部门数量	跨境提供 市场准入限制	跨境提供 国民待遇限制	境外消费 市场准入限制	境外消费 国民待遇限制	商业存在 市场准入限制	商业存在 国民待遇限制	自然人移动 市场准入限制	自然人移动 国民待遇限制
中国	133	37	25	55	97	122	125	24	102	0	0
老挝	121	—	—	70	66	99	96	25	71	0	0
缅甸	130	—	—	123	122	129	128	39	105	0	1
菲律宾	169	5	7	63	94	152	144	12	87	12	13
泰国	240	5	10	87	109	212	238	3	207	0	0
越南	150	5	6	47	76	146	146	14	89	0	0
柬埔寨	135	—	—	91	120	133	133	87	130	0	0
新西兰	142	53	23	106	103	122	124	138	111	0	0

资料来源:笔者通过归纳总结 RCEP 附件二中各成员国的《服务具体承诺表》得到。[①]

RCEP 各成员国对不同服务部门的开放有所差异。如表7-2所示,除缅甸,其他国家服务行业的开放均集中在商业服务、通信服务、金融服务和运输服务等四个部门。在以跨境交付模式进行的服务贸易中,建筑及相关工程服务是大多数成员国开放程度最低的部门,中国、老挝、菲律宾、越南、柬埔寨和新西兰均没有对该服务部门进行开放承诺,一方面,建筑及相关工程服务部门涉及土地征用和房地产等与国计民生息息相关的关键问题;另一方面,该服务部门与基础设施建设密切相关,是国家进行宏观调控的手段。各成员国对以境外消费模式进行的服务贸易开放程度最高,除在金融服务部门进行一定程度的限制,各成员国在多数分部门基本实现了完全没有限制的开放。相较而言,成员国对各服

---

① 中国自由贸易区服务网(http://fta.mofcom.gov.cn/RCEP/RCEP_new.shtml)。

务部门在商业存在提供模式下开展的服务贸易设置了诸多限制，其中教育服务是设限最多的部门，中国、老挝、菲律宾和泰国并未在该部门做出开放承诺，缅甸在市场准入方面、越南在国民待遇方面对教育服务部门也完全进行限制。此外，各国在该模式下的市场准入方面的限制更加严格，如大多数成员国对建筑及相关工程服务部门、分销服务部门、环境服务部门和与健康相关的服务与社会服务部门的市场准入方面保留了完全限制的权利。

表7-2　　　　　正面清单国家承诺开放分部门数量占
　　　　　　　　开放分部门总量的比例　　　　　（单位：%）

服务行业	中国	老挝	缅甸	菲律宾	泰国	越南	柬埔寨	新西兰
商业服务	31	27	29	27	39	25	27	28
通信服务	18	15	20	15	10	19	13	20
建筑及相关工程服务	6	7	6	4	5	5	6	6
分销服务	4	8	0	2	6	6	10	5
教育服务	4	4	12	2	4	3	2	4
环境服务	5	5	4	5	5	5	5	8
金融服务	11	16	2	21	11	18	19	13
与健康相关的服务与社会服务	2	1	5	1	3	2	1	0
旅游及与旅游相关的服务	3	4	7	8	3	3	6	4
娱乐、文化和体育服务	2	0	2	1	5	2	1	0
运输服务	14	13	12	14	9	13	10	12
其他未包括的服务	2	0	0	1	0	0	0	1

资料来源：笔者通过归纳总结RCEP协定文本附件二中各成员国的《服务具体承诺表》并计算得到（"《区域全面经济伙伴关系协定》（RCEP）"，中华人民共和国商务部，http://fta.mofcom.gov.cn/rcep/rcep_new.shtml/）。

第二，采用负面清单方式的国家。根据表7-3，日本等7个成员国服务和投资保留及不符措施承诺表分为清单A和清单B两个部分，清单

A 中列出的部门可以采取与其在服务贸易章节承诺履行的义务（国民待遇、市场准入、最惠国待遇和当地存在）不相符合的现行措施，这些措施在过渡期内使用冻结规则，即采取的措施不能比其在 RCEP 中的承诺限制水平更高，过渡期满适用棘轮规则，即采取的措施只能减少对外资的限制且不能降低外资享受的待遇，棘轮规则比冻结规则更为严格，保证了各成员国承诺列入清单内的政策措施不会倒退。大部分成员国的过渡期为 5 年，最不发达国家和个别成员国豁免适用棘轮规则。各成员国将本国的敏感部门列入清单 B，保留完全的政策空间，未来可以在这些领域采取更具限制性的加严措施。

表 7-3　　　　　　负面清单国家采取与服务贸易章节
义务不符措施涉及的部门情况

国家	清单 A 涉及所有部门的数量	清单 A 涉及分部门的数量	国民待遇	市场准入	最惠国待遇	当地存在	清单 B 涉及所有部门的数量	清单 B 涉及分部门的数量	国民待遇	市场准入	最惠国待遇	当地存在
澳大利亚	3	15	89%	44%	33%	22%	9	14	74%	87%	57%	39%
日本	0	57	47%	70%	9%	53%	7	17	92%	92%	63%	63%
韩国	0	37	38%	49%	0%	68%	7	41	92%	15%	56%	75%
文莱	1	33	47%	88%	0%	32%	4	53	89%	75%	47%	44%
印度尼西亚	0	4	100%	75%	0%	0%	8	86	93%	93%	2%	1%
马来西亚	1	15	100%	56%	56%	81%	17	27	89%	84%	80%	61%
新加坡	4	28	88%	94%	16%	56%	10	33	98%	100%	88%	86%

资料来源：笔者通过归纳总结 RCEP 协定文本附件二中各成员国的《服务具体承诺表》并计算得到（"《区域全面经济伙伴关系协定》（RCEP）"，中华人民共和国商务部，http://fta.mofcom.gov.cn/rcep/rcep_new.shtml/）。

除日本，各成员国在清单 B 中列出的部门数量均大于在清单 A 中的数量，且各国在清单 A 中不符措施极少数涉及所有部门，多为分部门层面，而在清单 B 中涉及所有部门的保留措施数量明显增多。尤其是印度尼西亚，在清单 A 中涉及 4 个部门,而在清单 B 中则涉及 94 个部门。相比于澳大利亚和日本等国家来说,作为东盟发展中国家的印度尼西亚服务行业较为落后,虽然同样以负面清单方式进行承诺,但需要保留更多更充足的政策空间,以扶持和保护服务行业的发展。此外,在清单 B 中,各成员国在不同义务方面均做出很大保留,尤其是在国民待遇和市场准入方面,多数成员国超过 80% 的分部门未来可以采取更加严格的限制措施,这意味着与之进行贸易的其他成员国将面临不可预测的政策变化风险。

2. 与《全面与进步跨太平洋伙伴关系协定》的比较

RCEP 与 CPTPP 同为面向亚太地区的多边贸易体制,虽然存在一定差异,但二者不是对立的关系,而是将共同维护和促进东亚区域自由贸易秩序的发展。如表 7-4 所示,签署 RCEP 的成员国既包括发达国家和发展中国家,也包括最不发达国家(老挝、缅甸和柬埔寨),并以正面清单与负面清单相结合的方式进行谈判,相比于不包含欠发达国家且以全面负面清单方式进行谈判的 CPTPP 来说,虽更具多样性和包容性,但开放质量也相对较低。CPTPP 中与服务贸易及其规则相关的章节更加全面,为成员国之间开展服务贸易提供了强有力的规则和制度保障,虽然没有设立关于专业服务的独立章节,但相关内容在其"跨境服务贸易"章节的附件 A 中有所体现。

表 7-4　RCEP 与 CPTPP 服务贸易相关内容比较

内容	RCEP	CPTPP
包含国家	日本、澳大利亚、新西兰、新加坡、越南、文莱、马来西亚、中国、韩国、泰国、菲律宾、印度尼西亚、柬埔寨、老挝、缅甸	日本、澳大利亚、新西兰、新加坡、越南、文莱、马来西亚、加拿大、智利、墨西哥、秘鲁
谈判方式	正面清单与负面清单结合	负面清单
独有章节	专业服务(第八章附件三)	国有企业和指定垄断(第十七章)、劳工(第十九章)、环境(第二十章)、竞争力和商务便利化(第二十二章)、发展(第二十三章)、监管一致性(第二十五章)、透明度和反腐败(第二十六章)

续表

内容	RCEP	CPTPP
服务贸易章节独有条款	第七条 具体承诺表、第九条 附加承诺、第十条 透明度清单、第十二条 过渡、第十三条 承诺表的修改、第十七条 垄断和专营服务提供者、第十八条 商业惯例、第二十一条 保障措施、第二十二条 补贴、第二十三条 增加东盟成员国最不发达国家缔约方的参与、第二十四条 承诺的审查、第二十五条 合作	第十三条 其他事项、附件 A 专业服务、附件 B 快递服务、附件 C 不符措施棘轮机制
频繁用词	可能、应当努力、在可行/可能的范围内、在可行/适当的情况下、努力接受、尽快 等	应、不得、应保证、可根据 等
相关承诺	国民待遇、市场准入、当地存在、最惠国待遇（负面清单国家和部分正面清单国家适用）、冻结规则（负面清单国家适用）、棘轮规则（部分负面清单国家适用）	国民待遇、市场准入、当地存在、最惠国待遇、棘轮规则（除越南外所有国家适用）

资料来源：由笔者通过归纳总结 RCEP 与 CPTPP 内容得到。

就服务贸易章节的相关条款来说，RCEP 的条款内容比 CPTPP 更加细致，对过渡缔约方的自由化承诺及承诺表的修改等进行了规定，并为最不发达缔约方特设条款从而为其服务贸易提供更多便利。但这种细致在意味着详尽的同时，也为 RCEP 成员国保留了更多的自由裁量权。例如，RCEP 在"承诺表的修改"条款中规定，只要符合一定的条件，任何缔约方都可以在承诺生效之日起 3 年后的任何时间，修改或撤销承诺表中的任何承诺；在"拒绝给予利益"条款中增加了提供海运服务的情况，对于日本等岛国国家来说，海上运输对经济发展和国家安全至关重要，这极大限度地保障了其相关利益。CPTPP 则没有上述特殊规定，条款简洁但也意味着标准统一，且更加严格。例如，CPTPP 在"支付和转移"条款中明确规定每一缔约方应允许所有与跨境服务提供相关的转移和支付自由进出其领土且无迟延，而 RCEP 则没有对时限设置要求。

　　RCEP 对条款的描述多使用"可能""应当努力"等模糊性词语，而 CPTPP 则多用"应""不得"等强制性词语，条款的可执行性更强。CPTPP 对各成员国需履行的主要义务的适用范围更加广泛，而 RCEP 独有的冻结规则为负面清单国家实行棘轮规则提供了过渡期，降低了棘轮规则带来的自由化红利。对于成员国签署的其他相关协定，RCEP 在"最惠国待遇"条款中规定每一缔约方可以保留依照本协定生效之日前已生效或签署的国际协定采取或维持任何措施的权利，强调的是与其他协定的共存，而 CPTPP 在"国内规制"条款中规定缔约方应联合对在其他多边场合开展的任何生效结果进行审议，以期酌情使这些结果在 CPTPP 项下生效，强调的是与其他协定的整合，更利于未来东亚地区服务贸易秩序的融合。

　　因此，相比于东亚地区已有的服务贸易协定，虽然 RCEP 在开放性和先进性方面有很大突破，但仍有较大进步空间。未来中国应积极争取加入 CPTPP，如果能够推动 RCEP 和 CPTPP 的融合，无疑将对亚太地区的区域合作产生深远影响。

3. RCEP 对东亚服务贸易发展的作用

　　作为世界上最大的自由贸易区，RCEP 的签署和生效有助于推动东亚区域一体化向更高水平迈进，其在服务贸易领域做出的开放性承诺和突破性创新有效地提高了贸易便利化程度，为深化东亚地区的服务贸易合作按下了"加速键"。

　　第一，促进东亚服务贸易自由化。东亚多数国家服务业发展较为落后，为保护其正在成长的服务行业，各国在服务贸易开放中较为保守。考虑到这一点，RCEP 在服务贸易开放中采用正面清单和负面清单混合的模式，其中日本、韩国和新加坡等 7 个成员国以负面清单的方式做出承诺，棘轮规则对各成员国的承诺水平具有约束作用，在提高服务贸易政策透明度的同时，使其服务市场更加开放。中国、新西兰和泰国等 8 个成员国以正面清单的方式做出承诺，承诺在 6 年之内完成向负面清单承诺的转换，并且在转换后将以同等或更高水平的承诺实现服务贸易自由化。[①] RCEP 的签署

[①] 孟夏、孙禄：《RCEP 服务贸易自由化规则与承诺分析》，《南开学报》（哲学社会科学版）2021 年第 4 期。

有助于各成员国逐步消除对服务贸易的限制，取消对东亚区域内部的歧视性措施，同时也将倒逼东亚发展中国家深化对服务行业的改革，进一步释放更多服务贸易开放红利。相比于东亚区域内已有的自由贸易协定，RCEP 中 15 个成员国在服务贸易方面做出的开放承诺均有提高，具体表现为承诺部门数量增加和承诺内容质量深化。

在 RCEP 中以负面清单方式做出自由化承诺的 7 个成员国整体开放程度较高，在多数服务行业基本实现了全面开放，保留和不符措施以不同程度存在于少数服务部门的市场准入、当地存在或国民待遇方面。以正面清单方式做出承诺的 8 个成员国对服务贸易开放也均有不同程度的部门新增和承诺深化：新西兰对法律服务等专业服务包括的所有分部门进行了全面开放，对清单中超过 1/3 的分部门做出了最惠国待遇承诺；老挝取消了对管理咨询服务、增值电信服务和航空运输支持服务等分部门的全面限制，在国内货运运输的外资参股允许比例达到 100%；缅甸对酒店餐饮服务和建筑及相关工程服务行业的所有分部门进行了全面开放；菲律宾在研发服务和房地产服务的所有分部门的外国股权参与允许比例达到 51%；泰国在通信服务、分销服务和金融服务等行业新增了多个分部门的开放；越南允许快递服务等多个分部门的外国企业以 100% 外商投资的形式在越南设立商业存在；柬埔寨取消了对教育服务和环境服务行业中所有分部门的全面限制，并为电信服务设置了独立的监管框架以保障提供商的权益；中国对计算机及其相关服务、数据处理和制表服务等分部门实行全面开放，提高了对金融服务行业 14 个分部门的开放水平，在基础电信服务和增值电信服务的市场准入方面对企业外资允许比例达到 50%，对服务贸易做出的开放承诺已经达到其最高水平。[1]

第二，深化东亚区域战略协同性。RCEP 由 5 个发达国家、7 个发展中国家和 3 个欠发达国家组成，15 个国家历史文化差异巨大，经济发展水平层次分明，在服务贸易开放领域存在不同的认知和诉求。发达国家希望通过更高水平的开放扩大贸易规模，提升经贸福利；发展中国家希望在推动本国服务贸易发展的同时，拓展外国市场；欠发达国家则需要其他成员国在资金和技术方面的支持。发展中国家和欠发达国家的服务

---

[1] 沈铭辉：《RCEP 在推动东亚区域合作中的作用与新课题》，《东北亚论坛》2022 年第 1 期。

行业发展水平普遍较低，如果在自由贸易协定中与发达国家采取同样的开放标准，则会对本国产业安全造成冲击，因此很难参与服务贸易区域一体化进程。RCEP 较为全面地考虑了不同发展水平国家的多样性特征，对服务贸易领域的协定内容进行了有针对性的调整，各成员国可以根据自身情况在合理时限内做出开放承诺，并允许欠发达国家承诺的开放过渡期更长，为发展中国家服务贸易开放提供了缓冲期。RCEP 还为东盟最不发达国家增设了专门条款，允许在对其有利的服务部门实行市场准入自由化并设置较多的市场开放例外部门，例如老挝、泰国和菲律宾等国家暂时可以不对金融行业自由化做出承诺。RCEP 充分照顾了发展中国家的利益和诉求，使其有意愿也有能力与区域内发达国家就服务贸易开放相关事宜达成一致，共享开放红利。

相比于 RCEP 体现出的互惠性和包容性，由日本主导的 CPTPP，将东亚发展中国家排除在外，更多体现了发达国家的利益和诉求，其高标准的服务贸易规则为开放经验有限且市场机制缺乏的发展中国家制造了隐性壁垒。[1] 同时，CPTPP 只包含 4 个东盟国家，对东盟内部具有一定程度的分化作用，降低了区域内的战略协同性。除澳大利亚和新西兰，RCEP 余下的 13 个成员国均属于东亚地区，澳新两国作为亚洲开发银行的亚太区域会员与东亚地区也有着十分紧密的经贸联系。[2] RCEP 的签署破解了东亚区域内的经贸合作障碍，使东亚各国形成利益共同体，增强了东亚地区的凝聚力。正如欧洲联盟产生的"布鲁塞尔效应"，RCEP 各成员国可以在全球性经贸问题上凭借集团的力量取得国际话语权，从而维护自身利益。

第三，助力东亚服务贸易高质量发展。RCEP 在传统经贸合作领域作出广泛承诺的基础上，又涉及众多新议题，在多个方面填补了东亚服务贸易的规则空白，为东亚服务贸易高质量发展奠定了制度基础。在金融服务方面，首次纳入新金融服务条款、信息转移和信息处理条款以及自

---

[1] 余淼杰、蒋海威：《从 RCEP 到 CPTPP：差异、挑战及对策》，《国际经济评论》2021 年第 2 期。

[2] 周小柯、李保明、时保国：《RCEP 对东亚区域价值链重构及两岸经贸合作的影响》，《亚太经济》2022 年第 3 期。

律组织条款。新金融服务使各类金融服务和产品在区域内以同等待遇自由提供，各成员国无须改变现行政策法规即可提供原国内没有但在成员国内已被提供和监管的金融服务，这将极大促进 RCEP 中发展中国家金融市场的发展。信息转移和信息处理条款规定，在金融服务提供者遵守相关法律法规的基础上，其进行日常营运所需的信息转移不得受到阻止，为成员国在区域内的数据转移处理提供了法律和制度保障。根据自律组织条款，如果 RCEP 成员的金融机构被另一成员要求加入证券期货交易所、清算、支付结算等机构或其他协会组织，那么即可在后者国内以国民待遇进行金融服务的提供，为各国金融服务提供者创造了更加公平的营商环境。在电信服务方面，RCEP 首次纳入号码携带、网络元素非捆绑等规则，使各成员国可以在透明和非歧视的条件下向其他成员提供网络元素接入服务，避免变相壁垒的产生。[1]

与 1995 年相比，在世界各国未大幅改善服务贸易市场准入条件的情况下，电信服务、计算机服务、专业服务、金融服务等"其他商业服务"占服务贸易总额的比例明显上升，这主要来源于互联网等现代通信技术支持的跨境服务贸易快速增长。[2] 为了适应新时代跨境贸易的发展需要，RCEP 纳入电子商务专章，这是亚太区域首次达成的范围全面、标准较高的多边电子商务规则成果。其中，无纸化贸易、保障电子认证和签名有效性、暂时免征关税等条款将为跨境电商提供更便利的线上经营环境，消费者和个人信息保护、垃圾信息治理、网络安全防护等条款保护了电商和个体的信息安全和基本权益，规范数据储存、有限度跨境信息传输、增进透明度与电子商务对话等条款将完善对跨境贸易的监管，[3] 为跨境电商和消费者提供贸易便利和制度保护。此外，在 RCEP 中小企业合作章节也对各成员国建设开放访问的信息和合作平台做出了要求，充分考虑到中小企业开展跨境贸易的需求，为其提供信息共享和降本增效的

---

[1] 孟夏、孙禄:《RCEP 服务贸易自由化规则与承诺分析》,《南开学报》(哲学社会科学版) 2021 年第 4 期。

[2] 张悦、崔日明:《服务贸易规则演变与中国服务贸易的发展》,《现代经济探讨》2017 年第 5 期。

[3] 张建平、董亮:《〈区域全面经济伙伴关系协定〉与亚太区域经济合作》,《当代世界》2021 年第 1 期。

获利机会。① RCEP 各成员国在协定中创新性地对电子商务规则达成一致，为东亚服务贸易搭乘数字经济的快车道实现高质量发展提供了规则基础。

4. 东亚服务贸易自由化仍需解决的问题

RCEP 协定使东亚各发展水平的经济体充分参与服务贸易规则制定和高水平开放之中，对东亚地区贸易规则重塑和区域经贸一体化进程具有重大意义。但是，RCEP 协定签署和生效后东亚地区服务贸易发展仍然存在一些问题，需要未来逐步解决。

第一，RCEP 承诺的开放具有不平衡性。服务产品难以触知且不可储存，虽然互联网等现代通信技术使服务贸易更加便利，但大多服务产品的生产和消费依然是不可分离的，承担服务贸易开放承诺的对象是服务产品的提供者和接受者，往往不是服务产品本身，② 因此无法通过关税等显性壁垒进行管理，服务贸易复杂的衡量标准和实施过程也为其开放增加了难度。基于服务产品的特性，RCEP 对货物贸易的开放程度要高于对服务贸易的开放程度。RCEP 使区域内超过九成的货物实现了零关税贸易，各成员国对制造业和农林渔业等非服务行业的投资均采用负面清单的方式，做出了较高水平的开放承诺。③ 相较而言，CPTPP 则更注重与服务贸易相关的开放规则。④

此外，RCEP 中对服务市场设置的准入条件较为苛刻，对市场准入的限制比国民待遇更加严格。例如，在商业存在服务提供模式下，中国、泰国和越南在通信服务行业，中国、老挝、菲律宾、泰国和越南在建筑及相关工程服务行业，菲律宾和泰国在商业服务行业，老挝、菲律宾、泰国和越南在分销服务行业，中国、缅甸、菲律宾、泰国在环境服务行业，老挝和越南在金融服务行业，中国、老挝、缅甸、菲律宾、泰国、越南和柬埔寨在与健康相关的服务与社会服务行业，菲律宾和泰国在旅游及与旅游相关的服务行业，菲律宾、泰国和越南在娱乐、文化和体育

---

① 施锦芳、李博文：《基于 RCEP 推动中日经贸合作的新思考》，《现代日本经济》2021 年第 3 期。
② 何军明：《服务贸易原产地规则：概念与效应》，《亚太经济》2011 年第 4 期。
③ 徐梅：《RCEP 签署与亚太区域经济一体化前景》，《东北亚论坛》2021 年第 5 期。
④ 余淼杰、蒋海威：《从 RCEP 到 CPTPP：差异、挑战及对策》，《国际经济评论》2021 年第 2 期。

服务行业，泰国在运输服务行业的市场准入方面均没有做出承诺，而在国民待遇方面均进行了不同程度的开放。市场准入承诺是国民待遇承诺适用的前提，只有先进入市场才能涉及在市场中的待遇问题，[①] 因此这种差异性承诺作为隐蔽性壁垒大大降低了 RCEP 服务贸易开放的效率。

第二，RCEP 承诺条款的落实存在问题。按照 RCEP 的规定，RCEP 各层级的机构决策、联合委员会和各附属机构均被要求以协商一致的方式做出决定，任何一个缔约方的反对都能使多数成员国同意的决定破产，[②] 这在一定程度上是对东盟协商一致原则的继承。[③] 但在该原则的指导下，以往东亚地区在重要合作领域的实质性进展乏善可陈，比如"清迈倡议"提出的东亚货币金融合作在"10 + 3"财长共同签署了《"10 + 3"宏观经济研究办公室国际组织协议》后便停滞不前。由于服务贸易规则的制定过程本就复杂多变，在协商一致原则要求下对相关事宜进行商讨，其过程可能将旷日持久，难以达成皆大欢喜的结果，进而大幅度降低 RCEP 各项条款的执行效率。

东亚地区服务贸易合作多由政府推动，而忽略对执行主体的激励，且各企业对服务行业开放的认知程度有所差异，所以参与服务贸易合作的积极性并不高，因此贸易协定的条款和执行方案只能停留在书面形式。[④] 此外，RCEP 的服务贸易条款大多是宏观笼统的内容，缺乏具体操作细则，在落实过程中容易引致各成员国产生分歧，[⑤] 从而弱化 RCEP 对区域一体化的强化作用。由于各成员国经济发展阶段不同，国内电子基础设施质量也有所差异，比如中国已经实现了使用电子原产地证书，但东盟部分国家只使用纸质原产地证书，这也使对相关条款的执行受到限

[①] 周念利、朱慧慧：《东亚经济体参与区域服务贸易安排的"GATS -"特征研究》，《亚太经济》2014 年第 4 期。

[②] 陈绍峰：《东亚一体化视角下的〈区域全面经济伙伴关系协定〉：守成与创新》，《国际政治研究》2021 年第 3 期。

[③] 王正毅：《东盟 50 年：走出边缘地带发展的困境了吗？——对"东盟方式"和"东盟中心"的反思》，《世界政治研究》2018 年第 1 期。

[④] 邹春萌：《东盟区域服务贸易自由化：特点与前景》，《东南亚研究》2008 年第 1 期。

[⑤] 吴昊、于昕田：《〈区域全面经济伙伴关系协定〉签署后的东亚区域合作未来方向》，《社会科学文摘》2021 年第 12 期。

制,① 影响对 RCEP 条款的利用和执行效率。

第三，RCEP 成员国缺乏相应的监管和法律体制。东亚地区缺乏适度的国内监管，将导致政策制度透明度和可预测性的降低，增加自由裁量权的可能性，② 同时也为服务贸易开放埋下隐患。20 世纪 90 年代，许多东亚国家由于在金融监管体制不健全的情况下开放了资本市场，从而导致了影响世界的东亚金融危机。其中，韩国为了加入经济合作与发展组织，在金融体制缺乏独立性的情况下，承诺全面放松资本流动限制，导致对短期外债过度依赖且背负高额负债的韩国企业陷入双重流动性紧缩的危机之中。泰国和马来西亚在银行业缺乏基本的监管和调控能力的情况下，对外开放金融市场，借入短期外币债券与放出长期本币贷款的矛盾使银行部门陷入双重错配的困境。苏哈托统治时期的印度尼西亚推行金融自由化和去监管化，实施放宽开办银行的限制和取消贷款数额的封顶限制等一系列措施，造成短期外债激增、私有银行任意放贷和非贸易部门盲目地扩张，最终使金融系统彻底崩溃。

在东亚金融危机过后，东亚国家意识到了金融等服务行业对经济发展的重要性，对服务行业的开放更加谨慎和保守，从而导致区域内货物贸易和服务贸易的开放极不平衡，大多发展中国家在服务贸易方面仍然尚未建立完善的法律体系。在此背景下，东亚发展中国家为了加入 RCEP 从而在货物贸易方面实现更大的收益，也在服务贸易方面做出了相应的开放承诺。但是，服务市场不健全的监管制度使国内监管部门对尚未建立法律依据的服务行业的边境内监管过程无法可依，各国可以利用这一缺陷对外国服务供应商设置隐性壁垒，在承诺开放的同时仍然对本国服务贸易实施保护。以服务贸易领域的国民待遇原则为例，只要做出承诺的成员国对来自其他成员的服务没有给予比承诺表中更为严格的限制，就不算对该原则的违反，而且只要其他成员国服务提供者能够享受国民待遇的实质内容，那么允许其给予形式与本国国民待遇存在差异，③ 这在

---

① 沈铭辉：《RCEP 在推动东亚区域合作中的作用与新课题》，《东北亚论坛》2022 年第 1 期。

② Batshur Gootiiz, Aaditya Mattoo, "Regionalism in Services a Study of ASEAN", Working Paper 7498, World Bank, November 2015.

③ 蒋德翠：《中国—东盟自由贸易区服务贸易争端解决机制及中国的对策》，《东南亚纵横》2011 年第 3 期。

一定程度上使外国服务供应商的权益无法得到法律保障，从而削弱 RCEP 条款的影响。

第四，政治和历史遗留问题为 RCEP 发展埋下隐患。东亚地区历史遗留问题与现实政治环境复杂，无论是领土和领海争端问题，还是国家实力变化而产生的新矛盾，在短期内都无法从根本上得到解决，虽然区域内部建立了相互依赖的经贸合作关系，但严峻的政治安全问题会对东亚未来的经贸合作造成阻碍。作为东亚地区的"轮轴"，中日韩三国之间长期存在紧张的政治博弈，牵制了三方的经贸合作。例如，中日钓鱼岛争端使两国领导人互访和政治交流中断，经贸领域的相关合作也有所倒退；"萨德"入韩事件使中韩合作关系严重倒退，致使韩国乐天集团退出中国市场；日韩独岛（竹岛）之争尚未解决，又因第二次世界大战期间"劳工赔偿"问题引起争端，直接导致了 2019 年的日韩贸易摩擦；日本多位首相参拜靖国神社更是引起了中韩两国的强烈不满，动摇了三国政治互信的基础。中日韩在民族问题上的巨大分歧和在领土领海问题上的长期争端都会对 RCEP 的落实产生干扰，使其无法达到预期效果。

以美国为首的发达国家为了阻碍中国等发展中国家的群体性崛起，寻求以同盟建设的方式对中国经贸进行孤立和打击，在加强与日韩联系的同时，加快建立新的亚太同盟，与日本、印度和澳大利亚重启"四方安全对话"（QUAD），拉拢欧盟和东盟国家参与"印太战略"，企图联手遏制中国发展，对东亚地区政治和安全格局造成严重的破坏。东盟作为东亚地区的"辐条"，面对美国政府频繁伸出的"橄榄枝"，多数东盟国家不愿选择站队，希望在中美两国同时获得利益。[①] 在与中国等国家签署 RCEP 后，2022 年 5 月 12 日至 13 日，东盟—美国特别峰会在华盛顿召开，除菲律宾和缅甸领导人，其他国家领导人均出席会议，并于会后发表的联合声明中承诺在当年 11 月举行的第十届东盟—美国峰会中将与美国的战略伙伴关系升级为"有意义、实质性和互惠互利的全面战略伙伴

---

① 李鸿阶：《〈区域全面经济伙伴关系协定〉签署及中国的策略选择》，《东北亚论坛》2020 年第 3 期。

关系"。①在东亚地区政治互信基础薄弱的情况下，美国的一系列针对性战略导致 RCEP 成员国之间利益矛盾更加多样和复杂，使东亚未来的区域合作面临极大的不确定性。

三 政策启示

东亚区域分工体系重构的进程已经开启，然而由于前述阻碍因素的存在，使未来的重构进程依然充满不确定性。除了需要应对西方发达国家市场收缩所带来的负面冲击，东亚国家还应更加积极地解决阻碍区域分工体系重构的诸多内部不利因素。从中国的政策角度看，以下四个方面的努力尤为重要。

（一）与东亚各国一道努力摆脱重商主义的路径依赖

东亚国家强调出口导向的重商主义实质上就是一种贸易保护下的工业化战略。② 与纯粹的进口替代政策不同，基于出口导向的贸易保护是一种高举自由贸易大旗下的选择性进口限制政策，即鼓励中间产品进口和限制消费品进口同时并存。③ 这种经历 60 年发展并取得巨大成功的工业化战略，已经深入东亚各国政府和企业的"骨髓"并成为一种习惯性思维。尽管 20 世纪 80 年代以来这种重商主义就不断受到西方的指责，并多次遭受危机冲击，但始终未能有效改变东亚各国对这一战略的依赖。正如前文分析，2008 年国际金融危机以来东亚各国也曾采取不少经济再平衡的政策措施，但真正落实到实际操作层面，重商主义的思维惯性就成了一种隐性的拦路虎。而东亚国家的出口导向战略之所以能够一直得以延续，则与发达国家市场的相对宽松高度相关。但从特朗普政府上台后所采取的一系列极限施压保护政策看，东亚想要继续维持重商主义的发展模式已无足够的外部空间。作为东亚经济的火车头，中国已经意识到

---

① 南博一：《东盟承诺 11 月与美国升级为全面战略伙伴关系》，2022 年 5 月 14 日，澎湃新闻（https://www.thepaper.cn/newsDetail_forward_18089458）。
② 梅俊杰：《重商主义与中国经济再平衡》，《学术月刊》2011 年第 6 期。
③ 以中日韩为例，2007 年三个国家的中间产品平均关税分别为 6.14%、0.4% 和 4.21%，资本品进口平均分别为 6.35%、0% 和 3.78%，而消费品进口的平均关税则分别高达 17.99%、6.53% 和 11.70%。参见 Ikuo Kuroiwa and Hiromichi Ozeki, "Intra-regional Trade Between China, Japan, and Korea-Before and After the Financial Crisis", IDE Discussion Paper, No. 237, 2010.

了转型的紧迫性，而且从 2017 年以来政府和企业所采取的系列措施看，重商主义的思维惯性正在迅速被打破。然而，东亚区域分工体系重构的最终实现，需要各国的合力才能完成。除了中国，其他国家也需要采取更加有效的措施，推进经济再平衡顺利完成。

（二）以我为主加快推进双循环战略的实施，尽快形成国内大循环畅通运转、国内国际双循环相互促进的新发展格局

面对美国打压和动荡的国际环境，2020 年中国政府适时提出了构建双循环新发展格局的战略。从该战略所要达到的目标看，就是要通过动态的增长模式调整，改变 2008 年国际金融危机前建立在投资与出口基础上"两头在外、大进大出"的"国际大循环"增长方式，形成以我为主、内外互动的新发展模式，从而在把外部不确定性风险降至最低的同时，还能通过国内经济循环的顺畅运转推动国际大循环的稳定发展。

中国稳定的国内大循环是东亚区域分工调整顺利推进并最终形成区域经济大循环的前提和保证。面对美国的脱钩和遏制战略，我们必须形成底线思维，做好各种场景模拟和对策。练好内功是应对各种外部冲击的基础。只有通过解决各类"卡脖子"瓶颈问题，在更高水平上构建起完整的国民经济发展体系，中国才更有能力摆脱关键领域对美国的过度依赖，进而推动两国形成平等、稳定的竞合关系。与此同时，我们还需要进一步深化改革和扩大开放，这既是保证中国作为超大经济体的国民经济畅通循环的基础，也是实现"以内促外"带动国际大循环的有力支撑。为此，我们需要正视以往发展中还存在的种种不足和问题，采取更多有效措施推进和深化开放进程，为跨国公司营造一个更优的营商环境，以此在稳定全球价值链的基础上，为包括美国在内的世界各国企业提供更加广阔的市场机会，促进各国共享全球化深入发展机遇和成果。

在东亚价值链的调整过程中，技术的影响至关重要。近些年来，中国的技术水平不断上升，但在一些核心领域，中国与美日等发达国家相比仍存在着明显的差距。这在一定程度上限制了中国在东亚价值链调整过程中主导能力的提升。因此，中国应大力提高自身的自主创新能力，促进东亚区域产业链延长的同时，不断提升在价值链上的地位。与此同时，中国还应充分发挥超大国内市场规模的优势努力吸引外商企业（特别是高科技企业）扎根中国。仅以半导体产业看，目前中国是全球最大

的半导体消费市场，全球占比高达60%，2019年中国从美国进口了81亿美元的集成电路，约占美国公司全球销售额的36.6%，高通、美光、博通和德州仪器在华营收占其总收入的比重甚至高达40%以上。因此，离开中国，这些企业将难以为继。与美国的这种相互依赖关系为中国高科技产业依靠技术创新实现国内大循环，在时间层面提供了一定的缓冲空间。如何加强自主研发的同时，继续采取有效措施推进开放进程，营造更优营商环境，从而吸引美国等发达国家高科技企业继续留在中国，是未来实现全球价值链稳定的关键。

（三）不断深化东亚区域合作机制，提升区域合作水平

RCEP的生效，为中国更好推进国内国际两个循环相互促进形成了重要支撑。特别是，虽然新冠疫情叠加中美经贸摩擦加剧了价值链主权化的进程，对中国稳定全球价值链形成巨大挑战，但RCEP可以有效对冲上述美国脱钩战略的负面影响。不过，新的RCEP框架只是给中国摆脱美国霸权行为提供了一种理论可能性，能否抓住这一机遇还取决于中国是否能够采取有效措施，吸引更多国际直接投资，更大幅度提升与区域伙伴的贸易（特别是进口规模）往来。考虑到中国经济当前正在发生的两大变化——增长方式从投资与出口拉动为主向国内需求主导的转变，以及产业结构从以低附加值生产为主向以高附加值生产为主的升级——可能给东亚区域分工带来的重大调整，中国积极推进东亚区域合作，保证东亚各国经济正向联动和区域价值链稳定发展和升级，就显得格外重要。这也是继续稳固中国在东亚地区作为全球价值链"枢纽"中心地位，进而最终实现东亚各国互惠共生、互利共赢的包容性增长的根本保证。

（四）通过加强第三方市场合作和机制建设，努力推动"一带一路"高质量建设与东亚区域分工扩大和重构有机融合

要以RCEP为载体，通过不断优化完善投资布局和经贸合作，加快推进中国与东亚其他国家特别是东南亚国家的区域分工和产业融合，联合日本、韩国等先进国家，合作打造与东南亚分工协作的产业链、供应链和价值链，实现"海上丝绸之路"共建国家更深层次、更高水平的经济一体化发展。另外，充分挖掘"丝绸之路经济带"共建国家的巨大市场潜力，不断提升中国—中东欧合作机制，努力在共建国家建立更多高质量境外自贸区，创造条件与更多共建国家签订双边投资协定或建立经济

自贸区，以此加强中国与各国之间的经济和产业融合。与此同时，在"一带一路"共建国家加强与日本、韩国等东亚国家的第三方市场合作，通过联合投资基础设施，激励更多产业合作，推动东亚国家与"一带一路"共建国家建立更大的区域合作平台，为最终形成紧密的区域经济与产业一体化分工体系打下坚实基础。

主要参考文献

一 中文参考文献

（一）著作类

习近平：《论坚持推动构建人类命运共同体》，中央文献出版社2018年版。

李晓：《东亚奇迹与"强政府"——东亚模式的制度分析》，经济科学出版社1996年版。

王正毅、[美]迈尔斯·卡勒、[日]高木诚一郎主编：《亚洲区域合作的政治经济分析——制度建设、安全合作与经济增长》，上海人民出版社2007年版。

张蕴岭：《在理想与现实之间——我对东亚合作的研究、参与和思考》，中国社会科学出版社2015年版。

[丹麦]拉斯·特维德：《逃不开的经济周期》，董裕平译，中信出版社2008年版。

[德]海因里希·盖瑟尔伯格编：《我们时代的精神状况》，孙柏等译，上海人民出版社2018年版。

[法]托马斯·皮凯蒂：《21世纪资本论》，巴曙松等译，中信出版社2014年版。

[马来西亚]沈联涛：《十年轮回：从亚洲到全球的金融危机》，杨宇光、刘敬国译，上海远东出版社2009年版。

[美]J. D. 万斯：《乡下人的悲歌》，刘晓同、庄逸抒译，江苏凤凰文艺出版社2017年版。

[美]彼得·卡赞斯坦：《地区构成的世界：美国帝权中的亚洲和欧洲》，

秦亚青、魏玲译，北京大学出版社 2007 年版。

［美］戴维·S·兰德斯：《国富国穷》，门洪华等译，新华出版社 2010 年版。

［美］丹尼·罗德瑞克：《让开放发挥作用：新的全球经济与发展中国家》，熊贤良等译，中国发展出版社 2000 年版。

［美］德怀特·珀金斯：《东亚发展：基础和战略》，颜超凡译，中信出版集团 2015 年版。

［美］杰弗里·弗里登：《20 世纪全球资本主义的兴衰》，杨宇光等译，上海人民出版社 2009 年版。

［美］罗伯特·D. 卡普兰：《荒野帝国：走入美国未来的旅行》，何泳杉译，中央编译出版社 2018 年版。

［美］罗伯特·帕特南：《我们的孩子》，田雷、宋昕译，中国政法大学出版社 2017 年版。

［美］米尔顿·弗里德曼、［美］安娜·雅各布森·施瓦茨：《大衰退：1929～1933》，雨柯译，中信出版社 2008 年版。

［美］斯蒂芬·哈格德：《走出边缘——新兴工业化经济体成长的政治》，陈慧荣译，吉林出版集团有限责任公司 2009 年版。

［美］维韦克·阿罗拉、［美］罗伯托·卡达雷利编：《重新平衡亚洲发展：从中国经济的视角》，姜睿、钟晓辉、周自明译，中国财政经济出版社 2013 年版。

［美］印德尔米特·吉尔、［美］霍米·卡拉斯：《东亚复兴：关于经济增长的观点》，黄志强、余江译，中信出版社 2008 年版。

［美］约瑟夫·E·斯蒂格利茨、［美］沙希德·尤素福编：《东亚奇迹的反思》，王玉清、朱文晖等译，黄卫平校，中国人民大学出版社 2013 年版。

［日］西口清胜：《现代东亚经济论：奇迹、危机、地区合作》，刘晓民译，厦门大学出版社 2011 年版。

（二）论文类

蔡昉：《中国改革成功经验的逻辑》，《中国社会科学》2018 年第 1 期。

陈奉林：《对东亚经济圈的历史考察》，《世界历史》2009 年第 3 期。

陈绍峰：《东亚一体化视角下的〈区域全面经济伙伴关系协定〉：守成与

创新》，《国际政治研究》2021年第3期。

陈燕玲、朱孔来：《中国自主创新政策的演进及未来发展趋势》，《社会科学前沿》2017年第5期。

成新轩：《东亚区域产业价值链的重塑——基于中国产业战略地位的调整》，《当代亚太》2019年第3期。

何军明：《服务贸易原产地规则：概念与效应》，《亚太经济》2011年第4期。

洪俊杰、商辉：《中国开放型经济发展四十年回顾与展望》，《管理世界》2018年第10期。

江飞涛、李晓萍：《改革开放四十年中国产业政策演进与发展——兼论中国产业政策体系的转型》，《管理世界》2018年第10期。

蒋德翠：《中国—东盟自由贸易区服务贸易争端解决机制及中国的对策》，《东南亚纵横》2011年第3期。

李鸿阶：《〈区域全面经济伙伴关系协定〉签署及中国的策略选择》，《东北亚论坛》2020年第3期。

刘红、胥鹏：《安倍经济学能否破解日本经济难题》，《日本研究》2014年第1期。

刘洪钟、郭胤含：《日本在华企业撤资潮真的会来吗?》，《当代世界》2017年第5期。

刘遵义：《十年回眸：东亚金融危机》，《国际金融研究》2007年第8期。

梅俊杰：《重商主义与中国经济再平衡》，《学术月刊》2011年第6期。

孟夏、孙禄：《RCEP服务贸易自由化规则与承诺分析》，《南开学报》（哲学社会科学版）2021年第4期。

孟晓旭：《日本高质量基础设施合作伙伴关系的构建与前景》，《国际问题研究》2017年第3期。

潘安、戴岭：《全球价值链分工特征的指标体系构建及应用》，《统计研究》2020年第6期。

乔小勇、王耕、李泽怡：《中国制造业、服务业及其细分行业在全球生产网络中的价值增值获取能力研究：基于"地位—参与度—显性比较优势"视角》，《国际贸易问题》2017年第3期。

沈铭辉：《RCEP在推动东亚区域合作中的作用与新课题》，《东北亚论坛》2022 年第 1 期。

施锦芳、李博文：《基于 RCEP 推动中日经贸合作的新思考》，《现代日本经济》2021 年第 3 期。

宋伟：《美国霸权和东亚一体化：一种新现实主义的解释》，《世界经济与政治》2009 年第 2 期。

王勤：《当代东南亚经济的发展进程与格局变化》，《厦门大学学报》（哲学社会科学版）2013 年第 1 期。

王庆：《"全球化红利"终结》，《财经》2008 年第 6 期。

王美桃、何帆：《共同富裕导向下我国社会保障制度的探索与优化》，《中国人力资源社会保障》2022 年第 8 期。

王正毅：《东盟 50 年：走出边缘地带发展的困境了吗？——对"东盟方式"和"东盟中心"的反思》，《世界政治研究》2018 年第 1 期。

王直、魏尚进、祝坤福：《总贸易核算法：官方贸易统计与全球价值链的度量》，《中国社会科学》2015 年第 9 期。

吴昊、于昕田：《〈区域全面经济伙伴关系协定〉签署后的东亚区域合作未来方向》，《社会科学文摘》2021 年第 12 期。

熊宇：《全球价值链治理新发展与我国制造业升级》，《科技进步与对策》2011 年第 22 期。

徐梅：《RCEP 签署与亚太区域经济一体化前景》，《东北亚论坛》2021 年第 5 期。

许开轶：《东亚威权政治形成的原因与背景分析》，《社会科学》2008 年第 2 期。

杨仁发、李娜娜：《产业集聚、FDI 与制造业全球价值链地位》，《国际贸易问题》2018 年第 6 期。

余淼杰、蒋海威：《从 RCEP 到 CPTPP：差异、挑战及对策》，《国际经济评论》2021 年第 2 期。

张斌、王雅琦、邹静娴：《从贸易数据透视中国制造业升级》，《国际经济评论》2017 年第 3 期。

张继业：《日本推动东盟国家互联互通建设的政策分析》，《现代国际关系》2017 年第 3 期。

张建平、董亮：《〈区域全面经济伙伴关系协定〉与亚太区域经济合作》，

《当代世界》2021 年第 1 期。

张鹏杨、朱光、赵祚翔:《产业政策如何影响 GVC 升级——基于资源错配的视角》,《财贸研究》2019 年第 9 期。

张悦、崔日明:《服务贸易规则演变与中国服务贸易的发展》,《现代经济探讨》2017 年第 5 期。

周弘:《中国社会保障制度的百年建设与国际比较》,《人民论坛·学术前沿》2021 年第 19 期。

周念利、朱慧慧:《东亚经济体参与区域服务贸易安排的"GATS -"特征研究》,《亚太经济》2014 年第 4 期。

周小柯、李保明、时保国:《RCEP 对东亚区域价值链重构及两岸经贸合作的影响》,《亚太经济》2022 年第 3 期。

庄芮、杨超、常远:《中国进口贸易 70 年变迁与未来发展路径思考》,《国际贸易》2019 年第 4 期。

邹春萌:《东盟区域服务贸易自由化:特点与前景》,《东南亚研究》2008 年第 1 期。

二 外文参考文献

(一)著作类

Amsden, Alice H., *Asia's New Giant: South Korea and Late Industrialization*, New York: Oxford University Press, 1989.

Backer, Koen De and Sébastien Miroudot, *Mapping Global Value Chains*, Paris: OECD, 2013.

Cheng, Leonard K. and H. Kierzkowski, eds., *Global Production and Trade in East Asia*, New York: Springer, 2001.

Das, Dilip K., ed., *Emerging Growth Pole, The Asia-Pacific Economy*, Singapore: Prentice Hall, 1996.

Kohli, H., Sharma, A., eds., *A Resilient Asia Amidst Global Financial Crisis: From Crisis Management to Global Leadership*, Singapore: Sage, 2010.

Korhonen, P., *Japan and Asia Pacific Integration*, London: Routledge, 1998.

Krugman, Paul, *End This Depression Now!*, New York: WW Norton & Company, 2012.

Stiglitz, Joseph E., *Freefall: America, Free Markets, and the Sinking of the World Economy*, New York: W. W. Norton & Company, 2010.

Taylor, John B., *Getting Off Track: How Government Actions and Interventions Caused, Prolonged, and Worsened the Financial Crisis*, California: Hoover Institution Press, 2009.

Wade, Robert, *Governing the Market: Economic Theory and the Role of the Government in East Asian Industrialization*, Princeton: Princeton University Press, 1990.

World Bank, *Global Development Horizons 2011: Multipolarity-The New Global Economy*, Washington, D. C.: World Bank, 2010.

（二）论文类

Acemoglu, Daron, David H. Autor, David Dorn, Gordon H. Hanson, "Import Competition and the Great US Employment Sag of the 2000s", *Journal of Labor Economics*, Vol. 34, No. S1, 2016.

Akamatsu, K., "A Historical Pattern of Economic Growth in Developing Countries", *The Developing Economies*, Vol. 1, No. 1, 1962.

Akamatsu, Kaname, "A Theory of Unbalanced Growth in the World Economy", *Weltwirtschaftliches Archive*, Bd. 86, 1961.

Appelbaum, R. P., Parker, R., Cao, C., "Developmental State and Innovation: Nanotechnology in China", *Global Networks*, Vol. 11, No. 3, 2011.

Athukorala, Prema-chandra and Nobuaki Yamashita, "Production Fragmentation and Trade Integration: East Asia in a Global Context", *The North American Journal of Economics and Finance*, Vol. 17, No. 3, 2006.

Autor, David H., David Dorn, Gordon H. Hanson, "The China Syndrome: Local Labor Market Effects of Import Competition in the United States", *American Economic Review*, Vol. 103, No. 6, 2013.

Bhagwati, J., "The Capital Myth: the Difference between Trade in Widgets and Dollars", *Foreign Affairs*, Vol. 77, No. 3, 1998.

Bruche, G., "The Emergence of China and India as New Competitors in MNCs' Innovation Networks", *Competition and Change*, Vol. 13, No. 3, 2009.

Chong, Terence Tai Leung Chong, Xiaoyang Li, "Understanding the China-

US Trade War: Causes, Economic Impact, and the Worst-Case Scenario", *Economic and Political Studies*, Vol. 7, No. 2, 2019.

Culter, H., David J. Berri, T. Ozawa, "Market Recycling in Labor-intensive Goods, Flying-geese Style: An Empirical Anaylsis of East Asian Exports to the U. S", *Journal of Asian Economics*, Vol. 14, No. 1, 2003.

Cumings, B., "The Origins and Development of the Northeast Asian Political Economy: Industrial Sectors, Product Cycles, and Political Consequences", *International Organization*, Vol. 38, 1984.

Feenstra, Robert C., Hong Ma, "Trade Facilitation and the Extensive Margin of Exports", *The Japanese Economic Review*, Vol. 65, No. 2, 2014.

Furuoka, F., "Japan and the 'Flying Geese' Pattern of East Asian Integration", *Journal of Contemporary Eastern Asia*, Vol. 4, No. 1, October 2005.

Gereffi, G., "Development Models and Industrial Upgrading in China and Mexico", *European Sociological Review*, Vol. 25, No. 1, 2009.

Gereffi, G., "Global Value Chains and International Competition", *The Antitrust Bulletin*, Vol. 56, No. 1, 2011.

Gereffi, G., "Global Value Chains in a Post-Washington Consensus World", *Review of International Political Economy*, Vol. 21, No. 1, 2014.

Itakura, Ken, "Evaluating the Impact of the US – China Trade War", *Asian Economic Policy Review*, Vol. 15, No. 1, 2020.

Kee, H. L. and H. Tang, "Domestic Value Added in Exports: Theory and Firm Evidence From China", *American Economic Review*, Vol. 106, No. 6, 2016.

Kiyoshi, K., "The 'Flying Geese' Model of Asian Economic Development: Origin, Theoretical Extensions, and Regional Policy Implication", *Journal of Asian Economics*, Vol. 11, No. 4, 2000.

Krugman, Paul, "Chinese New Year", *The New York Times*, January 1, 2010.

Lai, Weijuan, Zhong, Zihua, "China's Position in Global Value Chains Compared with the EU, US and Japan", *China Economist*, Vol. 12, No. 6, 2017.

Li, Yan Sheng, Kong, XinXin Miao Zhang, "Industrial Upgrading in Global Production Networks: the Case of the Chinese Automotive Industry", *Asia Pacific Business Review*, Vol. 22, No. 1, 2016.

Mitchell, B., Ravenhill, J., "Beyond Product Cycles and Flying Geese Regionalization, Hierarchy, and the Industrialization of East Asia", *World Politics*, Vol. 47, No. 2, 1995.

Moon, Seongman, "Decrease in the Growth of Domestic Demand in Korea", *Journal of East Asian Economic Integration*, Vol. 19, No. 4, December 2015.

Pencea, Sarmiza, "US-China Trade War and Its Potential Consequences", *The Journal of Global Economics*, Vol. 11, No. 1, 2019.

Ravenhill, John, "Global Value Chains and Development", *Review of International Political Economy*, Vol. 21, No. 1, 2014.

Rodrik, Dani, "What's So Special about China's Exports?", *China & World Economy*, Vol. 14, No. 5, 2006.

Sachs, Goldman, "Made in the USA or China? 25 Years of Supply Chain Investment at a Crossroads", *Equity Research*, March 26, 2017.

Schwartz, A., "Origins of the Financial Market Crisis of 2008", *Cato Journal*, Vol. 29, No. 1, 2009.

Segal, A., "China's Innovation Wall: Beijing's Push for Home-grown Technology", *Foreign Affairs*, September 28, 2010.

Sohn, Chan-Hyun and Hongshik Lee, "Trade Structure, FTAs, and Economic Growth", *Review of Development Economics*, Vol. 14, No. 3, 2010.

Starmans, C., M. Sheskin, & P. Bloom, "Why People Prefer Unequal Societies", *Nature Human Behaviour*, Vol. 1, No. 4, 2017.

Stiglitz, J., "Boats, Planes and Capital Flows", *Financial Times*, 25 March, 1998.

Tung, A. C., "Beyond Flying Geese: The Expansion of East Asia's Electronics Trade", *German Economic Review*, Vol. 4, No. 1, 2003.

Yang, Chun, "Market Rebalancing of Global Production Networks in the Post-Washington Consensus Globalizing Era: Transformation of Export-Oriented Development in China", *Review of International Political Economy*, Vol. 21, No. 1, 2014.

Yutaka, K., Tho, T. V., "Japan and Industrialization in Asia: An Essay in Memory of Dr. Saburo Okita", *Journal of Asian Economics*, Vol. 5, No. 2, 1994.

后　记

　　本书为国家社科基金"'一带一路'背景下中国引领东亚区域分工体系调整研究"的最终成果。改革开放以来，融入东亚区域分工一直是中国经济增长最主要的发展战略。2008年国际金融危机以来，由于域内外经济和政治形势的重大变化，东亚地区的分工体系开始经历一场深刻的结构性调整，中国经济增长所面临的外部环境发生剧烈改变。"一带一路"倡议由此应运而生，成为中国新时期对外开放新的战略引擎。"一带一路"建设与东亚区域分工调整并不冲突，而是并行不悖、相互融合，然而，如何推进和实现两者之间的对接与联动发展，则是一个重大的理论问题。

　　我的博士和硕士研究生丁文喻、郭胤含和刘昊宇参加了第五章和第七章部分内容的写作，在此一并表示感谢。最后，要特别感谢中国社会科学出版社的编辑和校对老师，她们细致和高效的工作为本书的质量增色不少。

　　本书还存在许多不足之处，敬请读者批评指正。

刘洪钟
2024年7月